Niklas Theisen 5d
Herbst 2007/2008

1. Auflage

1⁵ | 2007

Alle Drucke dieser Auflage können im Unterricht nebeneinander benutzt werden, sie sind untereinander unverändert. Die letzte Zahl bezeichnet das Jahr dieses Druckes.
© Ernst Klett Verlag GmbH, Stuttgart 2003
Alle Rechte vorbehalten.

Das Werk und seine Teile sind urheberrechtlich geschützt. Jede Nutzung in anderen als den gesetzlich zugelassenen Fällen bedarf der vorherigen schriftlichen Einwilligung des Verlages. Hinweis zu § 54a UrhG: Weder das Werk noch seine Teile dürfen ohne eine solche Einwilligung eingescannt und in ein Netzwerk eingestellt werden. Dies gilt auch für Intranets von Schulen und sonstigen Bildungseinrichtungen.

Internetadresse:
http://www.klett-verlag.de

Redaktion
Ulrike Fehrmann

Gestaltung
Ingrid Walter

Reproduktion:
Meyle + Müller, Medien-Management, Pforzheim

Druck: Firmengruppe APPL, aprinta druck, Wemding

ISBN 3-12-045410-9

Autoren
Gert Haala; Konrad-Duden-Gymnasium, Wesel; Studienseminar Oberhausen
Günther Wichert; Theodor-Heuss-Gymnasium, Dinslaken
Dirk Zohren; Städtische Gesamtschule Duisburg-Meiderich

unter Mitarbeit von
Dr. Horst Bickel; Gymnasium Neuwerk, Mönchengladbach; Studienseminar Mönchengladbach
Roman Claus; Gymnasium Aspel, Rees
Roland Frank; Gottlieb-Daimler-Gymnasium, Stuttgart-Bad Cannstatt; Staatl. Seminar für Schulpädagogik (Gymnasien) Stuttgart I
Dr. Jürgen Schweizer; Hegel-Gymnasium, Stuttgart-Vaihingen

Gestaltung des Bildteils
Prof. Jürgen Wirth; Fachhochschule Darmstadt (Fachbereich Gestaltung)

unter Mitarbeit von
Matthias Balonier, Lützelbach
Evelyn Junqueira, Frankfurt

Einbandgestaltung
höllerer kommunikation, Stuttgart; unter Verwendung zweier Fotos von Premium (F. Lanting), Düsseldorf und Okapia (Manfred Danegger), Frankfurt

Gefahrensymbole und Experimente im Unterricht

Experimente im Unterricht

Eine Naturwissenschaft wie Biologie ist ohne Experimente nicht denkbar. Auch in Natura 5–7 finden sich eine Reihe von Versuchen. Experimentieren mit Chemikalien ist jedoch nie völlig gefahrlos. Deswegen ist es wichtig, vor jedem Versuch mit dem Lehrer die möglichen Gefahrenquellen zu besprechen. Insbesondere müssen immer wieder die im Labor selbstverständlichen Verhaltensregeln beachtet werden. Die Vorsichtsmaßnahmen richten sich nach der Gefahr durch die jeweils verwendeten Stoffe. Daher sind in jeder Versuchsanleitung die verwendeten Chemikalien mit den Symbolen der Gefahrenbezeichnung gekennzeichnet, die ebenfalls auf den Etiketten der Vorratsflaschen angegeben sind: Dabei bedeuten:

C = ätzend, *corrosive*:
Lebendes Gewebe und Material, das mit diesen Stoffen in Berührung kommt, wird an der betroffenen Stelle zerstört.

F = leicht entzündlich, *flammable*:
Stoffe, die durch das kurze Einwirken einer Zündquelle entzündet werden können.

X$_i$ = reizend, *irritating* (X für Andreaskreuz): Stoffe, die reizend auf Haut, Augen oder Atemorgane wirken können.

Xn = gesundheitsschädlich, *noxious* (schädlich). Stoffe, die beim Einatmen, Verschlucken oder bei Hautkontakt Gesundheitsschäden hervorrufen können.

NATURA
BIOLOGIE FÜR GYMNASIEN

Nordrhein-Westfalen
5.–7. Schuljahr

bearbeitet von
Gert Haala
Günther Wichert
Dirk Zohren

Ernst Klett Verlag
Stuttgart · Düsseldorf · Leipzig

Das Biologiebuch – und was man damit alles machen kann

Biologie!
Das Wort stammt aus der griechischen Sprache und lässt sich mit „Lehre von der belebten Natur" übersetzen. Die Biologie beschäftigt sich mit den Lebewesen und deshalb ist in diesem Buch vieles über Pflanzen, Tiere und den Menschen enthalten.

Das Buch hat viele Seiten und enthält entsprechend viele Informationen. Wie geht man aber nun mit dieser großen Informationsmenge um?
Wir wollen dir helfen und zeigen, was man mit diesem Buch machen kann.

Zu allererst kannst du das Buch einfach **durchblättern**. Sicherlich wirst du bei einigen schönen oder interessanten Fotos und Abbildungen **verweilen** und sie **anschauen**. Vielleicht beginnst du auch an einigen Stellen bereits mit dem **Lesen** der Texte.

Nun hast du sicher schon bemerkt, dass dein Biobuch ganz unterschiedlich gestaltete Seiten enthält. Den größten Anteil haben die zweispaltigen **Informationsseiten**, auf denen hin und wieder auch ein Zettelkasten steht. Aber es gibt auch eine große Anzahl von **Sonderseiten**. Du erkennst sie an ihren Symbolen. Schau mal nach und zähle, wie viele verschiedene Arten von Sonderseiten das Buch enthält. Welche Bezeichnung haben sie? Versuche herauszufinden, wozu sie dienen.

Dieses Buch ist so gemacht, dass man sich gut mit ihm beschäftigen kann. An vielen Stellen gibt es **Aufgaben**, die du mithilfe der Informationen auf den zugehörigen Seiten **lösen** kannst. Damit du dich in deinem Buch zurecht findest, gibt es ein Inhaltsverzeichnis und ein Register. Wo?

Nun geht´s los:

Aber mit diesem Buch kann man auch **spielen**. Das nachfolgende **Suchspiel** kannst du allein oder noch besser gemeinsam mit deinen Mitschülerinnen und Mitschülern spielen. Dabei kommt es darauf an, dass man möglichst schnell die gesuchte Information im Buch findet. Nach dem Lesen der Aufgabe wird die Suche gemeinsam begonnen. Wer zuerst die Antwort auf eine Frage gefunden hat, bekommt einen Punkt. Wer am Ende am meisten Punkte hat, hat gewonnen.

1. Wie viele Wölfe sieht man gemeinsam mit erhobenem Kopf heulen?

2. Wie viele Zähne hat das Milchgebiss des Menschen?

3. Welche Vögel haben zwei Zehen und erreichen eine Schrittlänge von 3 bis 4 Meter?

4. Auf welchen Seiten sieht man ein Foto mit Zellen der Wasserpest?

5. Welche blauviolett blühende, bis 150 cm hohe Pflanze wächst an trockenen Wegrändern?

6. Welcher Teil der Eibe ist ungiftig?

7. Wie heißt der größte bei uns lebende Bilch?

8. Welche Gefiederteile sind bei Grün- und Buntspecht gleich gefärbt?

Es war sicher nicht einfach, alle Aufgaben schnell zu lösen. Du hast wahrscheinlich verschiedene Methoden ausprobiert und dabei gute und weniger gute kennen gelernt. Berichte in deiner Klasse. Hat dir das Spiel gefallen? Wenn ja, dann versuche selbst ein neues Spiel mit dem Buch zu erstellen.

3

Inhaltsverzeichnis

Die Kennzeichen der Lebewesen 6
Arbeitsmethoden in der Biologie 8
Praktikum: Mikroskopieren 10
Die Zelle — Grundbaustein aller Lebewesen 11
Texte auswerten — aber wie? 12
Material: Lernen kann man lernen 14

Menschlicher Körper und Gesundheit

1 Skelett und Muskulatur 18
Bewegung — Zusammenarbeit von Knochen, Muskeln und Gelenken 18
Das Skelett des Menschen 19
Gelenke machen das Skelett beweglich 20
Material: Knochen 21
Die Muskulatur 22
So arbeitet die Muskulatur 23
Haltungsschäden vermeiden 24
Lexikon: Sport: Wichtig — aber richtig 25

2 Ernährung und Verdauung 26
Die Vielfalt der Lebensmittel 26
Bestandteile der Nahrung 27
Praktikum: Einfache Nährstoffnachweise 28
Energie macht's möglich 29
Nährstoffe allein genügen nicht 30
Lexikon: Vitamine 31
Zähne und Gebiss 32
Der Weg der Nahrung durch unseren Körper 34
Impulse: Schulfrühstück 36

3 Atmung und Blutkreislauf 38
Atmung ist lebensnotwendig — der Weg der Atemluft 38
Vorgänge bei der Atmung 39
Gefahren für die Atemorgane 40
Praktikum: Atmung 41
Das Herz — Arbeit ohne Pause 42
Der Blutkreislauf 43
Zusammensetzung des Blutes 44
Erste Hilfe 45
Zusammenwirken der Organe 46
Impulse: Ich bleibe fit 48

4 Sinne und Nerven — wie Reize verarbeitet werden 50
Sinnesorgane sind die Antennen des Körpers 50
Vom Reiz zur Reaktion 51
Die Augen — unsere Lichtsinnesorgane 52
Die Ohren — Empfänger für Schallwellen 53
Die Haut — ein Organ mit vielen Aufgaben 54

5 Fortpflanzung und Entwicklung 56
Pubertät — Reifezeit vom Kind zum Erwachsenen 56
Die Geschlechtsorgane des Mannes 58
Die Geschlechtsorgane der Frau 59
Der weibliche Zyklus 60
Entwicklung im Mutterleib 62
Schwangerschaft bedeutet Verantwortung für das Kind 63
Die Geburt 64
Die Entwicklung des Kindes 65
Impulse: Lebensabschnitte 66

Säugetiere

1 Haustiere des Menschen 70
Der Hund — ein Säugetier 70
Der Hund — ein leistungsfähiges Wirbeltier 72
Lexikon: Hunderassen 73
Impulse: Der Wolf — Stammvater des Hundes 74
Die Katze ist ein Schleichjäger 76
Lexikon: Verwandte und Abstammung der Hauskatze 78
Material: Wir vergleichen Hund und Katze 79
Lexikon: Heimtiere 80

2 Nutztiere des Menschen 82
Das Rind — ein Wiederkäuer 82
Rinder — wichtige Nutztiere 84
Lexikon: Abstammung und Verwandtschaft des Hausrindes 85
Das Pferd — Partner des Menschen 86
Pferde leben in Herden 88
Vom Wildpferd zum Hauspferd 89
Das Wildschwein ist die Stammform des Hausschweins 90

3 Säuger — angepasst an Lebensraum und Jahreszeit 92
Die Fledermaus — ein flugfähiges Säugetier 92
Der Maulwurf — ein Leben unter Tage 94
Die Feldmaus — ein häufiger Bewohner von Äckern und Wiesen 95
Das Eichhörnchen — ein Leben auf Bäumen 96
Der Winter — für viele Tiere ein Problem 97
Material: Igel überwintern 98
Wildkaninchen und Feldhase — Tiere unserer Kulturlandschaft 100
Das Reh — ein anpassungsfähiger Kulturfolger 102
Der Rothirsch — ein Bewohner großer Waldgebiete 103
Lexikon: Einheimische Wildtiere 104
Der Seehund — Leben im Meer und an Land 106
Wale — vom Land unabhängige Säugetiere 107
Lexikon: Säugetiere verschiedener Lebensräume 108
Impulse: Säugetiere im Zoo 110

4 Verwandtschaft bei Säugetieren 112
Wie man Säugetiere sinnvoll ordnen kann 112
Wissenschaftler sind noch genauer 114
Material: Mardertiere 115

Vögel

1 Kennzeichen der Vögel 118
Angepasstheiten des Vogelkörpers an den Flug 118
Wie Vögel fliegen 120
Praktikum: Federn, Vogelflug 121
Das Haushuhn — Fortpflanzung und Entwicklung bei Vögeln 122
Vom Ei zum Küken 123

2 Zum Verhalten der Vögel 124
Verhalten der Hühner 124
Impulse: Den Vögeln auf der Spur 126
Verhaltensbeobachtungen bei Amseln 128
Der Haussperling — ein Kulturfolger 130
Lexikon: Vögel in Gärten und Parkanlagen 131
Der Kuckuck ist ein Brutschmarotzer 132
Der Vogelzug — zum Winter in den Süden 134
Wintersnot — Vögel auf Nahrungssuche 136
Lexikon: Vögel als Heimtiere 137

3 Vögel als Spezialisten 138
Spechte — die Zimmerleute des Waldes 138
Der Mäusebussard — ein Greifvogel jagt 140
Lexikon: Greifvögel 141
Die Schleiereule — lautloser Jäger in der Nacht 142
Material: Gewölleuntersuchung 143
Die Stockente — ein typischer Schwimmvogel 144
Lexikon: Wasservögel 145
Material: Schnäbel und Füße verraten sie 146

4 Bedrohte Lebensräume — bedrohte Vögel 148
Watvögel leben im Grenzgebiet zwischen Wasser und Land 148
Ohne Feuchtgebiete kann der Storch nicht überleben 149
Wildgänse sind gefährdet 150
Lexikon: Bedrohte Vogelarten 151

Blütenpflanzen — Bau und Leistung

1 Aufbau einer Blütenpflanze 154
Der Ackersenf — Steckbrief einer Blütenpflanze 154
Die Gartentulpe — ein weiterer Pflanzensteckbrief 156
Praktikum: Untersuchung einer Gartentulpe 157
Die Heckenrose ist ein Strauch 158
Baum, Strauch und Kraut — Wuchsformen im Vergleich 159

2 Von der Blüte zur Frucht 160
Entwicklung der Kirsche 160
Formen der Bestäubung 162
Lexikon: Bestäubungstricks 164
Material: Früchte- und Samenverbreitung 166
Verbreitung von Früchten und Samen 167
Lexikon: Früchte 168

3 Bau und Aufgaben der Pflanzenorgane 170
Die Gartenbohne — aus dem Leben einer Blütenpflanze 170
Praktikum: Quellung, Keimung, Wachstum 172
Bau und Funktion von Wurzel, Sprossachse und Laubblatt 174
Lexikon: Wurzel, Sprossachse und Blatt 175
Die Ansprüche der Pflanzen an Wasser, Boden und Licht 176
Ernährung von Pflanzen 178
Fotosynthese und Zellatmung 179
Der Besenginster — ein Strauch auf kargem Boden 180
Lexikon: Pflanzen verschiedener Standorte 182

4 Pflanzen im Wechsel der Jahreszeiten 184
Das Schneeglöckchen — Blüten im Schnee 184
Frühblüher leben vom Vorrat 186
Material: Frühblüher 187
Von der Sonne verwöhnt — die Sommerwiese 188
Die Rosskastanie — wie ein Baum überwintert 190
Impulse: Winter 192

Blütenpflanzen — Vielfalt und Nutzen

1 Verwandtschaft und Ordnung bei Pflanzen 196
Brennnessel und Taubnessel 196
Die Familie der Lippenblütler 197
Der Scharfe Hahnenfuß hat viele Verwandte 198
Die Familie der Rosengewächse 199
Die Familie der Korbblütler 200
Die Wilde Möhre ist ein Doldengewächs 202
Die Familie der Süßgräser 203
Die Waldkiefer — ein Nadelbaum 204
Praktikum: Merkmale von Blütenpflanzen 206
Merkmale zum Bestimmen von Pflanzenfamilien 207
Pflanzen lassen sich bestimmen 208
Praktikum: Herbarium 210
Ordnung schaffen im Pflanzenreich 211
Lexikon: Blütenpflanzen in der Übersicht 212

2 Der Mensch nutzt Pflanzen 214
Futterpflanzen für Nutztiere 214
Gräser für den Menschen 215
Impulse: Die Kartoffel 216
Viele Gemüsepflanzen sind Kreuzblütler 218
Lexikon: Gemüse 219
Ungeschlechtliche Vermehrung bei Pflanzen 220
Praktikum: Pflanzen in Haus und Garten 221
Lexikon: Nutzpflanzen 222

3 Kulturlandschaft — Felder, Parks und Gärten 224
Hecken vernetzen Kleinlebensräume 224
Parkanlagen — Lebensraum für Mensch und Tier 226
Impulse: Schutz der Natur 228

Vom Wasser zum Land

1 Fische — ein Leben im Wasser 232
Der Körperbau eines Fisches 232
Atmen unter Wasser 233
Die Bachforelle — ein Bewohner kalter Gewässer 234
Praktikum: Fischpräparation 235
Haltung und Pflege von Fischen im Aquarium 236
Praktikum: Schwimmen — Schweben — Sinken 237
Lachs und Aal sind Wanderfische 238
Das Meer — ein wichtiger Nahrungslieferant 239
Lexikon: Vielfalt der Fische 240
Impulse: Vielfalt der Fische 242

2 Lurche sind Feuchtlufttiere 244
Der Grasfrosch — ein Leben an Land und im Wasser 244
Grasfrosch und Erdkröte sind Froschlurche 246
Feuersalamander und Kammmolch sind Schwanzlurche 247
Der Bauplan der Lurche 248
Material: Atmung bei Lurchen 249
Schutzmaßnahmen für Erdkröten 250
Bestimmungsschlüssel einheimischer Lurche 252

3 Kriechtiere bewohnen vielfältige Lebensräume 254
Aus dem Leben der Zauneidechse 254
Schlangen — Jäger ohne Beine 256
Die Kreuzotter 257
Krokodile und Schildkröten 258
Lexikon: Vielfalt der Reptilien 259
Wir vergleichen Wirbeltiere 260

4 Stammesgeschichte der Wirbeltiere 262
Fossilien — Spuren aus der Vergangenheit des Lebens 262
Praktikum: Herstellung von Fossilien 263
Die Entstehung der Erde und der Lebewesen 264
Vom Wasser zum Land 266
Impulse: Saurier — Echsen aus der Urzeit 268
Reptilien der Kreidezeit 270
Lexikon: Lebende Zeugen der Evolution 271
Stammbaum der Wirbeltiere 272

5 Die Evolution des Menschen 274
Unsere nächsten Verwandten 274
Die Vorfahren des Menschen 276
Wie der Mensch zum Menschen wurde 277
Lexikon: Die Vorfahren des Menschen 278

Tiere und Pflanzen in Zahlen 280

Register 282
Bildnachweis 288

Biologie ist die Wissenschaft von den Lebewesen und den Lebenserscheinungen. Was damit gemeint ist, scheint auf den ersten Blick völlig klar zu sein, denn jeder weiß doch, was ein Lebewesen ist. Wirklich? Woran kann man erkennen, ob etwas lebendig ist oder nicht? Versuche einmal eine Antwort darauf zu finden! Es ist gar nicht so einfach, das in einem kurzen Satz auszudrücken.

Die Kennzeichen de

Körpergestalt und Wachstum

Menschen, Tiere und Pflanzen besitzen eine unverwechselbare Gestalt, an der sie zu erkennen sind. Außerdem sind sie in der Lage zu wachsen. Auch dies ist eine Eigenschaft aller Lebewesen.

Stoffwechsel

Menschen und Tiere essen, trinken und atmen. Sie nehmen also Stoffe aus ihrer Umgebung auf, um sie zu verarbeiten. Alles, was nicht verwertbar ist oder was als Abfallprodukt im Körper entsteht, wird wieder ausgeschieden. Dieser Vorgang heißt *Stoffwechsel*. Er ist ein Kennzeichen aller Lebewesen.

Auch Pflanzen besitzen einen Stoffwechsel. Sie nehmen mit ihren Wurzeln aus dem Boden und mit ihren Blättern aus der Luft viele Stoffe auf. Nur so können sie gedeihen und beispielsweise Früchte bilden.

Bewegung aus eigener Kraft

Viele Menschen bezeichnen die Fähigkeit zur freien Bewegung als das wichtigste Merkmal eines Lebewesens. Für die meisten Tiere ist das auch richtig. Aber es gibt einige darunter, die sich — wie eine Pflanze — nicht von der Stelle bewegen können.
Dennoch ist die Bewegung aus eigener Kraft ein wichtiges Kennzeichen aller Lebewesen. Nur manchmal ist die Bewegung für unser Auge zu langsam oder sie ist äußerlich nicht sichtbar, wie zum Beispiel das Fließen des Blutes.
Auch in Pflanzen werden Stoffe, zum Beispiel Wasser und Zucker, aktiv bewegt, ohne dass wir es sehen.

Einige Pflanzen bewegen sich so schnell, dass sie sogar Fliegen fangen können, wie zum Beispiel die Venusfliegenfalle, eine „Fleisch fressende Pflanze".

Kennzeichen eines Lebewesens

Lebewesen

Reizbarkeit und Verhalten

Auch Pflanzen können Reize wahrnehmen und darauf reagieren. Erkennst du, wovon die Öffnung des Blütenköpfchens bei einem Gänseblümchen abhängt?

Tiere sind mit ihren Sinnesorganen in der Lage, Veränderungen in der Umwelt als Reize wahrzunehmen. Sie reagieren darauf mit einem bestimmten Verhalten. Alle Lebewesen müssen, um leben zu können, Informationen über ihre Umwelt erhalten, müssen diese verarbeiten und sich entsprechend verhalten.

Fortpflanzung und Entwicklung

Lebewesen entwickeln sich ständig neu. Sie wachsen heran, werden fortpflanzungsfähig und zeugen eigene Nachkommen, die ihnen ähnlich sehen. Nur Lebewesen, die zur selben Art gehören, können miteinander fruchtbare Nachkommen zeugen.

Aufbau aus Zellen

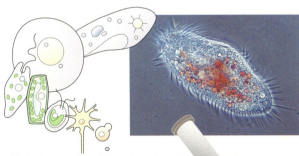

Alle Lebewesen besitzen ein weiteres Merkmal, das allerdings mit bloßem Auge nicht zu erkennen ist. Nur unter dem Mikroskop wird es bei etwa hundertfacher Vergrößerung sichtbar. Dabei zeigt sich, dass jedes Lebewesen aus gleichartigen Bausteinen, den Zellen, aufgebaut ist. Ja, es gibt sogar viele, mikroskopisch kleine Lebewesen, die nur aus einer einzigen Zelle bestehen.

Um das zu erkennen und zu verstehen, müssen wir zunächst einige Methoden der Biologie, vor allem aber den Umgang mit dem Mikroskop kennen lernen.

Sind folgende Dinge lebendig: eine Wolke, ein ferngesteuertes Auto, ein Bergkristall, ein Veilchen, ein Wetterhahn? Begründe deine Entscheidung!

Ein Lebewesen muss folgende Kennzeichen gleichzeitig besitzen: Bewegung aus eigener Kraft, Wachstum, Stoffwechsel, Reizbarkeit, Fortpflanzung und den Aufbau aus Zellen.

Kennzeichen eines Lebewesens

Arbeitsmethoden im Fach Biologie

Weißt du, welches Tier auf dem Foto abgebildet ist? Richtig, es ist ein Hamster. Aber weißt du auch, wo er lebt und was er frisst, wie groß oder wie alt er wird? Solche Fragen werden im Biologieunterricht häufig gestellt und es ist gar nicht so leicht, sie alle richtig zu beantworten.

Vieles kannst du durch sorgfältige Beobachtung selbst entdecken. Dabei sind häufig Hilfsmittel nötig. Eine Pflanze zum Beispiel oder einen Käfer untersuchst du am besten mit einer *Lupe*. Willst du noch mehr Einzelheiten sehen oder ist das Lebewesen winzig klein, dann kann nur noch das *Mikroskop* weiterhelfen. Vögel dagegen oder andere scheue Tiere lassen sich vor allem mit einem *Fernglas* genauer erkennen. Manche Tiere oder Pflanzen werden zur Beobachtung oder für Versuche in der Obhut des Menschen gehalten. Dann müssen sie so gehalten und versorgt werden, wie es ihrer Lebensweise und den natürlichen Bedürfnissen entspricht.

Beobachten und *Beschreiben* sind also häufig benutzte Arbeitsweisen im Fach Biologie. Beim Beschreiben ist es wichtig, dass man sich verständlich ausdrückt und die richtigen *Fachbegriffe* benutzt. In vielen Fällen fertigt man eine *Zeichnung* von dem an, was beobachtet wurde. Sie sollte groß und deutlich angelegt sein. Jede Zeichnung erhält eine Überschrift und wird sorgfältig beschriftet. Manchmal muss man auch etwas *zählen, messen* oder *vergleichen*. Dann wird eine Tabelle oder ein Protokoll erstellt, worin das Ergebnis der Arbeit übersichtlich dargestellt wird.

Es kann viel Freude machen, etwas zu *sammeln* und zu *ordnen*, zum Beispiel bunte Laubblätter im Herbst oder Muschelschalen am Strand oder auch leere Schneckenhäuschen. Aber Vorsicht! Unbekannte oder geschützte Tiere oder Pflanzen muss man immer an Ort und Stelle lassen.

Aufgaben

1. Die Abbildungen dieser Seite zeigen Schüler im Biologieunterricht. Gib an, welche Arbeitsmethoden du erkennst.
2. Überlegt gemeinsam, wie man sein Biologieheft sinnvoll benutzen kann.

Versuche sind Fragen an die Natur

Eine weitere wichtige Arbeitsmethode im Fach Biologie ist es, *Versuche* durchzuführen. Wie man bei einem Experiment vorgeht und was man dabei entdecken kann, soll ein kleines Beispiel zeigen.

Vielleicht ist dir schon einmal aufgefallen, dass das Essen nicht so recht schmeckt, wenn du starken Schnupfen hast. „Na klar," wirst du sagen, „wenn man krank ist, dann schmeckt es eben nicht." Aber du könntest dir auch überlegen, wie dieser Zusammenhang zu erklären ist. Was vermutest du? Woran könnte es liegen?

Wir gehen einmal der Vermutung nach, dass der Geschmacksverlust nicht an der Krankheit allgemein liegt, sondern nur an der verstopften Nase. Um herauszubekommen, ob man „mit der Nase etwas schmeckt", muss man sich eine geeignete Versuchsanordnung ausdenken. In deinem Biologiebuch werden manchmal Vorschläge zur Durchführung eines Experimentes gemacht. Für unser Problem könnte das folgendermaßen aussehen:

Aufgabe

① Verschiedene Kostproben, zum Beisiel Erdbeergelee, Nusscreme, Ketschup, Apfelmus und Mayonnaise oder Sahnemeerrettich, werden vom Lehrer vorbereitet und in nummerierten Schälchen verdeckt aufbewahrt.
Einer Versuchsperson werden die Augen verbunden, damit sie nicht sehen kann, was ihr zum Schmecken angeboten wird. Außerdem wird ihr die Nase zugehalten. Mit einem Löffelchen werden nacheinander Kostproben in den Mund gegeben und die Versuchsperson soll ihre Geschmacksempfindung nennen. Dieser Versuch wird mit mehreren Schülerinnen und Schülern wiederholt. Die Ergebnisse werden protokolliert und anschließend in einer Tabelle festgehalten.
Danach wird der Versuch mit mehreren Versuchspersonen ohne Zuhalten der Nase durchgeführt. Auch diese Antworten werden protokolliert.
Wertet die Ergebnisse aus.

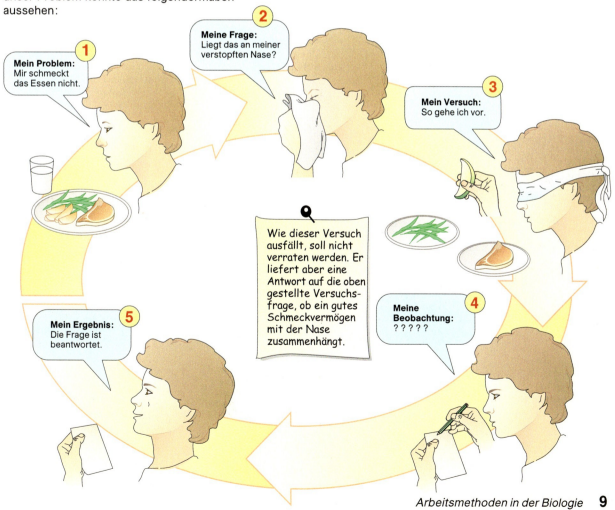

1 Mein Problem: Mir schmeckt das Essen nicht.

2 Meine Frage: Liegt das an meiner verstopften Nase?

3 Mein Versuch: So gehe ich vor.

4 Meine Beobachtung: ?????

5 Mein Ergebnis: Die Frage ist beantwortet.

Wie dieser Versuch ausfällt, soll nicht verraten werden. Er liefert aber eine Antwort auf die oben gestellte Versuchsfrage, ob ein gutes Schmeckvermögen mit der Nase zusammenhängt.

Arbeitsmethoden in der Biologie

Mikroskopieren

Wenn wir den Aufbau von Lebewesen genauer untersuchen wollen, benutzen wir Lupe und Mikroskop als Vergrößerungsgeräte. Der Umgang mit der Lupe ist noch einfach. Es fällt dabei nicht schwer, den Zusammenhang zwischen dem betrachteten *Original* und dem *vergrößerten Bild* herzustellen.

Anders ist es beim Mikroskop. Dies ist ein empfindliches Gerät, mit dessen Aufbau man sich vertraut machen muss, bevor man damit arbeiten kann.

Das Arbeiten mit dem Mikroskop bedarf einiger Übung, um zu guten Ergebnissen zu kommen. Deshalb sollte man sich an feste Arbeitsregeln halten und immer schrittweise vorgehen.

Schreibt folgende Regeln auf ein großes Plakat und befestigt es gut sichtbar in dem Raum, in dem ihr mikroskopiert.

— Beginne die Untersuchung stets mit der schwächsten Vergrößerung. Verwende dazu das kürzeste Objektiv.
— Betätige das Triebrad unter seitlichem Hinsehen. Bewege dadurch das Objektiv so weit wie möglich an den Objektträger heran.
— Schaue erst dann durch das Okular und vergrößere durch Drehen am Grobtrieb den Abstand zwischen Objektiv und Präparat wieder, bis ein Bild erscheint.
— Stelle danach das Bild mit dem Feintrieb scharf ein.
— Erst wenn du dir einen Überblick verschafft hast, wird die nächste Vergrößerung benutzt.

Es gibt viele Fehlerquellen beim Mikroskopieren. Häufig wird zu hastig gearbeitet oder die Glasgeräte und die Linsen sind verschmutzt. Beim Arbeiten mit Farblösungen, mit spitzen Pinzetten und Pipetten oder beim Schneiden mit der Rasierklinge muss man besonders vorsichtig sein. *Sicherheit*, *Sorgfalt* und *Sauberkeit* sind oberstes Gebot.

Aufgaben

① Vergleiche den Aufbau deines Schulmikroskops mit unserer Abbildung. Benenne die Teile und gib ihre Aufgabe an. Bewege vorsichtig Triebrad, Objektivrevolver und Blende.
Wenn man die Vergrößerungen von Objektiv und Okular multipliziert, erhält man die Gesamtvergrößerung.
   a) Berechne für dein Schulmikroskop die Vergrößerungswerte.
   b) Zeichne die Länge eines Millimeters maßstabsgetreu für die berechneten Vergrößerungen.
② Mache mit einem Bleistift einen Punkt auf ein Stückchen Millimeterpapier und lege es auf den Objekttisch. Stelle bei kleinster Vergrößerung dieses Objekt scharf ein.
③ Miss mithilfe des Millimeterpapiers bei verschiedenen Vergrößerungen die Breite deines Beobachtungsfeldes aus.
④ Lege ein Haar auf das Millimeterpapier und schätze, wie dick es ist.
⑤ Bei vielen biologischen Objekten ist ein vorheriges *Aufbereiten* notwendig. Stelle entsprechend der unten stehenden Abbildung ein *Nasspräparat* von einem Blättchen der Wasserpest her. Mikroskopiere und versuche zu zeichnen, was du siehst.

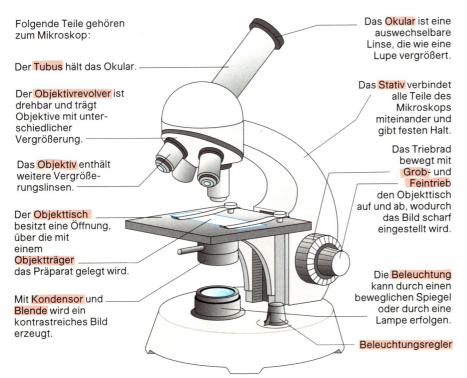

Folgende Teile gehören zum Mikroskop:

Der **Tubus** hält das Okular.

Der **Objektivrevolver** ist drehbar und trägt Objektive mit unterschiedlicher Vergrößerung.

Das **Objektiv** enthält weitere Vergrößerungslinsen.

Der **Objekttisch** besitzt eine Öffnung, über die mit einem **Objektträger** das Präparat gelegt wird.

Mit **Kondensor** und **Blende** wird ein kontrastreiches Bild erzeugt.

Das **Okular** ist eine auswechselbare Linse, die wie eine Lupe vergrößert.

Das **Stativ** verbindet alle Teile des Mikroskops miteinander und gibt festen Halt.

Das Triebrad bewegt mit **Grob-** und **Feintrieb** den Objekttisch auf und ab, wodurch das Bild scharf eingestellt wird.

Die **Beleuchtung** kann durch einen beweglichen Spiegel oder durch eine Lampe erfolgen.

Beleuchtungsregler

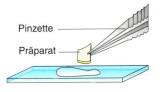

Arbeitsmethoden in der Biologie

Die Zelle — Grundbaustein aller Lebewesen

Bau einer Pflanzenzelle

Betrachtet man ein Blättchen der *Wasserpest* unter dem Mikroskop, so erkennt man viele gegeneinander abgegrenzte Räume. Diese kleinen Kammern werden als *Zellen* bezeichnet. Sie sind meist länglich und von einer festen *Zellwand* umschlossen. Im Innern erkennt man ein rundliches Gebilde, den *Zellkern*. Er ist in jeder Zelle vorhanden und steuert alle Lebensvorgänge. Der Zellkern liegt in einer farblosen, körnigen Masse, dem *Zellplasma*. Die hellere Zone in der Mitte der Zelle ist der *Zellsaftraum*. Er ist mit einer wässrigen Flüssigkeit angefüllt. Sehr dünne Häute, die *innere* und die *äußere Plasmahaut*, grenzen das Zellplasma zum Zellsaftraum bzw. zur Zellwand hin ab.

Zellen der Mundschleimhaut

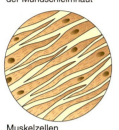

Muskelzellen

Beim Blatt der Wasserpest erkennt man viele gleichartige Zellen, die eng aneinander liegen und untereinander verbunden sind. Ein solcher Zellverband heißt *Gewebe*.

Zellen bei Mensch und Tier

Wenn man mit einem Löffel leicht über die *Mundschleimhaut* schabt und von den Hautteilchen ein Nasspräparat herstellt, erkennt man ebenfalls Zellen mit einem Zellkern. Im Unterschied zur Pflanzenzelle besitzen sie aber keine feste Zellwand, sondern nur eine Plasmahaut als äußere Begrenzung. Das gesamte Zellinnere ist von Zellplasma ausgefüllt. Ein Zellsaftraum, wie bei Pflanzenzellen, ist nicht vorhanden.

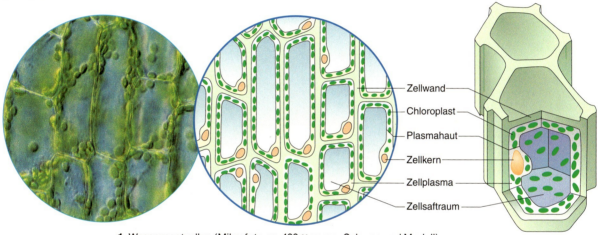

1 Wasserpestzellen (Mikrofoto ca. 400 × vergr., Schema und Modell)

Im Zellplasma befinden sich viele grüne Körnchen. Sie enthalten Blattgrün, das *Chlorophyll*, und heißen deshalb Blattgrünkörner oder *Chloroplasten*. Sie liegen nur im Zellplasma, nicht im Zellsaftraum, auch wenn es im mikroskopischen Bild manchmal so aussieht.

Eine Zelle ist nämlich nicht flach wie ein Blatt Papier. Man muss sie sich vielmehr als räumliches Gebilde vorstellen. Sie gleicht einem durchsichtigen Behälter, in dem die Zellinhalte übereinander aufgeschichtet sind. Mit dem Mikroskop kann man aber, besonders bei starker Vergrößerung, nur eine ganz dünne Schicht scharf erkennen. Wenn man am Feintrieb dreht, werden daher nacheinander verschiedene Schichten sichtbar. Aus den unterschiedlichen Bildern kann man dann ein *räumliches Modell* der Wasserpestzelle wie in unserer Abbildung entwickeln.

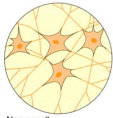

Nervenzellen

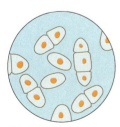

Knorpelzellen

Alle Organe, ob von Pflanze, von Mensch oder Tier, bestehen aus Zellen. Die Zelle ist also der *Grundbaustein aller Lebewesen*. Überraschend ist, dass die Größe der meisten Zellen bei allen Lebewesen ungefähr gleich ist. Die Zellen eines Baumes oder eines Elefanten sind im Allgemeinen nicht größer als die Zelle eines Gänseblümchens oder einer Maus, nur ihre Anzahl im Organismus ist verschieden.

Der Grundbauplan der Zelle wird — je nach Aufgabe — vielfältig abgewandelt. Eine Nervenzelle trägt z. B. einen auffallenden langen und viele kleinere, verzweigte Fortsätze. Knorpelzellen sind klein und rundlich. Bei den Steinzellen der Walnussschale ist die Zellwand besonders dick und sehr hart. Aus den Besonderheiten in ihrem Bau kann ein Zellforscher häufig auf die Aufgabe einer Zelle schließen.

Arbeitsmethoden in der Biologie

Texte auswerten – aber wie?

Das Mikroskopieren ist eine wichtige Arbeitsmethode in der Biologie, um selbst den Aufbau von Zellen verschiedener Lebewesen zu untersuchen. Ebenso wichtig ist es aber, auch bereits bekannte Informationen aus Texten entnehmen zu können. Wenn du dabei eine Lernmethode anwendest, die dir hilft, den Text besser aufzunehmen, wirst du den Inhalt auch besser verstehen und behalten können. Eine solche Methode ist die 5-Schritt-Lesetechnik.

Du überfliegst einen Übungstext möglichst auf einer Kopie. Versuche, einen ersten Eindruck von dem Inhalt zu gewinnen. Wichtige Hinweise geben dir

Überschriften

fett oder *schräg* gedruckte Wörter und Untertitel der Abbildungen. Unterstreiche, was dir wichtig erscheint, mit Bleistift (nicht in das Schulbuch, das der Schule gehört!).

1. Schritt Überblick gewinnen

2. Schritt Fragen stellen

Was weiß ich bereits über den Inhalt des Textes? Was möchte ich noch dazu wissen? Habe ich unbekannte Begriffe verstanden? Unbekannte Begriffe kennzeichnest du mit dem Bleistift mit einem Fragezeichen.

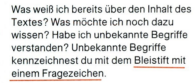

3. Schritt Gründliches Lesen

Nach den ganzen Vorarbeiten konzentrierst du deine Aufmerksamkeit jetzt auf die wichtigsten Punkte. Suche Antworten auf deine Fragen und du wirst so die Inhalte des Textes besser in deinem Gedächtnis verankern. Schlage unbekannte Begriffe im Register des Buches oder in einem Lexikon nach.

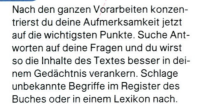

Das Wildschwein ist die Stammform des Hausschweins

Die Fährte verrät die Paarhufer

Manchmal findet man im Wald Stellen, die wie umgepflügt aussehen. Die in der Nähe sichtbaren Fußabdrücke, die man auch **Fährten** nennt, weisen darauf hin, dass hier Wildschweine auf Nahrungssuche waren. **Wildschweine** sind **Paarhufer**, deren Afterzehen aber ebenfalls Abdrücke im Boden hinterlassen.

Nahrung und Nahrungssuche

Zur Wildschweinnahrung gehören Bucheckern, Eicheln und andere Früchte ebenso wie Vogeleier, Würmer und sogar Aas. An diese Nahrungsvielfalt ist das Wildschwein angepasst. Es besitzt einen *Rüssel*, der in einer scheibenförmigen *Schnauze* endet. Mithilfe des Rüssels gelangt das Wildschwein auch an Nahrung, die unter der Erdoberfläche verborgen ist, wie Wurzelknollen oder Pilze. Mit dem hervorragend ausgebildeten Geruchssinn nimmt das Wildschwein die unter dem Erdboden verborgene Nahrung wahr und wühlt gezielt danach.

Allesfressergebiss

Der Zerkleinerung der Nahrung dient das *Allesfressergebiss*. Dieses besitzt im Ober- und Unterkiefer jeweils 6 flache Schneidezähne, 2 lange Eckzähne und 14 Backenzähne. Die vorderen Backenzähne haben scharfkantige Kronen, ähnlich denen eines Fleischfressergebisses, die hinteren Backenzähne haben stumpfhöckerige Kronen wie die eines Pflanzenfressergebisses. Das Allesfressergebiss vereinigt also Eigenschaften dieser beiden Gebisstypen. Die Eckzähne sind besonders beim Keiler stark verlängert,

Keiler im Sprung

Arbeitsmethoden in der Biologie

Wildschwein mit Frischlingen

4. Schritt: Zusammenfassen

Die Fährte weist die Wildschweine als Paarhufer aus. Ihr Allesfressergebiss zerkleinert Früchte, Kartoffeln, Getreide u.a. Nachts können sie auch Nahrung aus dem Boden wühlen. Tagsüber leben Bachen und Frischlinge in Rotten scheu im Dickicht. Keiler sind Einzelgänger.

Markiere auf einem kopierten Text mit einem gelben Textmarker die Schlüsselwörter und unterstreiche mit einem roten Buntstift bedeutsame Erläuterungen. Alternativ kannst du die Schlüsselwörter aus einem Buch auf einen Notizzettel heraus schreiben. Schlüsselwörter erleichtern dir den Inhalt eines Textes im Gedächtnis zu behalten und dich daran zu erinnern. Ergänzend kannst du zu jedem Abschnitt eine Überschrift erstellen. Verwende diese Überschriften und die Schlüsselwörter, um das Wesentliche des *gelesenen* Textes *zusammenzufassen*.

---

wobei diejenigen des Oberkiefers nach oben gerichtet sind. Sie sind von außen sichtbar und können als Waffen eingesetzt werden. Wildschweine sind sehr scheu und nur in der Dämmerung sowie nachts aktiv. Sie können in Mais-, Kartoffel- und Getreidefeldern erhebliche Schäden anrichten. Diese Felder bieten den Wildschweinen einen reichlich gedeckten Tisch und werden von ihnen gerne aufgesucht. Deshalb werden Wildschweine stark bejagt.

Nachts Schäden in Feldern

In größeren Waldgebieten, in denen sie sich *tagsüber ins Dickicht* zurückziehen, können sie gut überleben. Ihr sehr feines Gehör warnt sie rechtzeitig. Deshalb bekommt man Wildschweine in freier Natur nur selten zu Gesicht. Wenn man Glück hat, kann man sie beobachten, wie sie sich in einem Schlammloch suhlen. Dieser Art der Körperpflege gehen sie sehr ausgiebig nach. Sie hilft ihnen, das Ungeziefer zwischen den Borsten von der Haut fern zu halten.

Tagsüber scheues Leben

Wildschweine leben in Familienverbänden, den Rotten, welche sich aus mehreren Bachen mit ihren Jungtieren zusammensetzen. Die ausgewachsenen Keiler sind Einzelgänger und kommen nur in der Fortpflanzungszeit mit der Rotte zusammen. Nach 4 bis 5 Monaten Tragzeit werden im April oder Mai von den Bachen 4 bis 12 *Frischlinge* geboren, die erst nach zwei Jahren ausgewachsen sind.

Leben in Rotten und Einzelgänger

5. Schritt: Wiederholung

Gehe dazu in deinen Notizen die wichtigsten Stichworte und die Zusammenfassung noch einmal durch.

Vielleicht erscheint dir im ersten Moment diese Lesetechnik sehr mühsam und zeitaufwendig. Aber durch dieses planvolle Lesen kannst du dir die wesentlichen Inhalte eines Textes besser und dauerhaft in deinem Gedächtnis verankern und dich dann auch nach längerer Zeit noch an sie erinnern.

Übe die 5-Schritt-Lesetechnik mehrfach bei mündlichen Hausaufgaben, bei denen du Texte lesen und die Inhalte lernen sollst. Finde dabei heraus, wie du am besten einen Text auswerten und die wichtigsten Inhalte gut behalten kannst.

Arbeitsmethoden in der Biologie

Lernen kann man lernen

Du hast sicher schon bemerkt, dass du dir die verschiedenen Inhalte, die du lernen möchtest, leider nur unterschiedlich gut merken kannst. Dafür gibt es Ursachen. Man hat festgestellt, dass manche Menschen sich Dinge gut einprägen, wenn sie davon hören. Andere lernen gut, wenn sie lesen oder sich die gleichen Inhalte bildlich vorstellen. Versuche mithilfe dieser Seite herauszufinden, wie du am besten lernst.

Teste deinen Lerntyp

Lass dir von deinem Lehrer eine Kopie des Lerntypentests, der unten auf der Seite abgedruckt ist, geben.
Schätze, wie viel du auf den verschiedenen Lernwegen im Gedächtnis behältst. Notiere eine 1, wenn du denkst, dass du dir wenig, eine 2, wenn du dir einiges oder eine 3, wenn du dir viel merken kannst.

Auswertung: Rechne die Summen der eingetragenen Zahlen für deinen Lerntypen aus.

Lerntyp Sehen bevorzugt
Lernsituationen (2, 5, 7, 9) : = [?]

Lerntyp Hören bevorzugt
Lernsituationen (1, 8, 10, 12) : = [?]

Lerntyp Handeln bevorzugt
Lernsituationen (3, 4, 6, 11) : = [?]

Hast du bei einem Lerntyp 9 Punkte und mehr erreicht, liegt hier ein von dir bevorzugter Lerntyp vor.

Aufgaben

1. Vergleiche mit deinem Banknachbarn eure Ergebnisse. Kläre Gemeinsamkeiten und Unterschiede.
2. Vergleiche, wie in deiner Klasse die drei Lerntypen Sehen, Hören und Handeln verteilt sind.
3. Erkläre, was der folgende Lerntipp bedeutet: „Setze beim Lernen den Lernweg ein, auf dem du am schnellsten lernst. Dies entspricht vermutlich deinem Lerntyp. Versuche auch, die anderen beiden Lernwege gezielt stärker zu nutzen."

Aktiviere deine Lernwege!

In diesem Material werden dir konkrete Vorschläge gemacht, wie du deinen Lerntyp fördern und die anderen Lernwege stärker nutzen kannst.

Lerntyp Sehen: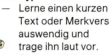

— Wird im Text z. B. beschrieben, wie ein Hausschwein im Stall gehalten wird, so lass sofort ein Bild vor deinem inneren Auge entstehen.
— Fertige in Gedanken zu einem Text, ein Film-Drehbuch an!
— Schreibe im Unterricht Stichworte mit. Fertige einfache Skizzen über Sachverhalte des Unterrichts und verankere sie so in deinem Gedächtnis.
— .....

Lerntyp Hören:

— Lerne einen kurzen Text oder Merkvers auswendig und trage ihn laut vor.
— Stelle im Unterricht Fragen!
— Nimm schwierige Fachbegriffe und ihre Erklärung auf eine Kassette auf. Spiele sie dir mehrfach vor, bis du sie sicher behalten hast.
— Lass dir Bilder und Grafiken von anderen erklären.
— Versuche, Lärm als Ablenkung zu vermeiden.
— ....

Lerntyp Handeln:

— Schreibe aus einem Text die Schlüsselwörter auf ein Blatt heraus.
— Schreibe auf Karteikarten wichtige Fachbegriffe und auf der Rückseite die Erklärungen dazu.
— Fertige dir einen Spickzettel z. B. über die wichtigsten Voraussetzungen des Vogelfluges.
— Baue dir ein Modell einer Zelle.
— ....

Aufgaben

4. Überlege weitere Vorschläge, mit denen du die drei Lernwege gezielt einsetzen kannst, wenn du Vokabeln lernst. Schreibe sie auf DIN A4-Blätter und gestalte gemeinsam mit deinen Klassenkameraden eine Ausstellung eurer Ideen.
5. Suche dir aus der Zusammenstellung zwei Lerntechniken heraus, die du in dieser Woche ausprobierst.

Lerntypentest	
1. Der Lehrer erklärt, wie ein Delfin schwimmt.	7. Ich lese im Biologiebuch einen Text durch.
2. Ich schaue mir Fotos im Biologiebuch an.	8. Ich höre im Radio einen Bericht über die Haltung von Hunden.
3. Ich zeichne und beschrifte ein Schema zum Aufbau des menschlichen Ohres.	9. Gelerntes fällt mir wieder ein, wenn ich mir die Heftseite mit meinen Notizen bildlich vorstelle.
4. Ich schreibe Fachbegriffe auf eine kleine Karteikarte und die Erklärung auf die Rückseite.	10. Ich höre auf einem Kassettenrekorder die Laute von Vogelstimmen.
5. Wir sehen im Biologieunterricht einen Film über die Fortbewegungsweisen der Pferde.	11. Ich sammle Blätter von Bäumen, presse sie und beschrifte das Blatt Papier, auf das ich das Blatt klebe, mit dem Namen des Baumes.
6. Ich erstelle in einem Versuch einen Fingerabdruck.	12. Ich halte einen Vortrag über Raubtiere.

Arbeitsmethoden in der Biologie

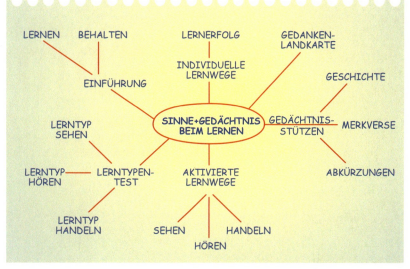

Gedächtnisstützen
Wenn du dir einen Lernstoff nur sehr schwer einprägen kannst, so verwende *Eselsbrücken* als Merkhilfen. Beispiel: Die *Abkürzung* HAS erinnert an die Abfolge der Ohrknöchelchen: Hammer, Amboss und Steigbügel.

Manchmal dient auch eine *gereimte Gedächtnisstütze* als Merkhilfe: Welpen sind Hundekinder, Kälber sind neugeborene Rinder, und die Kleinen von den Pferden nennt man Fohlen hier auf Erden.

Aufgaben

⑥ Bilde eigene Abkürzungen als Merkhilfen für andere Beispiele aus der Biologie.

⑦ Kennst du weitere Beispiele von Merkversen? Berichte!

Gedankenlandkarte (Mind-Map)
Du kannst deine Gedanken oder die Gliederung eines Textes ordnen, indem du eine Gedankenlandkarte aufzeichnest. Die Abbildung gibt dir eine Gedankenlandkarte zum Aufbau dieser Doppelseite wieder.

Das Kamel mit zwei Höckern ist das Trampeltier,
das Kamel mit nur einem Höcker ist das Dromedar.
Das Trampeltier schreibt sich mit 2 e und das Dromedar nur mit einem e.

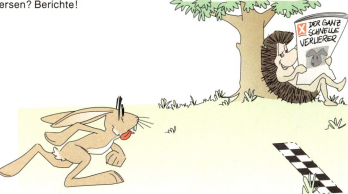

Lerne wie der schlaue Igel mit Köpfchen und nicht wie der Hase

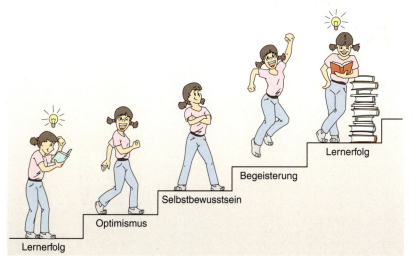

Jeder Mensch lernt auf seine Weise
Dies hast du mithilfe der Materialien erfahren können. Versuche nun in Zukunft deinen besten Lernweg gezielt einzusetzen. Erschließe dir andere Lernwege so, dass du insgesamt erfolgreicher lernst.

Aufgabe

⑧ Triff mit dir eine Vereinbarung, wie du einen besseren Lernerfolg erreichen möchtest. Lege genaue Erfolgskriterien für deine Fortschritte fest.

Arbeitsmethoden in der Biologie

Menschlicher Körper und Gesundheit

Der Körper des Menschen besteht aus vielen Organen mit den unterschiedlichsten Aufgaben. Doch meist bemerken wir ihre ständige Tätigkeit gar nicht.

Nur in besonderen Situationen spüren wir einzelne Organe, die besonders beansprucht werden, sehr deutlich. Zum Beispiel nehmen wir beim Dauerlauf die anstrengende Tätigkeit der Muskulatur wahr und bei jedem Auftreten die Knochen, die unseren ganzen Körper stützen. Bereits nach kurzer Laufzeit atmen wir heftig und spüren ein Pochen in Kopf und Brust. Bei starker körperlicher Belastung ist also auch die Arbeit von Lunge und Herz wahrnehmbar.

Sinnes Organe

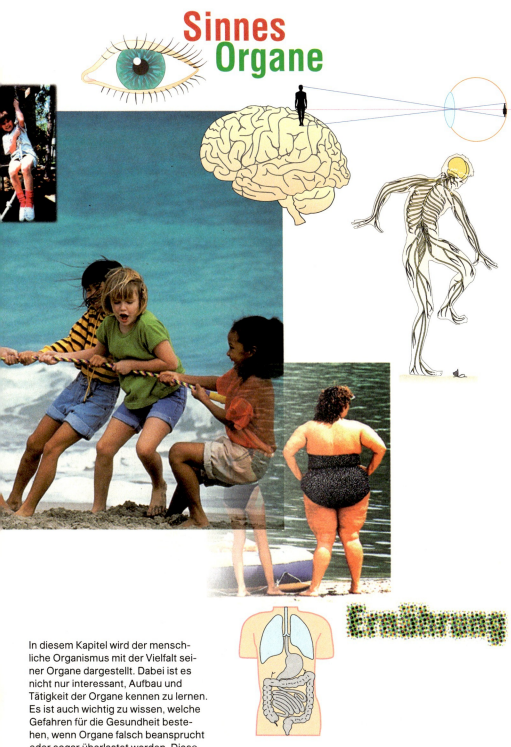

In diesem Kapitel wird der menschliche Organismus mit der Vielfalt seiner Organe dargestellt. Dabei ist es nicht nur interessant, Aufbau und Tätigkeit der Organe kennen zu lernen. Es ist auch wichtig zu wissen, welche Gefahren für die Gesundheit bestehen, wenn Organe falsch beansprucht oder sogar überlastet werden. Diese Kenntnis ermöglicht eine gesundheitserhaltende Lebensweise, zu der genügend Bewegung und ausgewogene Ernährung gehören. Dies kann vor mancher Krankheit bewahren und zugleich gibt der sinnvoll betriebene Sport viel Lebensfreude.

1 Skelett und Muskulatur

Bewegung — Zusammenarbeit von Knochen, Muskeln und Gelenken

Die Sportlerin konzentriert sich auf ihren Weitsprung. Nun läuft sie an. Mit den Beinen stößt sie sich fest vom Boden ab und wird immer schneller. Jetzt erreicht sie den Balken. Sie springt kraftvoll ab und gewinnt sofort an Höhe. Im Sprung knickt sie in der Hüfte ein, reißt die Arme vor und streckt beide Beine ganz nach vorne. Mit den Fersen landet sie jetzt in der Sprunggrube. Der Sand bremst sie völlig ab. Geschafft! Sprungweite 6,49 m.

Bei diesem Sprung waren mehrere Organsysteme des Körpers beteiligt. Zwei wollen wir hier besonders betrachten: Muskulatur und Skelett. Die *Muskeln* sind die Motoren der Bewegung. Man findet sie nicht nur an Armen und Beinen, sondern auch an Kopf, Schulter, Rücken, Brust, Bauch und Hüfte befindet sich Muskulatur.

Die Muskeln sind mit dem *Skelett*, dem Knochengerüst des Körpers, verbunden und halten es zusammen. Häufig ist die Verbindungsstelle zwischen zwei Knochen beweglich und bildet ein *Gelenk*. Die Bewegung entsteht durch das Zusammenziehen der Muskeln, die mit den Gelenkknochen verbunden sind. Schnelle Bewegungen erfordern kraftvolles Anspannen der Muskulatur und dabei werden am Körper die Umrisse der aktivierten Muskeln sichtbar. Vor allem Arm- und Beinmuskeln lassen sich gut erkennen. Weil unser Körper über viele Gelenke verfügt, sind wir vielseitig beweglich und deshalb können wir unterschiedlichste Sportarten ausüben.

Eine wichtige Aufgabe des Skeletts ist die Stützfunktion, wobei die *Wirbelsäule* die zentrale Stütze des Körpers ist. Sie besteht aus harten und belastbaren knöchernen *Wirbeln*. Zwischen den Wirbeln liegen die *Bandscheiben*. Sie bestehen aus weicherem Knorpelgewebe und dämpfen Stöße. An den Wirbeln entspringen die bogenförmigen *Rippen*. Die meisten sind auf der Brustseite mit dem *Brustbein* verwachsen und bilden den *Brustkorb*. Das *Becken* und der *Schultergürtel* verbinden Beine und Arme mit der Wirbelsäule.

Die 25 Einzelknochen des *Schädels* sind zu einer festen Kapsel verwachsen. Sie umschließt empfindliche Organe, wie Gehirn und Augen. An der Oberfläche besteht der Schädel aus dünnen Knochenplatten, die das Gehirn vor schädigenden Krafteinwirkungen schützen.

Das Skelett des Menschen

Das Skelett des Menschen besteht aus 212 Knochen. Man unterscheidet zwischen platten, kurzen und langen Knochen. Zu den kurzen Knochen gehören beispielsweise Wirbel sowie Hand- und Fußwurzelknochen. Die langen Knochen nennt man auch *Röhrenknochen*. Im Innern haben sie eine Höhle, in der sich Knochenmark befindet. Einige Knochen sind miteinander verwachsen. So besteht beispielsweise auch das Becken aus mehreren Knochen. Indem du versuchst, einige der abgebildeten Knochen an dir zu ertasten, erfährst du viel über deinen Körper.

Aufgaben

1. a) Betrachte die Seitenansicht der Wirbelsäule. Beschreibe ihre Form.
   b) Die Wirbelsäule besteht aus Wirbeln. Ertaste an dir einige Wirbel.
   c) Betrachte die Wirbelsäule und vergleiche die Größe der Wirbel miteinander.
      Notiere, was dir daran auffällt. Welche Bedeutung haben die Größenunterschiede?
   d) Man unterscheidet zwischen Hals-, Brust- und Lendenwirbeln. Hier sind sie verschieden farbig dargestellt.
      Wie viele Wirbel gibt es von jedem Typ? Fertige eine kleine Tabelle in deinem Heft und notiere dein Ergebnis. Welche weiteren Knochen gehören zur Wirbelsäule?
   e) Ertaste die Knochen des Brustkorbs an dir. Betrachte die Abbildung und zähle die Rippenpaare. Vergleiche diese Zahl mit dem Ergebnis von d).
2. Überlege, was sich beim Menschen innerhalb des knöchernen Brustkorbs befindet. Welche weitere wichtige Funktion, außer der Stützfunktion, erfüllt er?
3. Suche in der Abbildung den Schultergürtel. Notiere, welche Knochen zum Schultergürtel gehören. Ertaste sie.
4. a) Ertaste die Knochen eines Arms. Weißt du wie sie heißen? Suche sie in der Abbildung und prüfe, ob du die richtigen Namen bereits wusstest.
   b) Zeige deinem Nachbarn, wo in deinem Unterarm die Speiche verläuft.
   c) Ertaste die Knochen einer Hand. Beginne an den Fingerspitzen. Bestimme mithilfe der Abbildung die Namen und Anzahl der Knochen. Notiere das Ergebnis in einer Tabelle.
5. Suche die Röhrenknochen des Skeletts.
6. Welcher Knochen ist der längste?

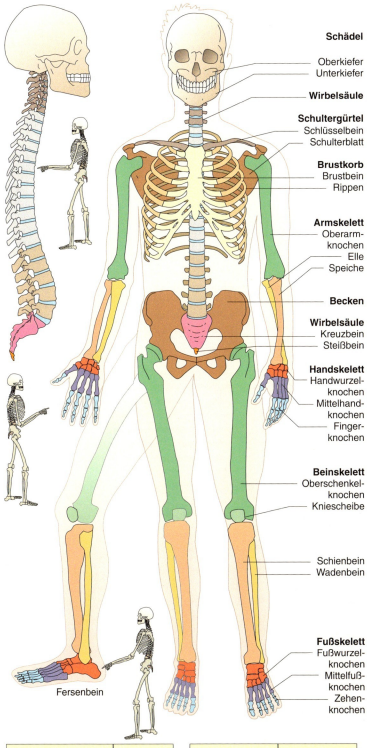

Knochen	Anzahl
Fingerknochen	?
Mittelhandknochen	?
Handwurzelknochen	?

Wirbeltyp	Anzahl
Halswirbel	?
Brustwirbel	?
Lendenwirbel	?

Gelenke machen das Skelett beweglich

Knochenhaut
Gelenkkopf Knorpel
Gelenkspalt mit Gelenkschmiere
Gelenkkapsel
Gelenkpfanne

Bau eines Scharniergelenks (Schema)

Mit unserer Hand können wir einen Stift halten und schreiben, einen Hammer fest packen oder mit den Fingerspitzen Papierkügelchen formen. Jedesmal wird dabei die Hand ganz unterschiedlich bewegt. Die Hand ist ein Universalwerkzeug, weil sie aus einer Vielzahl von Knochen und *Gelenken* besteht.

Alle Gelenke zeigen einen vergleichbaren Aufbau. Ein verdickter *Gelenkkopf* sitzt in einer eingetieften *Gelenkpfanne*. Dazwischen besteht ein *Gelenkspalt*. Die Gelenkflächen sind von glattem *Gelenkknorpel* überzogen. Eine feste *Gelenkkapsel* umschließt die Gelenkstelle und bildet *Gelenkschmiere*. Diese schleimige Masse füllt den Gelenkspalt aus. Sie vermindert zusammen mit der Knorpelschicht die Reibung im Gelenk. Daher können Gelenke auch unter Druckbelastungen arbeiten.

Andererseits können Gelenke auch Zugbelastungen standhalten. Diesen Kräften, die das Gelenk auseinander ziehen, wirken Gelenkkapsel und Bänder entgegen. *Bänder* sind zähe, kaum dehnbare Verbindungen, die die Gelenkknochen zusammenhalten. Sie können enorme Kräfte ertragen. An das Kniegelenk könnte man 300 kg anhängen, ohne dass die Bänder zerreißen würden.

Die Gelenke des Körpers unterscheiden sich in der Gestalt von Gelenkkopf und Gelenkpfanne. Die Form dieser Knochen bestimmt die Bewegungsmöglichkeiten eines Gelenks. Man teilt daher die Gelenke nach ihrer Bewegungsmöglichkeit in verschiedene Typen ein. Jeder Typ ist mit einem technischen Gelenk vergleichbar. Die unten stehenden Abbildungen zeigen die drei Gelenktypen des Körpers.

Aufgaben

1. Wie viele Gelenke hat ein Finger? Versuche den Gelenktyp herauszufinden.
2. Betrachte die Skelettabbildung auf S. 19. Benenne Knochen, die durch Gelenke verbunden sind. Versuche auch hier den jeweiligen Gelenktyp herauszufinden.
3. Ordne den einzelnen Gelenkteilen die folgenden Aufgaben zu:
   a) schützt das Gelenk
   b) hält Stöße ab
   c) hält Reibung gering

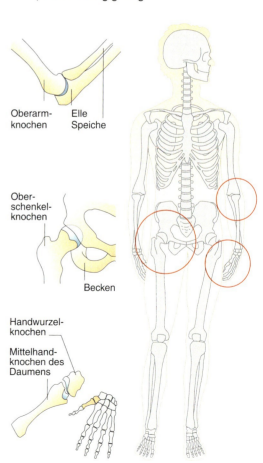

Scharniergelenk
Mit dem Ellenbogengelenk kann der Unterarm im Wesentlichen nur nach oben oder unten bewegt werden. Weil der Gelenkkopf walzenförmig ist und die Gelenkpfanne die Form einer Rinne hat, lässt dieses Gelenk wie ein Scharnier nur Bewegungen in einer Ebene zu.

Kugelgelenk
Das Hüftgelenk ist ein Kugelgelenk. Der kugelförmige Gelenkkopf des Oberschenkelknochens und die Kugelform der Gelenkpfanne ermöglichen kreisende Bewegungen des Oberschenkels.

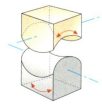

Sattelgelenk
Am Daumengrund findet man das Sattelgelenk, bei dem Kopf und Pfanne versetzt ineinander greifen. Es lässt sich mit einem Reiter im Sattel vergleichen.

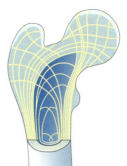

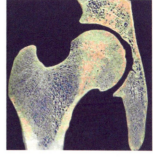

Das Foto zeigt den Oberschenkelhals und den Gelenkkopf eines längs aufgesägten Oberschenkelknochens des Menschen. Die Schemaabbildung daneben verdeutlicht die Anordnung der Knochenbälkchen im Inneren des Knochens.

② Beschreibe die Anordnung der Knochenbälkchen. Womit könnte man diese vergleichen?

③ Erkläre im Zusammenhang mit der Anordnung der Knochenbälkchen die größte Belastungsrichtung für den Oberschenkelknochen.

Knochen

Belastungsfähigkeit von Knochen

Festigkeit von Röhrenknochen

In einem Modellversuch soll die Festigkeit von Röhrenknochen untersucht werden. Teile dazu ein DIN A4-Blatt festes Papier längs in zwei Hälften. Rolle die eine Hälfte mithilfe eines Bleistiftes zu einer Rolle und binde diese mit einem Stück Faden zusammen. Die andere Hälfte wird in der Längsrichtung mehrfach gefaltet (ungefähr 2 cm breit) und ebenfalls mit einem Faden zusammengebunden. Befestige an beiden Papieren in der Mitte eine Schlaufe und lege sie auf einen Dreifuß. Hänge jeweils an die Schlaufen immer schwerere Gewichte, bis die Belastungsgrenze erreicht ist.

① Vergleiche und erkläre das Versuchsergebnis.

Aufbau der Knochen und Festigkeit

Im Durchschnitt enthält ein Knochen 52 % Mineralstoffe (vor allem Calcium und Phosphor), 27 % organische Stoffe (vor allem Eiweiß) und 21 % Wasser. Die Mineralstoffe verleihen dem Knochen Festigkeit und Härte, die enthaltenen Eiweiße Elastizität. Dadurch kann der Knochen hohe Belastungen durch Druck und Zug aushalten.

Fußgewölbe

④ Führe den nachfolgenden Versuch mit einem dünnen Karton und verschiedenen Wägestücken durch. Notiere und erkläre deine Beobachtungen.

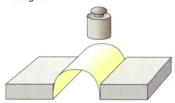

⑤ Vergleiche das Ergebnis des Experimentes mit den beiden Abbildungen. Erläutere den Zusammenhang.

⑥ Fertige von deinen Füßen Abdrücke an, indem du die Füße anfeuchtest und auf ein Blatt Löschpapier trittst. Zeichne dann sofort den Umriss deiner Fußabdrücke mit einem Bleistift nach.

Brückengewölbe

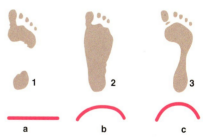
Röntgenaufnahme

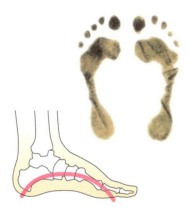

Die beiden Abbildungen zeigen die Abdrücke von gesunden Füßen mit dem dazugehörigen Fußgewölbe. Bei nicht wenigen Menschen weicht die Fußform davon jedoch ab. Hohl-, Senk- und Spreizfuß sind die wichtigsten Fehlstellungen des Fußes.

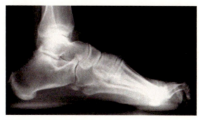

⑦ Ordne den Begriffen Hohl-, Senk- und Normalfuß die drei dargestellten Fußabdrücke (1–3, Abb. oben) und die Form der Fußgewölbe (a–c, oben) zu. Begründe deine Entscheidung.

⑧ Erläutere mögliche Ursachen für die dargestellten Fehlstellungen des Fußes und leite vorbeugende Maßnahmen ab, um solche Fehlstellungen zu verhindern.

Der Mensch

Die Muskulatur

Etwa die Hälfte der Körpermasse des Menschen macht die Muskulatur aus. Insgesamt mehr als 600 verschiedene *Muskeln* befinden sich in unserem Körper. In der Abbildung sind nur diejenigen wiedergegeben, die direkt unter der Haut an der Körperoberfläche liegen. Beispielsweise befinden sich unter den großen Brustmuskeln viel kleinere Muskeln zwischen den Rippen.

Diese *Zwischenrippenmuskulatur* ermöglicht das Heben des Brustkorbs und damit das Einatmen.

Alle diese Muskeln gehören zur *Skelettmuskulatur*. Sie wird auch als *willkürliche Muskulatur* bezeichnet, weil sich die Muskeln zusammenziehen, wenn wir es wollen.

Ein Skelettmuskel ist häufig spindelförmig, an den Enden also dünn und in der Mitte dick. Die *Muskelhaut*, die ihn umgibt, schließt viele *Muskelfaserbündel* ein. Jedes Bündel enthält *Muskelfasern*, die nur mit dem Mikroskop sichtbar sind. An gekochtem Hühnchenfleisch lässt sich die Faserstruktur von Muskeln gut erkennen. Zwischen den Muskelfasern und zwischen den Bündeln verlaufen Blutgefäße und Nerven. Die *Blutgefäße* übernehmen die Versorgung mit Nährstoffen und Sauerstoff, *Nerven* ermöglichen die Muskelaktivierung.

Auch die inneren Organe haben Muskeln. Diese *Eingeweidemuskulatur*, die langsamer als die Skelettmuskulatur arbeitet, lässt sich von unserem Willen nicht beeinflussen. Man findet sie beispielsweise in der Magen- und der Darmwand. Ebenso besteht das Herz zum größten Teil aus Muskulatur.

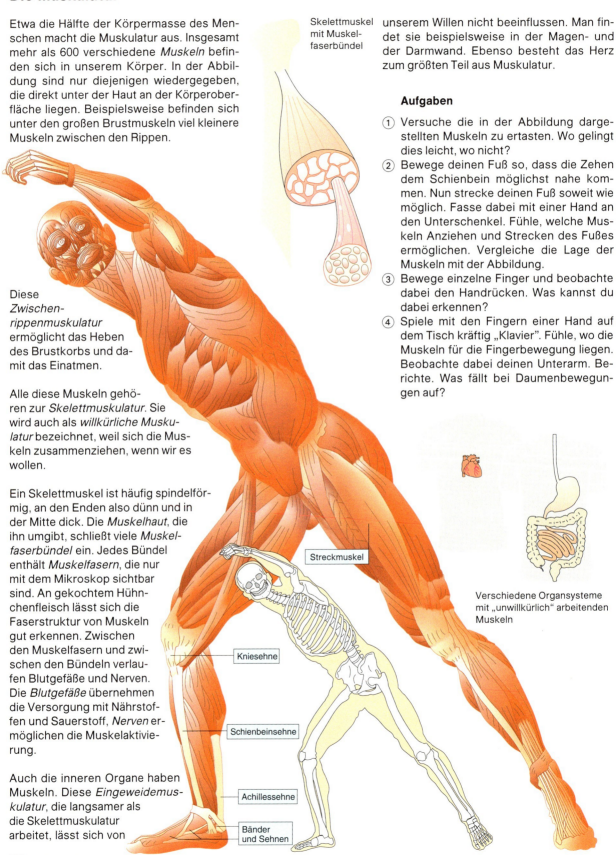

Skelettmuskel mit Muskelfaserbündel

Streckmuskel
Kniesehne
Schienbeinsehne
Achillessehne
Bänder und Sehnen

Verschiedene Organsysteme mit „unwillkürlich" arbeitenden Muskeln

Aufgaben

1. Versuche die in der Abbildung dargestellten Muskeln zu ertasten. Wo gelingt dies leicht, wo nicht?
2. Bewege deinen Fuß so, dass die Zehen dem Schienbein möglichst nahe kommen. Nun strecke deinen Fuß soweit wie möglich. Fasse dabei mit einer Hand an den Unterschenkel. Fühle, welche Muskeln Anziehen und Strecken des Fußes ermöglichen. Vergleiche die Lage der Muskeln mit der Abbildung.
3. Bewege einzelne Finger und beobachte dabei den Handrücken. Was kannst du dabei erkennen?
4. Spiele mit den Fingern einer Hand auf dem Tisch kräftig „Klavier". Fühle, wo die Muskeln für die Fingerbewegung liegen. Beobachte dabei deinen Unterarm. Berichte. Was fällt bei Daumenbewegungen auf?

So arbeitet die Muskulatur

Die Basketballspielerin ist im Ballbesitz und läuft in die gegnerische Hälfte. Jetzt ist sie in einer guten Wurfposition. Sie entschließt sich zu einem Fernwurf. Dazu hält sie den Ball mit beiden Händen vor die Brust und winkelt die Unterarme an. Plötzlich streckt sie beide Arme nach oben, wirft — und trifft in den Korb.

Beim Spiel sind alle Skelettmuskeln im Körper eines Spielers aktiv. Sie ermöglichen ihm alle Bewegungen, wie Laufen, Springen oder Werfen. Die grundsätzliche Arbeitsweise der Muskulatur lässt sich bereits am Beispiel der Unterarmbewegung zeigen. Die beiden zugehörigen, spindelförmigen Muskeln befinden sich am Oberarm. Sie sind von der Muskelhaut umgeben, die an ihren Enden in zähe, kaum dehnbare *Sehnen* übergeht. Sie stellen die Verbindung zum Skelett her, denn sie sind mit den Knochen verwachsen.

Streckt die Basketballspielerin den Unterarm beim Wurf, so zieht sich dabei der Streckmuskel — auch *Strecker* genannt — zusammen. Er befindet sich auf der Hinterseite des Oberarms. Seine Sehnen sind einerseits mit dem festen Schulterblatt verwachsen, andererseits mit einem Unterarmknochen, der Elle. Wenn der Muskel aktiviert ist, verkürzt er sich und zieht an seinen Sehnen. Die Zugkraft bewirkt, dass der Unterarm im Ellenbogengelenk gedreht und damit gestreckt wird. So wird der Ball beschleunigt und geworfen.

Um den Unterarm wieder anzuwinkeln, wird der Beugemuskel *(Beuger)* benötigt. Er wird auch als *Bizeps* bezeichnet und befindet sich an der Vorderseite des Oberarms. Seine Sehnen sind mit dem Schulterblatt und am Unterarm mit der Speiche verwachsen. Verkürzt sich der Beuger, so wird er dicker. Dies ist an diesem Muskel besonders deutlich sichtbar. Dabei zieht der Beugemuskel über eine Sehne am Unterarm und winkelt ihn an. Die Bewegung kommt aber nur zustande, weil der zuvor verkürzte Streckmuskel jetzt erschlafft ist. Durch die Beugung des Unterarms entsteht zugleich auch ein Zug auf die Sehnen des Streckmuskels, der durch diese Kräfte wieder gedehnt wird.

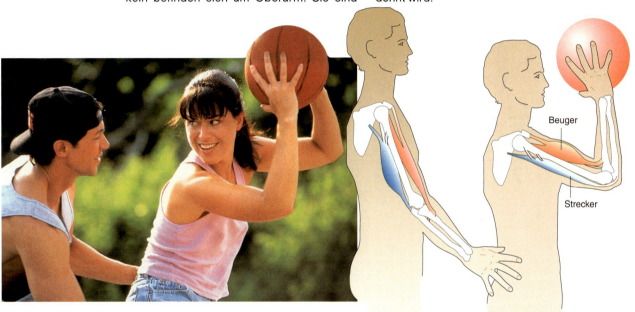

Beuger und Strecker sind Gegenspieler. Ohne dieses *Gegenspielerprinzip* wäre eine rasche Hin- und Herbewegung des Unterarms gar nicht möglich. Ein Muskel kann sich zwar verkürzen, jedoch nicht selbst dehnen. Er wird erst dann gedehnt, wenn sich sein Gegenspieler verkürzt und dabei das Gelenk bewegt. Deshalb findet man bei allen Gelenken mindestens zwei Muskeln.

Aufgabe

① Setze dich auf einen Stuhl und strecke den Unterschenkel waagrecht aus. Winkle nun den Unterschenkel so weit als möglich an. Ertaste dabei am Bein die Muskeln, die diese Bewegung ermöglichen. Beschreibe daran das Gegenspielerprinzip.

Der Mensch

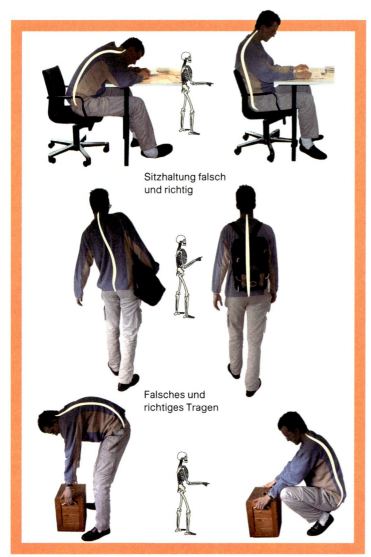

Sitzhaltung falsch und richtig

Falsches und richtiges Tragen

1 Falsche und richtige Belastung des Rückens

Haltungsschäden vermeiden

Der aufrechte Gang ist eine Besonderheit des Menschen, an die Skelett und Muskulatur gut angepasst sind. So verkraftet unser Körper alltägliche Anforderungen, wie Stehen, Laufen, Sitzen, Tragen von Lasten usw.

Schüler müssen im Unterricht viele Stunden sitzend verbringen. Dabei wird sehr oft eine falsche Haltung eingenommen. Der Rücken wird stark nach vorn gekrümmt und die Wirbelsäule aus ihrer natürlichen Form gebracht. Eine schwach ausgebildete oder ermüdete Muskulatur verstärkt diese Fehlhaltung noch. Wenn außerdem die Arbeitstische zu niedrig sind, wird der Rücken regelrecht in eine falsche Sitzhaltung gezwun-

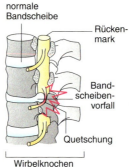

gen. Über Jahre hinweg kann dadurch ein *Rundrücken* entstehen. Ein Haltungsschaden ist entstanden.

Ebenso ungünstig kann sich für Kinder und Jugendliche falsches Tragen von Lasten oder das Tragen zu schwerer Lasten auswirken. *Haltungsfehler* können verstärkt werden. Wenn zum Beispiel die schwere Schultasche nicht auf dem Rücken, sondern ständig in der Hand getragen wird, verbiegt sich die Wirbelsäule seitlich zu stark. Ein *Schiefrücken* kann die Folge sein.

Bei jungen Menschen wachsen die Knochen noch. Deshalb kann sich bei ihnen die Wirbelsäule durch länger andauernde Haltungsfehler besonders leicht verformen. Diese Verformungen sind nach abgeschlossenem Wachstum nicht mehr vollständig zu beseitigen. Es kommt zu dauerhaften Haltungsschäden, die häufig mit Schmerzen und anderen Beschwerden verbunden sind.

Um Schäden an der Wirbelsäule, die meist erst später auftreten, vorzubeugen, sollten Bauch- und Rückenmuskulatur gut ausgebildet sein. Das fördert eine aufrechte Sitzhaltung. Zudem sollte man sich angewöhnen, schwere Gegenstände aus der Hocke anzuheben, nicht aus gebückter Haltung. Denn bereits beim Bücken oder bei ständiger nicht aufrechter Sitzhaltung werden die Wirbel gekippt und gegen die Bandscheiben auf der Bauchseite gequetscht. Bei zu starker oder dauerhafter Belastung dieser Art kann es irgendwann zum schmerzhaften *Bandscheibenvorfall* kommen. Die Bandscheibe wird dabei so stark gequetscht, dass sie auf einen Nervenstrang drückt.

Auch die *Füße* des Menschen können von Haltungsschäden betroffen sein. Sie tragen das gesamte Körpergewicht und werden durch Stehen, Gehen, Laufen und Springen besonders belastet. Die Fußknochen bilden ein Gewölbe, das durch Muskeln und kräftige Bänder gefestigt wird. Unpassende, vor allem zu kleine oder zu enge Schuhe, Übergewicht oder häufiges, langes Stehen können die natürliche Fußform verändern. Häufigeres Barfuß-Laufen trainiert die Fußmuskulatur und beugt ebenso wie geeignetes Schuhwerk späteren Fußschäden vor.

Aufgabe

① Wie kannst du die Belastung der Wirbelsäule, die durch langes Sitzen in der Schule entsteht, möglichst gering halten?

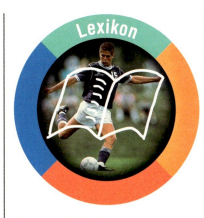

Sport: Wichtig — aber richtig

Viele Jungen und Mädchen treiben Sport. Das macht einerseits Spaß und ist andererseits wichtig für den Körper. Regelmäßige und ausdauernde Bewegung steigert nicht nur die körperliche Leistungsfähigkeit und das Wohlbefinden. Auch die Körperhaltung wird verbessert, wenn beim Sport die Rückenmuskulatur gestärkt wird. In jedem Fall führt regelmäßiger Sport — richtig betrieben — zu Lebensfreude und zur Leistungssteigerung von Herz, Kreislauf und Atmung.

Vorbereitung und Aufwärmtraining

Bevor man seinem Körper sportliche Höchstleistungen abverlangen kann, muss er vorbereitet sein. Plötzliche, starke Belastung ohne geeignete Vorbereitung ist eine Hauptursache für Verletzungen beim Sport.

Die Art der Vorbereitung ist etwas davon abhängig, welche Sportart man betreibt. Wichtig ist, dass auch bei der Vorbereitung die Belastung sanft einsetzt. Beispielsweise beginnt man vor einem Leichtathletikwettkampf das *Aufwärmtraining* mit einer leichten Laufübung. Danach wird die Beweglichkeit verbessert, indem man auf der Stelle läuft und dabei die Knie so weit wie möglich anhebt. Durch anschließende Dehnübungen werden Bänder und Muskeln gestreckt und gelockert. Um gesundheitliche Schäden zu vermeiden, darf dabei die Belastung nur langsam und nicht etwa ruckartig einsetzen. Sobald man Schmerz verspürt, muss die Belastung vermindert werden. Danach können einige kurze Sprints eingelegt werden, sodass nach etwa 10 bis 15 Minuten der Körper auf den Wettkampf vorbereitet ist.

Beim Wintersport ist Aufwärmtraining besonders wichtig. Vor allem beim Skifahren oder Snowboarden sollte man nach jeder Liftfahrt, bei der die ruhende Muskulatur auskühlt, eine kurze Aufwärmphase mit Schneetreten und Bewegung der Arme einplanen.

Sport im Verein

Wer regelmäßig Sport betreibt und sich gerne in Gesellschaft befindet, der ist im Sportverein gut aufgehoben. Wer ehrgeizig und talentiert ist, kann unter fachkundiger Anleitung trainieren. Mithilfe erfahrener Trainer lassen sich gute Leistungen erzielen und in der Regel zugleich körperliche Schäden durch Fehlbelastungen vermeiden.

Risiko …

„No risk, no fun!" Das kann man hin und wieder hören. Viele Skater finden es zum Beispiel cool, sich ohne Helm, ohne Handgelenk- und Ellenbogenschützer und nur mit einem T-Shirt und Sporthose bekleidet zu springen. Solches Verhalten ist zwar verführerisch und kann Spaß machen, birgt aber ein untragbares Risiko. Selbst wenn die Übung hundertmal gelingt, kann sie doch das nächste Mal schief-

gehen. Die Bruchlandung läuft meist glimpflich ab — aber nur, wenn man die passende Schutzausrüstung trägt, so wie der Skater auf dem Bild. Bei fehlendem Schutz dagegen kann ein Sturz leicht zu schweren Schädel- oder Gelenkverletzungen führen — wenn man Pech hat, mit lang anhaltenden Folgen. Entsprechendes gilt für alle Sportarten, bei denen ein größeres Verletzungsrisiko gegeben ist, weil man sich mit seinem Sportgerät sehr schnell bewegen kann. Mit entsprechender Schutzausrüstung merkt man bald: „No risk, but fun!"

Verhalten im Notfall

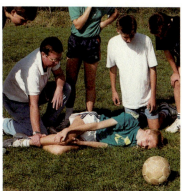

Trotz aller Vorsorge können durch plötzliche übermäßige Belastungen Verletzungen auftreten. Kann der Verletzte nicht mehr selbstständig einen Arzt aufsuchen, muss dieser benachrichtigt werden. Bis zu seinem Eintreffen sollte das verletzte Körperteil ruhig gestellt und unnötige Bewegungen vermieden werden. Um Schwellungen und Schmerzen zu verringern, kann mit Umschlägen und Kompressen gekühlt werden.

Häufige Sportverletzungen sind zum Beispiel Verstauchungen, Muskelfaserrisse und Sehnen- und Bänderverletzungen. Manchmal kommt es auch zum Knochenbruch.

2 Ernährung und Verdauung

Wocheneinkauf einer Familie aus Mali
Frühstück: Hirsebrei mit etwas Tamarindensaft oder Reisbrei mit Sauermilch.
mittags: Eintopf aus Tomaten, Zwiebeln und Öl, manchmal Trockenfisch mit Reis.
abends: Hirse- und Reisfladen mit einer Okrasuppe.

Wocheneinkauf einer türkischen Familie
Zu Mittag gibt es oft Linsen- oder Tomatensuppe, oft mit besonders zubereitetem Hackfleisch. Am Abend wird gern Hammelfleisch mit Zwiebeln und Kartoffeln gegessen.

Wocheneinkauf einer kalifornischen Familie
Der größte Teil der eingekauften Lebensmittel ist fabrikmäßig verpackt. Eingekauft wird meist in riesigen Supermärkten. Manchmal kommt zum Wocheneinkauf noch Fastfood dazu, z.B. ein Hamburger.

Die Vielfalt der Lebensmittel

In Afrika, Asien und Südamerika werden andere Nutzpflanzen angebaut als in Europa. Dort wachsen Reis, Hirse und Sojabohnen. Sie dienen in diesen Erdteilen als Grundnahrungsmittel für die Bevölkerung. Die Unterschiede zu uns werden besonders deutlich, wenn man den Wocheneinkauf für eine Familie aus jeweils verschiedenen Ländern vergleicht. In den Ländern Mitteleuropas bilden Teigwaren oder Kartoffeln einen wesentlichen Bestandteil der täglichen Nahrung. Sie gehören zu unseren Grundnahrungsmitteln.

Unsere Nahrung setzt sich aus pflanzlichen und tierischen Produkten zusammen. Zu den *pflanzlichen Produkten* gehören Gemüse, Salat und Obst. Aber auch Brot und andere Teigwaren gehören dazu, da sie aus Weizen- oder Roggenmehl hergestellt werden. *Tierische Produkte* sind Fleisch, Fisch, Eier und Milch. Durch Weiterverarbeitung dieser Lebensmittel entstehen unter anderem Wurst, Quark, Sahne, Butter und Käse.

Aufgabe

① Schreibe für deine Familie die Art und Menge der Lebensmittel auf, die in einer Woche eingekauft werden. Vergiss dabei nicht die Getränke und die Nahrung, die sofort nach dem Kauf außerhalb verzehrt werden. Fertige nach dem Vorbild der Fotos eine Collage an.

Bestandteile der Nahrung

Große Pause! Einige Schüler haben ein Pausenbrot mit Käse oder Wurst, andere einen Apfel oder eine Orange, manche einen Schokoriegel. Im Laufe eines Tages essen wir viele verschiedene Lebensmittel. Wie fit wir uns fühlen, hängt auch mit der Menge und der Zusammensetzung der Nahrung zusammen.

Obwohl es eine Unmenge verschiedener Lebensmittel gibt, haben alle etwas gemeinsam: Sie bestehen im Wesentlichen aus den selben Bestandteilen, nämlich aus Eiweißen, Fetten und Zucker und Stärke in unterschiedlichen Anteilen (s. Abb. 1).

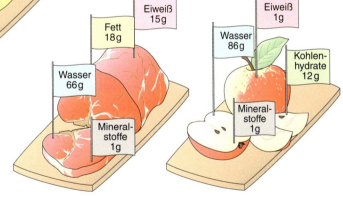

1 Nährstoffgehalt einiger Lebensmittel (pro 100 g)

- Zucker und Stärke gehören zur Gruppe der **Kohlenhydrate.** Zucker ist z. B. im Honig und in Früchten enthalten, Stärke ist der Hauptbestandteil von Kartoffeln, Mehl und Produkten daraus, wie z. B. Brot oder Nudeln.
- **Eiweiße** findet man besonders viel in Fleisch, Fisch, Hühnerei und in Milchprodukten, aber auch in Erbsen und im Mais.
- **Fette** sind zum Beispiel in Sahne, Butter, Käse, Wurst und Speck, aber auch in pflanzlichen Produkten, wie Oliven oder Erdnüssen, enthalten. Aus Letzteren gewinnt man die Pflanzenöle.

Eiweiße, Fette und Kohlenhydrate fasst man unter dem Sammelbegriff **Nährstoffe** zusammen. Neben diesen lebenswichtigen Nährstoffen muss unsere Nahrung aber noch weitere, für unsere Gesunderhaltung unbedingt erforderliche Stoffe enthalten, wie zum Beispiel die *Vitamine* und die *Mineralstoffe*.

Mit der Nahrung und den damit aufgenommenen Nährstoffen kann unser Körper aber zunächst nichts anfangen, sie müssen weiter „verarbeitet" werden. Diese Verarbeitungsvorgänge bezeichnet man als *Stoffwechsel*.

Um uns zu bewegen, um unsere Körpertemperatur aufrecht zu erhalten, um unser Gehirn benutzen zu können, aber auch während des Schlafens brauchen wir Energie. Die Energie ist also notwendig, um unseren Körper in „Betrieb" zu halten. Die dazu im Körper stattfindenden Vorgänge nennt man **Betriebsstoffwechsel**. Hauptenergieträger sind die Fette und Kohlenhydrate.

Nährstoffe sind aber auch notwendig zum Aufbau unseres Körpers. Das kannst du dir klar machen, wenn du vergleichst, wie klein du nach der Geburt warst und wie groß du heute bist, also wie viel du gewachsen bist.

Aber auch Erwachsene brauchen ständig Nährstoffe für den Aufbau von körpereigenen Stoffen, z. B. für das Wachsen der Haare

Wie viel Eiweiß braucht man pro Tag pro Kilogramm Körpergewicht?
Säuglinge: 3,3 g
Kinder, 12 Jahre: 1,8 g
Erwachsene: 1,0 g

oder der Fingernägel. Diese Vorgänge bezeichnet man als Baustoffwechsel. Für den **Baustoffwechsel** sind Eiweiße besonders wichtig.

Aufgabe

① Ermittle für verschiedene Lebensmittel anhand der Angaben auf den Verpackungen den Gehalt an Nährstoffen und sonstigen Inhaltsstoffen. Löse dazu von den Verpackungen die Aufkleber ab oder schneide die Informationen über die Inhaltsstoffe aus. Stelle dein Untersuchungsergebnis übersichtlich in einer Tabelle dar.

Der Mensch

Einfache Nährstoffnachweise

Die folgenden Versuche kannst du selbst ausführen. Beachte folgende Regeln:
1. Trage beim Experimentieren eine Schutzbrille und beachte die eventuell hinter den Chemikalien in Klammern angegebenen Gefahrstoffsymbole (C, Xi, Xn)
2. Arbeite nie mit Hast.
3. Unterlasse während der Versuche jegliche Spielereien mit deinen Mitschülern.
4. Stelle die Chemikalien und den Brenner nie an den Rand des Arbeitstisches.
5. Sei besonders vorsichtig bei der Arbeit mit offener Flamme.
6. Beachte die Hinweise zur Entsorgung der gebrauchten Chemikalien. Nicht in den Abfluss gießen!
7. Reinige nicht mehr gebrauchte Geräte und Gefäße sobald wie möglich.

Nachweis von Kohlenhydraten

A. Stärke

Nachweismethode:
Eine Spatelspitze löslicher Stärke wird in ein Reagenzglas gebracht, das 3 cm hoch mit etwa 50 °C warmem Wasser gefüllt ist. Durch kräftiges Schütteln des Reagenzglases wird die Stärke im Wasser gelöst. Gib nun einen Tropfen der gelbbraunen Iod-Kaliumiodid-Lösung zu. Beobachte die sich einstellende Verfärbung der Lösung. Sie ist der Nachweis für Stärke. Notiere hierzu einen Merksatz in dein Heft.

Lebensmitteluntersuchung:
Tropfe jetzt ein wenig Iod-Kaliumiodid-Lösung auf die folgenden Nahrungsmittel: Kartoffel-, Apfel- und Bananenscheiben, Weißbrot, trockene Nudeln, gekochten Reis, zerriebenen Kopfsalat, Käse.

Erstelle eine Tabelle nach folgendem Muster:

Lebensmittel	Stärkenachweis
Stärke Kartoffel	+

Trage in die rechte Spalte ein +- oder ein −-Zeichen ein, je nachdem, ob Stärke nachweisbar war oder nicht.

B. Fehling-Probe auf Zucker

Nachweismethode:
Fülle ein Reagenzglas 3 cm hoch mit blauer fehlingscher Lösung I. Gib nun gleich viel von der farblosen fehlingschen Lösung II [C] dazu. Das Flüssigkeitsgemisch im Reagenzglas nimmt jetzt eine tiefblaue Farbe an.

Löse in einem weiteren Reagenzglas, in dem sich 2 cm hoch Wasser befindet, eine Spatelspitze Traubenzucker.

Gib hierzu etwa 1 cm hoch von der tiefblauen Lösung. Stelle das Reagenzglas mit dem Gemisch aus den drei Lösungen in ein 250-ml-Becherglas, das mit etwa 70 °C heißem Wasser gefüllt ist.

Nach etwa 3 bis 5 Minuten kann im Reagenzglas eine Veränderung beobachtet werden. Diese Veränderung zeigt an, dass Traubenzucker enthalten ist.

In gleicher Weise reagieren einige andere Zucker, wie zum Beispiel Malzzucker und Fruchtzucker.
Notiere in deinem Heft zur Veränderung der Farbe einen Merksatz.

Lebensmitteluntersuchung:
Untersuche jetzt mit einem Gemisch der beiden fehlingschen Lösungen in derselben Weise folgende Lebensmittel und Getränke:
Farblose Limonade, Mineralwasser, Honig, Haushaltszucker, Obst- und Gemüsesäfte, Milch, Olivenöl.

Bei welchen Lebensmitteln und Getränken ist die Fehlingprobe positiv?

Erstelle hierzu eine entsprechende Tabelle (vergleiche Stärkenachweis).

Verwendung von Teststäbchen

Manche Testmethoden ergeben nicht immer ein ganz eindeutiges Ergebnis. So ergibt Traubenzucker mit der Fehling-Probe zwar ein positives Ergebnis, aber es reagieren auch andere Zucker, z. B. Malzzucker, in der selben Weise. In solchen Fällen kann man gut Teststäbchen einsetzen, die nur auf **Traubenzucker** ansprechen. Solche Teststäbchen gibt es auch für **Eiweiß**.

Bringe dazu etwas von der zu untersuchenden Lebensmittelprobe in ein Reagenzglas, gib etwas destilliertes Wasser hinzu und schüttle gut um. Halte nun kurz das Teststäbchen hinein und vergleiche mit der Farbskala auf der Packung. Stelle deine Versuchsergebnisse übersichtlich in einer Tabelle dar.

Nachweis von Fetten

Nachweismethode:
Bringe einen Tropfen Wasser und einen Tropfen Salatöl nebeneinander auf ein Blatt Pergamentpapier. Halte das Papier gegen das Licht, sobald das Wasser verdunstet ist.

Beschreibe das Versuchsergebnis und notiere, wie man Fett nachweisen kann.

Lebensmitteluntersuchung:
Drücke, reibe oder tropfe folgende Nahrungsmittel auf ein Blatt Pergamentpapier: Vollmilch, Wurst, Käse, Schokolade, Brot, Kuchen, Äpfel, Nüsse.

Betrachte das Papier genau und notiere, welche Nahrungsmittel viel, wenig oder fast kein Fett enthalten.

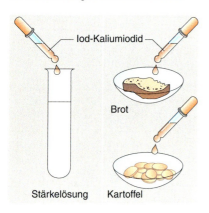

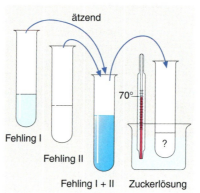

Energie macht's möglich

Radrennfahrer müssen kraftvoll in die Pedale treten, um ihre Geschwindigkeit zu halten. Bergauf müssen ihre Muskeln besonders viel Kraft entwickeln. Damit sie ein Rennen durchhalten, das mehrere Stunden dauert, müssen sie zwischendurch Flüssigkeit und Nahrung zu sich nehmen. Fette und Kohlenhydrate liefern ihnen als Betriebsstoffe die Energie, die sie für ihre Arbeit brauchen. Es sind die *Energieträger*.

Unser Körper ist ständig auf die Zufuhr von Energie durch Nahrungsmittel angewiesen. *Hunger* ist ein Zeichen des Körpers, dass er Nahrung und damit auch Energie benötigt. Unser Körper setzt aber auch Energie um, wenn wir nichts tun, sogar im Schlaf. Diejenige Energiemenge, die der Körper bei völliger Ruhe benötigt, heißt *Grundumsatz*. Er beträgt bei einem Erwachsenen etwa 6000 bis 7000 Kilojoule pro Tag.

Der *Energiebedarf* steigt, je mehr Arbeit unser Körper verrichtet. Wenn wir Sport treiben oder körperlich arbeiten, müssen die Muskeln mehr Kraft entwickeln. Sie benötigen daher mehr Energie, als wenn wir still sitzen.

Nimmt man aber über längere Zeit mehr Betriebsstoffe auf als man benötigt, wird man dick. Oft überschätzt man den Energiebedarf. Auch beim Sport oder anderen körperlichen Anstrengungen wird nicht so viel Energie umgesetzt, wie man sich vorstellt: Du musst z. B. 40 Minuten aktiv Tennis spielen, um dir eine kleine Portion Pommes Frites mit Mayonnaise wieder abzuarbeiten.

Der *Energiegehalt* der Nahrungsmittel ist sehr unterschiedlich. Dieser hängt einerseits vom Wassergehalt, andererseits von den enthaltenen Nährstoffen ab. Der energiereichste Nährstoff ist Fett. 100 g Fett enthalten ca. 3800 kJ Energie (s. Randspalte).

Aufgaben

① Vergleiche die Werte in Abbildung 2 und erkläre, von welchen Nahrungsmittel man wenig essen sollte, wenn man sich nicht sehr viel bewegt.

② Vergleiche die Werte für die verschiedenen Sportarten. Wie lange muss man Rad fahren, um die Energiemenge von 100g Milchschokolade abzuarbeiten. Vergleiche diese Zeit mit dem Beispiel eines ruhenden Menschen.

Grundumsatz
vom Körper benötigte Energiemenge bei völliger Ruhe

Kilojoule
Abkürzung **kJ**
Maßeinheit für Energiemengen

Energiegehalt der Nährstoffe pro 100 g
Fett: ca. 3800 kJ
Kohlenhydrate: ca. 1650 kJ
Eiweiß: ca. 1700 kJ

Champignon	92
Äpfel	243
Milch (pro Liter)	268
Jogurt	297
Kartoffeln	318
Bananen	356
Forelle	423
Brathuhn	578
Hühnerei	678
Roggenbrot	1126
weiße Bohnen	1415
Kotelett	1427
Brötchen	1620
Milchschokolade	2176
Erdnüsse	2436

Energiegehalt von Nahrungsmitteln (kJ pro 100 g)

1 Umwandlung der Energie im Körper

2 Benötigte Energie

Der Mensch

Nährstoffe allein genügen nicht

Eine Ernährung nur mit Kohlenhydraten, Fetten und Eiweißen reicht nicht aus. Man kann zwar seinen Energiebedarf damit hinreichend decken, bestimmte Stoffwechselvorgänge laufen aber nur dann richtig ab, wenn unsere Nahrung ausreichend *Vitamine* und *Mineralstoffe* enthält.

Man kennt 13 verschiedene **Vitamine**, die alle lebensnotwendig sind, aber nur in sehr geringen Mengen benötigt werden. Die meisten Vitamine sind in Obst und Gemüse enthalten, jedoch auch in Fleisch und Fisch. Sie sorgen dafür, dass wir gesund und leistungsfähig bleiben.

Auch **Mineralstoffe** benötigen wir nur in sehr kleinen Mengen. Eisen z. B. nehmen wir mit Obst, Vollkornbrot oder Fleisch auf, das Calcium mit Milchprodukten. Calcium benötigen wir für den Knochenaufbau, besonders während des Wachstums. Eisen ist wichtig für die Blutbildung. Eisenmangel führt zu Müdigkeit und Konzentrationsstörungen.

Unsere Nahrung sollte neben den verwertbaren Anteilen auch solche enthalten, die wir nicht verdauen und somit für unseren Stoffwechsel auch nicht nutzen können. Das scheint auf den ersten Blick unsinnig zu sein, aber solche **Ballaststoffe** in der Nahrung füllen den Darm und regen ihn zu Bewegungen an. Auf diese Weise sorgen sie für einen zügigen Transport der Nahrung und eine regelmäßige Darmentleerung. Ballaststoffe sind in Vollkornprodukten, Obst und Gemüse enthalten.

Alle Nahrungsmittel und natürlich auch alle Getränke enthalten **Wasser**. Der Körper gibt täglich fast 2,5 Liter Wasser durch Schwitzen, die Atmung und den Urin ab. Dieses muss vor allem durch Trinken und durch in der Nahrung enthaltenes Wasser ersetzt werden. Bei einem 100-m-Lauf verliert man zum Beispiel die Menge Wasser, die eine normale Kaffeetasse füllt; im Verlauf eines Fußballspiels sogar die Menge von 5 bis 20 Tassen. Je mehr man körperlich arbeitet oder je wärmer es ist, umso mehr muss man trinken. Trinkt man zu wenig, lässt die Leistungsfähigkeit schnell nach.

Der in der Mitte dargestellte Ernährungskreis gibt eine Übersicht über die einzelnen Nahrungsmittelgruppen und die hauptsächlich in ihnen vorhandenen Stoffe. Er ist deshalb eine gute Hilfe zur Zusammenstellung einer ausgewogenen Ernährung. Der größte Anteil sollte aus Kohlenhydraten bestehen, Eiweiße und vor allem Fette sollten nur in kleineren Mengen enthalten sein.

1 Ernährungskreis

Täglicher Mineralstoffbedarf
Calcium: 1 g
Eisen: 0,015 g

Täglicher Vitaminbedarf
Vitamin A: 0,0013 g
Vitamin C: 0,075 g
Vitamin D: 0,00001 g

Aufgabe

① Notiere einen Tag lang, was du isst. Unterstreiche die pflanzlichen Nahrungsmittel grün, die tierischen rot und mit rot und grün, wenn beide enthalten sind.

2 Vitaminreiches Frühstück

3 Ballaststoffreiche Nahrungsmittel

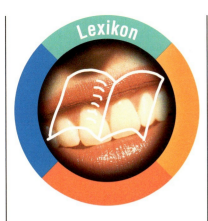

Vitamine

Vitamine sind bei ausgewogener Ernährung meist in genügender Menge in den Nahrungsmitteln vorhanden, die wir täglich zu uns nehmen. Bei starken körperlichen Belastungen, zum Beispiel bei intensivem Sport, kommt es allerdings zu einem erhöhten Vitaminbedarf. Dann ist es unter Umständen sinnvoll, in Form von Brausetabletten zusätzlich Vitamine und Mineralstoffe aufzunehmen. Hoch dosierte, teure Vitaminpräparate sind dagegen überflüssig.

Vitamin A

Vitamin A ist für den Aufbau des Sehfarbstoffes im Auge unbedingt notwendig. Es ist in vielen Nahrungsmitteln als *Provitamin* vorhanden, zum Beispiel in Möhren, Leber, Eigelb, Butter, Spinat und Milch. Aus dem Provitamin entsteht im Körper das eigentliche Vitamin. Vitaminmangel ist normalerweise ausgeschlossen, kann jedoch bei Fehlernährung, wie sehr einseitiger Ernährung und bei übertriebenem Fasten, auftreten. Fehlt dem Körper Vitamin A, kommt es zur Nachtblindheit. Die Mindestmenge pro Tag liegt etwa bei einem Milligramm.

B-Vitamine

Man unterscheidet zwischen verschiedenen B-Vitaminen, zum Beispiel B1 und B12. Ihnen ist gemeinsam, dass sie für den Energie- und Baustoffwechsel erforderlich sind. Vitamin B12 ist zum Beispiel an der Bildung der roten Blutzellen beteiligt. In größeren Mengen sind die B-Vitamine in Vollkornprodukten, Fleisch, Leber, Hühnerei, Milch, Nüssen und Hefe enthalten.

Vitamin C

Das bekannteste Vitamin ist sicher das Vitamin C, das wir in etwas größerer Menge benötigen, nämlich ca. 75 Milligramm pro Tag. Dieses Vitamin ist vor allem in Gemüse und Obst, aber auch in Kartoffeln vorhanden. Besonders reich an Vitamin C sind Zitrusfrüchte,

zum Beispiel Apfelsinen, aber auch Kiwis. Vitamin C unterstützt viele Stoffwechselvorgänge und erleichtert die Aufnahme von Eisen, das für die Blutbildung benötigt wird. Der Körper ist insgesamt leistungsfähiger und besser geschützt gegen Infektionen. Bei der Zubereitung von Speisen sollte man berücksichtigen, dass Vitamin C relativ schnell durch Hitze zerstört wird.

Vitamin D

Dieses Vitamin ist erforderlich für die Knochenbildung, da es in den Stoffwechsel von Calcium und Phosphor, zweier wichtiger Mineralstoffe für den Knochenaufbau, eingreift. Vitamin D ist zum Beispiel in Hering, in Fischleber (Lebertran), Kuhmilch, Eigelb und Butter enthalten. Ist der Körper hinreichend der Sonne und damit dem UV-Licht ausgesetzt, produziert er aber auch selbst Vitamin D. Ausgewogene Ernährung und ausreichender Aufenthalt im Freien sorgen also für eine hinreichende Vitamin D-Versorgung.

Vitamin E

Das lichtempfindliche Vitamin E wird von unserem Körper zum Beispiel für den Fettstoffwechsel benötigt. Es schützt lebenswichtige Stoffe in den Zellen vor Zerstörung, zum Beispiel durch Sauerstoff. Butter, Margarine, Ei, Leber, Getreidekeimlinge und Pflanzenöle enthalten dieses Vitamin in größeren Mengen.

Fehlernährung und Vitaminmangel

Vitaminmangelkrankheiten waren bei uns früher ein Problem. In Ländern, in denen die Menschen an Unterernährung bzw. Fehlernährung leiden, gibt es sie heute noch.

Wenn infolge unzureichender Aufnahme bzw. Bildung von Vitamin D die Knochen nicht genügend Calcium und Phosphor einlagern können, werden sie nicht hart genug. Unter der Belastung durch das Körpergewicht verbiegen sie dann allmählich. Skelettschäden durch gebogene Oberschenkelknochen und eine Trichterbrust sind die Folgen. Man spricht dann von *Rachitis*.

Unter den Seefahrern zur Zeit des CHRISTOPH COLUMBUS war der *Skorbut* gefürchtet. Diese Krankheit begann mit Zahnfleischbluten und Zahnausfall, dann traten innere Blutungen auf und der geschwächte Körper konnte Infektionskrankheiten nicht mehr widerstehen. Die Seeleute litten unter extremem Mangel an Vitamin C, weil sie auf ihrer monatelangen Fahrt weder Obst noch Gemüse zur Verfügung hatten. Erst als man herausfand, dass der Verzehr von Sauerkraut, das in Gefäßen lange haltbar ist, den Skorbut verhinderte, hatte dieser Schrecken der Seefahrer ein Ende.

In den armen Ländern ist *Beriberi*, das durch Mangel an Vitamin B1 verursacht wird, heute noch ein Problem. Beriberi äußert sich zum Beispiel durch Krämpfe und Lähmungen, da das Nervensystem durch den Mangel an Vitamin B1 geschädigt wird.

Zähne und Gebiss

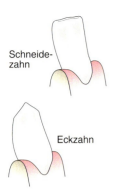

Schneidezahn

Eckzahn

Backenzahn

Es ist uns selbstverständlich, in ein Stück Brot zu beißen und zu kauen. Das ist aber nicht immer so im Leben: Zum Zeitpunkt der Geburt hat der Mensch noch keine Zähne.

Säuglinge bekommen ihre ersten Zähne im Alter von 5 bis 9 Monaten. Zwei Jahre später sind meist alle 20 *Milchzähne* vorhanden. In Ober- und Unterkiefer befinden sich dann jeweils 4 *Schneidezähne*, 2 *Eckzähne* und 4 höckerige *Backenzähne*.

Zwischen dem 6. und 12. Lebensjahr wird das Milchgebiss durch die bleibenden Zähne ersetzt. Nach dem Zahnwechsel enthält das vollständige Gebiss 32 Zähne. Die hintersten Backenzähne sind die *Weisheitszähne*, die häufig erst nach dem 20. Lebensjahr zum Vorschein kommen. Bei manchen Menschen kommen sie allerdings gar nicht heraus.

die Nerven machen ihn empfindlich. Bei Beschädigungen des Zahns werden die Nerven gereizt. Dies verursacht Zahnschmerzen.

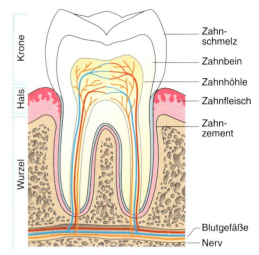

2 Backenzahn im Längsschnitt (Schema)

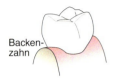

Backenzahn

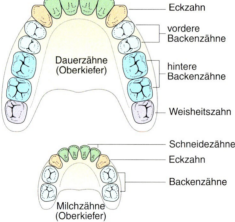

1 Gebiss eines Kindes und eines Erwachsenen

Alle Zähne zeigen einen gleichartigen Aufbau aus drei Abschnitten: Zahnkrone, Zahnhals und Zahnwurzel. Wenn wir unser Gebiss im Spiegel betrachten, sehen wir die *Zahnkronen*. Sie sind von einer porzellanartigen Schicht, dem sehr harten *Zahnschmelz*, umgeben. Darunter liegt das knochenähnliche *Zahnbein*. Im Wurzelbereich wird das Zahnbein von einer dünnen, harten Schicht geschützt, dem *Zahnzement*. In der *Zahnhöhle* befinden sich Blutgefäße und Nerven. Diese verlaufen durch feine Öffnungen in der Zahnwurzel in die Zahnhöhle. Die Blutgefäße versorgen den Zahn mit Nährstoffen,

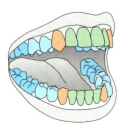

Mundhöhle und Gebiss

Die Zähne in unserem Gebiss haben verschiedene Aufgaben, was man an ihrer unterschiedlichen Form erkennen kann. Mit den *Schneidezähnen* beißen wir mundgerechte Bissen ab. Dabei schneiden die Zähne im Ober- und Unterkiefer wie die Blätter einer Schere aneinander entlang. Bei besonders harten oder zähen Speisen nehmen wir die *Eckzähne* zu Hilfe. Zwischen den *Backenzähnen* wird der Bissen dann zerrieben. Dabei arbeiten die übereinander liegenden Backenzähne mit ihren breiten, flachen Kronen und den stumpfen Höckern wie zwei Mühlsteine gegeneinander

Nur gepflegte Zähne bleiben gesund

Karies (Zahnfäule) bedroht die Zähne. Ursache für Karies ist die Zerstörung des Zahnschmelzes. Dieser ist zwar hart, wird aber durch Säuren zerstört, die von Bakterien in der Mundhöhle ausgeschieden werden. Durch die Löcher im Zahnschmelz gelangt die Säure auf das weiche Zahnbein. Bildet sich auch im Zahnbein ein Loch, gibt es Zahnschmerzen.

Aber auch durch starke Temperaturgegensätze, vor allem wenn kalt auf heiß folgt, gefährdet man die Zähne. Gefährlich ist es auch, wenn du dein Gebiss als Nussknacker missbrauchst. Dadurch können feine Risse entstehen, sodass Säuren und Bakterien

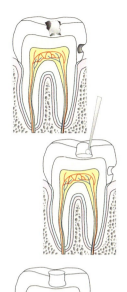

tief in den Zahn eindringen können. Kariesbakterien vermehren sich besonders gut auf Speiseresten zwischen den Zähnen und im *Zahnbelag*, der sich aus Zucker und Speiseresten auf den Zähnen bildet. Deshalb solltest du nach Mahlzeiten deine Zähne immer gründlich putzen. So kannst du dich am besten vor Karies, Zahnfleisch- und Zahnbettentzündung *(Paradontitis)* schützen.

Beim Zähneputzen ist es wichtig, die Speisereste zwischen den Zähnen gründlich zu entfernen. Das gilt vor allem vor dem Schlafengehen. Man sollte dabei die Zahnbürste vom Zahnfleisch zur Krone hin bewegen. Achte darauf, nicht nur die vorderen Zähne, sondern auch die Backenzähne gründlich zu säubern. Die Zahnbürste nicht zu sehr gegen Zahnfleisch und Zahnschmelz drücken! Mit Zahnseide lassen sich auch die Zahnzwischenräume säubern, die mit der Zahnbürste nicht erreicht werden.

Mindestens 2-mal im Jahr sollte der Zahnarzt die Zähne kontrollieren. Er kann dann rechtzeitig auf Zahnpflegemängel hinweisen und Karies behandeln, indem er die Löcher ausbohrt und mit Füllmaterial *(Plombe)* schließt (siehe Randspalte).

Aufgaben

① Halte einen Spiegel vor den geöffneten Mund. Suche und beschreibe die verschiedenen Zahntypen.

② Überprüfe anhand der Abbildung, ob du deine Zähne richtig pflegst. Stelle Regeln für die Zahnpflege auf und begründe sie.

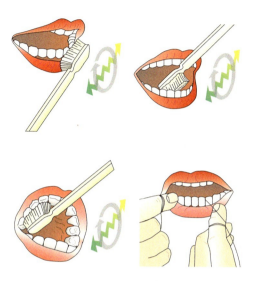

1 So werden die Zähne richtig geputzt

Zettelkasten

Zahnklammern und Piercing

Damit neben Karies auch *Zahnfehlstellungen* rechtzeitig erkannt werden, sollte der Zahnarzt von klein auf besucht werden. Zahnfehlstellungen sehen nicht nur nicht schön aus, sie können zum Beispiel zu einer Beeinträchtigung der Lautbildung beim Sprechen führen. Der günstigste Zeitraum für eine kieferorthopädische Behandlung liegt zwischen dem 10. und 12. Lebensjahr.

Bei einer *kieferorthopädischen Korrektur* löst der Zahnarzt mithilfe von Klammern absichtliche Zahnbewegungen aus. Die Klammern können falsch stehende Zähne in die richtige Position ziehen. Bei der *festen Klammer* werden Metall- oder Keramikplättchen auf die Zähne geklebt und daran Gummis oder Drähte befestigt. *Lose Klammern* bestehen aus Kunststoff, Draht oder Metallfedern. Sie werden vom Zahnarzt in das Gebiss eingepasst.

Je nach Art der Zahnfehlstellung dauern die durch Klammern ausgelösten Zahnbewegungen zwischen einer Woche und zwei Jahren. Haben sich die Zähne durch die Klammern in die richtige Position bewegt, müssen sie dort mithilfe einer *Festigungsklammer* fixiert werden. Diese Behandlung beansprucht mindestens so viel Zeit wie die Zahnbewegung selbst.

Während Zahnklammern medizinisch notwendig sind, ist das Piercing vor allem eine Modeerscheinung, es ist bei den meisten Jugendlichen Ausdruck ihres Lebensgefühls. Aber Vorsicht: *Piercings* im Bereich der Lippe oder gar der Zunge schädigen oft das Gebiss und können die Selbstreinigung der Zunge beeinträchtigen. Die Metallteile auf der Zunge schlagen beim Sprechen oder Essen gegen den Zahnschmelz und beschädigen ihn. Dadurch kann zusätzlich Karies entstehen. Metallteile an der Lippe verleiten zum Spielen mit der Zunge. Durch den veränderten Muskelzug werden die Zähne auf Dauer bewegt und der Kiefer kann sich verformen.

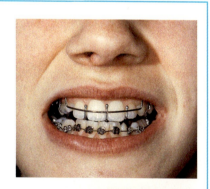

Der Mensch

Der Weg der Nahrung durch unseren Körper

Der Biss von deinem Käse- oder Wurstbrötchen ist die erste Station des Nahrungsbissens auf dem Weg vom Mund durch den Körper. Auf diesem Weg, der *Verdauung*, wird die Nahrung durch Verdauungsvorgänge in so winzige Teilchen zerlegt, dass sie im Darm in das Blut aufgenommen werden können.

Bereits im Mund wird der Nahrungsbissen durch das Kauen in kleinere Stückchen zerkleinert und mit *Speichel* gemischt. Speichel macht die Nahrung gleitfähiger für den Transport durch die Speiseröhre.

Der Nahrungsbissen wird von der Zunge gegen den Gaumen gedrückt und dann geschluckt. Hierbei gelangt er in die *Speiseröhre*. Die Nahrung fällt nicht einfach nach unten. Dies kann man überprüfen, indem man einen Handstand macht und dabei einen Bissen „heraufschluckt". Die Speiseröhre besitzt eine muskulöse Wand, die sich von oben nach unten nacheinander zusammenzieht. Durch diese wellenförmige Bewegung wird der Bissen zum *Magen* transportiert.

Im Magen beginnt die Verdauung der Eiweiße. Die Magenwand bewegt sich und durchmischt den Nahrungsbrei mit Magensaft, der aus der Magenschleimhaut abgegeben wird.

Der Magensaft enthält unter anderem Salzsäure. Diese tötet die meisten Bakterien, die mit der Nahrung aufgenommen werden.

Der Nahrungsbrei bleibt unterschiedlich lange im Magen: das Pausenbrot für ungefähr zwei Stunden, fettige Bratkartoffeln ca. vier Stunden. Den Magenausgang nennt man *Pförtner*. Durch ihn wird der Speisebrei portionsweise in den Anfangsteil des *Dünndarms* abgegeben. Er ist etwas länger als zwölf nebeneinander gelegte Finger und heißt deshalb *Zwölffingerdarm*.

Von Dünndarmwand und *Bauchspeicheldrüse* werden Verdauungssäfte in den Speisebrei abgesondert und aus der *Gallenblase* die *Gallenflüssigkeit*, die bei der Fettverdauung hilft. Der Dünndarm ist etwa 4 Meter lang. Hier wird die Verdauung aller Nährstoffe abgeschlossen und die Verdauungsprodukte werden ins Blut aufgenommen.

Zwischen Dünndarm und Dickdarm befindet sich der *Blinddarm* mit dem Wurmfortsatz. Der Blinddarm ist kein Verdauungsorgan, sondern dient der Abwehr von Krankheitserregern.

Die unverdaulichen Nahrungsreste gelangen in den *Dickdarm*. Dort werden ihnen Mineralstoffe und täglich mehrere Liter Wasser entzogen. Es bleibt der eingedickte *Kot* übrig. Dieser wird zum *Enddarm* transportiert und durch den *After* ausgeschieden.

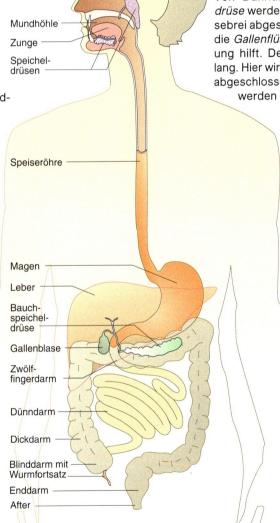

2 Der Weg der Nahrung

1 Schnitt durch den Magen

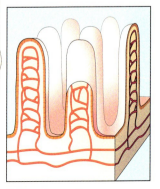

3 Dünndarmzotten

34 *Der Mensch*

Was geschieht bei der Verdauung?

Damit die Nahrungsbestandteile, d. h. die Nährstoffe, vom Dünndarm aufgenommen und in alle Bereiche des Körpers befördert werden können, müssen sie in kleinste Bausteine zerlegt werden. Die Nährstoffbausteine, die so klein sind, dass wir sie weder mit bloßem Auge noch mit dem Mikroskop sehen können, sind anfangs zu langen Ketten miteinander verknüpft. Mit speziellen Geräten und in vielen Experimenten haben Wissenschaftler die Vorgänge bei der Verdauung erforscht.

Am Beispiel der *Stärke*, einer Kette aus Zuckerbausteinen, soll das Prinzip der Verdauungsvorgänge nun aufgezeigt werden.

Im Mund werden die langen Stärkeketten durch die Verdauungssäfte des Speichels in kürzere *Zuckerketten* aufgespalten. Mit dem Nahrungsbrei gelangen diese in den Dünndarm, wo sie dann in die einzelnen *Zuckerbausteine* zerlegt werden. Die kleinen Zuckerbausteine schwimmen nun im Nahrungsbrei innerhalb des Dünndarms.

Die Innenwand des Dünndarms besitzt viele Falten, die mit winzigen *Darmzotten* besetzt sind. Die Innenwand des Dünndarms hat dadurch eine sehr große Oberfläche. Jede Darmzotte wird von feinsten Blutgefäßen, den *Kapillaren*, durchzogen. Die Zuckerbausteine sind so klein, dass sie durch die dünnen Wände der Darmzotten in die feinen Blutgefäße gelangen können. Mit dem Blut wird der Zucker zur Energieversorgung zu allen Organen und den Muskeln in unserem Körper transportiert.

Aufgaben

① Man kann die Verdauungsvorgänge gut verstehen, wenn man sich ein Modell baut. Eine lange Spielperlenkette ist das Modell für die Stärke. Die Spielperlen sind die Traubenzuckerteilchen. Wir bohren in den Deckel eines Schuhkartons Löcher in der Größe der Spielperlen und legen die Kette hinein. Dann bewegen wir den Deckel hin und her. Anschließend zerlegen wir die Kette in die einzelnen Bausteine und legen diese wieder in den durchlöcherten Deckel.
Vergleiche den Modellversuch mit den Vorgängen bei der Verdauung.

② Die Oberfläche aller Darmzotten beträgt ca. 36 m². Zeichne auf dem Schulhof mit Kreide ein Quadrat mit dieser Fläche.

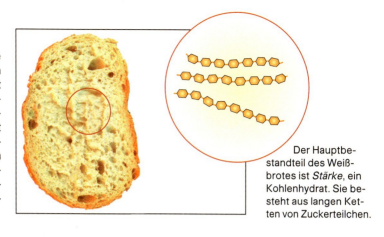

Der Hauptbestandteil des Weißbrotes ist *Stärke*, ein Kohlenhydrat. Sie besteht aus langen Ketten von Zuckerteilchen.

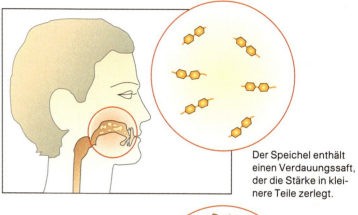

Der Speichel enthält einen Verdauungssaft, der die Stärke in kleinere Teile zerlegt.

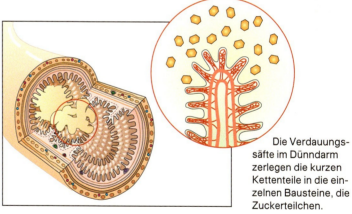

Die Verdauungssäfte im Dünndarm zerlegen die kurzen Kettenteile in die einzelnen Bausteine, die Zuckerteilchen.

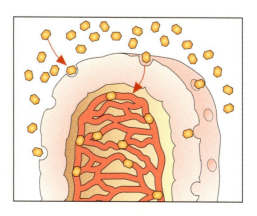

Die Zuckerteilchen werden in die Blutgefäße aufgenommen.

Der Mensch

Gehst du mit leerem Magen zur Schule?

Isst du morgens dein Frühstück alleine?

Gibt es Unterschiede bei deinem Frühstück an Sonn- bzw. Feiertagen im Vergleich zu Werktagen?

Machst du dir dein Frühstück selbst oder speist du im „Hotel Mama" und wirst bedient?

Bist du bereits so gut wie auf dem Schulweg oder hast du beim Frühstücken alle Zeit der Welt?

Schul-frühstück

Weil das Frühstück die erste Nahrungsaufnahme nach der längsten Fastenperiode am Tag ist, ist diese Mahlzeit besonders wichtig. Ein ausreichendes Frühstück verbessert die Leistungsfähigkeit am frühen Morgen. Man reagiert schneller und ermüdet später. Aber nicht nur was man isst, macht die Qualität eines Frühstücks aus, sondern auch wie man es isst.

Die meisten haben drei große Mahlzeiten am Tag: Frühstück, Mittagessen, Abendessen. Ernährungswissenschaftler empfehlen hingegen, fünf- oder sechsmal am Tag kleinere Mahlzeiten zu sich zu nehmen. Diese kleineren Portionen halten zwar nicht besonders lange vor, belasten aber den Körper nicht so sehr.

Voller Bauch studiert nicht gern

Für wie notwendig und sinnvoll hältst du ein zweites Frühstück um 10.00 bis 11.00 Uhr?

Viele Sprichwörter beschäftigen sich mit dem Frühstück oder mit dem Essen allgemein …

Iss früh wie ein König, mittags wie ein Ritter und abends wie ein Bettler

In einer Befragung von 600 deutschen Schülern über ihre Frühstücksgewohnheiten erhielt man folgende Ergebnisse:

	Jüngere Schüler	Ältere Schüler
Erstes Frühstück	Fast immer	Meistens
Zweites Frühstück	Häufig	Seltener
Das Frühstück besteht aus:	Brot/Brötchen, Gemüse, Obst, Müsli, Cerealien	Brot/Brötchen, selten Obst, Gebäck, Süßigkeiten
Frühstücksgetränk	Milch, Kakao, Fruchtsaft	Fruchtsaft, Limonade, Cola

Welcher Sinn steckt hinter diesen Sprüchen?

Wie sollte demnach ein gesundes Frühstück aussehen?

Welche Ernährungsweisen hältst du für gesundheitsbewusst?
Wie sehen deine Schulfrühstücksgewohnheiten aus?

„Schulfrühstück-International" – die erste Mahlzeit am Tag rund um die Welt

Überall auf der Welt wird gefrühstückt. Aber in den verschiedenen Ländern stehen unterschiedliche Sachen auf dem Tisch.

Aus welchen Ländern kommen deine Mitschüler? Lass dir berichten, was in anderen Ländern zum Frühstück serviert wird. Was gehört für dich zu einem typischen „deutschen" Frühstück? Wie wäre es, wenn ihr in eurer Klasse ein gemeinsames „Schulfrühstück-International" plant. Besonders die Frühstücksmuffel, die man mit einem tollen Frühstück nicht locken kann (Nee, so früh am Morgen krieg' ich nichts runter!), möchten bei einem reichhaltigen Frühstücksbüfett vielleicht doch einen Happen probieren …

Nordamerika
Bart hat morgens am liebsten Toast mit Butter und Marmelade. Manchmal isst er aber Rühreier mit Schinken. Er ist ein großer Fan von Donuts (Teilchen).

England
Charles liebt Cerealien mit Milch, aber seine Eltern bevorzugen Eier mit Speck, Würstchen, Tomaten oder Porridge (Brei aus Hafergrütze).

Schweden
Greta verzehrt jeden Morgen ein Brot mit Käse, Schinken, Marmelade oder Fisch. In Schweden sind auch Müsli und Cerealien mit Milch sehr beliebt.

China
Li isst zum Frühstück gerne Reisschleim. Manchmal aber lieber Chinakohl mit frittierten Teigstäbchen oder Gebäck mit Sesammus gefüllt.

Mexiko
Penny isst meistens Tacos oder Tortillas mit Fleisch, Rührei, Tomaten oder mit Bohnenmus. Manchmal gibt es aber auch Obst zum Frühstück.

Nigeria
John beginnt seinen Tag am liebsten mit etwas Süßem. Deshalb gibt es bei ihm meistens Reispfannkuchen mit frischen Früchten zum Frühstück.

Türkei
Hülya isst gerne Ekmek (Weißbrot) oder Sesamkringel mit Schafskäse, Oliven, Tomaten, Honig oder Marmelade.

Japan
Mila frühstückt jeden Morgen ihre Misosuppe mit Reis, Tofu (Sojaprodukt) und Seealgen. Ihr Bruder liebt Reis mit Fisch und eingelegtes Gemüse.

Der Mensch

3 Atmung und Blutkreislauf

Atmung ist lebensnotwendig — der Weg der Atemluft

Ein Sporttaucher beobachtet am Meeresgrund Fische. Damit er längere Zeit unten bleiben kann, führt er Atemluft in einer Pressluftflasche mit sich. Beim Ausatmen steigen jedes Mal Luftblasen im Wasser empor. Ohne Luftvorrat in der Pressluftflasche müsste der Taucher nach 1 bis 2 Minuten an die Oberfläche zurückkehren und atmen. Unterbleibt die Atmung für mehr als 3 bis 4 Minuten, tritt Bewusstlosigkeit ein.

Die Luft in der Pressluftflasche ist - wie die „normale" Luft - ein Gemisch aus verschiedenen farblosen *Gasen:* Ein Fünftel davon ist *Sauerstoff,* vier Fünftel sind *Stickstoff.* Außerdem enthält Luft noch andere Gase in geringen Mengen, darunter auch das *Kohlenstoffdioxid*.

Über die Nase oder den Mund gelangt die Luft in unsere Lunge. In der *Nase* wird sie bereits an der Nasenschleimhaut in der *Nasenhöhle* erwärmt (Abb. 1). Die Nasenschleimhaut feuchtet die eingeatmete Luft auch an. In der Schleimhaut befinden sich Zellen mit kleinen Härchen. Diese bewegen sich ständig hin und her, fangen Staubteilchen aus der Atemluft ab und transportieren sie in den vorderen Bereich der Nase.

Von der Nasenhöhle strömt die Luft über den Ra-chenraum in die Luftröhre, die vor der Speiseröhre liegt. Wenn wir Nahrung oder Flüssigkeit schlucken, wird die Luftröhre durch einen Deckel, den *Kehlkopfdeckel,* verschlossen. Dadurch wird verhindert, dass Fremdkörper in sie eindringen und so die Atmung behindern.

Die *Luftröhre* ist ein 10 bis 12 cm langer Schlauch. Sie ist durch elastische Knorpelspangen verstärkt. Die Luftröhre bleibt so immer geöffnet. Die Innenseite der Luftröhre ist mit *Flimmerhärchen* besetzt. Diese transportieren Fremdkörper, Staubteilchen oder Krankheitserreger ständig nach oben in den Rachenraum, wo sie durch Abhusten entfernt werden.

Die Luftröhre gabelt sich in zwei Äste, die *Bronchien,* die zu den beiden Lungenflügeln führen. Dort verzweigen sich die Bronchien wie die Äste eines Baumes immer weiter und enden in der Lunge in den zahlreichen *Lungenbläschen,* die traubenförmig beieinander sitzen. Die Lungenbläschen sind von feinsten Äderchen umsponnen. Der Durchmesser eines Lungenbläschens beträgt 0,2 mm. In beiden Lungenflügeln zusammen gibt es beim Menschen ungefähr 500 Millionen Lungenbläschen.

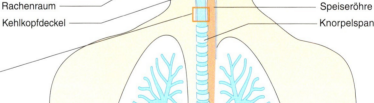

Flimmerhärchen in der Luftröhre

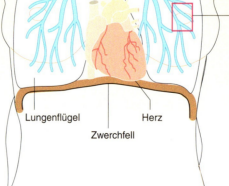

1 Weg der Atemluft bis zur Lunge

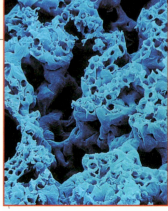

Lungenbläschen

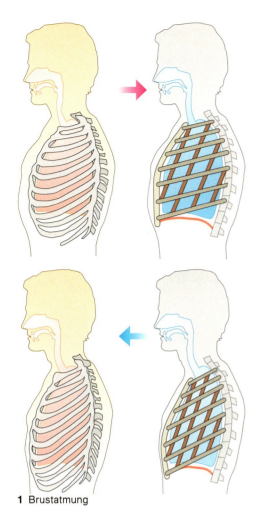

1 Brustatmung

strömt Luft in die Lunge. Wir atmen ein. Beim Ausatmen senken sich die Rippen, der Brustkorb wird kleiner. Die Lunge wird zusammengedrückt. Luft strömt aus der Lunge in die Bronchien und in die Luftröhre. Wir atmen aus.

Wenn wir sitzen oder liegen, bewegen wir den Brustkorb kaum, sondern atmen verstärkt durch die Bewegung des Zwerchfells. Dieser Atmungsvorgang wird *Bauch-* oder *Zwerchfellatmung* genannt. Er lässt sich mithilfe eines Modellversuchs (Abb. 2) veranschaulichen. Die Gummihaut an der Unterseite der Glasglocke stellt das Zwerchfell dar, die Glasglocke den Brustkorb und die Luftballons die Lungenflügel. Das Ziehen an der Gummihaut entspricht dem Anspannen des Zwerchfells, Luft strömt ein. Das Loslassen der Gummihaut, bzw. das Entspannen des Zwerchfells, führt zum Ausströmen der Luft.

Bei beiden Atmungsformen unterscheiden sich nach dem Ein- und Ausatmen die Anteile der Luftgase. Die eingeatmete Luft enthält mehr Sauerstoff als die ausgeatmete. Die ausgeatmete Luft dagegen enthält mehr Kohlenstoffdioxid als die eingeatmete. Der für alle Lebensvorgänge im Körper notwendige Sauerstoff gelangt in die Lungenbläschen, wird dort vom Blut aufgenommen und zu den Verbrauchsorten, den Organen und Muskeln, transportiert. Bei deren Tätigkeit entsteht Kohlenstoffdioxid. Dieses wird über das Blut zur Lunge transportiert, hier abgegeben und ausgeatmet.

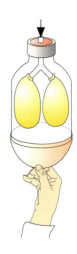

2 Modell zur Bauchatmung

Vorgänge bei der Atmung

Unser Atemorgan *Lunge* ist ein weiches Gewebe, vergleichbar einem Schwamm. Sie besteht nicht aus Muskeln und wird auch nicht von „eigenen" Muskeln bewegt. Trotzdem wird die Lunge größer und wieder kleiner. Beim Einatmen bewegen wir nicht die Lungen direkt, sondern die Muskeln des Brustkorbes und des Zwerchfells. Das *Zwerchfell* ist eine Muskelschicht, die Bauch- und Brustraum voneinander trennt.

Nach körperlicher Arbeit, z. B. nach dem Sport, heben und senken wir die Rippen und damit den Brustkorb besonders stark. Diese Form der Atmung nennt man *Brustatmung*.

Bei dieser Brustatmung werden die Rippen von der Zwischenrippenmuskulatur angehoben (Abb. 1). Der Brustkorb wird größer, es entsteht ein Unterdruck, die Lunge wird gedehnt. Über die Luftröhre und die Bronchien

Aufgaben

① Beschreibe die Vorgänge in den Lungenbläschen anhand der nebenstehenden Abbildung.
② Erkläre, weshalb man durch die Nase und nicht durch den Mund einatmen sollte.
③ Zeichne auf Pergamentpapier die Umrisse des Brustkorbes nach dem Ausatmen aus Abbildung 1 und lege diese auf die Abbildung des Brustkorbes nach dem Einatmen. Vergleiche!

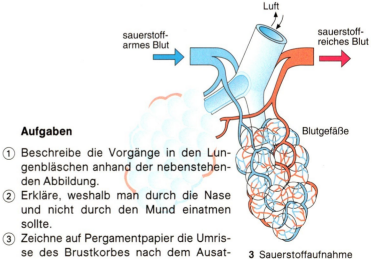

3 Sauerstoffaufnahme in der Lunge

Der Mensch

Gefahren für die Atemorgane

Trotz des Wissens über die möglichen Folgen des Rauchens und aller Warnungen davor, stellt das Rauchen bei uns nach wie vor die stärkste Gefährdung für die Atemorgane dar. Viele Erwachsene greifen zur Zigarette, aber in den letzten Jahren leider auch immer häufiger Kinder und Jugendliche. Dabei spielen meistens Bedürfnisse wie erwachsen sein wollen oder auch der Wunsch, dazu zu gehören, die entscheidende Rolle. So geraten viele junge Menschen in die ungewollte Abhängigkeit von der Zigarette. Dabei ist es mit Sicherheit viel eher ein Zeichen von Stärke und Reife, sich ohne den Griff zum Glimmstängel in der Gruppe zu behaupten und „nein" sagen zu können, denn selbstbewusst kann man auch ohne sein.

Der Zigarettenrauch enthält starke Gifte und schädigt die Flimmerhärchen der Bronchien, so stark, dass sie sich langsamer oder auch gar nicht mehr bewegen. Dadurch werden die Schmutz- und Staubteilchen sowie der Schleim in den Bronchien nicht mehr hinreichend nach außen transportiert und abgehustet. Teer und andere Bestandteile des Rauches können sich in der Lunge ablagern. Nach jahrelangem Rauchen entsteht dadurch die von den Ablagerungen dunkel gefärbte Raucherlunge. Die Sauerstoffaufnahme und Kohlenstoffdioxidabgabe sind behindert. Ein starker Raucher gerät deshalb schnell aus der Puste. Raucht man ein Leben lang, steigt die Gefahr enorm, an Lungenkrebs zu erkranken, enorm. 90 % aller Lungenkrebstoten sind Raucher.

Es gibt aber auch ganz natürliche Gefahren für die Atemorgane, wie etwa Bakterien, die über die Atemluft in die Lunge gelangen und sich dort kräftig vermehren. Die Bronchien bilden in einem solchen Fall vermehrt Schleim und können sich entzünden, wodurch dann die Atmung erschwert wird.

Im gesunden Körper funktioniert das körpereigene Abwehrsystem meistens sehr gut, sodass Erreger schnell erkannt und vernichtet werden. Bei Personen mit geschwächter Abwehr, wozu auch die Raucher gehören, heilt eine Entzündung der Atemorgane aber nur schlecht oder gar nicht mehr richtig ab. In gleicher Weise sind auch Menschen gefährdet, die ständig verstärkt Abgasen zum Beispiel von Autos oder aus der Industrie ausgesetzt sind. Die Entzündung der Atemwege kann zum Dauerzustand werden, eine *chronische Bronchitis* ist entstanden. Gelangen die Bakterien bis in das Lungengewebe, kann sich eine *Lungenentzündung* entwickeln.

ettelkasten

Asthma

Unter *Asthma* versteht man das zeitweise Auftreten von Atemnot. Das kann bis zu Erstickungsanfällen führen. Ursache dafür ist eine starke Verengung der Bronchien durch einen Krampf der Bronchialmuskulatur oder durch übermäßig starke Schleimbildung. Von Asthma können Menschen betroffen sein, die in der Vergangenheit, vor allem im Jugendalter, häufig von Atemwegsentzündungen betroffen waren. Es gibt aber auch Menschen, die aufgrund einer Allergie zu Asthmaanfällen neigen. Das kann zum Beispiel eine Allergie gegen bestimmte Pollen oder gegen Katzenhaare sein.

Asthmakranke können Anfällen vorbeugen, indem sie die auslösenden Ursachen meiden, eine Antiallergiebehandlung durchführen lassen oder *Asthmasprays* benutzen, deren Inhaltsstoffe die Bronchialmuskulatur entspannen, sodass sich die Bronchien wieder weiten. Durch starke Asthmaanfälle bedrohte Menschen haben meist ein wirksames Asthmaspray für den Notfall bei sich.

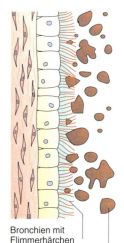

Bronchien mit Flimmerhärchen und Schmutzpartikeln

Der Mensch

Atmung

Messung der Atemlufttemperatur

① Stelle mit einem Thermometer die Temperatur der Luft im Biologiesaal fest. Notiere den Messwert.
② Halte beide Hände so vor die Nase, dass sie einen Hohlraum bilden. Atme dann eine Minute lang durch den Mund ein und durch die Nase aus. Ein Mitschüler hält das Thermometer in den Hohlraum. Nach ungefähr einer Minute wird die Temperatur abgelesen und der Messwert notiert.

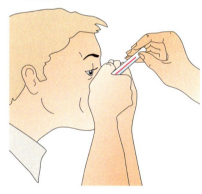

③ Vergleiche die beiden Messwerte miteinander und erkläre das Ergebnis.

Untersuchung der eingeatmeten und ausgeatmeten Luft

④ Fülle zwei Gaswaschflaschen 3 — 4 cm hoch mit Kalkwasser. Verbinde diese miteinander, wie in der nachfolgenden Abbildung dargestellt.
⑤ Atme über das Mundstück langsam ein und aus.
⑥ Vergleiche die Inhalte der beiden Flaschen miteinander und notiere deine Beobachtungen.

⑦ Lasse Kohlenstoffdioxid aus einem Luftballon durch ein Glasröhrchen in ein halb mit Kalkwasser gefülltes Becherglas strömen.
⑧ Notiere deine Beobachtungen und erkläre, was dieser Versuch über unsere Atemluft aussagt.

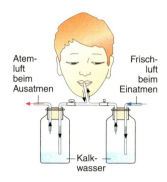

Messung des Atemvolumens

⑨ An einer Glasglocke (Volumen mindestens 5 Liter) werden mit folgender Methode Volumenmarkierungen angebracht: In die große Öffnung werden 500 ml Wasser eingefüllt und der Wasserstand am Glas markiert. Wiederhole den Vorgang so oft, bis 5 Liter eingefüllt und entsprechende Markierungen angebracht sind. Stelle die Glocke auf drei Klötzchen in eine wassergefüllte Wanne. Verschließe die obere Öffnung mit einem Hahn. Fülle die Glocke vollständig mit Wasser. Sauge dazu die Luft durch die obere Öffnung ab.

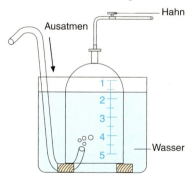

⑩ Atme tief ein und blase mithilfe eines gekrümmten Glasrohres deine gesamte Atemluft in die Glocke. Lies an den Markierungen ab, wie viel Luft du aus deinen Lungen in die Glocke ausgeatmet hast.
⑪ Miss mit einem Meterband deinen Brustumfang nach dem Einatmen und nach dem Ausatmen. Vergleiche die beiden Messwerte. Warum sind sie unterschiedlich?

⑫ Wiederhole den Versuch bei fünf Mitschülern und trage die Ergebnisse in eine Tabelle ein. Vergleiche.
⑬ In welchem Zusammenhang stehen die Umfangsänderungen am Brustkorb und das Atemvolumen? Formuliere und notiere dazu einen Ergebnissatz.

Atmung und körperliche Arbeit

⑭ Sitze entspannt auf deinem Stuhl und zähle die Anzahl deiner Atemzüge in einer Minute. Notiere den Wert. Mache 15 Kniebeugen und ermittle wieder die Anzahl deiner Atemzüge in einer Minute. Was fällt beim Vergleich der beiden Werte auf?
⑮ Vergleiche deine Werte mit denen deiner Mitschüler. Welche Unterschiede ergeben sich?

Untersuchung von Zigarettenrauch

⑯ Eine Zigarette wird in ein 3 cm langes Schlauchstück gesteckt. Ein 5 cm langes Glasrohr wird mit Kochsalz gefüllt, an den Enden mit Watte verstopft und in das Schlauchstück geschoben. Das andere Ende des Glasrohrs ist mit einer Saugpumpe verbunden. Die Zigarette wird angezündet und der Rauch durch das Glasrohr gesaugt. Betrachte das Salz und notiere deine Beobachtungen. Welcher Stoff im Zigarettenrauch kann die Veränderungen hervorgerufen haben?

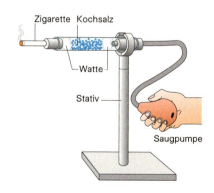

⑰ Nimm das Glasrohr aus der Versuchsanordnung, entferne die Wattepfropfen mit einer Pinzette (nicht in die Hand nehmen). Fülle etwas Wasser in ein 200-ml-Becherglas und schütte das Salz aus dem Glasröhrchen hinein. Rieche an der Wasseroberfläche und beschreibe den Geruch.

Das Herz — Arbeit ohne Pause

Nach einem Dauerlauf geht der Atem schneller und man spürt ein regelmäßiges Klopfen im Körper. Es ist der *Herzschlag*, der bei körperlicher Betätigung immer besonders kräftig wird. Im Ruhezustand spüren wir ihn meist nicht, es sei denn, man legt den Zeigefinger der einen Hand auf die Unterseite des Handgelenks am anderen Arm. Der Herzschlag ist jetzt am fühlbaren Klopfen, dem *Puls*, zu bemerken. Ein Arzt kann den Herzschlag auch mit dem *Stethoskop* an der Brust des Patienten abhören.

Das Herz ist etwa faustgroß und befindet sich in der linken Hälfte der Brust. Es ist ein *Hohlmuskel*, der sich regelmäßig zusammen-

Der Pumpvorgang des Herzens besteht aus zwei Arbeitstakten:
1. Der Herzmuskel erschlafft. In die Vorhöfe fließt Blut. Diese ziehen sich nun zusammen und pressen durch die geöffneten Herzklappen das Blut in beide Herzkammern. Die Herzkammern werden dabei gedehnt und nehmen Blut auf.
2. Die Herzkammern ziehen sich zusammen. Blut wird aus den beiden kleiner werdenden Herzkammern in große Blutgefäße gepresst. Die Herzklappen zwischen den Vorhöfen und den Herzkammern sind geschlossen. Diese verhindern, dass Blut in die Vorhöfe zurückströmt.

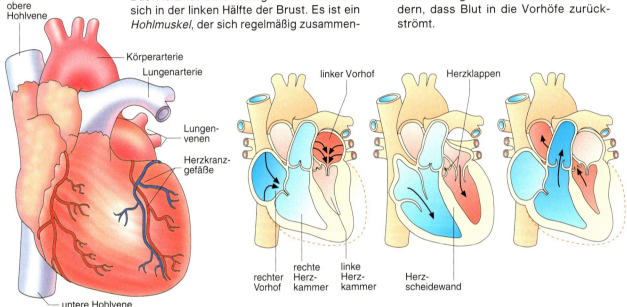

1 Bau des Herzens

2 Funktion des Herzens

zieht. Dabei wird Blut in den Körper und über besondere Blutgefäße in die Herzmuskulatur gepumpt. Ein Teil dieser Blutbahnen, die *Herzkranzgefäße*, verlaufen an der Herzoberfläche.

Das Herz wird im Innern durch die *Herzscheidewand* in zwei Hälften geteilt. Jede Hälfte besteht aus einem *Vorhof* und einer *Herzkammer*, die durch *Herzklappen* voneinander getrennt sind. Die Herzklappen wirken wie Ventile. Sie lassen Blut nur vom Vorhof zur Herzkammer fließen. Bei Umkehr der Strömungsrichtung werden sie aneinander gepresst und verschließen die Öffnung. Dort, wo das Blut aus den Herzkammern wieder austritt, befinden sich ebenfalls Klappen. Sie verhindern das Zurückfließen von Blut in das Herz.

Ohne körperliche Anstrengung schlägt das Herz eines Erwachsenen jede Minute etwa 70-mal. Dabei werden ca. sechs Liter Blut pro Minute in den Körper gepumpt. Das Herz arbeitet unaufhörlich während des gesamten Lebens. Bei Herzstillstand tritt nach wenigen Minuten der Tod ein.

Das Blut kommt auf seinem Weg durch den Körper stets wieder ins Herz zurück. Es liegt ein *geschlossener Blutkreislauf* vor. Die Blutgefäße, die das Blut zu den Körperorganen führen, sind die *Arterien*. Als *Venen* bezeichnet man diejenigen Blutgefäße, in denen das Blut zum Herzen zurückfließt.

Aufgabe

① Beschreibe den Weg des Blutes (Abb. 2).

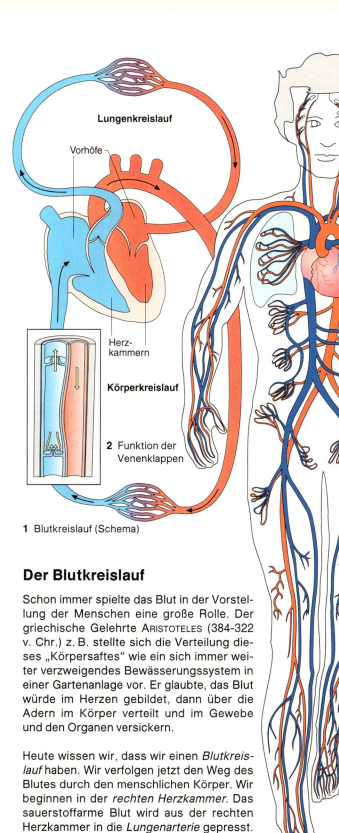

1 Blutkreislauf (Schema)

2 Funktion der Venenklappen

Der Blutkreislauf

Schon immer spielte das Blut in der Vorstellung der Menschen eine große Rolle. Der griechische Gelehrte ARISTOTELES (384-322 v. Chr.) z. B. stellte sich die Verteilung dieses „Körpersaftes" wie ein sich immer weiter verzweigendes Bewässerungssystem in einer Gartenanlage vor. Er glaubte, das Blut würde im Herzen gebildet, dann über die Adern im Körper verteilt und im Gewebe und den Organen versickern.

Heute wissen wir, dass wir einen *Blutkreislauf* haben. Wir verfolgen jetzt den Weg des Blutes durch den menschlichen Körper. Wir beginnen in der *rechten Herzkammer*. Das sauerstoffarme Blut wird aus der rechten Herzkammer in die *Lungenarterie* gepresst. Die Lungenarterie teilt sich in zwei Adern auf, durch die das Blut zum linken und rechten Lungenflügel fließt. In den Lungenflügeln verzweigen sich die Adern immer weiter bis zu sehr vielen ganz feinen Verästelungen, die um alle Lungenbläschen ein dichtes Geflecht bilden. Diese kleinsten Blutgefäße nennt man *Kapillaren*. Ihr Durchmesser beträgt nur 0,008 mm. Zum Vergleich: Der Durchmesser eines Kopfhaares beträgt 0,07 mm, es ist also fast 10-mal so dick.

In Kapillaren erfolgt der *Gasaustausch*: Sauerstoff geht aus den Lungenbläschen in das Blut über, Kohlenstoffdioxid wird aus dem Blut in die Lungenbläschen abgegeben.

Die Kapillaren vereinigen sich wieder zu größeren Blutgefäßen, bis zur *Lungenvene*. Durch diese fließt das sauerstoffreiche Blut in den *linken Herzvorhof*. Diesen Kreislauf des Blutes nennt man **Lungenkreislauf**.

Aus dem linken Herzvorhof gelangt das Blut in die *linke Herzkammer*. Von hier aus wird das Blut in die größte Körperarterie unseres Körpers, die *Aorta*, gepumpt. Diese verzweigt sich in kleinere *Arterien*, durch die das Blut in den Kopf, die Arme, Beine und die verschiedenen Organe des Körpers fließt (s. Abb). Die Arterien sind elastisch. Durch die Druckwelle des Herzschlages werden die Arterien geweitet. Dies kannst du als Pulsschlag fühlen, wenn du einen Finger auf eine unter der Haut verlaufende Arterie am Hals oder Unterarm hältst.

In den Muskeln und den Organen verzweigen sich die Adern zu feinen Kapillaren. Nicht nur in der Lunge, sondern auch hier erfolgt ein Austausch von Sauerstoff und Kohlenstoffdioxid: Der Sauerstoff wird aus dem Blut in die Muskeln und Organe abgegeben. Das Kohlenstoffdioxid, das in den Muskeln und Organen beim Stoffwechsel entsteht, wird in die Kapillaren abgegeben.

Die Kapillaren vereinigen sich wieder und bilden größere Adern, die *Venen*, in denen das Blut zum Herzen in den *rechten Vorhof* zurückfließt. Ein Zurückfließen des Blutes in den Venen, z. B. in den Beinvenen, verhindern die *Venenklappen* (Abb. 2). Dieser Kreislauf des Blutes heißt **Körperkreislauf**.

Aufgabe

① Venen und Arterien verlaufen oft direkt nebeneinander. Wie wird dabei das Blut in den Arterien, wie in den Venen vorwärts getrieben (Abb. 2)?

Zusammensetzung des Blutes

Die Zusammensetzung des Blutes lässt sich durch einen Versuch zeigen. Frisches Blut von einem Schlachttier wird durch Zusatz eines Salzes gerinnungsunfähig gemacht. Wenn man es stehen lässt, verändert es sich nach einiger Zeit. Es bildet sich ein dunkler Bodensatz, über dem eine helle, leicht trübe Flüssigkeit steht. Mikroskopiert man eine Probe des Bodensatzes, so findet man drei verschiedene Bestandteile: *rote Blutzellen*, die den roten Blutfarbstoff enthalten und die Farbe des Blutes bestimmen, *weiße Blutzellen* und *Blutplättchen*. Die helle darüber stehende Flüssigkeit, die etwa die Hälfte der Blutmenge ausmacht, ist das *Blutplasma*. Es besteht vorwiegend aus Wasser, in dem verschiedene Stoffe gelöst sind.

von körpereigenen Stoffen entstehen, in gelöster Form im Blutplasma zu den Ausscheidungsorganen, den *Nieren*, befördert.

Die weißen Blutzellen gehören zum *Abwehrsystem* des Körpers und haben die Aufgabe, eingedrungene Krankheitserreger zu vernichten. Sie können ihre Form stark verändern und sogar durch die Wände der Kapillargefäße hindurch den Blutkreislauf verlassen. Trifft eine weiße Blutzelle auf einen Krankheitserreger, so stülpt sie sich über den Fremdling, schließt ihn ein und „frisst" ihn regelrecht auf.

Bei einer Verletzung von Blutgefäßen werden die Blutplättchen benötigt. An der Wunde

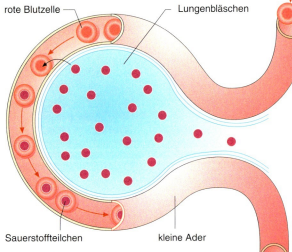

1 Funktion der roten Blutzellen an einem Lungenbläschen

2 Die verschiedenen Blutzellen in unseren Blutgefäßen

Das Blut erfüllt wichtige *Transportaufgaben* im Körper: Die roten Blutzellen transportieren den lebensnotwendigen Sauerstoff von den Lungen in alle Organe und Muskeln unseres Körpers, die ständig Sauerstoff verbrauchen. Das dabei gebildete Kohlenstoffdioxid wird im Gegenzug vom Blut zur Lunge transportiert.

Die kleinsten Bestandteile der Nährstoffe sowie Mineralsalze und Vitamine, die durch die Darmwand in den Blutkreislauf gelangen, sind im Blutplasma gelöst. Mit dem Blutstrom gelangen sie in alle Bereiche des Körpers und stehen den Körperzellen als Energieträger oder Baustoffe zur Verfügung. Außerdem werden verschiedene Abfallprodukte, die bei der Verwertung von Stoffen aus der Nahrung und bei der Herstellung

zerfallen sie und bewirken damit, dass austretendes Blut *gerinnen* kann. Dadurch wird die Wunde verschlossen und die Blutung kommt zum Stillstand.

Zugleich mit dem Stofftransport ist das Blut auch an der *Einstellung der richtigen Körpertemperatur* beteiligt. Bei der Verarbeitung von Stoffen entsteht in den Körperzellen Wärme, die an das Blut abgegeben wird. Mit dem Blutstrom wird die Wärme im Körper verteilt. Überschüssige Wärme wird über die Haut an die Luft abgegeben.

Aufgabe

1. Beschreibe anhand von Abbildung 2 die Form der verschiedenen Blutzellen und erkläre deren Aufgaben.

Erste Hilfe

Jemand benötigt Hilfe

Ist die Person bewusstlos?

Ja → Sofort einen Arzt oder Ersthelfer holen → **110 112**

Nein → Beistand und Versorgung → Versorgung von Schnittwunden, Schürfwunden, Brandwunden

In der Freizeit beim Skaten und Rad fahren oder beim Toben auf dem Schulhof ist es schnell geschehen. Einen Moment nicht aufgepasst und schon ist man gestürzt. Schwere Stürze können zu Knochenbrüchen, Bewusstlosigkeit oder Atemstillstand führen. Dann kannst du nur noch schnell dafür sorgen, dass ein Arzt oder jemand mit Kenntnissen in Erster Hilfe kommt und den Schwerverletzten versorgt.

Glücklicherweise gehen die meisten Stürze glimpflich aus und der Gestürzte hat nur leichte Schnittverletzungen oder Hautabschürfungen. Jetzt bist du als Helfer gefragt, diese kleineren Verletzungen zu versorgen.

Einigen wird bereits schlecht, wenn sie eine blutende Wunde sehen — andere haben Angst, sich durch das Blut mit einer Krankheit zu infizieren. Aber jeder sollte wissen, wie man Wunden richtig versorgt, und dass man sich mit *Einmalhandschuhen* vor der Berührung mit Blut schützen kann.

Schnittverletzungen können gefährlich werden, wenn sie stark bluten und du dies nicht stoppen kannst. Die Schnittwunde darfst du nicht mit Wasser auswaschen, sondern musst sie mit einer sauberen, möglichst *keimfreien Wundauflage* abdecken. Dies kann bei kleineren Wunden ein Pflaster, bei größeren ein

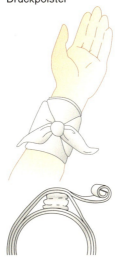

Druckpolster

Verbandspäckchen sein. Fasse die Wundauflage nur an den Rändern an. Die Klebestreifen dürfen die Wunde nicht berühren. Blutet die Wunde stärker, kannst du durch ein Druckpolster über der Wundauflage einen zu starken Blutverlust verhindern. Größere Verletzungen und starke Blutungen sollten sofort nach der ersten Versorgung vom Arzt untersucht werden.

Da bei Schürfwunden meist nur die oberste Hautschicht verletzt ist, bluten sie in der Regel nur wenig. Beim Trocknen der Wunde an der Luft bildet sich Schorf — die bestmögliche Wundversorgung. Nur wenn die Gefahr einer weiteren Verschmutzung besteht, solltest du die Schürfwunde mit einer luftdurchlässigen Wundauflage abdecken.

Bei Brandwunden musst du Schmuck und Kleidung in der Nähe der Wunde entfernen. Kaltes Wasser oder ein Eisbeutel auf der Wunde helfen nicht nur die Schmerzen zu lindern, sondern verringern auch mögliche Hautschäden. Du darfst auf **keinen Fall** Puder, Salben, Watte oder Hausmittel, wie z. B. Mehl oder Salatöl, auf die Wunde geben. Bei schwereren und größeren Verbrennungen mit Brandblasenbildung oder verklebten Brandwunden sollte der Verletzte schnellstmöglich zum Arzt oder ins Krankenhaus gebracht werden.

Zusammenwirken der Organe

Du hast jetzt viel über Ernährung und Verdauung, über Blutkreislauf und Atmung gelernt. Die Bedeutung dieser Vorgänge kannst du aber erst dann richtig verstehen, wenn du weißt, wie die einzelnen Organe in deinem Körper sinnvoll zusammen arbeiten.

In einer anstrengenden Sportstunde bemerkst du, dass du schneller atmest und dass dein Herz schneller schlägt. Dir wird wärmer und du beginnst zu schwitzen. Hinterher hast du meistens auch ordentlich Appetit. All diese Vorgänge hängen miteinander zusammen.

In jeder Minute atmen wir etwa sechzehn Mal. Bei jedem Atemzug gelangt frische Luft in unsere Lungenbläschen. Hier wird der lebenswichtige Sauerstoff ins Blut aufgenommen und durch den Blutkreislauf zu allen Körperorganen transportiert.

Mehrmals am Tag müssen wir essen und trinken. Die Nahrung wird bei der Verdauung in ihre Grundbausteine zerlegt. Diese gelangen durch die Darmwand ebenfalls ins Blut.

Essen und Trinken

Unverdauliche Nahrungsreste bleiben im Darm. Sie werden im Enddarm gesammelt und als Kot abgegeben.

In einer Sportstunde benötigst du viel Energie. Diese ist z. B. in den Kohlenhydraten, die du bei der Verdauung aufgenommen hast, enthalten. Diese Energie kann in den Zellen deiner Muskeln aber nur mithilfe des eingeatmeten Sauerstoffs freigesetzt werden. Erst dadurch kannst dich bewegen.

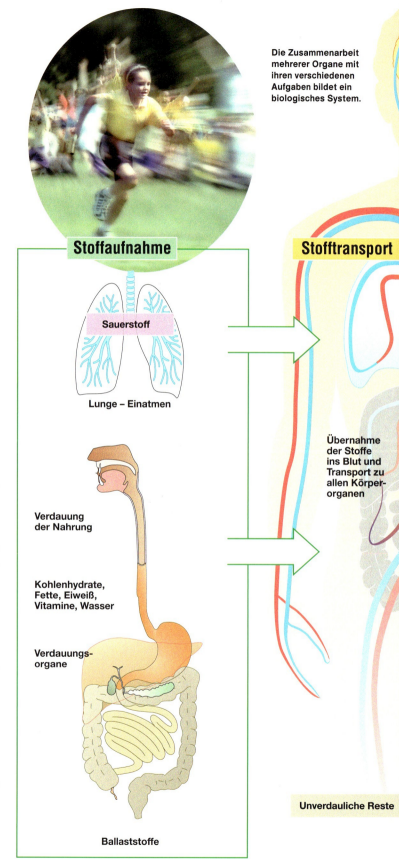

Die Zusammenarbeit mehrerer Organe mit ihren verschiedenen Aufgaben bildet ein biologisches System.

Stoffaufnahme

Sauerstoff

Lunge – Einatmen

Verdauung der Nahrung

Kohlenhydrate, Fette, Eiweiß, Vitamine, Wasser

Verdauungsorgane

Ballaststoffe

Stofftransport

Übernahme der Stoffe ins Blut und Transport zu allen Körperorganen

Unverdauliche Reste

Der Mensch

Die entstehenden Abfallstoffe werden mit dem Blut abtransportiert und ausgeschieden. Es sind in diesem Fall Kohlenstoffdioxid und Wasser.

Aufgaben

① Beschreibe anhand der Abbildung, welche Organe Kohlenstoffdioxid bzw. Wasser ausscheiden.
② Die mit der Nahrung aufgenommenen Eiweiße dienen vor allen dem Baustoffwechsel. Als Abfallprodukt wird Harnstoff ausgeschieden. Beschreibe die Zusammenarbeit der Organe für dieses Beispiel.
③ Hauche mehrmals aus kurzem Abstand gegen die trockene Wandtafel. Was beobachtest du? Erkläre!
④ Halte die flache Hand eine Zeit lang vor die trockene Tafel, ohne sie zu berühren. Was kannst du mit diesem Versuch nachweisen?
⑤ Pro Tag gibt der Mensch etwa einen Liter Harn ab. Um den Wasserverlust auszugleichen soll man aber, je nach Temperatur, zwei bis drei Liter trinken. Warum ist das nötig?

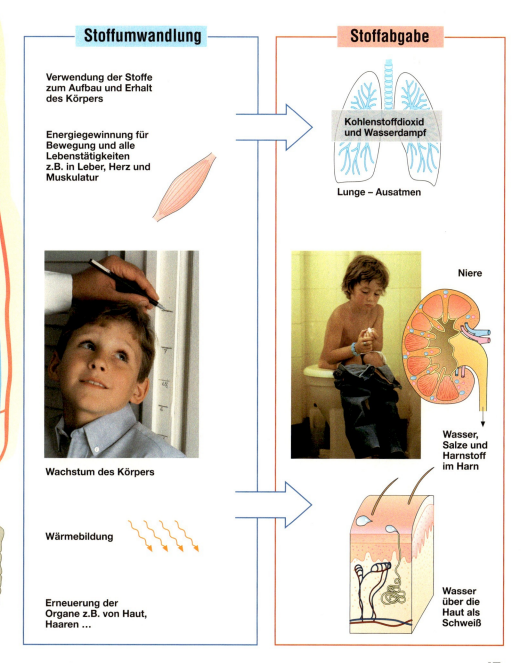

Sich hängen lassen – warum eigentlich?

Ich bleibe fit!

Wer möchte nicht gerne fit sein? Man muss gar nicht genau wissen, was das Wort bedeutet. Jeder verbindet vielleicht auch etwas anderes damit. Eines aber ist sicher: Wer sich fit fühlt, traut sich etwas zu und ist mit seinen Leistungen zufrieden.

Lass dich doch einmal so hängen!

Es gibt viele Möglichkeiten, unangenehme Situationen zu vermeiden. Hier einige Schüleraussagen:

- Ich verziehe mich in mein Zimmer und lasse mich einfach hängen.
- Ich setze mich vor meinen Computer und spiele eine Zeit lang.
- Ich höre ganz laut Musik.
- Ich muss etwas Süßes essen.

Alles nur Stress?

Fit zu sein oder zu bleiben ergibt sich nicht von selbst. Manchmal fühlt man sich wirklich nicht wohl in seiner Haut:
- In der Schule hat es eine schlechte Note gegeben.
- Man hat wegen einer Kleinigkeit Ärger mit seinem besten Freund oder der besten Freundin.
- Die Eltern haben verboten ...

Welche Gründe gibt es für dich, dass du dich körperlich oder geistig manchmal nicht fit fühlst?

Wenn man hin und wieder ein wenig „unter Druck" gerät, so schadet das überhaupt nicht. Im Gegenteil: Wir sind sogar leistungsfähiger als sonst, auch wenn der Stress unserer Meinung nach etwas zu lange anhält.

Hast du das schon einmal erlebt? Es ist hinterher ein tolles Gefühl!

Doch wenn es zu viel wird, dann geschieht das Gegenteil: Wir fühlen uns überfordert. Angst blockiert unser Denken. Der Körper kann sogar mit Krankheit reagieren. So weit darf es eigentlich nicht kommen.

Jeder muss nach eigenen Wegen suchen, zu viel an Stress zu vermeiden.

Wie lange hältst du das aus?

Wie viele Klimmzüge schaffst du in einer Minute?

Radfahren fordert nicht nur die Muskeln der Beine. Der ganze Körper ist beteiligt. Geschicklichkeit und Konzentration sind gefragt.

Wie reagierst du auf Stress?

Der Mensch

„Falsche Freunde"

Wenn man sich körperlich oder geistig einmal nicht fit fühlt, dann sucht man nach Abhilfe. Der Griff zu Süßigkeiten und Salzgebäck oder die Ablenkung durch geistlose Spiele sind höchstens im Einzelfall geeignet, den Frust zu stoppen.

Es ist nicht ratsam, jedes Mal auf die gleiche Art zu versuchen, wieder besser drauf zu sein. Dann benötigt man den Fruststopper immer häufiger und in größeren Mengen. Ohne es zu bemerken, kommt man plötzlich ohne nicht mehr aus.

Das gilt nicht nur für Schokolade oder Chips, sondern in besonderem Maße für Medikamente und Suchtmittel.

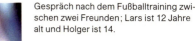

Gespräch nach dem Fußballtraining zwischen zwei Freunden; Lars ist 12 Jahre alt und Holger ist 14.

Lars: „Oh je, jetzt habe ich aber Durst. Ich brauche unbedingt 'ne Cola."

Holger: „Und ich muss erst mal eine rauchen."

Lars: „Wieso das? Du holst dir doch sonst immer Pommes rot-weiß!"

Holger: „Ja, aber heute habe ich mein Geld vergessen. Da hilft auch mal eine Zigarette gegen den Hunger. Willst du auch eine?"

Lars: „Äh, eigentlich …"

Wie wird sich Lars entscheiden?
Schreibe auf, wie sich das Gespräch weiter entwickelt.

Spiele die Situation nach. Dabei können auch die beiden Freundinnen Pia und Lisa mitmachen.

Beruhigungsmittel können dir nicht die Angst vor einer Arbeit nehmen. Rechtzeitiges Lernen hilft da sicher besser.

Nicht übertreiben

Bevor man Höchstleistungen von seinem Körper fordern kann, muss er gründlich trainiert werden.

Ein Trainingsprogramm kann helfen, durch langsame Steigerung der Anforderungen schneller, kräftiger und ausdauernder zu werden.

Sport und Spiel

Gegen „miesen Sinn" hilft oft körperliche Betätigung. Vielen macht es Spaß, eine Sportart im Verein zu trainieren. Es ist ein gutes Gefühl, immer besser zu werden, seinen Körper mal so richtig zu spüren und mit anderen etwas gemeinsam zu machen.

Stellt einmal zusammen, welche sportlichen Aktivitäten in eurer Klasse vorkommen!

Auch Freizeitsportarten, wie Fußball spielen oder Schwimmen, und Pausenspiele in der Schule bringen den Kreislauf so richtig auf Trab. Hinterher ist man zwar schlapp, aber zufrieden.

Sport und Spaß gehören zusammen

Der Mensch

4 Sinne und Nerven — wie Reize verarbeitet werden

Hören
Die Hörsinneszellen im Innenohr reagieren auf Schallwellen. In Abhängigkeit von der Lautstärke und Tonhöhe werden die Hörsinneszellen unterschiedlich gereizt, sodass nach Verarbeitung im Gehirn die einzelnen Töne auch unterschieden werden können.

Sehen
Die Empfänger für Lichtreize sitzen in der Netzhaut unseres Auges. Die eintreffenden Informationen gelangen nach Umwandlung in elektrische Signale über den Sehnerv ins Gehirn. Dort erst entsteht das Bild, das du von deiner Umgebung siehst.

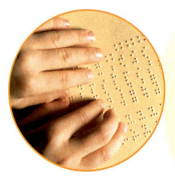

Tasten und Fühlen
Besonders gut ist die Fähigkeit für das Tasten in den Hautleisten der Finger ausgebildet. Dort sitzen in großer Zahl Tastsinneskörperchen. Außerdem gibt es in der Haut Empfänger für Schmerz, Kälte und Wärme.

Schmecken
Die zum Teil warzig aussehenden Geschmacksknospen auf der Zunge sind die Empfänger für die in der Nahrung enthaltenen Geschmacksstoffe. Die Kombination der verschiedenen Geschmackssignale erzeugt in unserem Gehirn die Geschmacksempfindung.

Riechen
Die Geruchsstoffe des Brathähnchens gelangen über die Luft zu den Riechsinneszellen der Nasenschleimhaut. Diese werden dadurch gereizt, sodass elektrische Erregungen über den Riechnerv ins Gehirn gelangen. Dort wird diese Information zu einer Geruchsempfindung verarbeitet.

Sinnesorgane sind die Antennen des Körpers

Unser Körper wird ständig darüber informiert, was in seiner Umgebung passiert. Als Antennen zur Außenwelt dienen unsere Sinnesorgane: *Auge, Ohr, Nase, Haut* und *Zunge*. Fällt nur eines aus, können wir nicht mehr angemessen reagieren.

Sie sind die Empfangsstationen für Sender in der Umgebung. Durch folgende Signale können unsere Sinnesorgane gereizt werden: durch *Licht, Schall, Geruchsstoffe, Druck* und *Wärme* sowie *Geschmacksstoffe*. Entsprechend der Spezialisierung der Sinnesorgane werden die Informationen aus der Umwelt aufgenommen. In den entsprechenden *Sinneszellen* werden diese in *elektrische Signale* umgewandelt und so über *Nerven* an das *Gehirn* weitergeleitet. Das Gehirn ist unser „Rechenzentrum", in dem die eintreffenden Signale analysiert und verarbeitet werden. Dadurch erst können wir *sehen, hören, riechen, tasten* und *fühlen* sowie *schmecken*. Die Vorstellung von unserer Umwelt, zum Beispiel das einer Turnhalle während eines Tischtennisspiels, entsteht also im Gehirn.

Vom Reiz zur Reaktion

Wie leistungsfähig unser Nervensystem und der damit in Verbindung stehende Bewegungsapparat ist, zeigen uns die unten abgebildeten Momentaufnahmen der beiden Tischtennisspieler während eines Spiels. Die Vielzahl der aufgenommenen Informationen wird nach der Weiterleitung ins Gehirn in Bruchteilen einer Sekunde analysiert und verarbeitet.

Geschwindigkeit, Richtung und Drall des Balles müssen ständig genau beurteilt werden. In den Augen — als Empfänger — erfolgt nach Eintreffen der Lichtreize die Reizumwandlung und Leitung der Signale ins Gehirn. Dort werden nach Bewertung der ankommenden Informationen augenblicklich Befehle für die Reaktion erteilt, vor allem an die Muskulatur der Hand, der Arme und der Beine, um den ganzen Körper in Position zu bringen und den Ball zurückzuschlagen. Gute Tischtennisspieler haben durch vielfache Wiederholungen die wichtigen Bewegungsabläufe automatisiert. Das ist die Folge eines Lernprozesses.

Alle Bewegungen, die vom Gehirn bewusst veranlasst werden, die wir also ausführen wollen, nennt man *willkürliche Bewegungen*. Daneben gibt es auch *unwillkürliche Bewegungen*. Wenn wir am Strand barfuß auf eine spitze Muschelschale treten, zuckt unser Bein sofort zurück. Die Reaktion ist erfolgt, noch ehe uns der Reiz bewusst wurde. Solche unwillkürlichen Reaktionen nennen wir *Reflexe*. Ein solcher Reflex kann den Körper vor Verletzungen schützen. Ein Beispiel für unwillkürliche, langsame Bewegungen sind die Darmbewegungen.

Unser Nervensystem besteht aus vielen Milliarden Zellen. Viele von ihnen haben lang gestreckte Fortsätze, die alle Regionen des Körpers erreichen. Sie sind mit einer elektrischen Leitung vergleichbar. Einzelne Leitungen treten zu Bündeln, den *Nerven*, zusammen. Ein außerordentlich dicker Nervenstrang ist das *Rückenmark*. Es verläuft im knöchernen Wirbelkanal. Dort ist es vor Stößen geschützt. Zwischen den Wirbeln treten Nerven aus, die beispielsweise zu Muskeln ziehen. Über das Rückenmark können so die im Gehirn entstehenden elektrischen Signale an die Muskeln weitergeleitet werden. In das Rückenmark treten aber auch Nerven ein. In ihnen laufen Signale von Sinnesorganen und Muskeln hin zum Rückenmark und dann weiter zum Gehirn.

Aufgabe

① Teste deine Reaktionszeit. Dein Partner hält ein 30-cm-Lineal senkrecht mit zwei Fingern am oberen Ende. Halte nun Daumen und Zeigefinger so an den unteren Rand, dass deine Finger das Lineal gerade nicht berühren. Wenn dein Partner das Lineal loslässt, musst du es möglichst schnell mit den Fingern fassen. Die Strecke, die das Lineal gefallen ist, ist ein Maß für die Reaktionszeit. Führe mehrere Messungen durch und vergleiche.

1 Momentaufnahmen eines Tischtennisspiels

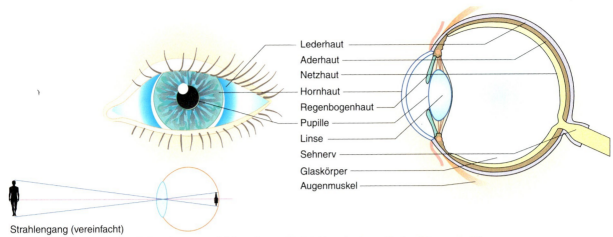

1 Bau des menschlichen Auges (Aufsicht und schematischer Längsschnitt)

Die Augen — unsere Lichtsinnesorgane

Schließe die Augen und bewege dich vorsichtig in deinem Zimmer. Öffne das Fenster, gehe zum Schreibtisch, greife nach einem Stift. Wahrscheinlich bist du dabei unsicher, denn ohne die Hilfe der Augen finden wir uns auch in gewohnter Umgebung nur schwer zurecht. Erst der *Lichtsinn* ermöglicht uns die sichere Orientierung.

Betrachtest du ein Auge im Spiegel, so siehst du nur den vorderen Teil dieses Sinnesorgans. Der nahezu kugelförmige *Augapfel* liegt zum größten Teil gut geschützt in der knöchernen Augenhöhle des Schädels. Äußerlich sichtbar ist die weiße *Lederhaut*, die farbige *Regenbogenhaut*, die auch als *Iris* bezeichnet wird, und die schwarze *Pupille* in ihrem Zentrum. Über Iris und Pupille liegt die durchsichtig, glasklare *Hornhaut*.

Im Längsschnitt ist erkennbar, dass das Auge aus mehreren übereinander liegenden Häuten besteht. Außen findet man die harte Lederhaut. Sie schützt das Auge vor schädlichen äußeren Einwirkungen. Es folgt die *Aderhaut*, deren dünnes Geflecht aus Blutgefäßen Zellen mit Nährstoffen und Sauerstoff versorgt. Die innerste Schicht ist die *Netzhaut*. Sie enthält Millionen von *Lichtsinneszellen*. Werden sie von Licht getroffen, so entstehen in ihnen elektrische Signale. Über den Sehnerv gelangen die Signale zum Gehirn.

Damit wir unsere Umgebung sehen können, muss sie auf die Netzhaut abgebildet werden. An diesem Vorgang sind verschiedene Einrichtungen des Auges beteiligt. Wenn Licht ins Auge fällt, durchdringt es zunächst die Hornhaut und gelangt weiter zur Iris. Durch die Öffnung in ihrer Mitte, die Pupille, gelangt das Licht ins Augeninnere. Je nachdem, ob aus der Umgebung viel oder wenig Licht ins Auge eindringt, wird durch Veränderung der Iris die Pupille klein oder groß gestellt. Durch die Pupille wird die Lichtmenge reguliert, die auf die Netzhaut trifft.

Hinter Pupille und Iris befindet sich die elastische *Augenlinse*. Sie erzeugt ein Bild auf der Netzhaut. Die Linse ist über zähe Bänder mit einem ringförmigen Muskel verbunden. Durch Tätigkeit des Muskels wird die Wölbung der Linse verändert und damit das Auge auf verschieden weit entfernte Gegenstände eingestellt. Einen nahen Gegenstand kann man mit stark gewölbter Linse scharf sehen. Beim Blick in die Ferne wird die Linse durch die Linsenbänder flach gezogen. Das Augeninnere ist von dem gallertartigen *Glaskörper* ausgefüllt. Er gibt dem Auge die Form.

Augen sind empfindliche Organe. Daher ist es wichtig, sie beim Handwerken und Basteln vor umherfliegenden Teilen zu schützen. An vielen Arbeitsplätzen ist das Tragen einer Schutzbrille Pflicht. Bei grellem Sonnenlicht und auf hohen Bergen hält die dunkle Sonnenbrille zuviel Licht und das UV-Licht vom Auge fern. Grelles Sonnenlicht und UV-Licht können die Sehzellen schädigen. Weil sie nicht mehr nachwachsen, können bleibende Sehstörungen die Folge sein.

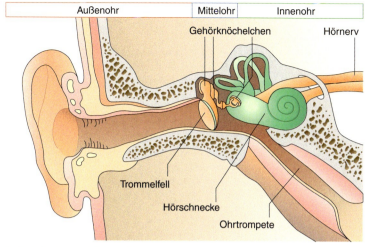

1 Bau des menschlichen Ohres

Die Ohren — Empfänger für Schallwellen

Das Ohr ist ein Sinnesorgan, das für unsere Verständigung sehr wichtig ist. Ohne die Fähigkeit zu hören, wäre Sprechen sinnlos und wir könnten uns nur mit Mühe etwas mitteilen.

Beim Sprechen schwingen die Stimmbänder im Kehlkopf. Dies kann man spüren, wenn man dabei die Fingerspitzen an den Kehlkopf legt. Durch Schwingungen entstehen Schallquellen, die sich in der Luft ausbreiten. Gelangen Schallwellen ans Ohr, so versetzen sie das Trommelfell in Schwingungen und reizen im Innern das eigentliche Hörsinnesorgan.

Das Ohr ist in drei Abschnitte gegliedert: Außen-, Mittel- und Innenohr. Zum *Außenohr* gehört die *Ohrmuschel* und der *Gehörgang* bis zum *Trommelfell*. Eintreffende Schallwellen werden von den Ohrmuscheln aufgenommen und im Gehörgang weitergeleitet. Sie versetzen das Trommelfell in Schwingungen. Am Eingang des Gehörgangs wachsen Härchen. Sie wirken wie ein Sieb und halten eindringende größere Fremdkörper zurück. Aus den Talgdrüsen des Gehörgangs wird Ohrschmalz ausgeschieden. Es verklebt eindringenden Staub. Durch die Kieferbewegungen beim Kauen wird das Ohrschmalz dann nach außen transportiert.

Hinter dem Trommelfell liegt das *Mittelohr*. Es ist ein etwa 5 Millimeter breiter Spalt. Er ist luftgefüllt und steht über einen Gang, *Ohrtrompete* genannt, mit dem Nasen-Rachenraum in Verbindung. Im Mittelohr befinden sich drei winzige *Gehörknöchelchen*. Sie nehmen die Schwingungen des Trommelfells auf und leiten sie an das Innenohr weiter.

Das *Innenohr* ist mit einer wässrigen Flüssigkeit gefüllt und liegt gut geschützt in einer Ausbuchtung des Schädelknochens. In der *Hörschnecke* liegt das eigentliche Hörorgan. Die schwingenden Gehörknöchelchen setzen die Innenohrflüssigkeit in Bewegung. Dies reizt Hörsinneszellen im Innern des Organs und über den *Hörnerv* wandern elektrische Signale zum Gehirn.

Große Lautstärken schädigen auf Dauer das Gehör. Deshalb ist an bestimmten Arbeitsplätzen das Tragen eines Gehörschutzes Vorschrift. Auch laute Musik aus Radio und Walkman sowie in der Disco gefährden das Gehör und führen zu Schwerhörigkeit.

Unsere Schallwahrnehmung hat Grenzen. Weniger als 20 Schwingungen pro Sekunde hören wir nicht. Aber auch Ultraschall, mit mehr als 20 000 Schwingungen pro Sekunde, ist unhörbar. Erstaunlich ist, dass beispielsweise Hunde und Fledermäuse Ultraschall hören können.

Aufgaben

① Ordne den Teilen des Schnurtelefons (Randspalte) die entsprechenden Teile des Ohres zu.
② Warum können ein laut eingestellter Walkman oder ein längerer Disco-Besuch das Gehör schädigen?

2 Hier ist ein Gehörschutz notwendig

Der Mensch

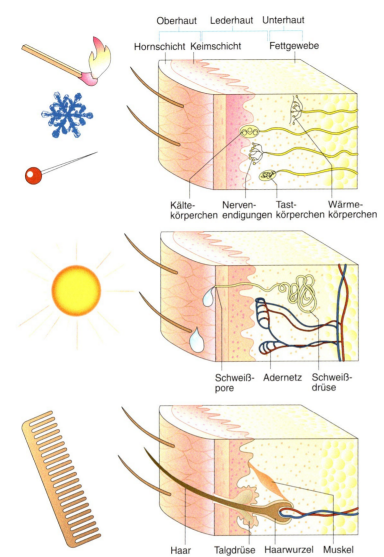

1 Aufbau der Haut (die Blockbilder zeigen drei verschiedene Ausschnitte)

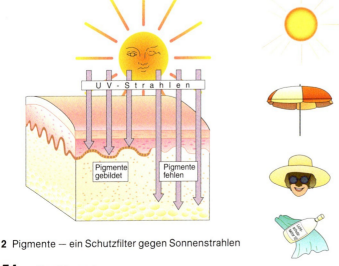

2 Pigmente — ein Schutzfilter gegen Sonnenstrahlen

Die Haut — ein Organ mit vielen Aufgaben

Die Haut ist unser größtes Organ. Sie ist etwa 2 m² groß, 4 bis 8 mm dick und wiegt rund 10 kg. Sie ist elastisch und zäh, geschmeidig und glatt und über ihrer Unterlage verschiebbar. Die Haut *schützt* uns vor Austrocknung, Überhitzung, Unterkühlung, Schmutz, Krankheitserregern und schädlichem Sonnenlicht. Außerdem ist sie ein vielseitiges *Sinnesorgan*. Über die Haut nehmen wir Wärme- und Kältereize wahr, aber auch mechanische Reize, wie Berührung, Druck und Vibrationen.

Die Haut ist aus drei Schichten aufgebaut: *Oberhaut*, *Lederhaut* und *Unterhaut*. Die Oberhaut ist etwa so dünn wie eine Buchseite. Ihre äußerste Lage, die *Hornschicht*, besteht aus abgestorbenen, verhornten Zellen. Diese Schicht, die vor Austrocknung, Krankheitserregern und Verletzung schützt, wird ständig abgenützt. Sie wird von der darunter liegenden *Keimschicht* laufend erneuert.

Die Lederhaut ist der Ort, an dem Finger- und Zehennägel sowie Haare gebildet werden. Sie bestehen aus *Horn*. An jedem Haar setzt ein kleiner Muskel an, der es bei Kälte, Angst oder Zorn aufrichtet — wir bekommen eine „Gänsehaut". An jedem Haar mündet auch eine *Talgdrüse*. Das von ihr abgesonderte Fett hält das Haar und die Oberhaut geschmeidig.

In der Lederhaut liegen zahlreiche *Schweißdrüsen*. Sie geben durch kleine Poren an der Hautoberfläche salzhaltigen Schweiß ab, besonders viel bei Hitze oder großer körperlicher Anstrengung. Hier verdunstet das im Schweiß enthaltene Wasser. Die Verdunstungskälte entzieht dabei dem Körper überschüssige Wärme. Das dichte Geflecht von Blutgefäßen in der Lederhaut kann sich bei ansteigender Körpertemperatur weiten. Das bewirkt eine verstärkte Durchblutung; Körperwärme kann vermehrt abgegeben werden.

Die meisten Hautsinne findet man in der Lederhaut. *Tastkörperchen* und *Nervenendigungen* an ihrer Oberseite sprechen auf Berührung an. Wird die Haut eingedrückt, so werden sie ganz leicht verformt und dadurch gereizt. An den Fingerspitzen kann bereits das Eindrücken der Haut um einen hundertstel Millimeter zur Empfindung führen. Mit einem spitzen Stift, den man vorsichtig auf die Haut setzt, lässt sich hier die enorme Empfindlichkeit des Tastsinns prüfen. Tiefer in der Lederhaut liegende Tastkörperchen sprechen auf starken Druck und auf Vibrationen an.

Für die Wahrnehmung von heiß und kalt sind weitere Sinneskörperchen verantwortlich, die auf Wärme und Kältereize ansprechen. Berührt man mit warmen oder kalten Nadeln die Haut, so findet man einzelne Stellen, die besonders kälte- oder wärmeempfindlich sind.

In der Unterhaut ist Fett eingelagert. Es dient als Energiespeicher und wirkt zugleich als Polster. Zudem schützt die Unterhaut die darunter liegenden Körperteile vor Schlag und Stoß sowie vor Auskühlung.

Nur eine gesunde Haut kann ihre vielfältigen Aufgaben erfüllen. Dazu muss sie gepflegt werden. Regelmäßige Körperwäsche verhindert unangenehmen Körpergeruch, beseitigt Schmutz und entzieht Krankheitserregern den Nährboden. *Bakterien* sammeln sich bevorzugt in den Schweißporen an. Sie können Entzündungen und manchmal sogar Pusteln erzeugen. Diese lassen sich mit Hautpflegemitteln behandeln und heilen dann meist schneller.

Für die Haut von Zehen und Füßen ist gut durchlüftetes Schuhwerk wichtig. Stauen sich im Schuh Wärme und Fußschweiß, so entsteht ein feuchtwarmes Treibhausklima. Unter diesen Bedingungen gedeihen *Fußpilz* und Bakterien besonders gut.

Gefährlich für die Haut kann starke Sonnenstrahlung sein. Bei ungeschützter Haut entsteht rasch ein *Sonnenbrand*. Die Haut rötet sich und schmerzt. In schweren Fällen bilden sich Blasen. Die Schutzwirkung der Haut wird herabgesetzt, sodass bei wiederholtem Sonnenbrand Hautkrankheiten die Folge sein können. Bei langsamer Sonnengewöhnung, am besten unterstützt mit Sonnenschutzmittel, werden wir braun. In der Oberhaut bilden sich dunkle Farbstoffe *(Pigmente)*. Diese filtern das schädliche UV-Licht und verhindern das Eindringen der gefährlichen Sonnenstrahlen in tiefere Hautschichten.

Aufgabe

① Formuliere Verhaltensregeln, mit deren Hilfe du Fußpilz und Sonnenbrand vorbeugen kannst.

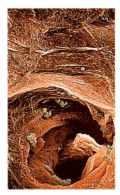

1 Bakterien (grün) in Schweißpore (ca. 1200 x vergößert)

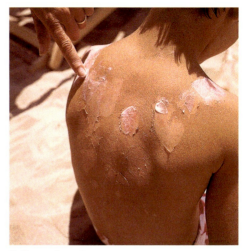

2 Sonnenbrand

Zettelkasten

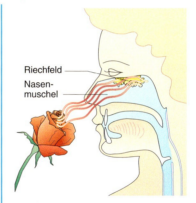

Aufnahme eines Geruchsstoffes

Geruch und Geschmack

Im oberen Teil jeder *Nasenhöhle* liegt ein etwa briefmarkengroßes Riechfeld mit den Geruchssinneszellen. Sie sprechen auf gasförmige Geruchsstoffe an, die mit der Atemluft in die Nase gelangen und in der feuchten *Nasenschleimhaut* gelöst werden. Wir können etwa 350, Spezialisten bis zu 1000 verschiedene Düfte auseinander halten. Bei übel riechenden Düften warnt der *Geruchssinn* vor möglichen Gefahren und ruft Ekelgefühle hervor.

Auf unserer rauen Zungenoberfläche befinden sich warzenförmige Erhebungen und Falten. Hier sitzen die *Geschmackssinneszellen*. Diese reagieren auf die vielen verschiedenen Stoffe in unserer Nahrung in unterschiedlicher Weise. Entsprechend gelangen unterschiedliche Informationen zum Gehirn. In ihm werden diese zur Geschmackswahrnehmung süß, sauer, salzig und bitter verarbeitet. Die Geschmackssinneszellen auf der Zunge helfen uns, das Richtige zu essen, aber auch den Verzehr verdorbener oder gar giftiger Nahrung zu vermeiden.

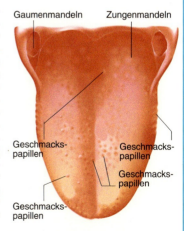

Da von unseren Speisen auch Duftstoffe ausgehen, wird beim Essen immer der Geruchssinn mit angeregt. So erst entsteht durch die Kombination der Geschmacks- und Geruchsreize der angenehme Gesamtsinneseindruck, wenn wir zum Beispiel unser Leibgericht essen.

Der Mensch

5 Fortpflanzung und Entwicklung

Pubertät — Reifezeit vom Kind zum Erwachsenen

Hast du schon bemerkt, dass sich mit der Zeit dein Körper verändert? Im Alter von 10 bis 13 Jahren beginnt ein Vorgang, bei dem sich bei Mädchen und Jungen neue Merkmale ausbilden und andere sich verändern. Dies ist ein Zeichen für den Eintritt in die Reifezeit, die als *Pubertät* bezeichnet wird. Sie wird oft von einem starken Wachstumsschub begleitet. Bei beiden Geschlechtern entwickelt sich jetzt die Achsel- und Schambehaarung. Bei den Jungen setzt langsam der Bartwuchs ein, die Stimme wird tiefer und es bildet sich eine kräftige Muskulatur aus. Die Schultern verbreitern sich. Die Hüften bleiben dagegen vergleichsweise schmal. Bei den Mädchen bilden sich in der Pubertät die Brüste, die Schultern bleiben schmal und das Becken wird breiter. In dieser Entwicklungszeit entstehen die Merkmale, an denen wir Frauen und Männer sofort unterscheiden können. Man bezeichnet diese Unterscheidungsmerkmale als *sekundäre Geschlechtsmerkmale*.

Bei Kleinkindern kann es recht schwer sein zu entscheiden, ob es ein Junge oder ein Mädchen ist — es sei denn, sie sind ohne Bekleidung. Dann fallen die unterschiedlichen Geschlechtsorgane auf. Die äußerlich sichtbaren Geschlechtsorgane sind bereits bei der Geburt vorhanden und bilden das erste Merkmal, an dem sich Junge und Mädchen unterscheiden lassen. Man nennt sie daher auch die *primären Geschlechtsmerkmale*. Während der Pubertät entwickeln sich die Geschlechtsorgane weiter; sie werden größer und erlangen ihre Funktionsfähigkeit. Jungen können dann Kinder zeugen — sie sind dann Männer. Mädchen können Kinder gebären — sie sind nun Frauen.

Die Pubertät der Mädchen beginnt durchschnittlich mit 11 Jahren, bei den Jungen etwa 2 Jahre später. Sie ist erst mit 17 bis 19 Jahren abgeschlossen. Beginn und Dauer der Pubertät können von Mensch zu Mensch sehr unterschiedlich sein. Es ist auch normal, wenn die Pubertät mit 10 Jahren beginnt oder erst mit 21 Jahren endet.

In der Reifezeit verändern Jugendliche ihr Verhalten. Viele wollen anders sein als ihre Eltern. Jugendliche entwickeln in dieser Zeit viele eigene Ideen und Vorstellungen, die sie durchsetzen möchten. Außerdem will man alles einmal besser machen. So kann

5 Jahre
ca. 18 kg

es immer wieder zu Konflikten und Streitigkeiten zwischen Jugendlichen und ihren Eltern kommen. Gelegentlich nennt man diese Zeit auch Flegeljahre, weil das Verhalten häufig wechselhaft und unwirsch ist. Diese Zeit ist für alle Beteiligten nicht einfach und muss durchlebt werden. Konflikte lassen sich leichter bewältigen, wenn jeder bereit ist, die Meinung und Ansicht des anderen in einem gewissen Maß zu respektieren. Oft ist das Verhalten, das zu Konflikten führt, auch ein Ausdruck von Unsicherheit, wenn man in eine neue Rolle hineinwächst. Das ist normal und gehört zum Sich-selbst-Finden und zum Erwachsenwerden dazu.

Für die persönliche Reifung ist es wichtig, dass sich Jugendliche mit Gleichaltrigen zusammenfinden. Zunächst entstehen Gruppen, die nur aus Mädchen oder Jungen bestehen. Hier entstehen neue Interessen. Die Jugendlichen beschäftigen sich mit Musik, Kleidung, Fahrzeugen, Computer usw. Dabei entwickeln sie ihre eigene Welt und verbringen oft viel Zeit mit dem Neuen. In der Schule können dann die Leistungen nachlassen.

Nach und nach zeigen die Jungen und Mädchen Interesse für einander. Anfangs ist das Verhalten gegenüber dem anderen Geschlecht meist recht unsicher. Man muss erst lernen, mit den sich bildenden Gefühlen umzugehen und die Reaktionen des anderen kennen zu lernen. Die Jugendlichen suchen in dieser Zeit Zuneigung und Zärtlichkeit und wollen geliebt werden. Sie sind aber häufig noch nicht in der Lage, dies auszudrücken. Weil sie oft nicht verstanden werden, bleiben sie allein mit ihren Gefühlen und Problemen. So kommt es häufig zu launischen und aggressiven Stimmungen. Dies sind Stationen der seelischen Reifung, die sich nicht umgehen lassen und einen Teil der Entwicklung darstellen. Im Laufe der Zeit entsteht aber ein natürliches Verhältnis zum anderen Geschlecht. Zwischen Jungen und Mädchen entwickeln sich Freundschaften, die aber auch wieder gelöst werden können, wenn man sich nicht mehr so gut versteht.

Aufgaben

① Erkläre mit eigenen Worten die Entwicklung vom Jungen zum Mann und vom Mädchen zur Frau. Welche Veränderungen sind bei Jungen und Mädchen gleich, wo gibt es Unterschiede?

② Beim Stimmbruch verändert sich die Stimme der Jungen von der hohen, kindlichen zur tiefen, männlichen. Welche äußerlich sichtbare Veränderung ist die Ursache?

③ In der 6. Klasse sind viele Mädchen größer als die Jungen. Anders in der 9. Klasse. Da sind die Unterschiede meist gering. Findest du eine Erklärung dafür?

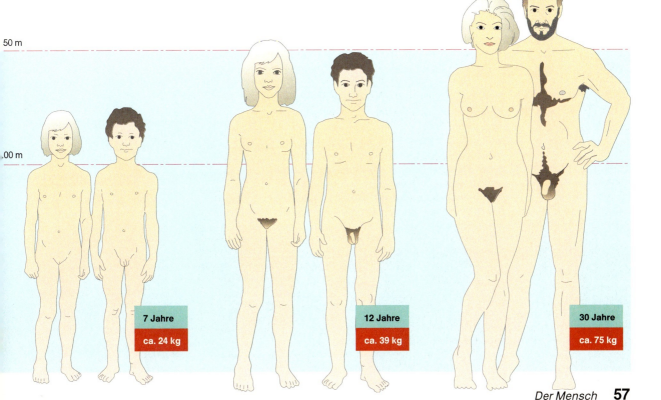

Der Mensch

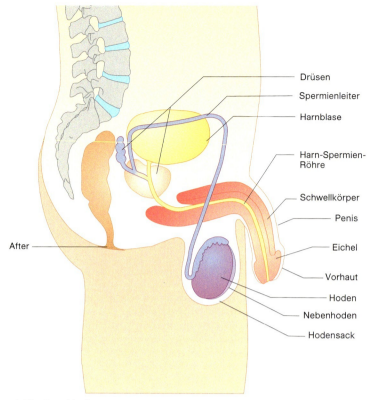

1 Die Geschlechtsorgane des Mannes

Die Geschlechtsorgane des Mannes

Die äußerlich sichtbaren Teile der männlichen Geschlechtsorgane sind der *Penis* und der *Hodensack* mit den beiden *Hoden*. Der Penis, auch Glied genannt, besteht aus einem *Schaft* mit *Schwellkörpern* und der *Eichel*. Sie wird von einer verschiebbaren *Vorhaut* bedeckt. Durch das Glied verläuft die *Harn-Spermien-Röhre*. Unter der Vorhaut liegen zahlreiche Talgdrüsen, die fettende Stoffe abgeben. Deshalb sollte das Glied in die tägliche Körperpflege einbezogen werden. Dazu wird die Vorhaut zurückgezogen und die Eichel und der übrige Teil des Gliedes mit warmem Wasser und Seife gewaschen.

Im Hodensack befinden sich die zwei eiförmigen Hoden. In ihnen entstehen *Spermien*. Das sind die *männlichen Keimzellen*. Sie sind etwa 0,06 mm lang und bestehen aus dem *Kopfstück* mit *Zellkern*, einem beweglichen Zwischenstück und dem *Schwanzfaden*. Mit ihm können die Zellen hin und her schlagen und sich fortbewegen. Sie erreichen für ihre Größe beachtliche Geschwindigkeiten; sie können sich bis zu 2,6 mm je Sekunde vorwärts bewegen. Die Spermienbildung beginnt in der Pubertät. In den Hoden des Mannes entstehen während des gesamten Lebens ständig Keimzellen. Es sind mehrere Millionen täglich, die in den beiden *Nebenhoden* gespeichert werden.

Von den Nebenhoden führt je ein *Spermienleiter* zur Harn-Spermien-Röhre. Zwei besondere *Drüsen* geben Flüssigkeiten ab, die man zusammen mit den Keimzellen als *Spermienflüssigkeit* oder *Sperma* bezeichnet. Bei Versteifung des Glieds kann ein *Spermienerguss* erfolgen. Dabei wird das Sperma ausgeschleudert.

Der erste Spermienerguss findet in der Pubertät manchmal unbewusst im Schlaf statt *(Pollution)*. Das ist ein völlig normaler Vorgang, der zeigt, dass der Junge geschlechtsreif geworden ist. Die Spermienabgabe kann vom Jungen durch Reizung des Penis auch selbst herbeigeführt werden. Dies nennt man *Selbstbefriedigung*.

Wenn die Schwellkörper im Penis mit Blut gefüllt sind, ist dieser ganz steif. Dann kann der Mann mit dem Penis in die Scheide der Frau eindringen und dort das Sperma ausstoßen. Scheide und Penis sind so beschaffen, dass sie genau zueinander passen. Beim Eindringen in die Scheide entsteht ein angenehmes Gefühl bei Mann und Frau. Den Höhepunkt dieser gefühlsmäßigen Erregung während des Geschlechtsverkehrs nennt man *Orgasmus*. Die Vereinigung und das Erleben des Orgasmus verstärken die Zuneigung und Liebe der Partner.

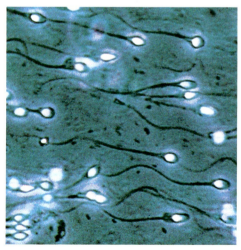

2 Menschliche Spermien (1000 x vergr.)

Der Mensch

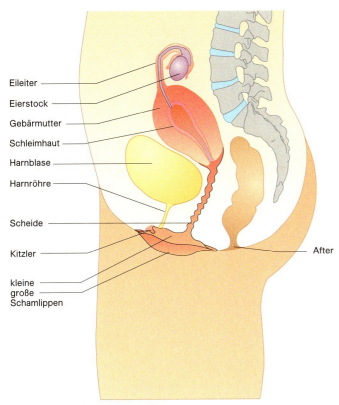

1 Die Geschlechtsorgane der Frau

Die Geschlechtsorgane der Frau

Von den primären Geschlechtsorganen einer Frau sind nur die *Schamlippen* äußerlich sichtbar. Diese großen, paarigen Hautfalten umschließen die Scheide, die Harnröhrenöffnung und den *Kitzler*. Kitzler und Schamlippen reagieren empfindlich auf Berührungsreize, sodass sich Mädchen durch Streicheln selbst befriedigen können. Zwischen den Schamlippen führt die Scheide nach innen zur *Gebärmutter*. Die jeweils paarigen *Eileiter* und *Eierstöcke* schließen sich dann an. Die Gebärmutter ist ein faustgroßer Hohlmuskel, der so dehnbar ist, dass sich in ihm ein Kind bis zur Geburt entwickeln kann. Vor den Eierstöcken erweitert sich jeder Eileiter zum *Eitrichter*.

In den Eierstöcken liegen die *Eizellen*, die *weiblichen Keimzellen*. Schon von Geburt eines Mädchens an sind hier etwa 400 000 Eizellen vorhanden, von denen nur 400 — 500 im Laufe des Lebens heranreifen können.

Eine Eizelle ist mit einem Durchmesser von 0,2 mm wesentlich größer als ein Spermium.

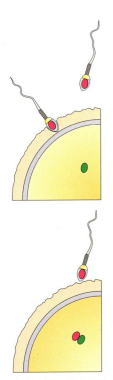

Befruchtungsvorgang

Sie enthält Nährstoffe, darunter viel Dotter. Im Gegensatz zu einem Spermium kann sich eine Eizelle nicht selbst fortbewegen. Durch die Bewegung feinster Härchen an der Innenwand des Eileiters wird sie in Richtung Gebärmutter transportiert. Wenn die Eizelle auf ein Spermium trifft, wird sie befruchtet. Das Spermium dringt dabei in die Eizelle ein und die Zellkerne der beiden Keimzellen verschmelzen miteinander. Dabei entsteht ein *Keim*, der in die Schleimhaut der Gebärmutter einwachsen kann. Aus der *befruchteten Eizelle* entsteht dann während der etwa 9-monatigen Schwangerschaft ein Kind.

Beim Mädchen kann der Scheidenausgang von einem dünnen Häutchen (*Jungfernhäutchen* oder *Hymen*) fast vollständig verschlossen sein. Die inneren Teile der Scheide werden so vor dem Eindringen von Schmutzstoffen und Krankheitserregern besser geschützt.

Daneben gibt es noch andere Schutzeinrichtungen für die weiblichen Geschlechtsorgane. Die Scheidenwände sind sehr elastisch und ziehen sich zusammen, sodass sie aufeinander liegen. Sie sind mit einer *Schleimhaut* versehen, die eingedrungene Bakterien abtöten kann. Zusätzlich sitzt vor der Gebärmutter noch ein *Schleimpfropf*. Er verhindert das Vordringen vieler Krankheitserreger, kann aber von den beweglichen Spermien durchdrungen werden. Durch die Absonderungen der Schleimdrüsen ist auch bei der Frau eine gründliche Reinigung der äußeren Geschlechtsorgane erforderlich. Häufiger Wechsel der Unterwäsche sollte ebenfalls selbstverständlich sein.

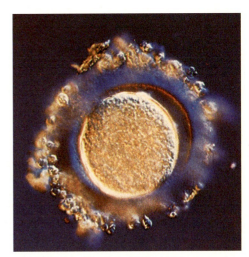

2 Menschliche Eizelle im Eileiter (270 x vergr.)

Der Mensch

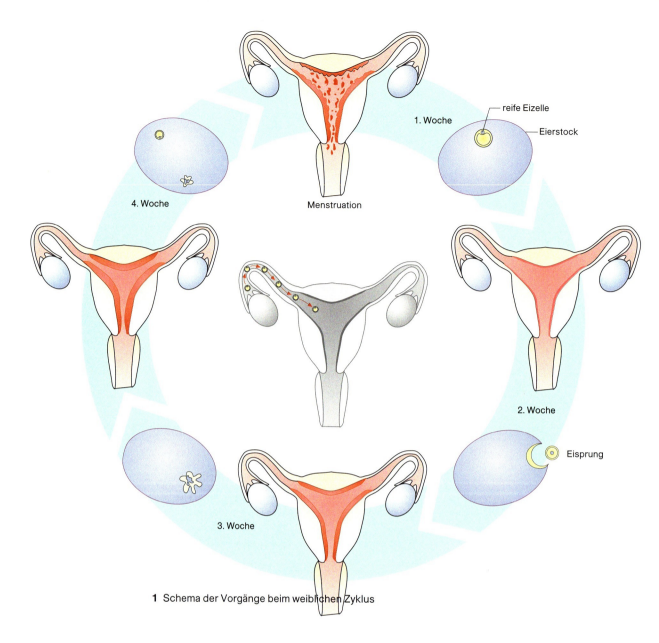

1 Schema der Vorgänge beim weiblichen Zyklus

Der weibliche Zyklus

Zwischen dem 11. und 14. Lebensjahr bekommen Mädchen meist ihre erste *Regelblutung*. Sie dauert vier bis sechs Tage und wiederholt sich später regelmäßig. Mit dem Auftreten dieser monatlichen Blutung, auch *Menstruation* oder *Periode* genannt, ist das Mädchen geschlechtsreif geworden.

Alle vier Wochen reift nun abwechselnd in einem der beiden Eierstöcke in einem *Eibläschen* eine Eizelle heran. Die Eireifung dauert 14 Tage. Dann platzt das Eibläschen auf, und die Eizelle wird freigesetzt. Diesen Vorgang nennt man *Eisprung*. Die Eizelle gelangt in den Eileiter, in dem es Flimmerhärchen zur Gebärmutter transportieren.

Während der Eireifung ist die *Gebärmutterschleimhaut* gewachsen. Sie ist bereit zur Aufnahme eines Keims. Erfolgt keine Befruchtung, löst sich die Schleimhaut etwa zwei Wochen später wieder ab. Das Ablösen der Schleimhaut hat Blutungen zur Folge. Blut und Schleimhautreste werden durch die Scheide abgegeben. Die Blutmenge ist gering, es sind etwa 50 – 150 ml Blut in vier bis sechs Tagen.

Schon während die Schleimhaut abgelöst wird, reift ein neues Ei in einem der Eierstöcke heran, sodass der ganze Ablauf von neuem beginnt. Man nennt diesen sich wiederholenden Kreislauf den weiblichen *Zyklus*.

Menstruation und Hygiene

Zu Beginn der Pubertät ist der Zyklus meist unregelmäßig und es gibt auch unterschiedliche Zykluslängen. Deshalb ist es zu empfehlen, einen *Menstruationskalender* zu führen. Man kennzeichnet zumindest den ersten Tag der Blutung. So kann normalerweise leicht der Zeitpunkt der nächsten Regelblutung vorausberechnet werden. Vom ersten Tag einer Blutung bis zum Tag vor der nächsten Blutung dauert es durchschnittlich 28 Tage. Vor allem in jungen Jahren können die Menstruationsblutungen mit Schmerzen und Unwohlsein verbunden sein. Bei starken Schmerzen ist es empfehlenswert, einen Arzt um Rat zu fragen.

Ein Kind entsteht

Lieben sich ein Mann und eine Frau, so tauschen sie Zärtlichkeiten untereinander aus. Es kann zu einer körperlichen Vereinigung von Mann und Frau *(Beischlaf, Koitus)* kommen. Beim Geschlechtsverkehr gelangen viele Millionen Spermien in die Scheide. Nun schwimmen sie zur Eizelle.

Die Lebensdauer einer Eizelle beträgt nach dem Eisprung etwa 12 Stunden. Nur in diesem Zeitraum kann sie befruchtet werden. Die Spermien schwimmen mithilfe ihres Schwanzfadens zum Ei. Nur das erste Spermium, das ankommt, kann in die Eizelle eindringen und mit ihr verschmelzen *(Befruch-*

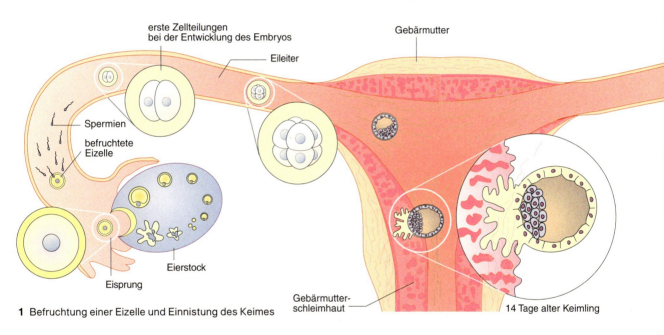

1 Befruchtung einer Eizelle und Einnistung des Keimes

14 Tage alter Keimling

Die Gebärmutter ist in der Zeit zwischen den Monatsblutungen durch einen Schleimpfropf vor eindringenden Krankheitserregern geschützt. Während der Menstruation ist dieser Schutz nicht vorhanden. In dieser Zeit muss deshalb besonders auf gründliche *Hygiene* geachtet werden, da Blut und Schleimhautreste ein guter Nährboden für Krankheitserreger sind.

Ausfließendes Blut kann mit saugfähigen Binden oder Tampons, die regelmäßig gewechselt werden, aufgefangen werden. Die Binden werden in die Unterwäsche eingelegt, die Tampons in die Scheide eingeführt.

Während der Menstruation kann zur Reinigung der äußeren Geschlechtsorgane ohne Bedenken geduscht werden.

tung). Dann umgibt sich die Eizelle mit einer Hülle, die die Befruchtung durch weitere Spermien verhindert.

Im Eileiter teilt sich die befruchtete Eizelle mehrmals. Nach fünf Tagen kommt ein vielzelliger *Keim* in der Gebärmutter an und nistet sich in der Schleimhaut ein. Sie übernimmt die Versorgung des Keims. Nun ist die Frau schwanger. Während der Schwangerschaft entwickelt sich das Kind in der Gebärmutter, die Schleimhaut wird nicht abgestoßen; die Regelblutung bleibt aus.

In den *Wechseljahren*, ab etwa 45 Jahren, verlaufen Eireifung und Blutungen immer unregelmäßiger. Nach einigen Jahren bleiben sie schließlich aus. Die Frau kann nun keine Kinder mehr bekommen.

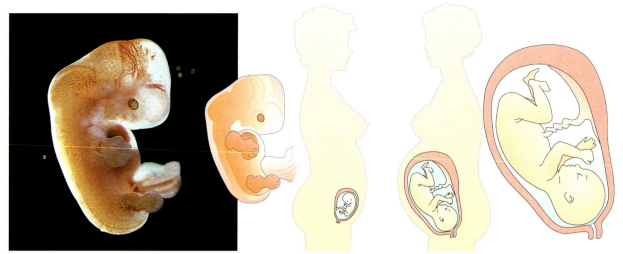

1 Embryo   **2** Entwicklung vom Embryo zum Fetus

Entwicklung im Mutterleib

Die *Schwangerschaft* der Frau dauert etwa 40 Wochen, also 9 Monate. Ist der Beginn der letzten Menstruation bekannt, kann der Arzt den voraussichtlichen Geburtstermin berechnen.

Der Keim lebt auf seinem tagelangen Weg durch den Eileiter nur von den Nährstoffen, die in der Eizelle gespeichert waren. Durch Zellteilungen entstehen zwar immer mehr Zellen, aber der Keim wächst in dieser Zeit nicht. Erst mit der Einnistung in der Gebärmutterschleimhaut beginnt seine Versorgung durch den Körper der Mutter und nun auch das Wachstum.

Teile des Keimes, die *Keimzotten*, dringen in die Schleimhaut der Gebärmutter ein und verwachsen mit ihr zum Mutterkuchen *(Plazenta)*. Der Keim wird jetzt *Embryo* genannt. Über eine Verwachsungsstelle, die sich später zur Nabelschnur entwickelt, ist er mit der Plazenta verbunden. Alle Nährstoffe und den Sauerstoff erhält der Embryo vom mütterlichen Blut. Dorthin gibt er auch Abfallstoffe und Kohlenstoffdioxid wieder ab. Dieser Stoffaustausch zwischen dem Blutkreislauf des Kindes und der Mutter findet in der Plazenta statt. Hier sind kindliches und mütterliches Blut nur durch eine dünne, durchlässige Haut voneinander getrennt.

Der Embryo wächst schnell heran. Er liegt geschützt in einer *Fruchtblase*, die mit *Fruchtwasser* gefüllt ist. Schon im ersten Monat bildet sich der Kopfbereich mit den Anlagen des Nervensystems aus, dann folgen Lunge, Herz und Gliedmaßen. Am Ende des zweiten Monats sind auch Leber, Nieren und Gehirn entwickelt. Der Embryo ist jetzt etwa 4 cm lang und 1 g schwer.

→ Sauerstoff
← Abfallstoffe
→ Nährstoffe

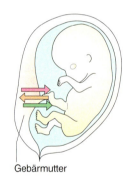
Gebärmutter

Im Laufe des dritten Monats werden Augen, Ohren, Nase und Mund weiter ausgebildet und die Geschlechtsorgane werden erkennbar. Bereits zu diesem Zeitpunkt sind also alle Organe angelegt, die ein erwachsener Mensch auch besitzt. Jetzt lässt sich erkennen, ob es ein Mädchen oder ein Junge ist. In der Folgezeit entwickeln die Organe ihre Funktionsfähigkeit. Ab dem dritten Monat, wenn das Kind sehr rasch wächst, nennt man es *Fetus*. Nach fünf Monaten ist der Fetus etwa 25 cm lang und 500 g schwer. Er kann nun auch Geräusche wahrnehmen.

Obwohl im Fetus schon alle Organe vorhanden sind, ist er noch nicht selbstständig lebensfähig. Erst mit sieben Monaten sind die Organe so leistungsfähig, dass ein *Frühchen* auch außerhalb des Mutterleibs überleben könnte. Im Normalfall ist die Entwicklung nach neun Monaten abgeschlossen. Der Fetus ist dann etwa 50 cm groß und wiegt 2500 bis 5000 g.

Aufgaben

① Fülle einen Plastikbeutel mit Wasser, gib ein rohes Ei hinzu und gib dem Beutel einen Stoß. Beobachte und beschreibe die Bedeutung der Fruchtblase.

② Beschreibe, wie Keim, Embryo und Fetus ernährt werden.

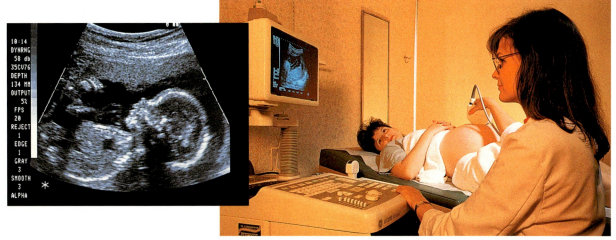

1 Ultraschallbild   2 Vorsorgeuntersuchung

Schwangerschaft bedeutet Verantwortung für das Kind

Die *Schwangerschaft* bringt für die Frau körperliche und seelische Veränderungen. Um mögliche Probleme während der Schwangerschaft rechtzeitig zu erkennen, geht sie regelmäßig zu *Vorsorgeuntersuchungen*. Mit Ultraschalluntersuchungen kann man das Kind und seine Entwicklung beobachten.

Schwangere Frauen sollten ihre Lebensweise verantwortungsbewusst gestalten, damit sie ihr Kind nicht gefährden. Das heißt nicht rauchen, keinen Alkohol trinken und keine Drogen nehmen. Dies alles kann für den Embryo eine starke Gefährdung darstellen. Auch Medikamente dürfen nur nach ärztlicher Absprache eingenommen werden. Bei einer Rötelnerkrankung der Mutter kann der Embryo schwer geschädigt werden. Daher sollten sich alle Mädchen vor der Pubertät gegen Röteln impfen lassen.

Mit dem wachsenden Fetus wird auch die Gebärmutter immer größer. Der Leibesumfang der werdenden Mutter nimmt zu. In den letzten Monaten vor der Geburt fallen ihr ansonsten leichte Tätigkeiten immer schwerer und sie bedarf der besonderen Rücksichtnahme.

Manchmal stellt sich im Verlauf der Schwangerschaft heraus, dass zwei Kinder heranwachsen. Meist sind es *zweieiige Zwillinge*. Sie entstehen, wenn ausnahmsweise zwei Eizellen zugleich ausreifen und befruchtet werden. Sehr selten treten *eineiige Zwillinge* auf. Sie stammen von einer Eizelle, die sich nach der Befruchtung vollständig teilt. Eineiige Zwillinge sehen sich deshalb sehr ähnlich und haben immer dasselbe Geschlecht. Zweieiige Zwillinge sind einander in demselben Maße ähnlich wie andere Geschwister auch.

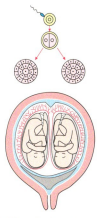

1 Eineiige Zwillinge

ettelkasten

Familienplanung

Kinder bedürfen der Pflege, der liebevollen Zuwendung und der Erziehung. Das gehört zu den zeitaufwendigen Pflichten von Eltern. Auch benötigt eine Familie mehr Wohnraum als ein kinderloses Paar. Kann oder will ein Paar die Verantwortung für ein Kind nicht übernehmen, so sollten die Partner Methoden zur *Empfängnisverhütung* anwenden.

Die Verschmelzung von Eizelle und Spermien zu verhindern, ist das Ziel einiger Methoden. Dazu kann der Mann ein *Kondom* über sein versteiftes Glied ziehen. Dieser Gummiüberzug fängt beim Geschlechtsverkehr Spermien auf und verhindert, dass sie in den Körper der Frau eindringen. Ein Kondom vermindert zugleich das Risiko der Übertragung von Geschlechtskrankheiten oder des AIDS-Erregers.

Frauen können eine ungewollte Schwangerschaft z. B. mit der *Antibabypille* verhindern. Der Frauenarzt berät die Frau und verschreibt die Pille. Bei regelmäßiger Einnahme verhindert sie den Eisprung.

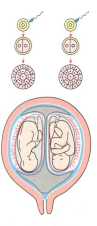

2 Zweieiige Zwillinge

Der Mensch **63**

Die Geburt

Schon einige Tage vor der Geburt spürt die werdende Mutter ein verstärktes Ziehen im Rücken und im Bauchraum. Das sind die *Vorwehen*. Sie rühren daher, dass sich die Muskulatur der Gebärmutter zusammenzieht. Dadurch wird der enge, vom knöchernen Becken umgebene *Geburtskanal* geweitet. Er führt durch den Gebärmuttermund und die Scheide nach außen.

Kurz vor der Geburt setzen die eigentlichen *Wehen* ein; in regelmäßigen, zunächst etwa 10-minütigen Abständen, wird das Kind von der Muskulatur der Gebärmutter kräftig mit dem Kopf in Richtung Scheidenausgang gedrückt. Dabei öffnet sich der Gebärmuttermund und die Fruchtblase, die das Kind während der Schwangerschaft geschützt hat, platzt auf. Das Fruchtwasser läuft aus. Die Wehen werden dann noch stärker und häufiger. Die Mutter hilft in der anschließenden *Austreibungsphase* mit, indem sie die Bauchmuskulatur anspannt. So wird das Kind mit dem Kopf voran aus dem Körper gepresst. Der Vater kann bei der Geburt anwesend sein und die werdende Mutter unterstützen.

Arzt und Hebamme helfen mit, bis das Kind geboren ist. Es hängt nur noch an der Nabelschnur, durch die nun aber kein Blut mehr fließt. Die Sauerstoffversorgung durch die Mutter hört auf. Das Neugeborene macht seinen ersten Atemzug, oftmals ausgelöst von einem Klaps auf den Po, und schreit.

Das Abtrennen der Nabelschnur bereitet keine Schmerzen. Sie wird an zwei Stellen abgebunden und dazwischen durchschnitten. Die eigentliche *Entbindung* findet statt. Die Plazenta wird bald darauf als *Nachgeburt* abgestoßen.

Das Kind wird gewaschen und dann der Mutter in die Arme gelegt. Das Neugeborene kann sofort Suchbewegungen nach der Mutterbrust ausführen. Sobald die Lippen die Brustwarzen berühren, beginnt es zu saugen. Die *Brustdrüsen* der Mutter sind schon während der Schwangerschaft angeschwollen und beginnen bald nach der Geburt Milch zu bilden. Die *Muttermilch* ist für das Kind zunächst die einzige Nahrung.

Der Körperkontakt zur Mutter ist wichtig. Das Kind spürt die Körperwärme und nimmt den Herzschlag der Mutter und die vertraute Stimme wahr. Es fühlt sich geborgen. Auch für die Mutter ist dieser Kontakt wichtig, denn auf diese Weise entwickelt sich eine enge Beziehung zum Kind.

Heute werden die meisten Entbindungen in Krankenhäusern vorgenommen. Der Arzt kann dann bei eventuell auftretenden Schwierigkeiten schnell helfen. Wenn beispielsweise der Geburtskanal zu eng ist oder das Kind quer liegt, muss durch *Kaiserschnitt* entbunden werden. Dazu öffnet man die Bauchdecke und die Gebärmutter und holt das Kind mit der Fruchtblase und der Plazenta aus dem Mutterleib. Für die Mutter kann in einem solchen Fall im Krankenhaus am besten gesorgt werden.

1 Kind mit Oberkörper im Geburtskanal

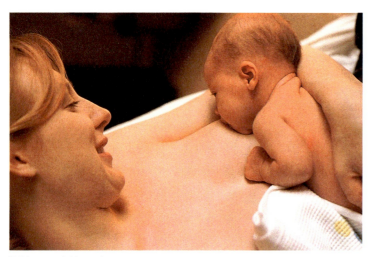

2 Mutter mit Neugeborenem

Die Entwicklung des Kindes

Ein Säugling kann saugen, lächeln, sich anklammern und schreien. Er ist jedoch noch völlig hilflos und unselbstständig und bedarf der ständigen Pflege und Betreuung. Vater und Mutter baden und wickeln ihn. Entweder stillt die Mutter das Kind oder die Eltern geben ihm die Flasche. Während des Stillens hält der Säugling mit der Mutter einen innigen Körperkontakt. Er hört ihren Herzschlag. Das beruhigt ihn und gibt ihm Sicherheit. Wenn das Kind wach ist, sprechen oder spielen die Eltern mit ihm.

Die innige Gemeinschaft zwischen dem Säugling und den Eltern, den *Bezugspersonen*, führt zu einer festen *Eltern-Kind-Beziehung*. Sie ist die Voraussetzung für eine gesunde körperliche und geistige Entwicklung. Bei Kindern, die in Heimen oder Familien mit zu wenig Zuwendung aufwachsen, verläuft die Entwicklung langsamer, auch wenn sie ansonsten gut versorgt werden.

Ein gesunder Säugling hat nach dem ersten Jahr sein Gewicht verdreifacht. Nach zwei bis drei Monaten greift der Säugling nach Gegenständen. Mit 6 bis 7 Monaten beginnt er zu krabbeln und seine Umgebung zu erkunden. Mit dem Lallen der ersten Laute im Alter von etwa 3 Monaten setzt die Entwicklung der Sprache ein.

Mit sechs bis neun Monaten können Kinder gezielt nach Gegenständen greifen. Neugierig wird alles, was zu greifen ist, untersucht, oft indem die Gegenstände in den Mund genommen werden. Manche Kinder beginnen in dieser Zeit zu *fremdeln*, d. h. sie unterscheiden genau zwischen den festen Bezugspersonen und anderen Menschen.

Das Kind lernt in den ersten Jahren sehr viel. Dabei sind die positive Zuwendung und die Anregungen der Eltern wichtig für eine gesunde Entwicklung.

Aufgabe

① Bei einer Gruppe Findelkinder, die in Heimen aufwuchsen und wenig Kontakt zu Erwachsenen oder anderen Kindern hatten und deren Betreuer oft wechselten, wurde Folgendes festgestellt: Im Alter von vier Jahren konnten sechs nicht laufen, sechs nicht sprechen, zwölf nicht allein mit dem Löffel essen. Kläre anhand der Abbildung, wie groß der Entwicklungsrückstand dieser Kinder war.

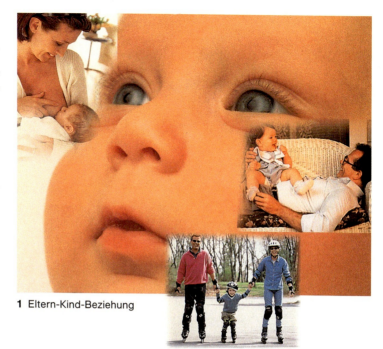

1 Eltern-Kind-Beziehung

Monat		Gewicht in kg 1 2 3 4 5 6 7 8 9 10 11 12 13
	Geburt	♂ ♀
2.	Strampelt, beginnt den Kopf zu heben, lächelt und lallt	
3.	Greift nach Gegenständen, dreht den Kopf zur Schallquelle	
4.	Der Kopf kann aufrecht gehalten werden. Gezieltes Greifen nach Gegenständen	
6.	Dreht sich selbstständig vom Bauch auf den Rücken, versucht zu sitzen	
9.	Krabbelt und sitzt selbstständig, versucht zu stehen, spricht einzelne Silben, hat die ersten Zähne	
12.	Kriecht auf Händen und Knien, geht mit Unterstützung aufrecht, Schneidezähne fast vollständig	
18.	Selbstständiges Stehen und Gehen, Beginn des Sprechens und Fragens	
24.	Viele Kinder können jetzt sprechen und selbstständig essen, manche brauchen schon keine Windeln mehr.	

2 Entwicklung von Säugling und Kleinkind

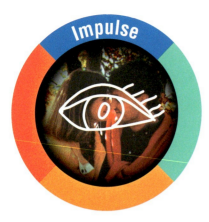

Kindheit

Mit zunehmendem Alter entwickeln sich die körperlichen Fähigkeiten. Während kleinere Kinder noch gerne im Sandkasten spielen, haben Größere andere Interessen. Dabei spielt der Sport oft eine wichtige Rolle, aber auch das Spiel mit Puppen oder die Pflege eines Heimtieres. Wie sind die Interessen in eurer Klasse verteilt? Wer ist im Verein oder in anderen Gruppen?

Lebensabschnitte

Das Leben des Menschen hat viele Abschnitte. Jeder ist irgendwie anders. Das liegt sicher daran, dass wir mit fortschreitendem Alter mehr wissen und können. Daher empfinden wir auch immer wieder anders. Im Laufe des Lebens ändern sich auch die Aufgaben, die man zu erledigen hat. Das hast du sicher auch schon erfahren. Und auch die Lieblingsbeschäftigung unterliegt immer wieder einem Wandel.

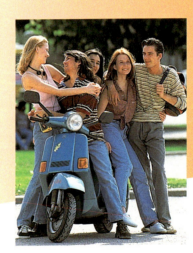

Der Säugling

Da ist es, das Neugeborene. Anfangs hat es nicht viel Bedürfnisse: Trinken, Schlafen und die Zuwendung der Eltern stellen es zufrieden. Doch mit dem Wachstum erwacht bald sein Interesse an seiner Umgebung.

Weißt du, ab wann dieses Interesse beginnt?
Frage deine Eltern, welche Beobachtungen sie mit dir gemacht haben.

Pubertät

„Das ist wohl das Letzte — zuerst Forderungen stellen, dann frech werden und wenn ich dann etwas sage, auch noch beleidigt sein!" Christofs Vater ist außer sich. „Nun entschuldige dich bei deinem Vater, Christof!" bittet ihn seine Mutter. „Jetzt mache ich überhaupt nichts mehr. Ihr seid so gemein!" schreit Christof, verschwindet in seinem Zimmer und knallt die Tür hinter sich zu.

Wie alt mag Christof sein? Was könnte vorgefallen sein? Kannst du dazu eine passende Geschichte erfinden?

Wie findest du Christofs Verhalten? Jugendliche bilden oft sogenannte *Cliquen*. Was versteht man darunter? Wie unterscheiden sie sich von den Gruppen in der Grundschule?

„Liebe Miriam. Du bist das schönste Mädchen in der Klasse. Möchtest du mit mir heute Nachmittag ins Kino gehen?"

„Lieber Sven. Ich liebe dich! Ohne dich bin ich so allein. Bitte komm zu mir."

„Lieber Uwe. Der Gisela hast du auch geschrieben, dass du sie liebst. Bringe mir heute nachmittag deine neue CD mit, dann glaube ich dir, dass du mich liebst."

„Lieber Sascha. ich möchte dich richtig kennen lernen. Ich denke immer an dich. Ruf mich bitte an. Bald!"

„Hallo Susanne! Du gefällst mir sehr. Willst du mit mir gehen? Ja oder nein."
( ) Ja
( ) Nein

Wie findest du die Briefchen? Sind sie alle freundlich und angenehm, wirken sie aufdringlich oder gar unsympathisch? Wie würdest du dich verhalten, wenn du das erste Briefchen bekommen hättest?

Freundschaft

Wenn sich ein Pärchen nach und nach kennen lernt, so entsteht eine Freundschaft, in der man auch Zärtlichkeiten austauscht. Freundschaften können sich auch wieder lösen. Was kann dazu führen?

Partnerschaft

Bei Jugendlichen entwickelt sich die Persönlichkeit rasch und die Interessen sind wechselnd. Mit zunehmendem Alter entwickeln sich aber Vorlieben und die Interessen festigen sich.

Entschließen sich zwei reife Partner für immer eine Verbindung einzugehen, so heiraten sie. Welchen Eindruck macht das Paar auf dem Bild? Wie alt sind die beiden etwa?

Das Alter

Auch für ältere Menschen gehören zum gemeinsamen Zusammensein Zärtlichkeiten und körperlicher Kontakt.

Betrachte das Paar.
Woran kannst du erkennen, dass es ältere Menschen sind? Was sagt dir das Bild? Beschreibe, in welcher Situation die beiden Menschen sein könnten.

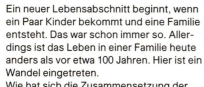

Familie

Ein neuer Lebensabschnitt beginnt, wenn ein Paar Kinder bekommt und eine Familie entsteht. Das war schon immer so. Allerdings ist das Leben in einer Familie heute anders als vor etwa 100 Jahren. Hier ist ein Wandel eingetreten.
Wie hat sich die Zusammensetzung der Familien verändert?
Welche Veränderungen sind dadurch für die Kinder eingetreten?
Wieso haben sich die Familien verändert? Wo ist es heute noch so, wie es früher bei uns war?

> Häufig ist zu beobachten, dass Paare sich nach einigen Jahren wieder voneinander trennen. Welche Ursachen könnte das haben?

Der Mensch

Säugetiere

Lebensraum

Abstammung

Verhalten

Säugetiere bilden eine sehr vielgestaltige und vielseitige Tiergruppe. Eine Maus wiegt höchstens 30 Gramm. Ein Wal kann mehrere Tausend Kilogramm wiegen. Außer in der Größe und im Gewicht unterscheiden sich Säugetiere noch in vielen anderen Merkmalen. Das hängt mit ihrer ganz unterschiedlichen Anpassung an ihren Lebensraum zusammen. Die meisten Säugetiere sind Landtiere, manche haben aber auch den Luftraum oder das Meer erobert. So sind Fledermäuse gewandte Flieger, Wale ausdauernde Schwimmer.

Einige Säugetiere hat der Mensch durch Züchtung für sich nutzbar gemacht. So stammen unsere Haustiere von Wildtieren ab. Wildschweine, die auch heute noch in größeren Waldgebieten häufig sind, sind die Urahnen unserer Hausschweine. Haustiere sind Nutztiere, zum Beispiel Fleischlieferanten, aber auch Gefährten des Menschen, zum Beispiel Hund und Katze.

d ihre Umweltansprüche

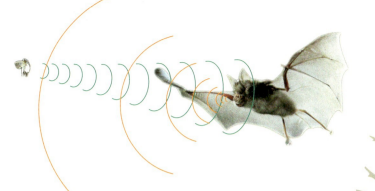

Wildtiere
Haus

Entwicklung

Tierhaltung

Ernährung

Verwandtschaft

1 Haustiere des Menschen

Der Hund — ein Säugetier

Welpe
Junger, noch nicht ausgewachsener Hund

Rüde
Männlicher Hund

Zitzen
Austrittsöffnung der Milchdrüsen. Ein Hund besitzt 4 Paar Zitzen.

Für die meisten Menschen, die einen Hund besitzen, ist er wie ein Familienmitglied. Deshalb ist er eines der beliebtesten Haustiere. Ein *Welpe* sollte mindestens 7 bis 8 Wochen alt sein, bevor er in seine neue Familie kommt. Zuvor wuchs er mit seinen Geschwistern zusammen auf, die alle aus einem Wurf stammen. Ein *Wurf* kann aus vier bis zehn Welpen bestehen. Vor ihrer Geburt haben sie sich 63 Tage lang im Mutterleib entwickelt (*Tragzeit*). In Abständen von ungefähr 15 Minuten werden schließlich die Jungen geboren. Sie sind noch von dünnen

Säugetiere. Ein weiteres Merkmal der Säugetiere sind *Haare*, die das *Fell* bilden. Keine andere Tiergruppe außer den Säugetieren besitzt ein solches Fell. Dieses schützt gegen Kälte. Säugetiere können so ihre Körpertemperatur ständig auf einem bestimmten Wert halten. Sie sind *gleichwarme Tiere*.

Die Entwicklung der Welpen

Bei der Geburt sind Augen und Ohren noch verschlossen. Sie öffnen sich erst im Alter von ungefähr 12 Tagen. In den ersten Le-

1 Einige Wochen alte Welpen

2 Hündin mit Welpen

Häuten (Fruchtblase) umgeben, die die Hündin aufbeißt und frisst. Anschließend werden die Welpen trockengeleckt.

Die neugeborenen Welpen suchen sofort die *Zitzen* der Mutter an Brust und Bauch auf und saugen Milch. Finden sie diese nicht sofort, pendeln sie mit dem Kopf hin und her und kriechen so lange herum, bis sie eine Zitze erreicht haben. Dabei geben sie quiekende Töne von sich. Das Suchen nach den Zitzen ist den Welpen angeboren. Tritt beim Säugen nicht genügend Milch aus, trippeln die Welpen mit ihren Vorderpfoten gegen den Bauch der Mutter. Auf diese Weise werden die Milchdrüsen angeregt, Milch zu bilden und abzugeben. Alle Tiere, die wie der Hund ihre Jungen lebend zur Welt bringen und mit Muttermilch säugen, nennt man

benswochen sind die Jungen hilflose *Nesthocker* und bleiben im Wurflager. Um zu überleben, müssen die Welpen vom Muttertier dauernd betreut werden. Der Biologe nennt dieses Verhalten *Brutpflege*. Nach 2 bis 3 Wochen werden die Welpen von der Milch entwöhnt. In dieser Zeit wachsen auch die ersten Zähne. Nach drei Wochen sind die Welpen so weit entwickelt, dass sie beginnen, mit ihren Artgenossen zu spielen und die nähere Umgebung zu erkunden. Sie lernen so ihre Artgenossen und ihre Umwelt kennen. Dieses spielerische Erkunden dauert bis zur 7. oder 8. Lebenswoche.

Danach beginnt die Erziehungsphase der Welpen. Bei wild lebenden Hunden übergibt die Hündin nach dieser Zeit ihre Jungen an den *Rüden*, der die weitere Erziehung der

Welpen übernimmt. In der Erziehungszeit geht der Rüde geduldig auf das Spielen der Welpen ein und fordert sie auch dazu auf. Durch dieses Spielverhalten erwerben die Welpen körperliche Geschicklichkeit und lernen den Umgang mit erwachsenen Hunden. Sie lernen so zum Beispiel, wann sie sich anderen Hunden unterordnen müssen. Junge Hunde werfen sich in Gegenwart eines älteren Hundes häufig auf den Rücken. Das ist ein Zeichen der Unterwerfung. Diese *Demutshaltung* verhindert, dass ein Welpe angegriffen oder gar gebissen wird. Bleiben mehrere Welpen zusammen, bildet sich in dieser Zeit durch spielerische Kämpfe untereinander eine *Rangordnung* aus. Die Welpen kennen dann ihre eigene Stärke und verhalten sich entsprechend. Bei unseren Haushunden erfolgt die Erziehung aber in menschlicher Obhut. Da hier die gleichen Regeln wie bei wild lebenden Hunden gelten sollten, muss der Mensch die Rolle des Rüden bei der Erziehung übernehmen.

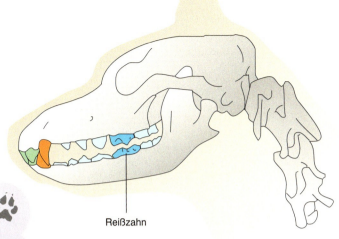

1 Schädel und Fleischfressergebiss eines Hundes

Der Hund ist ein Fleischfresser

Während die Welpen heranwachsen, entwickelt sich ihr Gebiss vollständig. Sein Aufbau entspricht einem *Fleischfressergebiss*. Die langen, spitzen Eckzähne überragen die übrigen Zähne. Sie heißen *Fangzähne*, da sie bei der Jagd zum Ergreifen und Festhalten der Beute dienen. Die jeweils größten Backenzähne im Ober- und Unterkiefer besitzen scharfkantige Höcker und werden als *Reißzähne* bezeichnet. Sie arbeiten bei der Bewegung des Unterkiefers gegen den Oberkiefer wie eine Schere. Auf diese Weise können größere Fleischstücke zerkleinert werden. Die hinteren Backenzähne eignen sich auch zum Zermalmen nicht allzu großer Knochen.
Mit den flachen Schneidezähnen werden Fleischreste von den Knochen abgeschabt.

Wie der Hund seine Umwelt wahrnimmt

Das dauernde Schnuppern der Hunde am Boden oder an Bäumen deutet auf ihren sehr empfindlichen *Geruchssinn* hin. Dies zeigt uns auch die immer feuchte Nase. Die Nase ist das empfindlichste Sinnesorgan des Hundes, sie ist sein *Leitsinn*. Der Hund kann mit seinem empfindlichen Geruchs-

2 Die Duftwelt eines Hundes

sinn wahrnehmen, ob vor ihm ein Mensch ging oder z. B. ein Hund entlang lief. Am Geruch der Harnmarken anderer Hunde erkennt er, ob diese von einem Rüden oder einer Hündin stammen. Bei Jagdhunden nutzt der Mensch diese Fähigkeit, um Wild aufzuspüren.

Das aufmerksame Spiel der Ohren verrät den guten *Gehörsinn*. Mit ihm kann er höhere und leisere Töne, wie zum Beispiel das Fiepen einer Maus, besser wahrnehmen als der Mensch. Das Sehvermögen ist bei ihm dagegen nicht so stark entwickelt. Dadurch nimmt ein Hund seine Umgebung ganz anders wahr als der Mensch. Denn er erfasst seine Umgebung vor allem mit der Nase und den Ohren und sieht sie weniger mit den Augen.

Aufgaben

① Nenne Merkmale, die den Hund als Säugetier kennzeichnen. Auf welche anderen Tiere treffen diese Merkmale ebenfalls zu.
② Begründe, warum man die jungen Welpen Nesthocker nennt.
③ Im Freien gehaltene Hunde legen vor der Geburt der Welpen eine Wurfhöhle an. Kannst du nun erklären, weshalb die Hündin ungefähr zwei Tage vor der Geburt der Welpen zu scharren anfängt?
④ Mit welchen Zähnen kann der Hund am kräftigsten zubeißen und einen Knochen zerbrechen? Durch einen Vergleich kannst du dieses herausfinden: Stelle fest, wie du mit einer Schere die größte Kraft entfalten kannst.

Säugetiere

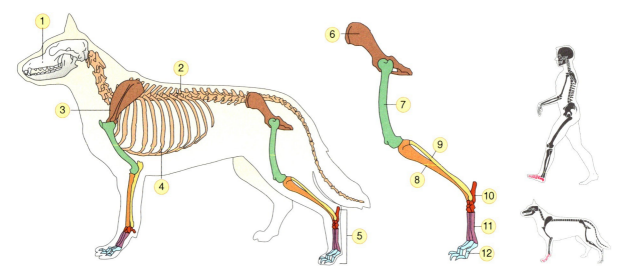

1 Skelett eines Hundes und Hinterbein (vergrößert)

Der Hund — ein leistungsfähiges Wirbeltier

Die langen Beine und seine bewegliche Wirbelsäule ermöglichen es dem Hund, in großen Sätzen zu laufen. Nach dem Abstoß mit den Hinterbeinen streckt sich der Körper und hebt vom Boden ab. Die Vorderbeine setzen auf und der Rücken krümmt sich bogenförmig nach vorn. Dann setzen die Hinterbeine auf und das Ganze beginnt von neuem. Viele Hunde sind durch ihren Körperbau also gute und ausdauernde Läufer. In ihnen ist das Erbe des *Hetzjägers* Wolf noch gut erhalten.

Ermöglicht wird das durch das Knochengerüst, das *Skelett*. Es stützt den ganzen Körper. Es besteht aus mehreren Abschnitten, dem *Rumpfskelett* mit der Wirbelsäule, dem *Kopfskelett* mit der Schädelkapsel und dem *Gliedmaßenskelett* mit den Beinen. Die Wirbelsäule wird aus einzelnen *Wirbeln* gebildet und ist beweglich. Die an ihr ansetzenden Muskeln bewirken beim Laufen ihre Krümmung und das anschließende Zurückschnellen in die Ausgangslage. Alle Tiere, die wie der Hund eine Wirbelsäule aus einzelnen Wirbeln besitzen, nennt man **Wirbeltiere**. Beim Laufen setzt der Hund nur mit den Zehen auf. Mittelfuß und Ferse berühren also nicht den Boden. Der Hund ist ein *Zehengänger*. Ballen unter den Zehen federn den Körper ab. Die Krallen am Ende der Zehen verhindern auf weichem Untergrund das Wegrutschen.

Hundepfote

Viele Hunde können mehrere Stunden ständig in Bewegung sein, wobei sie immer wieder kürzere Strecken mit Höchstgeschwindigkeit laufen. Zu dieser Anstrengung sind sie nur fähig, weil sie ihren beim Laufen erhitzten Körper gut abkühlen können. Dabei *hecheln* Hunde kräftig und lassen die vom Speichel nasse Zunge aus dem Maul hängen. Hunde können nicht wie der Mensch schwitzen, da sie keine Schweißdrüsen besitzen. Das Abkühlen des Körpers erreichen sie nur durch Hecheln und über die nasse Zunge.

Aufgaben

① Ordne den Ziffern in Abbildung 1 die richtigen Begriffe zu. Vergleiche das Skelett des Hundes mit dem des Menschen (Abb. 19.1). Welche Übereinstimmungen stellst du fest?

② Der Hund ist ein *Zehengänger*, der Mensch ein *Sohlengänger*. Erläutere anhand des jeweiligen Skeletts die Unterschiede.

Säugetiere

Hunderassen

Heute gibt es mehr als 400 Hunderassen. Ihre große Vielfalt wird sichtbar in der Körpergröße, in der Gestalt, in der Länge der Beine, in der Ohrgröße, in der Schnauzenform, in der Länge des Fells und in der Fellfarbe. In diesen Merkmalen können sich die Hunderassen sehr stark unterscheiden. Trotzdem sind sie alle auf einen gemeinsamen Vorfahren zurückzuführen, den *Wolf*.

Bereits vor etwa 12 000 Jahren nahmen die Menschen Wölfe in ihre Obhut. Später ließen sie nur Tiere mit den gewünschten Eigenschaften sich paaren. Dadurch veränderten sich allmählich die Wölfe immer mehr in ihren Eigenschaften und nach und nach entstand der Haushund. Im Verlauf der Haustierwerdung hat der Hund die den Wölfen angeborene Scheu verloren. Der Mensch hat dabei die Rolle des Rudelführers übernommen. Durch gezielte

Züchtung sind heute Hunderassen mit Eigenschaften entstanden, die meist vom Menschen gewünscht wurden. So gibt es z. B. Jagd-, Schutz-, Hüte- und Blindenhunde. Dabei sind aber auch Hunderassen entstanden, deren starke Aggressivität von manchen Menschen missbraucht wird. Das gilt besonders für die sogenannten *Kampfhunde*, zu denen der **Bullterrier** gehört. Solche Hunde brauchen eine konsequente Erziehung, damit sie für fremde Menschen keine Gefahr werden.

Der **Rauhaardackel** zählt bei uns zu den am häufigsten gehaltenen Hunderassen. Er ist ein beliebter Familien- und Jagdhund, der ab und zu eigenwillig sein kann und deswegen konsequent erzogen werden muss. Weitere Eigenschaften sind seine Neugier und Wachsamkeit.

Zu Beginn unseres Jahrhunderts wurde der **Golden Retriever** in England als neue Hunderasse anerkannt. Sein Fell ist gold- bis cremefarben. Er ist ein guter Schwimmer. Die wasserdichte Unterwolle hält ihn trocken und warm. Heute ist der Golden Retriever ein beliebter Familienhund. Er ist überaus geduldig, ruhig und anhänglich. Er braucht viel Auslauf und Beschäftigung.

Der **Airedaleterrier** gehört zu den jüngeren Hunderassen. Trotz seiner Größe ist er ein idealer Haushund, verspielt bis ins hohe Alter und sehr kinderlieb. Außerdem gilt er als treu und wachsam.

Der **Husky** ist hauptsächlich in den nördlichen kalten und schneereichen Ländern der Erde verbreitet. Er wird als Schlittenhund eingesetzt, weil er große körperliche Anstrengungen ausdauernd erträgt.

Der **Große Münsterländer** ist ein Jagdhund mit einem kräftigen und muskulösen Körperbau. Er besitzt einen fein entwickelten Geruchssinn, mit dessen Hilfe er bei der Jagd Wild, zum Beispiel ein Kaninchen, aufspürt.

In England züchteten Weber und Bergleute im vorigen Jahrhundert eine kleine Terrierrasse. Der **Yorkshire-Terrier** sollte in den kleinen Häusern der Bergleute leben und dort Mäuse oder Ratten fangen. Damals hatte man keineswegs vor, einen Modehund zu züchten, zu dem der Yorkshire-Terrier heute geworden ist.

Säugetiere

Sowohl bei den männlichen als auch bei den weiblichen Tieren gibt es jeweils ein Leittier, die zusammen das Rudel anführen. Die übrigen Rudelmitglieder sind den zwei Leittieren untergeordnet. Nur die beiden Leittiere paaren sich und bringen einmal im Jahr durchschnittlich fünf Junge zur Welt. An der Aufzucht der Welpen ist das ganze Rudel beteiligt, zum Beispiel bei der Versorgung mit Nahrung nach der Beendigung der Stillzeit. Hast du eine Erklärung dafür, dass nur die beiden Leittiere Junge bekommen?

Die entblößten Zähne, die etwas nach vorn gezogenen Mundwinkel zeigen an, dass der Wolf droht.

Der Wolf – Stammvater des Hundes

Der Wolf gilt als Stammvater aller Hunderassen. Daher wirst du auch das Verhalten eines Hundes besser verstehen, wenn du über das Verhalten von frei lebenden Wölfen genauere Kenntnisse hast. Weißt du, wo es heute noch frei lebende Wölfe gibt?

Für die Haustierwerdung des Wolfes waren unsere Vorfahren verantwortlich, die aus ihm viele Hunderassen züchteten. Bei manchen ist die Wolfsverwandtschaft noch gut erkennbar, bei manchen auf den ersten Blick gar nicht. Kennst du einige Hunderassen, bei denen die Verwandtschaft zum Wolf noch gut erkennbar ist? Kannst du dir vorstellen, warum und wie unsere Vorfahren den Wolf zum Haustier machten?

Lebensweise

Wölfe leben in Rudeln, das sind kleinere Gruppen von 5 – 8 Tieren. Nur selten sind die Rudel größer. Im Rudel besteht eine feste Rangordnung. Die einzelnen Tiere des Rudels kennen sich deshalb genau. Aber woran erkennen sie sich?

Ein Wolfsrudel jagt in einem Revier von 100 bis weit über 1000 Quadratkilometern. Viel zu groß, um es gegen fremde Wolfsrudel zu verteidigen? Doch, es funktioniert! Aber wie?

Entspannte Haltung · Imponieren · Angreifen · Angst · Unterordnung

Körpersprache

Wölfe zeigen zum Beispiel durch die Körperhaltung, die Schwanzhaltung und den Gesichtsausdruck an, ob sie drohen oder imponieren, ob sie angreifen wollen oder Angst haben oder ob sie sich unterwerfen wollen.

74 *Säugetiere*

Wie Wölfe jagen

Zwar trifft ein Wolfsrudel manchmal zufällig auf ein Beutetier, z.B. einen Hirsch oder ein Rentier. Meist machen sie ihre Beute jedoch mithilfe ihrer hervorragenden Sinnesorgane aus. Vor allem ihre gute Nase hilft ihnen dabei. Jetzt kommt es darauf an, möglichst nahe an die Beute heran zu kommen. Nur dann haben die Wölfe eine Chance, die Beute auch einzuholen.

Raffiniert, wie die Wölfe das machen. Vielleicht kannst du erklären, wie die in der Abbildung dargestellten Wölfe das eine der beiden Rentiere fangen. Kennst du Tiere, die ähnlich geschickt wie die Wölfe im Rudel jagen? Vergleiche!

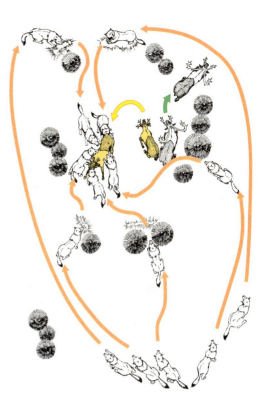

Kannst du an Hunden aus deiner Umgebung ihre Stimmung erkennen? Die Abbildungen können dir dabei helfen.

Verwandte von Wolf und Hund

Sicher kannst du herausfinden, in welchen Gebieten der Erde die hier vorgestellten Verwandten von Wolf und Hund leben. Gibt es auch bei uns wild lebende Verwandte?

Wildhunde gelten als gefürchtete Räuber. Das beruht auf ihrer äußerst wirksamen Art der Beutejagd im Rudel. So können sie über mehrere Kilometer das Opfer, z. B. größere Antilopen und Zebras, bis zur Erschöpfung hetzen und schließlich überwältigen und zerreißen.

Schakal

Der abwechslungsreiche Speiseplan der Schakale und Kojoten enthält kleinere Säugetiere, z.B. Mäuse, Insekten und Obst. Sie jagen meist paarweise.

Kojote

Säugetiere **75**

1 Hauskatze

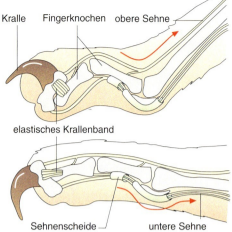

2 Schema der Krallenbewegung

Die Katze ist ein Schleichjäger

Eine Katze liegt in der Nähe eines Bauernhofes tief geduckt und regungslos in einer Wiese. Sie scheint etwas aufmerksam zu beobachten. Die Katze erhebt sich und bewegt sich im Zeitlupentempo in geduckter Haltung zwei bis drei Schritte nach vorn. Dann drückt sie sich wieder ganz dicht an den Erdboden. Sie wartet eine Weile, bis sie sich wiederum einige Schritte weiterbewegt. Schließlich verharrt sie in gespannter Haltung. Plötzlich schnellt die Katze mit gestreckten Vorderbeinen in einem weiten Bogen vorwärts. Nach der Landung hört man ein kurzes Fiepen. Sie hat eine Maus gefangen. Diese wird durch einen Biss getötet und davongetragen.

Die Katze ist an diese Art des Beuteerwerbs gut angepasst. Die recht kurzen Beine ermöglichen ihr das Anschleichen in geduckter Haltung. Beim Abspringen strecken sich Hinterbeine und Wirbelsäule blitzschnell. Der lange Schwanz hält die Katze dabei im Gleichgewicht. Beim Anschleichen an die Beute darf die Katze weder Geräusche machen noch gesehen werden. Daher also ihre sehr langsamen Bewegungen, die immer wieder unterbrochen werden, bevor sie den nächsten Schritt macht. Dabei setzt sie ihre samtweichen Pfoten nur mit den Zehen und eingezogen Krallen auf. Die Katze ist ein *Schleichjäger*.

Die Krallen der Vorderpfoten können in eine Falte zwischen den weichen Ballen eingezogen werden. Auf diese Weise läuft die Katze wie auf „Samtpfoten". Ihre Schritte sind deshalb nicht zu hören. Beim blitzschnellen und überraschenden Beutesprung fährt sie ihre Krallen aus und ergreift damit die Beute. Das Ausfahren der Krallen wird durch Muskeln ermöglicht, die über Sehnen mit den Krallen verbunden sind. Ab und zu müssen die Krallen nachgeschärft werden. Das geschieht, indem die Katze an Bäumen oder anderen Gegenständen kratzt.

Die Katze verzehrt die erbeutete Maus mit ihrem *Fleischfressergebiss*. Die Fangzähne halten die Beute fest. Die Katze tötet sie durch einen Genickbiss. Mit den Reißzähnen zerkleinert sie die Beute. Die Knochen des Beutetieres werden zwischen den hinteren Backenzähnen zermalmt und im Magen zersetzt. Die Verdauung erfolgt im sich anschließenden Darm, der vier- bis fünfmal so lang ist wie der ganze Körper.

Sinnesorgane der Katze

Tagsüber ruhen Katzen häufig. Erst in der Dämmerung gehen sie auf Mäusejagd. Um dabei Erfolg zu haben, muss die Katze sich nicht nur unbemerkt an die Beute anschleichen, sondern diese auch rechtzeitig entdecken können. Diese Aufgabe übernehmen ihre Sinnesorgane. Katzen nehmen ihre Umwelt vor allem mit ihren empfindlichen Augen und Ohren wahr.

Die großen, kreisrunden *Pupillen* lassen dann viel Licht in das Innere des Auges fallen. So kann die Katze auch bei geringer Helligkeit noch gut sehen. Das im Inneren des Auges

Säugetiere

auf die Netzhaut fallende Licht wird gespiegelt. Katzenaugen leuchten deshalb auf, wenn sie im Dunkeln von einem Licht angestrahlt werden. Tagsüber würden weit geöffnete Pupillen zu viel Licht auf die Netzhaut fallen lassen, die Katze würde geblendet. Das wird durch Verengung der Pupille am Tage verhindert. Die Pupillenschlitze sind dann schmal und senkrecht gestellt (Abb. 1).

Beim Aufspüren der Beute wirken Augen und Ohren zusammen. Die tütenförmigen Ohren sind in dauernder Bewegung. Die Öffnungen der Ohrmuscheln können dabei jeweils in verschiedene Richtungen zeigen. Mit ihrem empfindlichen *Gehör* nehmen Katzen auch aus größerer Entfernung noch leise Geräusche wahr.

2 Katzenmutter mit Jungen

Ihre unmittelbare Umgebung können Katzen zusätzlich durch ihre weit abstehenden *Schnurrhaare* ertasten. Auf diese Weise finden sie sich auch in vollständiger Dunkelheit zurecht, selbst wenn ihre empfindlichen Augen nichts mehr wahrnehmen können.

1 Pupillen bei unterschiedlicher Helligkeit

die Haare. Dadurch sieht sie größer aus. Dazu faucht sie laut. Zieht sich der Hund nicht zurück, verpasst sie ihm entweder einen Pfotenschlag auf die Nase, bei dem die Krallen ausgefahren sind, oder sie ergreift in schnellen Sprüngen die Flucht. Da sie nur über kurze Entfernungen sehr schnell ist, flieht sie möglichst auf einen Baum oder eine Mauer.

Katzenpfote von unten

Katzen sind *Einzelgänger* und besitzen ein Revier. Deshalb gehen sie auch nicht so leicht eine enge Beziehung zum Menschen ein, wohl aber zum Haus, Garten oder zur Wohnung. Dieses ist dann ihr Revier.

Jungenaufzucht und Verhalten

Zwei- oder dreimal im Jahr ist die Katze paarungsbereit. Neun Wochen nach der Paarung werden zwei bis acht hilflose Junge geboren, die vier bis fünf Wochen lang gesäugt werden. Bei Störungen trägt die Katze ihre Jungen häufig in ein Ausweichnest. Dazu werden sie mit den Zähnen im Genick gefasst. Die Jungen verharren dabei regungslos. Man sagt, sie fallen in *Tragstarre*.

Nach etwa vier Wochen beginnen die Jungen miteinander zu spielen. Sie üben dabei das Anschleichen und Zuspringen auf die Beute. Nun kann es sein, dass die Katzenmutter eine Maus mitbringt, die noch lebt. Sie lässt sie kurz los, um sie wieder zu ergreifen. Auch die Jungen versuchen die Maus zu fangen. Später nimmt die Mutter die Jungen mit auf die Jagd. So lernen sie den Beutefang.

Taucht ein Feind auf, z. B. ein Hund, bildet die Katze häufig einen Buckel und sträubt

Aufgaben

① Erkläre mithilfe der Abbildung 76. 2, wie die Katze ihre Krallen bewegt.
② Beschreibe mit eigenen Worten das Jagdverhalten einer Katze.
③ Fasse zusammen, welche Aufgaben die Pupille für das Auge der Katze hat.
④ Warum nennt man Rückstrahler am Fahrrad, Auto oder an Leitpfosten „Katzenaugen"?
⑤ Welche Bedeutung hat es, dass die tütenförmigen Ohren der Katze in verschiedene Richtungen gedreht werden können? Vergrößere zum Vergleich deine eigenen Ohrmuscheln durch die Handfläche. Drehe sie dann bei Geräuschen in verschiedene Richtungen.
⑥ Beschreibe die Fellfärbungen der jungen Katzen in Abbildung 2.
⑦ Informiere dich über Katzenrassen. Nenne mindestens zwei Katzenrassen und stelle ihre besonderen Merkmale heraus.

Säugetiere

Verwandte und Abstammung der Hauskatze

Unsere Hauskatzen unterscheiden sich stark in der Farbzeichnung und Beschaffenheit ihres Fells. Trotz dieser Vielfalt stammen alle Hauskatzen von der **Falbkatze** ab, die in Nordafrika und Vorderasien lebt.

Von den Römern wurde sie in unserer Heimat als Haustier eingeführt. Sie diente als nützlicher Mäuse- und Rattenfänger zum Schutz der Getreidevorräte. Heute haben Katzenliebhaber verschiedene Katzenrassen gezüchtet, die besonders dem Schönheitsempfinden der Menschen entsprechen. Unsere Hauskatze hat aber auch wild lebende Verwandte, die in Europa, Asien, Afrika und Amerika verbreitet sind.

Dazu gehört die **Wildkatze**. Sie lebt in den Wäldern der Mittelgebirge. Den Tag verschläft sie in einem sicheren Versteck. Erst in der Dämmerung geht sie auf Jagd. Ihr Fell ist grau, dunkel gefleckt und gestreift. Über den Rücken läuft ein dunkler Längsstreifen. An dem dicken, buschigen Schwanz mit zwei bis drei schwarzen Ringen und schwarzer Spitze kann man die Wildkatze gut von der kleineren Hauskatze unterscheiden.

Der **Tiger** ist eine Großkatze aus Asien. Der Schwerpunkt seiner Verbreitung liegt in Indien und Nepal. Dort ist er stark gefährdet, weil sein Lebensraum durch den Menschen immer kleiner wird. Außerdem wurde der Tiger lange Zeit stark bejagt. Vor einigen Jahren hat man aber Schutzgebiete für Tiger eingerichtet. Tiger leben die meiste Zeit des Jahres als Einzelgänger. Auf Jagd gehen sie meist nachts.

Der schlanke Körperbau des langbeinigen **Geparden** zeigt die Angepasstheit an seine Jagdweise. Dabei hetzt er Gazellen, die einen Hauptteil seiner Beute bilden, mit Geschwindigkeiten von über 110 km pro Stunde, die er aber nur über einige hundert Meter halten kann. Auf dieser Strecke muss es ihm gelingen, die ebenfalls sehr schnelle Beute zu überwältigen. Geparden sind in Afrika zu Hause.

Ebenfalls in Afrika und Teilen Asiens lebt der gefleckte **Leopard**, der größer und gedrungener ist als der Gepard. Leoparden leben außerhalb der Fortpflanzungszeit als Einzelgänger und begeben sich meist abends und nachts auf Schleichjagd. Mit ihrer Beute ziehen sie sich häufig auf Bäume zurück, um diese ungestört verzehren zu können. Die *schwarzen Panther*, die wir aus dem Zirkus oder Zoo kennen, sind Leoparden, die ein schwarzes Fell besitzen.

Auch in Amerika kommen katzenartige Säugetiere vor. Darunter sind viele kleine Arten, aber auch Großkatzen wie der **Puma**, der auch *Berg-* oder *Silberlöwe* genannt wird. Der Puma besiedelte ursprünglich fast ganz Amerika außerhalb der Polargebiete. Heute ist er stark gefährdet und kommt nur noch in kaum von Menschen besiedelten Gegenden vor. Seine Beute jagt er als Einzelgänger hauptsächlich in der Nacht.

Auch der **Jaguar** ist eine Großkatze. Er lebt hauptsächlich in den Urwäldern Mittel- und Südamerikas. Wegen seines schönen, gefleckten Fells wird er nach wie vor stark bejagt. Durch die Vernichtung der Urwälder wird ihm zudem der Lebensraum genommen.

Material

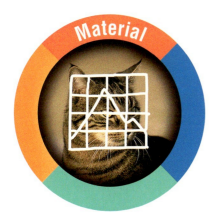

Wir vergleichen
Hund und Katze

Hund und Katze weisen neben Unterschieden auch gemeinsame Merkmale auf, die du genauer untersuchen sollst.

Skelett und Gebiss

① Vergleiche mithilfe der Abbildung das Skelett von Hund und Katze. Stelle die Unterschiede heraus.
② Vergleiche die Gebisse von Hund und Katze (Abbildung 76. Rd.). Welche Unterschiede fallen dir auf?
③ In der folgenden Abbildung ist für den Hund gezeigt, wie man eine Zahnformel erstellt. Ermittle und zeichne in gleicher Weise die Zahnformel für die Katze.
④ Welche Aufgaben haben die verschiedenen Zähne?

Beutefang und Verhalten

Hund und Katze sind durch ihren Körperbau in verschiedener Weise an den Fang von lebenden Beutetieren angepasst. Für beide Tiere spielen dabei die Sinnesorgane eine große Rolle.

⑤ Erkläre den unterschiedlichen Körperbau und das jeweilige Beutefangverhalten von Hund und Katze.
⑥ Erläutere, welche Sinnesorgane bei Hund und Katze für den Beuteerwerb am wichtigsten sind.
⑦ Die Jungen von Hund und Katze sind sehr verspielt. Beschreibe und nenne die Bedeutung dieses Spielverhaltens.
⑧ Katzen betrachten zwar die häusliche Umgebung als ihr Revier, sie ordnen sich aber dem Menschen nicht so leicht unter. Hunde dagegen kann man leicht in die menschliche Familie eingliedern. Warum?

Bauplan

⑨ Beschreibe die Lage der inneren Organe einer Katze anhand der Abbildung. Nenne, soweit möglich, die Aufgaben der einzelnen Organe. Lege dazu eine Tabelle an.

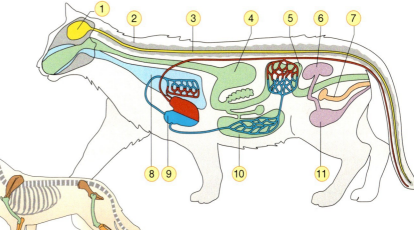

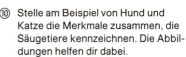

rechts links

6	1	3	3	1	6
7	1	3	3	1	7

Oberkiefer
Unterkiefer

Zahnformel

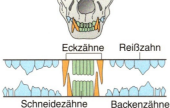

Eckzähne   Reißzahn

Schneidezähne   Backenzähne

⑩ Stelle am Beispiel von Hund und Katze die Merkmale zusammen, die Säugetiere kennzeichnen. Die Abbildungen helfen dir dabei.
⑪ Fertige eine Tabelle an, in der du die gemeinsamen und unterschiedlichen Merkmale bzw. Eigenschaften übersichtlich zusammenstellst.

Merkmale bzw. Eigenschaften	Hund	Katze
Soziale Lebensweise	Rudeltier	Einzelgänger
Hauptsinnesorgane	?	?
Sind die Krallen einziehbar?	?	?
Jagdverhalten usw.	?	?

Säugetiere

Heimtiere

Vielleicht hast du dir schon immer ein eigenes Tier gewünscht, vielleicht hast du gar schon eines. So schön es ist, ein Haustier zu haben, muss man sich vorab über die Folgen gedanken machen. Viele Menschen überlegen sich nämlich vorher nicht gründlich genug, welche Pflichten sich ergeben, wenn sie ein Haustier in ihren Haushalt aufnehmen.

Tiere stellen bestimmte *Ansprüche* an ihre Umwelt, die bei der Haltung berücksichtigt werden müssen. Du solltest dir deshalb vor der Anschaffung eines Heimtieres einige Fragen stellen und diese ehrlich beantworten.

1. *Welches Tier ist für mich am besten geeignet?*

Größere Tiere, wie Hund oder Katze, benötigen meist viel Platz. Ihr Lebensraum ist dann die Wohnung, das Haus oder der Garten. Nur kleinere Tiere, wie z. B. Hamster oder Wellensittiche, kann man dauernd in geeigneten Käfigen halten. Es kommen auf keinen Fall Tiere in Frage, deren Haltung durch das Tierschutzgesetz untersagt ist.

2. *Habe ich genügend Zeit, mich um das Tier zu kümmern?*

Informiere dich über den täglichen Zeitaufwand für das gewünschte Tier. Kläre, ob sich bei längerer Abwesenheit jemand um das Tier kümmern kann. Hast du Bedenken, solltest du dir kein Tier anschaffen.

3. *Welche Ansprüche hat das Tier an die Nahrung?*

Damit dein Heimtier gegenüber Krankheiten widerstandsfähig ist und gesund bleibt, musst du wissen, welche Nahrung es benötigt.

4. *Welche Krankheiten kann das Tier bekommen oder übertragen?*

Manche Krankheiten sind lebensgefährlich für Tier und Mensch. Deshalb sind unter Umständen Impfungen durch den Tierarzt notwendig.

5. *Was geschieht mit dem Nachwuchs?*

Du solltest klären, ob du die Jungtiere abgeben kannst oder ob es besser ist, dein Heimtier sterilisieren oder kastrieren zu lassen, damit keine Nachkommen entstehen.

6. *Woher beschaffe ich mir das gewünschte Tier?*

Nicht jeder, der Tiere verkauft, verkauft sie in einem guten Zustand. Du solltest dich deshalb über den Verkäufer informieren. In vielen Fällen kann auch der Gang zum Tierheim eine günstige Möglichkeit darstellen.

7. *Welche Kosten sind mit der Anschaffung eines Tieres verbunden?*

Nicht nur der Kauf, sondern auch die Haltung (Futter, Tierarzt) kostet Geld.

Hund oder Katze?

Wer nicht genau weiß, ob er einen Hund oder eine Katze kaufen soll, sollte die Ansprüche der beiden Tierarten zunächst miteinander vergleichen. So findet man am besten heraus, welchem Tier man am ehesten gerecht werden kann. Beide Tiere verlangen eine *gewissenhafte Pflege*. Sie sind keine Spielzeuge.

Hund – Steckbrief

Anschaffungszeitpunkt: Möglichst in der 7. bis 8. Lebenswoche.
Impfungen: Auf jeden Fall gegen Staupe, evtl. auch gegen Hepatitis (Gelbsucht) und Tollwut.
Unterbringung: Bei Haltung in der Wohnung fester Schlafplatz. Unterbringung größerer Hunde auch in hinreichend großen Zwingern.
Fütterung: Junghunde 3–4-mal täglich, erwachsene Hunde nur noch 1-mal täglich. Dosen- oder Trockenfutter für Hunde enthält alle lebensnotwendigen Stoffe. Keine gewürzten Essensreste verfüttern und Trinkwasser nicht vergessen.
Zeitbedarf: Hunde benötigen täglichen Auslauf und Beschäftigung. Die Erziehung sollte gewissenhaft erfolgen, vor allem durch Lob.
Alter: 10 bis 15 Jahre.
Kosten: Reinrassige Hunde sind zum Teil sehr teuer (bis zu einigen hundert Euro). Mischlinge sind für wenig Geld erhältlich und in der Regel genauso treue Hausgenossen.

Katze – Steckbrief

Anschaffungszeitpunkt: Ab der 12. Lebenswoche.
Impfungen: Auf jeden Fall gegen Katzenseuche, evtl. gegen Tollwut und Katzenschnupfen.
Unterbringung: Fester Schlafplatz in der Wohnung, immer zugängliches Katzenklo, nach Möglichkeit freier Auslauf.
Ernährung: Abwechslungsreiche Fleischnahrung und käufliches Dosen- und Trockenfutter, auch Trinkwasser nicht vergessen. Fütterung von Jungkatzen 3–4-mal, bei erwachsenen Katzen genügt 1–2-mal am Tag.
Zeitbedarf: Man sollte sich jeden Tag mit der Katze beschäftigen, auch wenn sie ein größeres Ruhebedürfnis als der Hund hat.
Alter: Bis ca. 12 Jahre
Sonstiges: Will man keinen Nachwuchs, sollte man die Katze nach Eintreten der Geschlechtsreife (ungefähr im 8. Lebensmonat) sterilisieren oder kastrieren lassen.

Goldhamster

Steckbrief

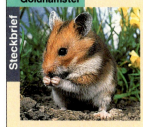

Der Goldhamster kommt in den Wüstensteppen Syriens und den angrenzenden Ländern vor. Er bewohnt unterirdische Bauten, die er selbst gräbt. In seinen Backentaschen sammelt er Nahrung und trägt sie in seinen Bau. Er ist dämmerungs- und nachtaktiv. Der Goldhamster lebt außerhalb der Paarungszeit als Einzelgänger. Seinen Namen hat er wegen seines goldgelben Fells.

Anschaffung: Im Alter von 4 bis 5 Wochen geben die Zoofachgeschäfte die kleinen Hamster ab, denn ältere Tiere lassen sich nicht so leicht an die neue Umgebung gewöhnen.

Haltung: In der Regel als Einzeltier in einem geeigneten Käfig mit verschiedenen Klettermöglichkeiten und einem Hamsterhaus. Die Einstreu besteht aus Sägemehl. Den Käfig sollte man an einem ruhigem Platz und nicht zu hell unterbringen. Käfig jede Woche säubern und Einstreu wechseln. Die Urinecke sollte man alle 2 bis 3 Tage wegen der Geruchsbelästigung säubern.

Ernährung: Käufliches Trockenfutter als Hauptnahrung enthält alle lebenswichtigen Stoffe. Zusätzlich Gemüse und Obst geben. Futterreste täglich entfernen! Futternäpfe sollten nicht umkippen können. Futter darf immer zur Verfügung stehen. Wasser ist nur dann erforderlich, wenn die Nahrung wenig Flüssigkeit enthält.

Sonstiges: Goldhamster werden bei richtiger Pflege 2 bis 4 Jahre alt. Tagsüber soll man sie nicht stören, da sie den Tag zum größten Teil verschlafen. Beschäftigt man sich aber allabendlich mit ihnen, wenn sie munter geworden sind, werden sie nach 3 bis 4 Monaten zahm, sodass sie das Futter sogar aus der Hand nehmen.

Meerschweinchen

Steckbrief

Meerschweinchen wurden schon vor mindestens 3000 Jahren in Südamerika von den Indios gezüchtet. Diese hielten Meerschweinchen als Fleischlieferanten. Im 16. Jahrhundert kamen sie erstmals nach Europa. Hier werden sie von Liebhabern gezüchtet, heutzutage aber auch als Versuchstiere in Labors gehalten. Die Stammform des Hausmeerschweinchens ist das etwas kleinere Wildmeerschweinchen, das in fast ganz Südamerika verbreitet ist. Die Wildmeerschweinchen leben dort in sogenannten Sippen von bis zu 20 Tieren. Meerschweinchen sind tagaktiv und bewohnen selbst gegrabene oder von anderen Tieren verlassene Erdhöhlen.

Anschaffung: Möglichst ein oder mehrere Jungtiere im Alter von 2 bis zu 4 Monaten. Will man bei Gemeinschaftshaltung keinen Nachwuchs, entweder nur Weibchen halten oder Männchen kastrieren lassen. Sonst sind 4 bis 5 Würfe pro Jahr zu erwarten! Mehrere Männchen vertragen sich nicht.

Haltung: In Käfig oder Plastikwanne (Größe: mind. 60 x 30 cm. Höhe mind. 25 cm, wenn der Behälter oben offen ist). Einstreu aus Sägemehl, Stroh und Heu sowie Schlafhaus, Wasser- und Futternapf.

Ernährung: Fertigfutter aus dem Zoofachgeschäft, zusätzlich Grünfutter, Gemüse und Obst (zum Beispiel Löwenzahn, Salat, Möhren, Birnen und Äpfel) und Trockenfutter (gutes Heu).

Sonstiges: Der Käfig ist alle 2 bis 3 Tage zu säubern und die Einstreu zu wechseln. Meerschweinchen brauchen ebenso wie Goldhamster eine Eingewöhnungszeit und können bei guter Pflege 2 — 4 Jahre alt werden.

Kaninchen

Steckbrief

Alle Hauskaninchen stammen von Wildkaninchen ab. Ursprünglich kommen sie aus dem Mittelmeergebiet. Für die Heimtierhaltung sind nur die kleineren Rassen geeignet, zum Beispiel die *Zwergkaninchen*.

Anschaffung: Im Alter von 8 bis 9 Wochen. Möglichst nicht als Einzeltier halten. Wenn den größten Teil des Tages niemand zu Hause ist, dann ist es besser, zwei Tiere aus demselben Wurf anzuschaffen. Will man keinen Nachwuchs, sollten es zwei weibliche Tiere sein. Mehrere Männchen zusammen vertragen sich nicht.

Haltung: Im Haus in einem großen Käfig mit täglichem Freilauf in der Wohnung oder auf dem Balkon; draußen in einem geräumigen Kaninchenhaus mit Auslauf. Als Einstreu für den Zimmerkäfig eignet sich käufliche Katzenstreu, für das Kaninchenhaus draußen Stroh und Heu. Soll das Kaninchen in der Wohnung gehalten werden, sollte zusätzlich eine Klokiste (dazu eignet sich ein käufliches Katzenklo) und evtl. eine Sandkiste zum Scharren vorhanden sein.

Ernährung: Käufliches Fertigfutter, Heu und Grünfutter sowie Wasser. Es muss genügend harte Knabbernahrung dabei sein, damit sich die Schneidezähne abnutzen. Diese wachsen nämlich ständig nach. Sind sie zu lang, kann das Tier nicht mehr fressen und verhungert. Altes Futter jeden Tag entfernen und Futternapf reinigen.

Sonstiges: Kaninchen werden bis zu 10 Jahre alt. In der Wohnung gehaltene Kaninchen lassen sich mit etwas Geduld zur Stubenreinheit erziehen, da sie immer an der gleichen Stelle ihr Geschäft verrichten.

Säugetiere **81**

2 Nutztiere des Menschen

1 Kühe auf der Weide

2 Der Gebrauch der Zunge beim Fressen

Das Rind — ein Wiederkäuer

Um die Mittagszeit haben sich die Kühe auf der Weide zum größten Teil niedergelegt und scheinen zu ruhen. Dabei kauen sie, ohne dass sie dabei Nahrung aufnehmen. Nur wenige Kühe stehen und grasen noch. Sie nehmen längeres Gras zu sich, indem sie ein Grasbüschel mit der Zunge umfassen, es abrupfen und unzerkaut hinunterschlucken. Kürzeres Gras wird zwischen den Schneidezähnen des Unterkiefers und einer Knorpelleiste des Oberkiefers eingeklemmt und mit einem Kopfruck abgerupft.

Ein bis zwei Stunden nach der Nahrungsaufnahme stößt das Rind auf. Dabei wird das verschluckte Gras in kleinen Ballen aus dem Magen wieder in die Mundhöhle transportiert. Dazu legt sich das Tier nieder, kaut das Gras ausgiebig durch und zerkleinert es so zu einem Brei. Dieser wird dann erneut geschluckt, bevor die nächste Portion an die Reihe kommt. Tiere, die ihre Nahrung auf diese Weise verarbeiten, nennt man *Wiederkäuer*.

Das Gebiss ist an diese Aufgabe besonders gut angepasst. In jeder Hälfte des Unterkiefers hat die Kuh drei *Schneidezähne* und einen ebenso großen *Eckzahn*. Außerdem befinden sich auf jeder Seite 6 *Backenzähne*. Im Oberkiefer fehlen Eck- und Schneidezähne. Statt dessen ist dort eine Knorpelleiste vorhanden. Wie der Unterkiefer besitzt der Oberkiefer auf jeder Seite ebenfalls 6 Backenzähne. Zwischen den Eckzähnen des Unterkiefers bzw. der Knorpelleiste des Oberkiefers und den Backenzähnen ist je-

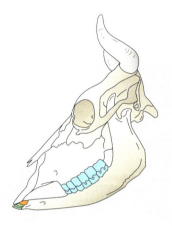

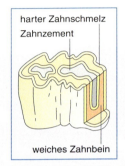

3 Backenzahn des Rindes

weils eine große Lücke vorhanden. Die Zahnkronen der Backenzähne tragen halbkreisförmige Erhebungen, die von dem sehr harten *Zahnschmelz* gebildet werden. Zwischen diese *Schmelzfalten* ist weicherer *Zahnzement* und *Zahnbein* eingebettet. Da beim Kauen der harten Gräser der Zahnzement stärker abgenutzt wird als Zahnschmelz und Zahnbein, bleibt die Oberfläche rau wie eine Reibe. Das harte Gras kann so leicht zerrieben werden. Ein Gebiss, das diese Art von Backenzähnen besitzt, nennt man *Pflanzenfressergebiss*.

Gras enthält wenig Nährstoffe und ist schwer verdaulich. Ein Rind muss aus diesem Grund große Mengen Grünfutter pro Tag zu sich nehmen: 50 bis 100 kg! Der Magen ist sehr groß. Er besteht aus vier Teilen, dem *Pansen*, dem *Netzmagen*, dem *Blättermagen* und dem *Labmagen*.

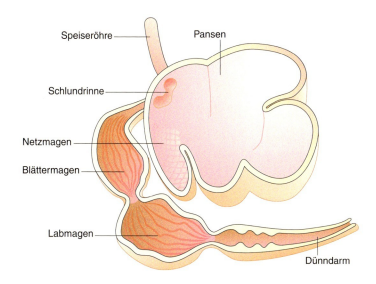

1 Magen eines Rindes

Die verschluckte Nahrung gelangt zuerst in den *Pansen*. Dieser fasst bis zu 200 Liter. Im Pansen wird das Gras eingeweicht und für die Verdauung vorbereitet. Billiarden von Bakterien und winzigen Wimpertieren leben dort und helfen bei der Verdauung. Bakterien und Wimpertiere sind winzige Organismen, die aus einer einzigen Zelle bestehen. Das eingeweichte und schon teilweise zersetzte Gras wird nach ein bis zwei Stunden im *Netzmagen* zu kleinen Portionen geformt und über die Speiseröhre wieder in die Mundhöhle transportiert. Nach dem Wiederkäuen gelangt die zerkleinerte Nahrung anschließend durch Schlucken wieder in den Pansen, wo die Kleinstorganismen ihre Zersetzungstätigkeit fortsetzen, bis das Gras zu einem feinen Brei geworden ist. Das so vorverdaute Gras gelangt nun über den *Blättermagen* in den *Labmagen*. Hier und im sich anschließenden Darm wird weiter verdaut. Über den 50 bis 60 Meter langen *Darm* werden schließlich die verdaubaren Anteile des Grases in den Körper aufgenommen.

Nach dem Wiederkäuen erheben sich die Kühe und beginnen wieder zu grasen. Ihr massiger Körper wird von stämmigen Beinen getragen, die in zwei Zehen enden. Die Rinder stehen auf den Zehenspitzen und werden deshalb *Zehenspitzengänger* genannt. Zwei weitere Zehen, die *Afterzehen*, sind stark zurückgebildet. Die Spitzen der Zehen, mit denen die Rinder auftreten, sind von schützenden *Hufen* aus Horn umgeben. Rinder gehören zu den **Huftieren**. Da die Hufe zweifach, also paarig, vorhanden sind, zählt man die Rinder zu den *Paarhufern*.

Aufgaben

1. Zeichne mithilfe des Textes und der Abbildung des Rinderschädels die Zahnformel für das Rind in dein Heft.
2. Vergleiche die Backenzähne des Rindes mit denen des Hundes. Erläutere die Unterschiede.
3. Übertrage die Zeichnung des Rindermagens in dein Heft und kennzeichne durch Pfeile den Weg der Nahrung (blau: vor dem Wiederkäuen, rot: nach dem Wiederkäuen).
4. Berechne das Verhältnis von Darmlänge zur Körperlänge. Die Körperlänge des Rindes beträgt ungefähr 2,5 m. Vergleiche dein Ergebnis mit dem entsprechenden Wert bei der Katze. Erläutere die Unterschiede.
5. Ordne den Ziffern im Schema der Abbildung 2 die richtigen Bezeichnungen zu.

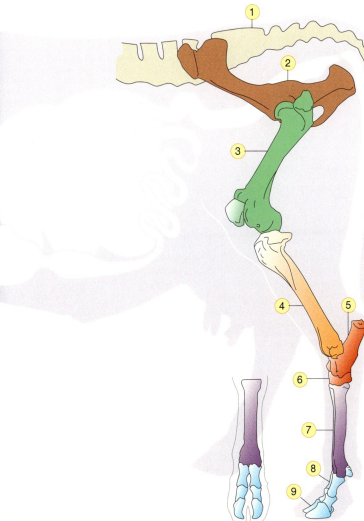

2 Das Hinterbein des Rindes

Säugetiere

1 Mastkälber in Boxen und im Laufstall

2 Kühe im Melkstand

Rinder — unsere wichtigsten Nutztiere

Rinder werden meist in Ställen gehalten. Im *Maststall* sieht es für die Rinder ganz anders aus als auf der Weide. *Kälber* stehen in Boxen. Sie haben nur so viel Bewegungsfreiheit, dass sie sich niederlegen und die Futterrinne erreichen können. Auslauf bekommen sie nicht. Sie werden vor allem mit energiereichem Mastfutter gefüttert, damit sie in möglichst kurzer Zeit viel Fleisch ansetzen. Nach ungefähr 12 Wochen haben sie ihr Schlachtgewicht erreicht. Ähnlich sind die Bedingungen bei der Mast von *Bullen*, die nach ca. 18 Monaten ihr Schlachtgewicht erreicht haben.

Es gibt auch Mastställe, in denen die Tiere nicht angebunden sind. Dort haben sie etwas mehr Bewegungsfreiheit. Diese Art der *Massentierhaltung* ist in die Kritik geraten. Deshalb gibt es immer mehr Bauernhöfe, auf denen die Tiere naturnäher gehalten werden. Bei einer Haltung auf der Weide allerdings wachsen die Tiere langsamer und das Rindfleisch ist teurer.

Vom Rind wird fast alles genutzt: Milch, Fleisch, Haut usw. Besonders wichtig ist das Rind für uns als *Milchlieferant*. Die Milch, die erst nach der Geburt des ersten Kalbes gebildet wird, entsteht im *Euter* des Muttertieres, wo in Milchdrüsen ein Teil der mit dem Futter aufgenommenen Nährstoffe entsprechend umgewandelt wird. Mithilfe von Melkmaschinen werden die Kühe jeden Tag gemolken. Dabei wird die Milch aus dem Euter abgesaugt und in großen Vorratsgefäßen gesammelt, wie man es in der Abb. 2 sehen kann. Unsere Milchkühe geben zwischen 5 000 und 8 000 l Milch im Jahr. Zur weiteren Verarbeitung bringt man die Milch in Kühlwagen zur Molkerei.

Hörner Dünger, Hornmehl, Knöpfe, Kämme
Knochen Fett, Öle, Seife, Futtermittel
Haare Filz
Blut Wurst, Dünger, medizinische Grundstoffe
Haut Leder
Darm Wursthaut, medizinische Grundstoffe
Muskel Fleisch
Hufe Dünger, Hornmehl, Knöpfe, Kämme
Talg, Fett Kerzen, Öl
Milch Trinkmilch, Sahne, Käse, Butter, Jogurt

3 Nutzung des Rindes

Kalb
Jungtier bis zu einem Alter von einem Jahr. Danach heißen die weiblichen Jungtiere *Färsen*, bis sie das erste Kalb zur Welt bringen.

Bulle
Männliches Rind, wird auch als *Stier* bezeichnet.

Ochse
Kastriertes männliches Rind

Aufgaben

1. Vergleiche die Stallhaltung von Mastrindern mit der Freilandhaltung.
2. Frisch gemolkene Kuhmilch enthält je 100 Gramm 86 g Wasser, 4 g Eiweiß, 4 g Fett, 5 g Milchzucker und 1 g Mineralsalze. Ist Milch ein vollwertiges Nahrungsmittel?
3. Fertige mithilfe ausgeschnittener Abbildungen aus Zeitschriften in deinem Heft ein Bild an, das Auskunft über die Verwendung der Milch gibt.
4. Stelle zusammen, mit welchen Produkten aus dem Rind du in deiner Umgebung zu tun hast.

Säugetiere

Abstammung und Verwandtschaft des Hausrindes

Unsere Vorfahren jagten **Auerochsen**, um sich von ihnen zu ernähren. Das zeigen Höhlenmalereien, die mehr als 10 000 Jahre alt sind. Auerochsen lebten in großen Gruppen, den *Herden*, zusammen. In der Herde waren sie sicherer vor Feinden. Durch ihr gutes Gehör, ihren guten Geruchssinn und die seitlich stehenden Augen konnten sie Feinde schon frühzeitig wahrnehmen. Im Schutz der Herde brachten die Kühe jedes Jahr ein Kalb zur Welt, welches ungefähr 1 Jahr lang gesäugt wurde.

Vor etwa 8000 Jahren begann die *Haustierwerdung*. Vielfach opferte man Rinder den Göttern und verzehrte dann ihr Fleisch. Später setzte man sie auch als Zugtiere ein und nutzte ihre Milch. Dazu musste man ständig Rinder halten, sie zähmen und in Gefangenschaft weiterzüchten.
Für die Weiterzucht wurden Tiere mit bestimmten Eigenschaften ausgewählt. Wurde zum Beispiel mehr Wert auf eine hohe Milchproduktion gelegt, wurden nur Tiere für die Zucht genommen, die schon selber mehr Milch erzeugten als andere. Gleiches gilt für die Herauszüchtung anderer Eigenschaften. So entstanden im Laufe der Jahrhunderte viele Rinderrassen, die sich in ihren Eigenschaften immer mehr vom Auerochsen unterschieden. Heute gibt es etwa 800 Rinderrassen.

Dir wird schon aufgefallen sein, dass es schwarzweiß und braunweiß gefleckte Rinder gibt. Man nennt sie *Schwarzbunte* und *Rotbunte*. Es gibt aber auch einfarbige Rinderrassen, die durch Züchtung entstanden sind. Schwarz- und Rotbunte werden sowohl für die Milch- als auch Fleischproduktion gehalten. Man nennt solche Rassen *Zweinutzungsrassen*. Daneben gibt es Rinderrassen, die in der Hauptsache nur für einen Zweck gezüchtet wurden. Man spricht dann von *Milchrindern* oder *Fleischrindern*.

Alle in Mitteleuropa gehaltenen Rinderrassen stammen vom Auerochsen oder Ur ab, der bei uns ausgestorben ist. Das letzte Urrind wurde im Jahre 1627 in Polen erlegt. Es ist gelungen, ein dem Auerochsen äußerlich ähnlich aussehendes Rind zu züchten.

Mit unserem Hausrind sind die *Wildrinder* verwandt. Zu ihnen gehört der **Wisent**, der früher in großen Teilen Europas und Teilen Asiens zahlreich vorkam. Anfang diesen Jahrhunderts wurde der letzte frei lebende europäische Wisent erlegt. Heute gibt es wieder mehrere streng geschützte Wisentherden in Nationalparks, die aus Restbeständen stammen.

Der in Nordamerika lebende **Bison** unterscheidet sich vom Wisent durch den im Vergleich zum Wisent stärker ausgebildeten Vorderkörper und tiefer gesenkten Kopf. Auch der Bison kann heute nur in Nationalparks überleben. Bison und Wisent sind sehr nah miteinander verwandt. Werden sie zusammen gehalten, können fruchtbare Nachkommen aus ihnen entstehen.

In Afrika lebt der mächtige **Kaffernbüffel**. Wie alle Büffel, suhlt er gerne im Schlamm. Die nach einem Schlammbad am Körper haftende Kruste dient dem Schutz vor lästigen Insekten. Hilfe erhält er außerdem von kleinen Vögeln, den *Madenhackern*, die seine Haut von Insekten befreien.

Säugetiere

Das Pferd — Partner des Menschen

Immer häufiger begegnet man auf einem Spaziergang Reitern mit ihren Pferden. Das *Reiten* erfreut sich bei vielen Menschen großer Beliebtheit. Sie nehmen für diese Freizeitbeschäftigung häufig viel Mühe auf sich. Pferde müssen nämlich regelmäßig betreut werden. Das bedeutet: Jeden Tag die Stallbox reinigen oder ausmisten, zweimal am Tag Fütterung mit Heu und Hafer; dazu einmal am Tag Ausritt oder Auslauf auf der Weide, um dem Pferd Bewegung zu verschaffen. Anschließend muss das Fell durch Bürsten und Striegeln gepflegt werden.

Das Pferd wird aber nicht nur als reines Reittier in der Freizeit genutzt, sondern auch beim Leistungssport. Auf Springturnieren überwindet es mit seinem Reiter hohe und weite Hindernisse. Bis zwei Meter hoch und ebenso breit können diese sein. Das Springen über solche Hindernisse belastet die Gelenke der Pferde sehr stark. Beim Trab- und Galopprennen nutzt man die Schnelligkeit der Tiere.

Es gäbe bei uns wahrscheinlich kaum noch Pferde, würden sie nicht zur Freizeitgestaltung und zum Sport genutzt. Auf den Äckern haben Traktoren den Pferden längst die Arbeit abgenommen. Maschinen können viel größere Pflüge und Eggen ziehen und so die Äcker in viel kürzerer Zeit bearbeitet werden. In Ländern, in denen die Technik in der Landwirtschaft noch nicht so weit vorangeschritten ist, werden heute noch Pferde als Zugtiere eingesetzt. In den letzten Jahren kommen sogar bei uns wieder die schweren *Zugpferde* beim Herausziehen von gefällten Bäumen aus dem Wald zum Einsatz. Im Gegensatz zu einem Traktor schädigen nämlich Pferde die jungen, stehengebliebenen Bäume und den Waldboden bei der Arbeit kaum.

Wenn du Pferde genauer beobachtest, werden dir neben der unterschiedlichen Schnelligkeit der einzelnen Tiere auch die verschiedenen Fortbewegungsarten, die *Gangarten*, auffallen. Man unterscheidet den *Schritt*, den *Trab* und den *Galopp*. Neben diesen „normalen" gibt es auch spezielle Gangarten, die vor allem beim Dressurreiten genutzt werden. Im Schritt kann ein schneller Spaziergänger mithalten, im Trab ein Radfahrer, aber im Galopp bekommt auch ein guter Sprinter Schwierigkeiten. Rennpferde erreichen sehr hohe Geschwindigkeiten, nämlich bis zu 50 km pro Stunde.

Im Schritt   Im Trab   Im Galopp

86 *Säugetiere*

Der gesamte Körperbau des Pferdes, besonders aber das *Beinskelett*, ist an das schnelle Laufen gut angepasst.

Die Beine sind als *Laufbeine* ausgebildet und bestehen aus kräftigen Knochen. Der Fuß ist durch Vergrößerung der Mittelfuß- und Zehenknochen verlängert. Pferde sind *Zehenspitzengänger*. Der dritte Mittelfußknochen ist an jeder Seite von einem *Griffelbein* umgeben. Das sind die zurückgebildeten zweiten und vierten Mittelfußknochen. Der erste und der fünfte Mittelfußknochen fehlen ganz.

Der dritte Zehenknochen ist von einem *Huf* aus Horn umgeben. Deshalb zählt man die Pferde zu den *Huftieren*. Der Huf schützt beim Auftreten mit den Zehenspitzen vor Verletzungen. Die Hufe werden ihrerseits durch Hufeisen geschützt, wenn Pferde häufig über harten Untergrund laufen müssen. Da Pferde nur einen Zeh an jedem Fuß besitzen, werden sie zu den **Unpaarhufern** gezählt.

Pferde sind *Pflanzenfresser*. Bei der Beobachtung weidender Pferde kannst du erkennen, dass sie mit den *Schneidezähnen* im Ober- und Unterkiefer und ihren Lippen das Gras abrupfen. Dieses zerkauen sie anschließend gründlich, bevor sie es verschlucken. Schneide- und *Backenzähne* werden beim Zerreiben des harten Grases abgenutzt. Beide Zahntypen besitzen lange Wurzeln und wachsen ständig nach. Man kann am Abnutzungsgrad der Schneidezähne das Alter eines Pferdes schätzen. Aus diesem Grund schauen Pferdehändler vor dem Kauf dem Pferd ins Maul. *Eckzähne* sind nur bei männlichen Pferden, den *Hengsten*, vorhanden.

Pferde sind keine Wiederkäuer und besitzen auch nur einen kleinen, einteiligen Magen. Die Verdauung der Pflanzennahrung erfolgt im bis zu 35 Meter langen Darm. Außerdem spielt der große *Blinddarm* eine ganz wichtige Rolle bei der Verdauung. In ihm befinden sich Billiarden von Bakterien, welche bei der Aufbereitung der schwer verdaulichen Kost mithelfen.

Aufgaben

1. Vergleiche das Gebiss des Pferdes mit dem des Rindes. Nenne Unterschiede und schreibe die Zahnformel auf.
2. Berechne das Verhältnis von Körperlänge (ca. 2,5 Meter) zu Darmlänge.
3. Ordne den Ziffern in der Abbildung unten die richtigen Begriffe zu.

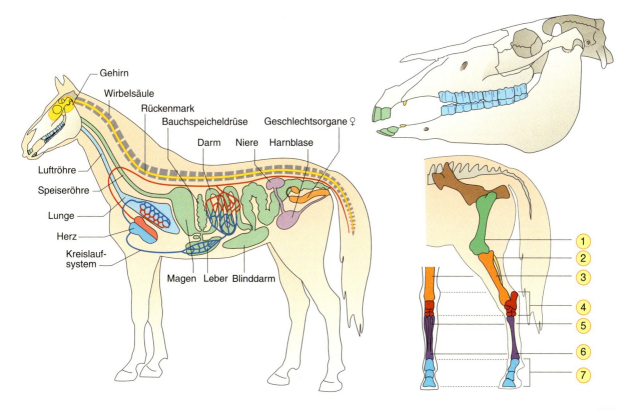

Säugetiere

1 Pferdeherde

Begrüßung, Aufmerksamkeit

Furcht, Drohung

Scheuen, Verweigern

2 Kämpfende Hengste

Pferde leben in Herden

Will man Genaueres über die Lebensweise von Pferden erfahren, muss man *frei lebende Pferde* in ihrer natürlichen Umgebung beobachten. Solche gibt es zum Beispiel in der Camargue in Südfrankreich oder im Merfelder Bruch bei Dülmen in Westfalen.

Die Pferde leben dort in einzelnen *Familien*, die von einem *Hengst* angeführt werden. *Stuten* mit ihren *Fohlen* sind weitere Mitglieder der Pferdefamilie. Alle Familienmitglieder kennen sich untereinander genau. Einen großen Teil des Tages verbringen Pferde damit, Nahrung aufzunehmen. Diese besteht in der Hauptsache aus Gras. Manchmal fressen sie auch etwas Erde, denn sie enthält lebenswichtige Mineralien.

Zwischendurch beschäftigen sich die Pferde immer wieder mit *Körperpflege*. Diese besteht darin, Insekten durch Zucken mit der Haut abzuwehren, sich mit den Hinterbeinen zu kratzen oder ein Sandbad zu nehmen. Sehr häufig beknabbern sich Pferde gegenseitig an Stellen, die sie selbst nicht erreichen können. Ab und zu lässt sich dabei ein lang gezogenes Schnauben vernehmen. Das ist ein Zeichen des Wohlbefindens. Gelegentlich zieht die Pferdefamilie weiter. Dabei geht die ranghöchste Stute voran, während der Hengst der Familie folgt.

Bemerkt ein Tier etwas Ungewöhnliches, lässt es ein kurzes Schnauben als Warnruf ertönen. Dann hören auch die übrigen Tiere mit dem Fressen auf und werden unruhig. Sie legen die Ohren an und plötzlich galoppert die ganze Herde davon. Bei Gefahr suchen Pferde also ihr Heil in der Flucht. Es sind *Fluchttiere*. Höhere Hindernisse überspringen sie dabei nicht, sie umlaufen sie. Ihr gut ausgebildeter Seh-, Geruchs- und Hörsinn ermöglicht ihnen ein frühzeitiges Erkennen der Gefahr. Wichtig sind die seitlich stehenden Augen. Dadurch haben sie fast ein Rundumgesichtsfeld. Ist die Gefahr vorüber und haben sich die Tiere wieder beruhigt, zeigen sie durch Wiehern den Familienmitgliedern ihren Aufenthaltsort an und finden so wieder zusammen. Manche Pferde beschnuppern sich dann mit ihren Nüstern, dabei sind die Ohren hochgestellt. Dieses Verhalten gehört zur Begrüßung und zeigt an, dass sie gut gestimmt sind.

Nicht immer ist das Verhalten der Pferde so friedlich, insbesondere dann nicht, wenn zwei Hengste um den Besitz von Stuten kämpfen. Sie umkreisen sich zunächst und versuchen einander zu beißen. Schließlich kann es dazu kommen, dass sich die Hengste, auf den Hinterbeinen stehend, hoch aufrichten und den Rivalen mit den Vorderhufen schlagen. Gerät einer der beiden aus dem Gleichgewicht, hat er den Kampf verloren und muss dem Sieger die umkämpften Stuten überlassen.

Die Stuten können einmal im Jahr, meist im Frühjahr, ein Fohlen bekommen. Dieses kann schon 10 Minuten nach der Geburt, wenn auch unbeholfen, auf den Beinen stehen und nach einer Stunde kleine Sprünge machen. Pferde sind *Nestflüchter*.

Vom Wildpferd zum Hauspferd

Die Geschichte des *Hauspferdes* begann schon ungefähr 5500 Jahre v. Chr. im heutigen China. In Europa gab es erst viel später zahme Pferde. Sie wurden als Zugpferde für Kampfwagen und als Reittiere verwendet. Heute kennt man nur noch eine einzige frei lebende Wildpferdart, das *Przewalskipferd*. Es besitzt eine Stehmähne. 1968 wurden Przewalskipferde zum letzten Mal in den Steppen an der mongolisch-chinesischen Grenze gesichtet. In den Zoos gibt es jedoch eine erfolgreiche *Nachzucht*. Es ist nicht ganz geklärt, ob unsere Hauspferde nur auf das Przewalskipferd zurückgehen oder ob auch das Erbgut des europäischen Wildpferdes *(Tarpan)* eingegangen ist.

Durch Züchtung entstanden die unterschiedlichsten *Pferderassen*, die sich jeweils für bestimmte Aufgaben besonders eignen. Man unterscheidet *Kaltblut-*, *Warmblut-* und *Vollblutpferde*. Diese Bezeichnungen haben nichts mit der Temperatur des Blutes zu tun, sondern beziehen sich auf den Körperbau und die Schnelligkeit. Kaltblüter haben einen sehr stabilen Körperbau und eignen sich deshalb besonders als Arbeitspferde. Warmblutpferde sind schlank gebaut und kräftig. Sie werden deshalb als Reit- und Springpferde eingesetzt. Vollblüter werden seit Jahrhunderten als Rennpferde auf Schnelligkeit gezüchtet.

Nah verwandt mit den Pferden sind *Zebra* und *Esel*. Verpaart man Esel und Pferd, erhält man Maulesel oder Maultier, die jedoch keine Nachkommen hervorbringen können.

1 Przewalskipferde

Aufgaben

1. Putzen und Striegeln des Pferdes gehört zu den wichtigen Aufgaben des Reiters. Er gewinnt auf diese Weise auch das Zutrauen des Pferdes. Erkläre dieses mithilfe der Informationen aus dem Text.
2. Es kommt manchmal vor, dass das Pferd mit dem Reiter „durchgeht" und nicht mehr zu halten ist. Welche Ursachen könnte das haben?
3. Warum sollte der Reiter die Körpersprache des Tieres unbedingt kennen?
4. Im Zirkus werden häufig dressierte Pferde gezeigt, die fast aufrecht nur auf den Hinterbeinen stehen. Welches natürliche Verhalten könnte dem zugrunde liegen? Ist es egal, ob man Hengste oder Stuten für diese Dressur verwendet?

Abstammung des Pferdes

Schon vor der Haustierwerdung hatte das Pferd Bedeutung für den Menschen. Das zeigen Höhlenmalereien, die von Steinzeitmenschen stammen. Aber auch Versteinerungen oder *Fossilien* zeugen von der Vergangenheit. Sie können uns Hinweise geben, wie Organismen ausgesehen haben, lange bevor es Menschen gab. Fossilien des **Urpferdchens** lassen erkennen, dass es nur so groß wie ein Fuchs war. Es lebte vor ungefähr 60 Millionen Jahren in Wäldern und war ein Laubfresser. Jüngere Versteinerungen zeigen uns, dass sich daraus im Laufe der Jahrmillionen das Wildpferd entwickelt hat, so wie wir es heute noch kennen. Es ist ein Steppenbewohner und Grasfresser und auch wesentlich größer als das Urpferdchen.

Säugetiere

Das Wildschwein ist die Stammform des Hausschweins

Manchmal findet man im Wald Stellen, die wie umgepflügt aussehen. Die in der Nähe sichtbaren Fußabdrücke, die man auch *Fährten* nennt, weisen darauf hin, dass hier Wildschweine auf Nahrungssuche waren. Wildschweine sind **Paarhufer**, deren *Afterzehen* aber ebenfalls Abdrücke im Boden hinterlassen.

Zur *Wildschweinnahrung* gehören Bucheckern, Eicheln und andere Früchte ebenso wie Vogeleier, Würmer und sogar Aas. An diese Nahrungsvielfalt ist das Wildschwein angepasst. Es besitzt einen *Rüssel*, der in einer scheibenförmigen *Schnauze* endet. Mithilfe des Rüssels gelangt das Wildschwein auch an Nahrung, die unter der Erdoberfläche verborgen ist, wie Wurzelknollen oder Pilze. Mit dem hervorragend ausgebildeten Geruchssinn nimmt das Wildschwein die unter dem Erdboden verborgene Nahrung wahr und wühlt gezielt danach.

Der Zerkleinerung der Nahrung dient das *Allesfressergebiss*. Dieses besitzt im Ober- und Unterkiefer jeweils 6 flache Schneidezähne, 2 lange Eckzähne und 14 Backenzähne. Die vorderen Backenzähne haben scharfkantige Kronen, ähnlich denen eines Fleischfressergebisses, die hinteren Backenzähne haben stumpfhöckerige Kronen wie die eines Pflanzenfressergebisses. Das Allesfressergebiss vereinigt also Eigenschaften dieser beiden Gebisstypen. Die Eckzähne sind besonders beim *Keiler* stark verlängert, wobei diejenigen des Oberkiefers nach oben

1 Bache mit Frischlingen

gerichtet sind. Sie sind von außen sichtbar und können als Waffen eingesetzt werden. Wildschweine sind sehr scheu und nur in der Dämmerung sowie *nachts aktiv*. Sie können in Mais-, Kartoffel- und Getreidefeldern erhebliche Schäden anrichten. Diese Felder bieten den Wildschweinen einen reichlich gedeckten Tisch und werden von ihnen gerne aufgesucht. Deshalb werden Wildschweine stark bejagt.

In größeren Waldgebieten, in denen sie sich tagsüber ins Dickicht zurückziehen, können sie gut überleben. Ihr sehr feines Gehör warnt sie rechtzeitig. Deshalb bekommt man Wildschweine in freier Natur nur selten zu Gesicht. Wenn man Glück hat, kann man sie beobachten, wie sie sich in einem Schlammloch suhlen. Dieser Art der *Körperpflege* gehen sie sehr ausgiebig nach. Sie hilft ihnen, das Ungeziefer zwischen den Borsten von der Haut fern zu halten.

Wildschweine leben in Familienverbänden, den *Rotten*, welche sich aus mehreren *Bachen* mit ihren *Jungtieren* zusammensetzen. Die ausgewachsenen Keiler sind Einzelgänger und kommen nur in der Fortpflanzungszeit mit der Rotte zusammen. Nach 4 bis 5 Monaten Tragzeit werden im April oder Mai von den Bachen 4 bis 12 *Frischlinge* geboren, die erst nach zwei Jahren ausgewachsen sind.

Aufgabe

① Begründe mithilfe des Textes, warum das Wildschwein bei uns noch gute Lebensmöglichkeiten hat.

2 Keiler im Sprung

Schädel des Keilers

Keiler
Männliches Wildschwein

Bache
Weibliches Wildschwein

Frischling
Wildschweinjunges

Wildschwein

Säugetiere

Eber
Männliches Haussschwein

Sau
Weibliches Hausschwein

Ferkel
Hausschweinjunges

1 Hausschwein mit Ferkeln

Schädel des Hausschweins

Hausschwein

Das Hausschwein

Hausschweine sieht man nur selten im Freien, obwohl bei uns ungefähr 20 Millionen Schweine gehalten werden. Die meisten sind in großen Ställen untergebracht, in denen sie in engen Boxen, meist in Zehnergruppen, gehalten werden. In manchen Betrieben werden so insgesamt 1000 und mehr Schweine gehalten. Dadurch werden diese anfälliger gegenüber Krankheiten. Der Boden der Ställe ist mit Spalten versehen. Durch diese fallen Kot und Urin direkt in große Auffangbehälter. Als *Gülle* werden die Ausscheidungsprodukte regelmäßig auf Äcker und Weiden ausgebracht, um diese zu düngen. 5 bis 7 Monate lang werden Schweine in solchen Ställen gemästet. Dann haben sie das Schlachtgewicht von ungefähr 110 kg erreicht.

Zweimal am Tag werden die Schweine in dieser Zeit mit energiereichem Mastfutter gefüttert, welches in 15 bis 20 Minuten gefressen wird. Die engen Boxen und das Halten der Tiere bei Dämmerlicht sorgen dafür, dass die Schweine sich ruhig verhalten und dadurch kaum Energie für die Bewegung ihres Körpers verbrauchen. Infolge des Bewegungsmangels können die Tiere schon vorzeitig bei Stress, im Sommer bei Hitze oder auf dem Transport zum Schlachthof an Herzschwäche sterben.

Durch diese Art der *Massentierhaltung* liefert das Hausschwein das preisgünstigste Fleisch und ist unser wichtigster *Fleischproduzent*. Allein 55 kg Schweinefleisch verzehrt jeder Bundesbürger im Durchschnitt pro Jahr.

Die Eigenschaften des Hausschweins haben sich durch *Züchtung* aus dem Wildschwein seit etwa 6000 Jahren immer mehr verändert. Der Körper wurde länger, die Schnauze kürzer und das Gehirn um etwa ein Drittel kleiner. Dennoch sind viele Eigenschaften des Wildschweins erhalten geblieben. So suhlen sich frei gehaltene Hausschweine genauso gerne in einer Schlammpfütze oder graben mit der Schnauze nach Nahrung wie ihre Urahnen.

Um bestimmte Eigenschaften herauszuzüchten, werden für die Zucht nur ausgewählte Tiere, die *Zuchteber* und *Zuchtsauen*, verwendet. Es gelang, Schweine mit 16 statt der normalen 12 Rippen zu züchten, das sind 8 Koteletts mehr. Außerdem setzen diese Tiere besonders viel Fleisch innerhalb kurzer Zeit an, bis zu 600 Gramm pro Tag. Eine Zuchtsau wirft zweimal im Jahr maximal 20 Ferkel pro Wurf, die dann zum größten Teil wieder in einem Maststall aufgezogen werden.

Aufgaben

① Das Verhältnis der Körper- zur Darmlänge beträgt beim Schwein etwa 1:14. Vergleiche dieses Verhältnis mit dem bei Katze und Rind. Erläutere die Unterschiede.

② Welche Ansprüche des Wildschweins an seinen Lebensraum kannst du aus dem Text der Seite 90 ableiten? Stelle diese den heute üblichen Haltungsbedingungen für das Hausschwein gegenüber. Welche Schlussfolgerungen ergeben sich daraus?

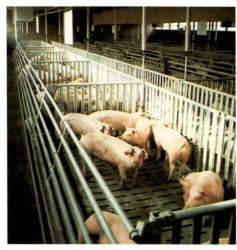
2 Moderner Schweinestall

Säugetiere

3 Säuger — angepasst an Lebensraum und Jahreszeit

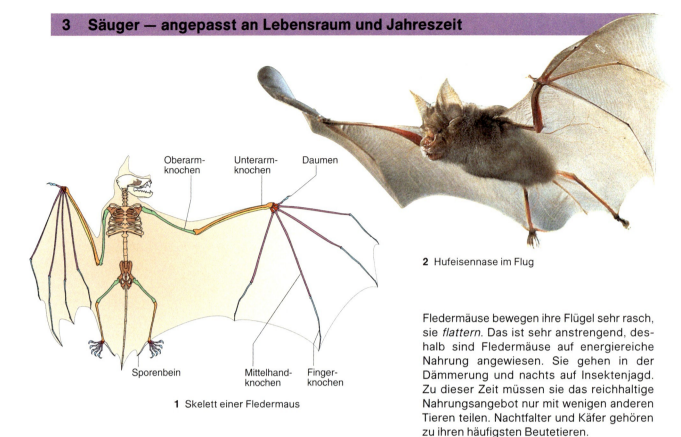

1 Skelett einer Fledermaus (Oberarmknochen, Unterarmknochen, Daumen, Sporenbein, Mittelhandknochen, Fingerknochen)

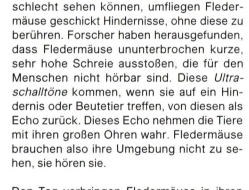

2 Hufeisennase im Flug

Mausohr

Die Fledermaus — ein flugfähiges Säugetier

Wie Schatten huschen Fledermäuse vor dem noch hellen Abendhimmel vorbei. Meist werden sie von den Menschen gar nicht wahrgenommen, da ihr schneller Flug keine Geräusche verursacht. Dennoch wirkt ihr Flug unruhig, ganz anders als bei Vögeln, mit denen sie auch sonst wenig Gemeinsamkeiten haben. Fledermäuse besitzen zum Beispiel *Haare* und keine Federn. Zu den Mäusen gehören sie allerdings auch nicht, obwohl ihr Körper dem einer Maus auf den ersten Blick ähnlich sehen mag.

Fledermäuse sind bei uns die einzigen *flugfähigen Säugetiere*. Das Fliegen ermöglichen ihre Hautflügel, die aus einer gut durchbluteten *Flughaut* bestehen. Diese ist zwischen Vorder- und Hinterbeinen sowie dem Schwanz gespannt. Die Hand- und Fingerknochen sind, mit Ausnahme des Daumens, stark verlängert. Sie dienen zusammen mit dem *Sporenbein* und den Schwanzwirbeln als Stützspangen — vergleichbar dem Gestänge eines Schirms. Der Daumen und die fünf Zehen bleiben frei. Sie dienen den Tieren zum Festhalten und Krabbeln.

Fledermäuse bewegen ihre Flügel sehr rasch, sie *flattern*. Das ist sehr anstrengend, deshalb sind Fledermäuse auf energiereiche Nahrung angewiesen. Sie gehen in der Dämmerung und nachts auf Insektenjagd. Zu dieser Zeit müssen sie das reichhaltige Nahrungsangebot nur mit wenigen anderen Tieren teilen. Nachtfalter und Käfer gehören zu ihren häufigsten Beutetieren.

Obwohl sie mit ihren kleinen Augen nur schlecht sehen können, umfliegen Fledermäuse geschickt Hindernisse, ohne diese zu berühren. Forscher haben herausgefunden, dass Fledermäuse ununterbrochen kurze, sehr hohe Schreie ausstoßen, die für den Menschen nicht hörbar sind. Diese *Ultraschalltöne* kommen, wenn sie auf ein Hindernis oder Beutetier treffen, von diesen als Echo zurück. Dieses Echo nehmen die Tiere mit ihren großen Ohren wahr. Fledermäuse brauchen also ihre Umgebung nicht zu sehen, sie hören sie.

Den Tag verbringen Fledermäuse in ihren Sommer- oder Tagquartieren. Der *Kleine Abendsegler* nutzt dazu Baumhöhlen, im Gegensatz zur *Kleinen Hufeisennase*, die Dachstühle und Dachböden bevorzugt. Diese werden vor allem als Kinderstube für die ein bis zwei Jungen benötigt, die ein Fledermausweibchen pro Jahr zur Welt bringt.

Den Winter verbringen Fledermäuse an frostsicheren Plätzen. Das sind für viele Arten zum Beispiel Tropfsteinhöhlen, in denen die Luft feucht ist. Einige Arten überwintern in Baumhöhlen. Die Zeit bis zum Frühjahr verbringen sie im *Winterschlaf*.

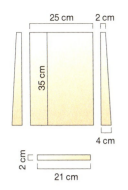

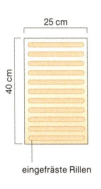

eingefräste Rillen

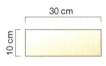

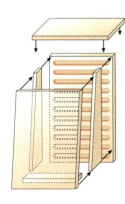

Bauanleitung für einen Fledermauskasten

Den Winterschlaf der Fledermäuse soll man nicht stören, denn die Tiere könnten dadurch sterben. Alle 22 einheimischen Fledermausarten stehen in der *roten Liste* für den Artenschutz und gelten als stark bedroht. Dafür gibt es verschiedene Gründe. Zum einen finden die Tiere vielerorts kaum noch geeignete Sommer- und Winterquartiere. Die moderne Bauweise der Häuser mit geschlossenen Dachstühlen, das Entfernen alter, hohler Bäume und das Verschließen von Höhlen sind Ursachen dafür.

Außerdem verlieren die Fledermäuse immer mehr ihre Nahrungsgrundlage. Schuld daran ist wiederum der Mensch. Durch den Einsatz von Insektengiften hat er die Zahl der Beutetiere für Fledermäuse stark verringert. Die überlebenden Beutetiere sind vergiftet und schädigen die Fledermäuse zusätzlich. Dies wird verständlich, wenn man weiß, dass eine Fledermaus im Laufe eines Jahres bis zu 80 000 Insekten fressen kann. Durch Aufhängen von speziellen Nistkästen versuchen heute Naturschützer, die bei uns heimischen Fledermausarten zu erhalten. Wie du selber einen solchen bauen kannst, zeigen die Abbildungen in der Randspalte.

Unsere einheimischen Fledermausarten ernähren sich vor allem von Insekten. Unter den tropischen Arten gibt es ganz besondere Nahrungsspezialisten. So kann das *Große Hasenmaul* mit seinen kräftigen Hinterbeinen Fische im Wasser ergreifen und fangen. Die südamerikanischen *Vampire* fügen größeren Säugetieren, zum Beispiel Pferden, Bisswunden zu und lecken dann das austretende Blut ab. Die größten Verwandten der Fledermäuse, die vor allem in Indien vorkommenden *Flughunde*, leben ausschließlich von Früchten.

Aufgaben

① Um herauszufinden, wie sich Fledermäuse orientieren, führte der italienische Naturforscher SPALLANZANI schon vor über 200 Jahren folgende Versuche durch: Er hängte Schnüre mit Glöckchen in einem völlig dunklen Raum auf. Dann ließ er einmal Fledermäuse mit verdeckten Augen, dann mit durch Wachs verstopften Ohren und auch einmal mit zugebundenem Maul in diesem Raum fliegen. Welche Ergebnisse hatten diese Versuche wohl? Begründe deine Meinung.
② Vergleiche Arm- und Beinskelett einer Fledermaus mit dem Skelett eines Hundes. Welche Unterschiede fallen dir auf?

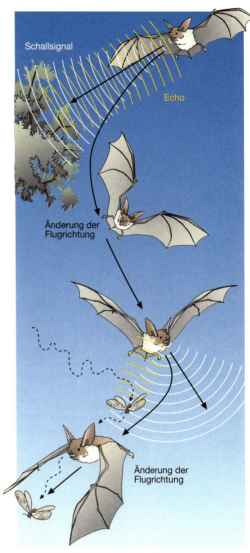

1 Ultraschallorientierung bei Fledermäusen

2 Gemeiner Vampir

Säugetiere **93**

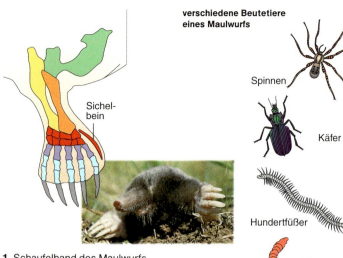

1 Schaufelhand des Maulwurfs

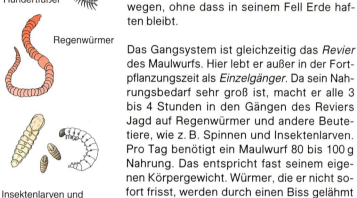

verschiedene Beutetiere eines Maulwurfs: Spinnen, Käfer, Hundertfüßer, Regenwürmer, Insektenlarven und -puppen

Der Maulwurf — ein Leben unter Tage

Einen Maulwurf bekommt man nur selten zu Gesicht, lediglich die Erdauswürfe auf Wiesen und Rasenflächen verraten seine Anwesenheit. Er legt ein unterirdisches *Gangsystem* mit einem Wohnkessel und Vorratskammern an. Beim Bau wird die beiseite geschaffte Erde mit dem Kopf über die Erdoberfläche gedrückt, sodass die *Maulwurfshügel* entstehen.

An seine „bergmännische" Lebensweise ist der Maulwurf hervorragend angepasst. Die Vordergliedmaßen sind kurz, die Handfläche mit den fünf Fingergliedern ist schaufelförmig. Ein weiterer Knochen, das *Sichelbein*, verbreitert die Handfläche zusätzlich. Der walzenförmige Körper und der spitz zulaufende Kopf erleichtern die Wühlarbeit. Dabei drückt der Maulwurf mit seinen Schaufelhänden die lockere Erde beiseite. Die Hinterbeinkrallen stemmt er in den Boden und verhindert so ein Zurückrutschen. Die lange *Rüsselnase* ist durch einen harten Knorpel geschützt. Das Fell besteht aus dicht stehenden, samtig weichen Haaren, die sich gleich gut in jede Richtung umlegen lassen. Es hat also keinen *Strich*. So kann sich der Maulwurf in seinem Gangsystem sowohl im Vorwärts- als auch im Rückwärtsgang bewegen, ohne dass in seinem Fell Erde haften bleibt.

Das Gangsystem ist gleichzeitig das *Revier* des Maulwurfs. Hier lebt er außer in der Fortpflanzungszeit als *Einzelgänger*. Da sein Nahrungsbedarf sehr groß ist, macht er alle 3 bis 4 Stunden in den Gängen des Reviers Jagd auf Regenwürmer und andere Beutetiere, wie z. B. Spinnen und Insektenlarven. Pro Tag benötigt ein Maulwurf 80 bis 100 g Nahrung. Das entspricht fast seinem eigenen Körpergewicht. Würmer, die er nicht sofort frisst, werden durch einen Biss gelähmt und in den *Vorratskammern* verstaut. Wie der Igel, besitzt der Maulwurf ein *Insektenfressergebiss*.

Um sich in seinem dunklen Lebensraum zurechtzufinden, braucht der Maulwurf einen guten *Geruchs*- und *Tastsinn*. Die Tasthaare an seiner Nase melden ihm jede leichte Erschütterung in der Nähe. Geräusche an der Erdoberfläche und im Boden nimmt er mit seinen verschließbaren Ohren wahr. Die Augen sind für das Leben im Boden nicht so wichtig. Sie sind nur etwa stecknadelkopfgroß und liegen tief im Fell verborgen.

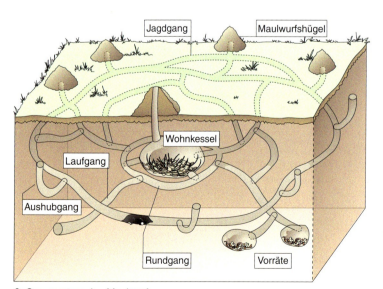

2 Gangsystem des Maulwurfs

Aufgaben

1. Der Maulwurf hält keinen Winterschlaf. Weshalb kann er ohne Winterschlaf auskommen?
2. Neben dem Ärger über die Maulwurfshügel befürchten viele Gartenbesitzer, Maulwürfe schadeten den Wurzeln ihrer sorgsam gepflegten Gartenpflanzen. Erläutere, ob diese Befürchtungen gerechtfertigt sind.
3. In seinem Wohn- und Jagdrevier ist der Maulwurf vor Feinden geschützt. Außerhalb seiner Gänge lauern jedoch viele Gefahren auf ihn. Versuche diese Gefahren genauer zu bestimmen.

1 Feldmaus

Die Feldmaus — ein häufiger Bewohner von Äckern und Wiesen

Die Feldmaus bewohnt offene und trockene Lebensräume wie Felder und Wiesen. Dort ernährt sie sich von Wurzeln, Halmen und Getreidekörnern. Zum Zerkleinern dieser harten, pflanzlichen Nahrung besitzt die Feldmaus ebenso wie das Eichhörnchen ein scharfes *Nagetiergebiss*.

Die Feldmäuse halten keinen Winterschlaf. Sie tragen während des Sommers zusätzlich Vorräte in ihre unterirdischen Speicher ein. Das können jeweils bis zu 1,5 kg sein. Die *Vorratskammer* besteht aus einem blind endenden Gang innerhalb des weit verzweigten Gangsystems. Die einzelnen Gänge liegen 10 bis 20 cm unter der Erdoberfläche. Der *Wohnkessel* mit mehreren Ausgängen liegt noch 20 bis 30 cm tiefer. Im Winter werden *Laufgänge* unter dem Schnee angelegt, die man nach der Schneeschmelze gut erkennen kann.

Feldmäuse haben viele Feinde, z. B. Fuchs, Bussard, Eulen und Mauswiesel. Dennoch können diese Tiere den Bestand der Feldmäuse nicht ernsthaft gefährden. Das liegt an der großen *Vermehrungsfähigkeit* der Feldmaus. Ein Weibchen kann alle 20 Tage einen Wurf mit durchschnittlich 6 Jungen zur Welt bringen. Diese sind schon nach 13 Tagen selbst wieder geschlechtsreif und können nach weiteren 20 Tagen ihre ersten Jungen gebären. Durchschnittlich werden Feldmäuse 4,5 Monate alt. Die Fortpflanzung erfolgt in unseren Breiten nur während der wärmeren Jahreszeit.

In günstigen Jahren kann es zu einer *Massenvermehrung* kommen. Diese hat für die Mäuse aber auch Nachteile. Denn irgendwann ist nicht mehr genügend Raum vorhanden. Die Nahrung wird knapp, vor allem im Herbst, wenn die Getreidefelder abgeerntet sind, die Witterung kühler wird und vermehrt Regenfälle einsetzen. Viele Mäuse sterben dann an Hunger und Krankheiten. Die wenigen, die überleben, können sich im nächsten Frühjahr wieder von neuem vermehren. Nach drei bis vier Jahren kann es wieder zu einer Massenvermehrung kommen.

In einem solchen Jahr können die Feldmäuse zu Schädlingen für die Landwirtschaft werden. Wenn eine Maus pro Monat 0,3 kg Nahrung benötigt, schlägt das nicht zu Buche. Wenn aber 1 000 Mäuse jeweils diese Menge fressen, fehlt dem Landwirt ein Teil der Ernte. *Mäuseplagen* treten allerdings nur dort auf, wo großflächige Getreidefelder ein Überangebot an Nahrung bieten. In natürlichen Lebensräumen, die abwechslungsreich gestaltet sind, treten meistens keine Massenvermehrungen auf.

Aufgaben

1. Vergleiche die Lebensweise von Feldmaus und Maulwurf. Nenne Gemeinsamkeiten und Unterschiede.
2. Rechne aus, wie viele Junge ein einziges Feldmausweibchen während seines Lebens theoretisch bekommen kann.
3. Informiere dich darüber, welche Arten von Mäusen bei uns vorkommen. Wodurch unterscheiden sie sich?

Schädel einer Wühlmaus (Nagetier)

Schädel einer Spitzmaus (Insektenfresser)

Maus ist nicht gleich Maus

Feldmaus und **Waldspitzmaus** werden Mäuse genannt und sind doch nicht näher miteinander verwandt. Der Grund dafür zeigt sich im Vergleich ihrer *Gebisse*. Die Feldmaus ist ein *Nagetier* und gehört zu den *Wühlmäusen*, die Spitzmaus ist ein *Insektenfresser*.

Die Etruskerspitzmaus — das kleinste Säugetier der Welt (Gewicht 1,5 — 2 g)

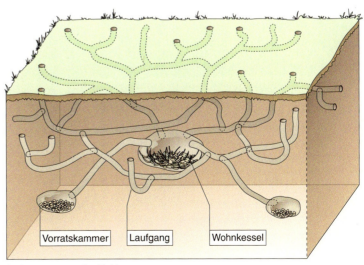

2 Gangsystem der Feldmaus

Säugetiere **95**

1 Eichhörnchen

Das Eichhörnchen — ein Leben auf Bäumen

Beim Spaziergang durch den Park kannst du manchmal beobachten, wie ein Eichhörnchen flink einen Baum emporläuft. Ab und zu hält es inne, spitzt die Ohren und beobachtet aufmerksam die Umgebung, bevor es den Baumstamm beim Weiterklettern spiralig umkreist. Oben angekommen, verharrt es nicht lange und springt mit einem großen Satz auf einen Ast des Nachbarbaumes. Der lange, buschige Schwanz dient beim Sprung als Steuer, sodass das Tier im Gleichgewicht bleibt und sicher landen kann. Gleich anschließend läuft das Eichhörnchen mit dem Kopf voran den Baumstamm wieder hinunter, ohne abzustürzen. Die langen Krallen der Füße haken sich dabei in der Rinde ein. Gleichzeitig verhindern *Haftballen* unter den Fußsohlen ein Abrutschen. Hoch oben in der Baumkrone bauen Eichhörnchen ihr kugelförmiges Nest, den *Kobel*. Dieser besteht aus zusammengeflochtenen Zweigen und besitzt seitlich ein Einschlupfloch. Das Innere ist mit Moos, Blättern, Gras und Haaren weich gepolstert.

Im Frühjahr bringt das Weibchen dort drei bis sechs Junge zur Welt. Es sind *Nesthocker*, die ungefähr 8 Wochen lang ge-

Nagezähne — weiches Zahnbein / harter Zahnschmelz

säugt werden. Droht den Jungen Gefahr, werden sie von der Mutter im Genick gepackt und eines nach dem anderen zu einem *Ausweichnest* getragen. Dabei verfallen die Jungen in *Tragstarre*, sodass die Mutter beim Klettern und Springen nicht behindert wird. Nach gut zwei Monaten sind die Jungen selbstständig und verlassen das Nest.

Die *Nahrung* der Eichhörnchen besteht aus Eicheln, Pilzen, Beeren und Haselnüssen. Zum Öffnen einer Nuss benutzen sie ihre meißelförmigen Schneidezähne *(Nagezähne)*. Damit nagen sie zunächst zwei Längsfurchen und sprengen anschließend die Nuss in zwei Hälften. Der frei gelegte Haselnusskern wird dann zwischen den Backenzähnen, die wie Reibeplatten wirken, zerkleinert. Die Fähigkeit, Nüsse zu knacken, ist den Eichhörnchen *angeboren*. Aber nur durch Erfahrung lernen sie mit der Zeit, die Technik des Nüsseöffnens zu verbessern.

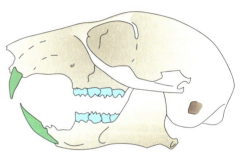

2 Schädel eines Eichhörnchens

Die Nagezähne werden bei ihrer Tätigkeit abgenutzt. Sie wachsen aber, im Gegensatz zu den Backenzähnen, nach. Weil bei ihnen der außen gelegene, härtere *Zahnschmelz* sich nicht so schnell abnutzt wie das dahinter liegende, weichere *Zahnbein*, bleiben sie auch ständig scharf.

Aufgaben

① Vergleiche die Nagespuren auf den beiden in der Mittelspalte abgebildeten Haselnussschalen.
Welche Nuss wurde von einem erfahrenen, welche von einem unerfahrenen Eichhörnchen geöffnet? Begründe deine Meinung.

② Im Herbst sammeln Eichhörnchen viele Haselnüsse und Eicheln und vergraben sie im Boden.
Erkläre, inwiefern dieses Verhalten sowohl für die Pflanzen als auch für die Eichhörnchen von Nutzen ist.

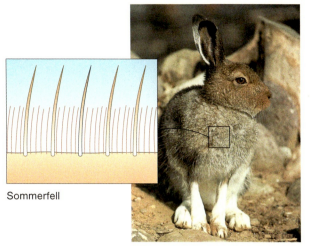

Sommerfell

Winterfell

1 Schneehase im Sommer (links) und im Winter (rechts)

Der Winter — für viele Tiere ein Problem

Der Winter stellt für Eichhörnchen mit Frost, Schnee und Nahrungsmangel eine schwierige Jahreszeit dar. Die Tiere legen deshalb im Herbst *Vorräte* an. An verschiedenen Stellen des Reviers vergraben sie Eicheln und Nüsse. Außerdem fressen sie in dieser Zeit mehr als sonst und legen sich so ein kleines Fettpolster zu. Davon zehren sie dann bei schlechten Umweltbedingungen. Ungünstige Zeiten im Winter verschlafen sie in ihrem Kobel. Zum Schutz gegen Abkühlung rollen sie sich kugelig zusammen. So wird der Wärmeverlust über die Oberfläche verringert und die Körpertemperatur kann leichter aufrecht erhalten werden.

Im Winter sind die Tiere zusätzlich durch ein dichteres Haarkleid geschützt. Das wird deutlich, wenn man *Sommerfell* und *Winterfell* vergleicht. Im Fell eines Säugetieres sind grundsätzlich zwei Haartypen vorhanden: die langen, gefärbten *Grannenhaare* und darunter die gekräuselten *Wollhaare*. Die Wollhaare, die direkt der Haut aufliegen, schaffen eine stehende Luftschicht. Sie *isolieren* dadurch gut gegen Kälte und verhindern eine rasche Wärmeabgabe des Körpers. Deshalb sind diese Haare im Winterfell besonders dicht und zahlreich.

Das Eichhörnchen ist in den kalten Wintermonaten zeitweise aktiv, aber manchmal ruht es auch mehrere Tage lang in seinem Kobel. Es hält *Winterruhe*. Säugetiere, die sich ebenso verhalten, nennt man *Winterruher*. Wie das Eichhörnchen, sind auch Dachs und Braunbär Winterruher.

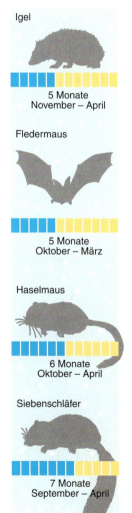

Igel

5 Monate
November – April

Fledermaus

5 Monate
Oktober – März

Haselmaus

6 Monate
Oktober – April

Siebenschläfer

7 Monate
September – April

Dauer des Winterschlafs

Winterruher darf man nicht mit den Winterschläfern verwechseln. Beim *Winterschlaf* verbringt das Tier mehrere Monate in seinem Bau oder einem frostgeschützten Versteck. Die Körpertemperatur wird dabei abgesenkt und die Atmung und der gesamte Stoffwechsel werden herabgesetzt. Die Tiere leben nur von ihren angefressenen Fettvorräten. Sie verschlafen so den ganzen Winter. Sinken die Temperaturen aber weit unter den Gefrierpunkt, dann werden diese Tiere durch einen Weckmechanismus wieder munter. Sie zittern sich warm und suchen ein neues Versteck. Das darf einem Winterschläfer nicht oft passieren, denn beim Aufwachen wird viel von seinem Fettvorrat verbraucht und es besteht die Gefahr, dass er den Hungertod erleidet. Beispiele für Winterschläfer unserer Heimat sind Igel, Fledermaus, Siebenschläfer und Haselmaus.

Nahrungsnot und Kälte bedrohen in unseren Breiten fast alle wild lebenden Tiere. Aber nur sehr wenige von ihnen halten Winterruhe oder Winterschlaf. Die meisten Säugetiere sind trotz ungünstiger Lebensbedingungen auch im Winter täglich auf der Suche nach Nahrung. Diese Tiere, zu denen z. B. Fuchs, Reh und Hase gehören, sind *winteraktiv*.

Aufgabe

① Bei Schneehasen ändert sich im Winter die Fellfarbe. Erkläre, weshalb der Haarwechsel für die Tiere in doppelter Hinsicht von Vorteil ist.

Säugetiere

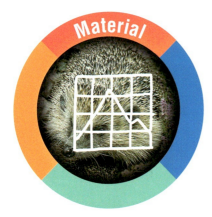

Igel überwintern

Überwinterungshilfe

Nur wenn ein Igel einen genügend großen Fettvorrat hat, kann er die kalte Jahreszeit im Winterschlaf überstehen. Als Faustregel gilt, dass sein Vorrat ausreicht, wenn das Körpergewicht 500 Gramm erreicht hat oder überschreitet.

Oft erreichen mutterlose Jungtiere dieses Gewicht bis zum Beginn der Winterschlafzeit nicht. Manchmal sind Igel auch mit Würmern infiziert. Dann nimmt ihr Körpergewicht nicht mehr zu oder sogar ab, obwohl sie Nahrung zu sich nehmen. Solche untergewichtigen Igel, die Ende September noch weit unterhalb der Gewichtsgrenze von 500 Gramm liegen, sind ohne menschliche Hilfe verloren.

In einer Igelstation hat man bei Herbstbeginn drei untergewichtige Jungtiere (A, B und C) in die Obhut genommen, aufgezogen und nach Überschreiten der Gewichtsgrenze zur Überwinterung wieder ausgesetzt.
Während des Aufenthalts in der Igelstation wurden die Igel alle zwei Tage gewogen. Über das Körpergewicht und über die Futtergaben hat man ein genaues Protokoll geführt.

Igel leben in Gärten, Hecken, kleinen Gehölzen mit Unterwuchs und an Waldrändern. Hier bauen sie ihre gut versteckten Behausungen, die mit Laub und Gras ausgepolstert sind. Man sieht sie selten, denn sie gehen erst in der Dämmerung und nachts auf die Jagd.

Wenn im Herbst die mittlere Tagestemperatur weniger als 10 Grad Celsius beträgt, richtet sich der Igel auf den *Winterschlaf* ein. Er baut sich ein Winterquartier, das ihn vor Schnee und Eiseskälte schützt. Dazu wühlt er sich in Laubhäufen oder sehr dichtes Untergehölz ein, kugelt sich zusammen und beginnt seinen Winterschlaf.

Bei diesem Schlaf, der mehrere Monate dauert, laufen alle Stoffwechselvorgänge viel langsamer ab als im Wachzustand. Die Zahl der Atemzüge und Herzschläge je Minute ist beträchtlich vermindert und die Körpertemperatur sinkt stark ab. Im Winterschlaf braucht der Igel keine Nahrung. Er zehrt von seinem *Fettvorrat*, den er sich im Herbst angefressen hat. Im Frühjahr, wenn die Tagestemperaturen wieder ansteigen, erwacht er aus dem Winterschlaf. Er ist jetzt stark abgemagert und beginnt mit der Nahrungssuche.

Igelfamilie

Viele Gartenbesitzer entfernen aus ihren Gärten, in denen vereinzelt Bäume und Büsche stehen, im Herbst vollständig das gefallene Laub. Dadurch wird der Rasen nicht durch faulendes Laub geschädigt. Welche Auswirkung hat dies für Igel? Was kann man tun, um den Rasen zu schützen und gleichzeitig den Igeln zu helfen?

Diese Daten sind in Diagrammen und Tabellen zusammengestellt. Die Säulendiagramme zeigen die Entwicklung des Körpergewichts von Igel A und C. Die Tabelle 1 gibt das Körpergewicht von Igel B an.

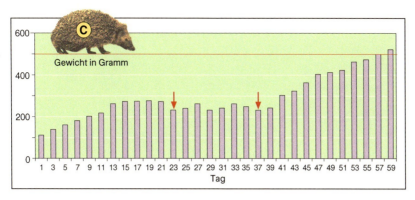

Aufgaben

① Erstelle mithilfe der Tabelle 1 ein Säulendiagramm für die Entwicklung des Gewichts des Igels B. Dabei entsprechen jeweils 100 g einer Säulenhöhe von 1 cm.

② a) Vergleiche dein Wachstumsdiagramm von Igel B mit dem von Igel A. Welche Gemeinsamkeiten und welche Unterschiede zeigt der Vergleich der Diagramme? Beschreibe.
b) Vergleiche die Diagramme von Igel A und C miteinander. Was fällt auf? Was könnte der Grund gewesen sein, dass Igel C viel länger in der Station verblieben ist als die Igel A und B? Versuche zu erklären.

③ a) Bestimme für jeden Igel, wie viel Körpergewicht er während des Aufenthalts in der Igelstation zugenommen hat.
b) Wie viel Körpergewicht haben alle drei Igel zusammen zugenommen?

④ An die Igel wurden die in Tabelle 2 angeführten Nahrungsmittel verfüttert.
a) Berechne, wie viel Kilojoule (kJ) Energie die gesamte Nahrung der Igel enthalten hat.
b) Wie viel Kilojoule waren für 1 Gramm Gewichtszunahme nötig?

⑤ Tabelle 3 gibt die Zahl der Atemzüge und der Herzschläge sowie die Körpertemperatur für wache und winterschlafende Igel an.
a) Stelle die Tabellenwerte in einem Säulendiagramm nebeneinander dar.
b) Erkläre, wie diese drei Messwerte zusammenhängen. Weshalb verringern sich beim Übergang zum Winterschlaf die Werte aller drei Merkmale?

⑥ Die Überwinterung von Igeln in der Obhut des Menschen ist umstritten. Welche Gründe könnten dagegen sprechen? Erkundige dich.

Tabelle 1

Tag	Gewicht in Gramm
1	160
3	210
5	240
7	300
9	340
11	390
13	425
15	480
17	540
19	565

Tabelle 2

Nahrungsmittel	Verfütterte Menge	Energiegehalt kJ pro 100g
Katzenfutter	6,6 kg	650
Haferflocken	0,6 kg	1700
Karottenpüree	0,5 kg	180
Bananen	2,1 kg	400
Rührei	2,2 kg	350
Rosinen	0,3 kg	1200
Nüsse	0,5 kg	2900

Tabelle 3

	Igel wach	Igel im Winterschlaf
Atemzüge je Minute	20	5
Herzschläge je Minute	280 — 320	18 — 22
Körpertemperatur	25 — 37 °C	sinkt bis 1,5° C

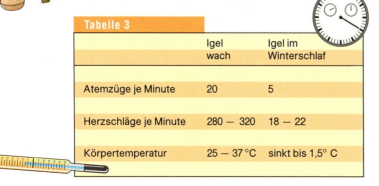

Säugetiere

Hase hoppelnd

Wildkaninchen und Feldhase — Tiere unserer Kulturlandschaft

Kaninchen und *Hase* gehören zu den **Hasentieren**

Kaninchenschädel mit Nagezahn und Stiftzahn

Tragzeit der Wildkaninchen: 28 — 31 Tage

Wildkaninchen waren ursprünglich nur in den Mittelmeerländern beheimatet. Heute kommen sie aber auch in unseren Breiten fast überall vor: An Waldrändern, in Parks mitten in der Stadt und sogar in Gärten in unmittelbarer Nähe des Menschen. Tiere, die sich derart an die Umgebung des Menschen angepasst haben, nennt man *Kulturfolger*. Nur eine Bedingung stellen Kaninchen an ihren Lebensraum: der Boden muss hinreichend locker und trocken sein, weil sie darin ihre Gänge graben.

Wildkaninchen leben gesellig in *Kolonien*. Der unterirdische Bau mit seinem *Wohnkessel* und verzweigtem *Gangsystem* bietet Schutz vor Wind, Kälte und Regen, aber auch vor Feinden, wie Bussard, Fuchs oder Iltis. Bei Gefahr trommeln Kaninchen mit ihren Hinterläufen auf den Boden. Dieses *Warnsignal* soll verhindern, dass Artgenossen von Feinden überrascht werden. So haben sie meist genügend Zeit, um in schneller Flucht wieder einen der vielen Eingänge ihres Baus zu erreichen. In der Dämmerung verlassen die Kaninchen den Bau, um auf Nahrungssuche zu gehen.

Sie sind *Pflanzenfresser*, manchmal sehr zum Ärger der Gartenbesitzer, denn Gemüsepflanzen fressen sie gerne. Das Gebiss ist aber auch an die Verarbeitung harter Nahrung angepasst. Rinde von Jungbäumen und Sträuchern kann damit ohne Mühe von den Ästen abgenagt werden. Die *Schneidezähne* im Ober- und Unterkiefer sind, wie bei den Nagetieren, lang und nach hinten gebogen. Zwar werden sie durch das Nagen stetig abgenutzt, wachsen aber ständig nach. Die *Backenzähne* sind abgeflacht und bilden so eine Reibefläche, auf der die Pflanzennahrung gut zerkleinert werden kann.

In manchen Jahren kommen Kaninchen in besonders großer Zahl vor. Ursache dafür ist ihre hohe *Vermehrungsrate*. Vom Frühjahr bis zum Herbst bringt ein Weibchen bis zu 5 Würfe von jeweils 4—12 Jungen zur Welt. Vorher wird dafür eine eigene *Bodenröhre* fertig gestellt, die mit Gras und ausgerupften Haaren ausgepolstert ist. Die Jungen werden nackt und blind geboren. Nach einigen Tagen beginnen Haare zu wachsen und erst am zehnten Tag öffnen sich die Augen. Die Jungen werden dann noch drei Wochen lang gesäugt. Tiere, die in der ersten Zeit ihres Lebens derart hilflos sind, nennt man *Nesthocker*. Während der Abwesenheit des Muttertieres wird das Einschlupfloch mit einem Erdpfropf verschlossen. Nach insgesamt drei Monaten sind die Jungtiere dann selbst geschlechtsreif.

Die hohe Vermehrungsrate ist die Ursache dafür, dass Feinde und Krankheiten den Kaninchenbestand nicht ernsthaft gefährden können. Selbst die für Kaninchen gefährlichste Krankheit, die *Myxomatose*, vernichtet immer nur einen Teil der Tiere. Für den Menschen ist diese Krankheit ungefährlich.

Wildkaninchen werden häufig mit den Feldhasen verwechselt. Wenn man auf einige Merkmale genauer achtet, kann man die beiden Arten jedoch gut von einander unterscheiden.

1 Wildkaninchen vor dem Bau

Säugetiere

Hase flüchtend

Der **Feldhase** ist mit 60 cm Körperlänge um ein Drittel größer und mit 5 bis 6 kg Körpergewicht etwa doppelt so schwer wie ein Wildkaninchen. Im Gegensatz zu diesem, sind beim Hasen die Ohren länger als der Kopf. Die Ohrspitzen tragen außerdem einen dunklen Fleck. Das Fell ist meist rostfarben, das der Kaninchen meist grau. Hase und Kaninchen gehören beide zur Gruppe der **Hasentiere**. Als gemeinsames Merkmal besitzen sie ein Paar *Stiftzähne*, das sich hinter den oberen *Schneidezähnen* befindet. Das unterscheidet sie von den Nagetieren.

Der Hase stammt aus den Steppen Asiens. Er meidet die direkte Nähe des Menschen. Sein Lebensraum sind Wiesen und Äcker mit Gebüsch und Hecken am Rand. Dort lebt er als *Einzelgänger*. Nur zur Paarungszeit sieht man mehrere Hasen zusammen. Sie finden sich dann an gut überschaubaren Plätzen ein, auf denen die männlichen Hasen oder *Rammler* eine Häsin umwerben. Dabei kann es zu „Handgreiflichkeiten" zwischen den Hasen kommen. Die Rivalen richten sich dann auf den Hinterbeinen voreinander auf und trommeln mit ihren Vorderpfoten aufeinander ein, bis der Unterlegene das Feld räumt. Nach und nach finden sich dann Paare zur Fortpflanzung zusammen. Nach einer *Tragzeit* von 42 bis 44 Tagen bringt die Häsin in der Zeit von März bis September 3- bis 4-mal Junge zur Welt. Jeder Wurf besteht aus 2 bis 5 Jungtieren, die in einer Bodenmulde geboren werden. Diese nennt man *Sasse*. Die Jungen sind bei der Geburt vollständig behaart und haben die Augen geöffnet. Schon bald verlassen die Junghasen die Sasse. Sie sind *Nestflüchter*.

2 Feldhase in der Sasse

Die *Tarnfarbe* ihres Fells bietet den Hasen Schutz vor Feinden. Sie selbst erkennen herannahende Feinde durch ihren vorzüglichen *Sinnesschutzmantel*. Kommt zum Beispiel ein Hund der Sasse allzu nah, springt der Hase plötzlich auf und läuft in großen Sätzen davon. Um dem Verfolger zu entkommen, schlägt er Haken. Die langen kräftigen Hinterläufe ermöglichen dem Hasen auch dabei noch eine hohe Geschwindigkeit, sodass der Verfolger meist aufgibt.

Aufgaben

① Stelle in einer Tabelle die Unterschiede zwischen Wildkaninchen und Feldhase zusammen.
② Beschreibe den Sinnesschutzmantel eines Hasen in der Sasse.

1 Kampf zweier Feldhasen

Hörfeld

Witterungsfeld

Sehfeld

Sinnesschutzmantel

Säugetiere **101**

Das Reh — ein anpassungsfähiger Kulturfolger

Rehe bewohnen fast alle Lebensräume vom dichten Wald bis hin zu Heckengehölzen in besiedelten Gebieten. Sie gehören bei uns zu den häufigen Säugern. Ihre Zahl wird auf über 1,5 Millionen geschätzt. Das sind im Durchschnitt sieben bis acht Rehe auf einen Quadratkilometer. Trotzdem bekommt man sie nicht oft zu sehen. Häufiger findet man schon ihre Spuren, durch die sie ihre Anwesenheit verraten.

Rehe kommen hauptsächlich in der *Morgen-* und *Abenddämmerung* zur Nahrungssuche aus ihrer Deckung heraus. Am Tage halten sie sich meist sichtgeschützt abseits der Wege auf. Werden sie dennoch durch Spaziergänger gestört, ergreifen sie nicht sofort die Flucht. Die Rehe bleiben nur unbeweglich stehen und verlassen sich darauf, nicht entdeckt zu werden.

Eine Landschaft, in der Wälder, Äcker, Wiesen und Gehölze miteinander abwechseln, bietet den Rehen ein vielfältiges Nahrungsangebot von Kräutern, Knospen und saftigen Pflanzenteilen. Mehrere Stunden am Tage werden damit verbracht, die aufgenommene Nahrung *wiederzukäuen*.

Ende Juli bis Anfang August ist die Fortpflanzungszeit der Rehe. Die männlichen Rehe, die *Böcke*, haben dann mithilfe von Drüsen zwischen den Geweihstangen *Duftmarken* an Sträuchern und Bäumen angebracht. So kennzeichnen sie ihr *Revier*, das sie dann gegen Rivalen verteidigen. Das *Ge-*

2 Ricke mit Kitz

weih wird jedes Jahr im November abgeworfen. Kurz darauf beginnt ein neues Geweih zu wachsen, das etwa im April wieder voll ausgebildet ist.

Die weiblichen Rehe (*Ricken*) bringen im Mai ein bis zwei *Kitze* zur Welt. Diese sind durch ihr geflecktes Fell gut getarnt. Außerdem haben sie in den ersten Lebenswochen keinen Geruch, sodass sie von Feinden, wie dem Fuchs, nicht so leicht entdeckt werden können. Den größten Teil des Tages werden die Kitze von der Ricke an einem geschützten Platz zurückgelassen, wo sie regungslos verharren. Zum Säugen ruft die Ricke ihre Kitze durch Fiepen herbei. Die größte Gefahr für Rehkitze geht vom Menschen aus. Viele Jungtiere werden von der Mutter nicht mehr angenommen, weil unwissende Spaziergänger das Kitz gestreichelt und damit ihren Geruch auf das Rehjunge übertragen haben.

Wenn im Spätsommer alle Felder abgeerntet sind, ziehen sich die Rehe in die Wälder zurück und fressen hauptsächlich die frischen Spitzen junger Bäume. Das kann dazu führen, dass die mit großem Aufwand angepflanzten jungen Bäume verkrüppeln. Um solche *Verbissschäden* zu verhindern, muss man einmal Schonungen einzäunen und außerdem mehr Rehe schießen als bisher. Das wollen aber viele Jäger nicht. Im Gegenteil, in vielen Fällen werden sogar Winterfütterungen durchgeführt, um den Rehen das Überleben in der kalten Jahreszeit zu erleichtern. So gibt es seit Jahren heftige Diskussionen, wie viele Rehe unsere heutige Kulturlandschaft verkraften kann.

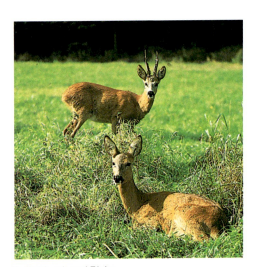

1 Rehbock und Ricke

Verbissschäden

Der Rothirsch — ein Bewohner großer Waldgebiete

Es ist Ende September oder Anfang Oktober. Die Nacht ist morgens um drei Uhr kalt und klar. Es ist windstill und ruhig im Wald. Plötzlich ertönt ein lautes *Röhren*, ähnlich dem Gebrüll eines Löwen: Die *Brunft* der Rothirsche hat begonnen.

Die *männlichen Rothirsche* versuchen zu dieser Zeit, ein Rudel *Hirschkühe* um sich zu versammeln, das gegen Rivalen verteidigt wird. Ein Kampf entscheidet häufig, wer Besitzer des *Rudels* wird. Kann der Rivale durch den Brunftruf, das Zurückwerfen des Kopfes und ein Aufkratzen des Bodens mit Geweih und Vorderläufen nicht eingeschüchtert werden, kommt es zu einem Kampf. Dabei wird in der Regel keiner der beiden Rivalen verletzt. Da das Geweih nicht eingesetzt wird, um den Gegner zu verletzen, sondern nur um die Kräfte zu messen, spricht man auch von einem *Turnier-* oder *Kommentkampf*. Auf diese Weise kommt es dazu, dass nur der stärkste Hirsch, der *Platzhirsch*, die Weibchen des Rudels begattet. Die Kälber werden dann im Mai oder Juni des nachfolgenden Jahres geboren.

Im Frühjahr werfen die Rothirsche das Geweih ab. Bald danach entwickelt sich schon das Neue. Dieses wird unter der *Basthaut* gebildet, welche reich durchblutet ist. Über das Blut werden die Stoffe herantransportiert, die für die Neubildung des Geweihs benötigt werden. Während dieser Zeit ist die Basthaut sehr empfindlich und kann leicht verletzt werden. Die Geweihbildung ist bis August abgeschlossen. Die Basthaut trocknet dann ein und wird anschließend durch Reiben oder *Fegen* an Sträuchern und Ästen entfernt. Man benennt die Hirsche nach der Zahl der Geweihenden an beiden Stangen. So spricht man zum Beispiel von einem *Zwölfender*, wenn jede Geweihstange sechs Enden besitzt. An der Zahl der Enden kann man jedoch nicht unbedingt das genaue Alter eines Tieres ablesen, da ältere Hirsche manchmal weniger Geweihenden ausbilden als jüngere.

Der Lebensraum der Rothirsche sind zusammenhängende große Waldgebiete, wo sie vom Menschen wenig gestört werden. Im Gegensatz zum Reh kommt der Hirsch auch mit anspruchsloser Kost aus. In manchen Gebieten, vor allem in Süddeutschland, werden durch einen zu großen Hirschbestand aber auch Waldschäden verursacht. Durch Bejagung wird deshalb auch bei den Hirschen versucht, die Bestände zahlenmäßig geringer zu halten.

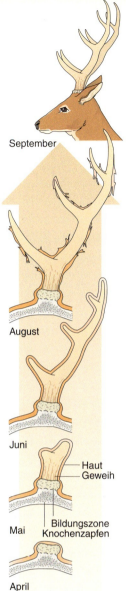

2 Kämpfende Rothirsche

1 Rothirschrudel

Aufgaben

1. Vergleiche Hirsch und Reh anhand des Textes. Nenne Gemeinsamkeiten und Unterschiede.
2. Nenne Gründe, die einerseits für, andererseits gegen die Winterfütterung von Hirsch und Reh sprechen.
3. Hirsch und Rehbock fegen ihre Geweihe an Ästen von Bäumen und Sträuchern. Welche Auswirkungen kann das haben?
4. Informiere dich in einem Tierlexikon über weitere Hirscharten, die bei uns vorkommen. Berichte darüber.

Säugetiere

Einheimische Wildtiere

Der **Rotfuchs** ist ein Einzelgänger. Er bewohnt ganz verschiedenartige Lebensräume, wie Wälder, Gebirgsschluchten oder gar Sanddünen an der Küste. Dort legt er unterirdische Bauten an. Zu seiner Nahrung zählen hauptsächlich Wühlmäuse, Ratten und Kaninchen. Er nimmt aber auch Regenwürmer auf. Er ist also kein Schädling, wie viele Menschen glauben. Ein Teil seiner Nahrung besteht sogar aus Früchten. Im Frühjahr wirft die Füchsin 4 bis 10 Jungtiere, die im darauf folgenden Herbst selbstständig werden. Da der Fuchs die *Tollwut*, eine auch für den Menschen lebensgefährliche Krankheit, übertragen kann, hat man ihn bei uns lange Zeit stark verfolgt. Trotzdem ist es nicht gelungen, den Bestand wesentlich zu reduzieren. Infolge ihres sehr anpassungsfähigen und vorsichtigen Verhaltens erkennen Füchse viele Gefahren rechtzeitig. Heute legt man *Köder* mit darin enthaltenem Impfstoff aus. Frisst nun ein Fuchs einen solchen Köder, können sich in seinem Körper keine Tollwuterreger mehr entwickeln. Man hofft, so die Ausbreitung dieser Krankheit einzudämmen.

Wanderratten sind wie Feldmäuse *Nager*. Sie sind weltweit verbreitet und besiedeln fast alle Lebensräume. Man findet sie in Ställen, auf Dachböden, in der Kanalisation und auf Müllhalden. Überall finden sie Unterschlupf und reichlich Nahrung. Sie leben in großen Familienverbänden, deren Mitglieder sich am gemeinsamen *Sippengeruch* erkennen. Vor allem in den Entwicklungsländern vernichten sie große Teile der Ernte. Man schätzt den jährlichen Schaden weltweit auf über 20 Milliarden Euro.

Die **Siebenschläfer** gehören zu den *Bilchen* oder *Schläfern*. Aufgrund ihrer nächtlichen Lebensweise bekommt man sie kaum einmal zu Gesicht. Samen und Beeren bilden den Hauptanteil der Nahrung, die sie mit ihrem Nagergebiss gut verarbeiten können. Ab Oktober halten sie einen langen *Winterschlaf*. Der Siebenschläfer ist der größte bei uns vorkommende Bilch. Er baut sein Nest in Baumhöhlen oder als Kobel im Laubdach der Bäume.

Die **Haselmaus** ist einer der kleinsten *Bilche*. Sie besitzt ein rotbraunes bis gelbbraunes Fell und lebt im dichten Unterholz, wo sie auch ihr kugeliges Nest baut. Dort bringt sie einmal im Jahr 3 bis 4 Junge zur Welt, die nach fünf bis sechs Wochen selbstständig werden. Wie der Siebenschläfer ist die Haselmaus *nachtaktiv*. Darauf weisen ihre großen, dunklen Augen hin. Tagsüber hält sie sich verborgen. Sie lebt vorwiegend von Pflanzen, manchmal auch von Insekten und deren Larven. Haselmäuse halten von Ende Oktober bis April *Winterschlaf*.

Die **Waldspitzmaus** gehört zu den *Insektenfressern*. Sie ist, von kurzen Pausen abgesehen, Tag und Nacht aktiv und meist mit der Nahrungsaufnahme beschäftigt. Käfer, Insektenlarven und Schnecken werden mittels des ausgezeichneten Geruchssinnes und Gehörs aufgestöbert und erbeutet. Pro Tag wird etwa so viel Nahrung aufgenommen, wie das eigene Körpergewicht beträgt. Spitzmäuse sind häufig Beute von Eulen. Jährlich zwei bis vier Würfe mit bis zu 7 Jungen gleichen die Verluste wieder aus.
Zu den Spitzmäusen gehört auch das kleinste Säugetier der Welt, die *Etruskerspitzmaus*, mit ganzen 2 Gramm Körpergewicht.

Einige Wildtiere, die heute bei uns in Mitteleuropa vorkommen, haben ihre Heimat in fernen Ländern. Dazu gehören die **Sikahirsche**, die aus Ostasien stammen. Ihre Größe liegt zwischen der von Rothirsch und Reh, ihr Fell ist häufig gefleckt. Sie sind ebenfalls Waldbewohner, stellen aber an die Nahrung höhere Ansprüche als die Rothirsche. Man bekommt sie nur selten zu Gesicht, da sie kaum ihre Deckung im Wald verlassen. Der *pfeifende Brunftruf* verrät jedoch im Herbst ihre Anwesenheit.

Waschbären haben ihre Heimat in Nordamerika und wurden bei uns unfreiwillig eingebürgert. Vor rund 60 Jahren entwichen nämlich einige Waschbären aus einer Pelztierfarm in Hessen. Von dort breiteten sie sich aus, weil ihnen die Lebensbedingungen hier zusagten. Heute gibt es mehrere tausend Waschbären in unseren Wäldern. Sie sind vorwiegend *dämmerungsaktiv* und ernähren sich hauptsächlich von pflanzlicher Kost. Der Name beruht auf der Angewohnheit, erbeutete Nahrung vor dem Verzehren mit den Vorderpfoten in Wasser zu tauchen.

Die **Bisamratte** gehört zu den *Nagetieren* und kommt recht häufig bei uns vor. Sie wurde wegen ihres Felles zu Anfang unseres Jahrhunderts aus Nordamerika eingebürgert. Heute sind Bisamratten an fast allen Bächen, Flüssen und Seen zu finden. Dort ernähren sie sich häuptsächlich von Wasserpflanzen. *Schwimmhäute* an den Hinterfüßen machen sie zu wendigen Wassertieren. Durch ihr Unterhöhlen von Uferböschungen entsteht häufig Schaden.

Der **Biber** gehört zu den Tierarten, die bei uns ausgerottet waren. Der Grund dafür war sein außerordentlich wertvolles Fell. Dieses ist nämlich sehr dicht: Bis zu 10 000 Einzelhaare wachsen auf einem Quadratzentimeter. Der Lebensraum der Biber sind Bäche, Flüsse und Seen mit Pappeln, Weiden, Erlen und Birken, von denen sie sich ernähren. Biber leben in Familien. An den Gewässern bauen sie Staudämme aus Ästen, um den Wasserrand zu regulieren. Innerhalb des Staudammes befindet sich die *Biberburg*, die nur unter Wasser erreicht werden kann. Vor etlichen Jahren begann man mit der erfolgreichen Wiederansiedlung des Bibers.

Den **Luchs** ist die größte einheimische *Katzenart*. An den pinselförmigen Ohren ist er leicht zu erkennen. Obwohl der Luchs für den Menschen keine Gefahr darstellt, wurde er in Mitteleuropa verfolgt und ausgerottet. Im Harz wurde 1818 der letzte Luchs geschossen; einige Jahrzehnte später galt er auch im Alpengebiet als ausgestorben. Seit 1970 wird er im Nationalpark Bayerischer Wald wieder eingebürgert. Der Luchs ist ein Waldtier und jagt meist nachts als Einzelgänger. Zu seinen Beutetieren gehören vor allem Rehe, aber auch Füchse, Kaninchen und Bodenvögel.

Der früher als Fischereischädling verfolgte **Fischotter** ist in seinem Bestand stark gefährdet, da er bei uns nur noch wenige Rückzugsgebiete besitzt. Durch sein wasserabstoßendes Fell, seine Pfoten mit Schwimmhäuten und seine kleinen, eng am Körper anliegenden Ohren weist er eine gute Angepasstheit an das Leben im Wasser auf. Fischotter ernähren sich nur teilweise von Fisch, häufig aber auch von Krebsen, Schnecken und Fröschen.

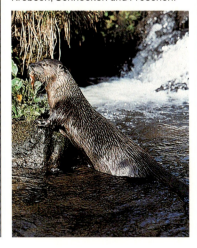

Säugetiere **105**

1 Seehunde tauchend

2 Seehund an Land, Schema des Skeletts mit Gliedmaßen

Der Seehund — Leben im Meer und an Land

Wegen seines Vorkommens an der Nord- und Ostseeküste ist der Seehund auch bei uns eine bekannte *Robbenart*. Das riesige Verbreitungsgebiet des Seehunds umfasst die nördlichen Küsten des atlantischen und pazifischen Ozeans. Seehunde leben gesellig in Rudeln und verbringen einen großen Teil ihres Lebens im Wasser. Dort jagen sie Fische, die fast ausschließlich ihre Nahrung bilden. Zum Ausruhen begeben sie sich auf Sandbänke oder Klippen.

Dort bringen die Weibchen auch während der Ebbe von Ende Mai bis Juli die Jungen zur Welt. Diese können bereits bei der nächsten Flut den Müttern ins Wasser folgen. Während der etwa 4 Wochen langen Stillzeit wachsen die Jungen schnell. Die Muttermilch besteht fast zur Hälfte aus Fett. Manchmal findet man *Heuler*, so nennt man die von ihren Müttern verlassenen Jungtiere. Diese werden in Aufzuchtstationen gesammelt und so lange betreut, bis sie selbstständig sind. Dann können sie wieder im Meer ausgesetzt werden.

Seehunde sind durch ihren Körperbau hervorragend an ihre Lebensweise angepasst. Der *stromlinienfömige Körper* besitzt ein glattes, wasserdichtes Fell. Die Ohrmuscheln sind zurückgebildet. Das alles verringert den Wasserwiderstand. Die bis zu 5 cm dicke *Speckschicht* unter der Haut verhindert eine zu große Wärmeabgabe an die Umgebung, auch wenn sich die Seehunde sehr lange im kalten Wasser aufhalten. Die *flossenförmigen Hinterbeine* ermöglichen zusammen mit der Wirbelsäule eine schlängelnde Fortbewegung *(Beinschwimmer)*. Die kurzen Vorderbeine werden dabei zur Steuerung eingesetzt. An Land jedoch benutzen Seehunde ihre Vorderbeine zur Fortbewegung, da sie ihre Hinterbeine nicht unter den Körper stellen können. Die Folge ist die bekannte robbende Fortbewegung an Land.

Beim Abtauchen verschließen Seehunde ihre Ohr- und Nasenöffnungen, wobei sie zuvor ausatmen. Die normalen Tauchzeiten betragen etwa 5 Minuten. Unter Wasser können sich Seehunde hervorragend orientieren und ihre Beute orten. Die Augen sind so konstruiert, dass sie unter und über Wasser gut sehen. Zudem erzeugen Seehunde Klicklaute, die von der Umgebung zurückgeworfen und von ihrem ausgezeichneten Gehör ausgewertet werden. Mit ihren Tasthaaren *(Vibrissen)* nehmen Seehunde feinste Schwingungen im Wasser wahr.

Neben dem Seehund gibt es eine Reihe weiterer Robbenarten, wie zum Beispiel *Seelöwe, Seebär, See-Elefant, Seeleopard* und *Walross*.

Aufgaben

1. Begründe mithilfe der Abbildung 2, weshalb die Gliedmaßen der Seehunde Beine und Arme sind und nicht Flossen.
2. Fasse in einer Tabelle zusammen, durch welche speziellen Merkmale der Seehund an das Leben im Wasser angepasst ist.

1 Delfine in ihrem Lebensraum
2 Bartenwale bei der Nahrungsaufnahme

Bartenwal, Schema des Skeletts mit Gliedmaßen

Wale — vom Land unabhängige Säugetiere

Wale leben während ihres ganzen Lebens im Wasser. An Land können sie nicht überleben, da sie dort vom eigenen Körpergewicht erdrückt würden. Die Jungen von Walen werden im Wasser geboren und gesäugt. Die Zitzen der Muttertiere liegen unter einer Hautfalte verborgen.

Der Körper der Wale ist vollständig an das Leben im Wasser angepasst. Zu den bekanntesten Walen gehören die *Delfine*. Der Körper der Delfine ist *stromlinienförmig* und besitzt keine Haare. In der Haut sind kleine Öltröpfchen eingelagert. Dadurch wird der *Wasserwiderstand* so stark verringert, dass Delfine bis zu 60 km/h schnell schwimmen können. Sie leben vor allem von Fischen, die sie mit ihren spitzen Zähnen gut festhalten können. Die dicke Speckschicht wirkt im Wasser wie ein warmer Mantel.

Zur *Orientierung* und zum *Beutefang* besitzen die Delfine neben den Augen ein *Echolotsystem* wie die Fledermäuse. Sie stoßen Ultraschallschreie aus, die von Hindernissen und Beutetieren als Echo zurückkommen. Tiefe, auch für den Menschen hörbare Töne dienen zur Verständigung der Delfine untereinander.

Die waagrechte Schwanzflosse, die Fluke, dient dem Antrieb. Sie schlägt, im Gegensatz zu der Flosse der Fische, auf und ab, statt seitlich hin und her. Als Steuer nutzen Delfine vor allem die zu Flossen umgebildeten Vordergliedmaßen, die Flipper. Die auf dem Rücken befindliche Finne gibt Seitenstabilität. Hintergliedmaßen fehlen allen Walen. Im hinteren Drittel des Körpers findet man unterhalb der Wirbelsäule Knochen, das sind Reste des Beckens mit den daran befestigten Hintergliedmaßen. Delfine besitzen Lungen und sind somit Luftatmer. Die Atemluft wird durch das auf der Kopfoberseite liegende Nasenloch eingeatmet, ohne dass sie mit dem ganzen Kopf aus dem Wasser auftauchen müssen.

Die Anpassungen der Delfine sind in vergleichbarer Form bei allen Walen zu finden. Die meisten Wale gehören zu den *Zahnwalen*. Der größte von ihnen ist mit maximal 20 Metern Körperlänge der *Pottwal*, der Rekordhalter im Tief- und Langzeittauchen unter den Walen: Pottwale können über 2000 Meter tief und bis zu 90 Minuten lang tauchen, um z.B. Tintenfische aufzuspüren.

Die größten heute lebenden Säugetiere findet man aber bei den *Bartenwalen*. So wird der *Blauwal* bis zu 30 Meter lang und 120 Tonnen schwer. Bekannt sind auch die *Buckelwale* wegen ihrer Gesänge. Statt der Zähne tragen Bartenwale nach innen ausgefranste Hornplatten im Oberkiefer, die zusammen mit der riesigen Zunge als Filterapparat eingesetzt werden. Mit weit geöffnetem Maul nehmen Bartenwale Wasser und massenhaft darin enthaltene Krebse *(Krill)* oder auch Fische auf. Beim Schließen des Mauls drückt die riesige Zunge von unten gegen die Bartenreihen, sodass das Wasser nach außen abfließt und die Tiere auf der Innenseite der Barten hängenbleiben.

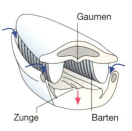
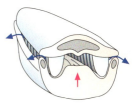

Querschnitt durch den Kopf eines Bartenwals

Säugetiere **107**

Säugetiere verschiedener Lebensräume

Steppen und Savannen

Steppen nennt man Landschaften mit einer niedrigen Pflanzendecke, *Savannen* sind Graslandschaften mit Gebüsch und vereinzelten Baumgruppen. In beiden Landschaftsformen finden die unterschiedlichsten Tierarten ihren Lebensraum. In den Steppen und Savannen Ostafrikas zum Beispiel leben verschiedene Huftierarten in großen Herden. Sie können dort zusammen leben, da sie das vorhandene Nahrungsangebot unterschiedlich nutzen. So vermeiden sie Konkurrenz um dieselbe Nahrungsquelle. Die große Zahl von Pflanzenfressern bietet vielen Fleischfressern, wie Geparden oder Löwen, reichlich Nahrung.

Löwen leben in Rudeln, die von einem oder zwei erwachsenen Männchen angeführt werden. Die übrigen Tiere sind Weibchen, Jungtiere und auch einige Junglöwen, die noch nicht selbstständig jagen können. Die Hauptnahrung der Löwen sind Gnus und Zebras. Auf der Jagd schleicht sich zum Beispiel eine Löwin langsam und vorsichtig an ihre Beute heran. Plötzlich schnellt sie aus einem Versteck und springt auf

das Beutetier zu. Noch ehe dieses fliehen kann, wird es mit einem Prankenhieb niedergestreckt und getötet. Oft arbeiten mehrere Löwinnen bei der Jagd zusammen. Die Beute dient dann dem ganzen Rudel als Nahrung.

Gnus sind etwa so groß wie der uns bekanntere Rothirsch. Ihre Hörner sind auffallend hakig gebogen. Gnus leben in den Savannen Ostafrikas meist in riesigen Herden. Sie bevorzugen nur kürzere und frische Grastriebe. Wenn in der Trockenzeit solche Pflanzen nur noch spärlich vorhanden oder bereits abgeweidet sind, wandern sie in andere Gebiete ab. Nach der Regenzeit im Oktober sprießen innerhalb kurzer Zeit die Gräser und Kräuter und die Gnus kehren zurück.

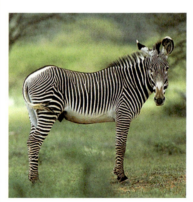

Das **Zebra** ist sowohl mit dem Pferd als auch mit dem Esel nahe verwandt. Das charakteristische Streifenmuster wirkt in der Nähe sehr auffällig. In der Ferne lässt es die Körperumrisse aufgelöst erscheinen. Das Streifenmuster ist wahrscheinlich eine Tarnung. Zebras leben meist in Herden zusammen. Diese besteht aus Familiengruppen, die aus einem Leithengst, mehreren Stuten und Jungtieren bestehen. Die Nahrung der Zebras besteht im Gegensatz zu den Gnus meist aus höheren und trockeneren Gräsern.

Wüsten

Wüsten sind trockene, tagsüber oft sehr heiße, niederschlagsarme Landschaften mit nur geringem Pflanzenbewuchs. Die Nächte dagegen können sehr kalt sein. Man unterscheidet Sand-, Fels- und Steinwüsten. Für Tiere, die in einem solchen Lebensraum vorkommen, ist es vor allem wichtig, mit wenig Wasser und Nahrung auszukommen.

Dromedare waren ursprünglich in den Wüstengebieten Nordafrikas beheimatet. An die extremen Temperaturschwankungen zwischen Tag und Nacht sind Dromedare dadurch angepasst, dass ihre Körpertemperatur im Laufe eines Tages zwischen 34 °C und 40 °C schwanken kann. Die Hitze während des Tages heizt den Körper auf, ohne dass das Dromedar schwitzt. So spart das Dromedar Wasser. Erst wenn 40 °C überschritten werden, wird zur Kühlung Schweiß gebildet. Da andererseits in den kalten Nächten der Sahara die Körpertemperatur auf 34 °C sinken kann, benötigt das Dromedar weniger Energie, um die Körpertemperatur aufrecht zu erhalten. Die Fettreserven werden geschont. Diese befinden sich vor allem im Höcker. Dromedare können einige Tage ohne Wasser und noch längere Zeit ohne Nahrung auskommen.

Der **Wüstenfuchs** oder *Fennek* ist nur 40 cm lang, hat ein dichtes Fell und einen buschigen, etwa 30 cm langen Schwanz. Auffällig sind auch seine großen Ohren. Der Wüstenfuchs jagt nachts, wenn es nicht mehr so heiß ist. Tagsüber hält er sich in einer Erdhöhle verborgen, in der es kühler ist als an der Erdoberfläche. Sein dichtes Fell schützt vor Kälte in der Nacht und vor Wärme am Tag. Wird es ihm zu heiß, beginnt er wie ein Hund zu hecheln, um den Körper abzukühlen. Außerdem wird über seine großen, gut durchbluteten Ohren Wärme abgegeben.

Da der Fennek keine Schweißdrüsen besitzt, kann er nicht schwitzen und verbraucht dadurch nur wenig Wasser. Die Flüssigkeit, die in seiner Nahrung enthalten ist, reicht ihm völlig aus. Er braucht also gar nicht zu trinken und ist deshalb auf keine Wasserstellen angewiesen. Zu seiner Nahrung gehören Eidechsen, Wüstenspringmäuse und andere Kleinlebewesen.

Kalte Zonen

Auch in den unwirtlichen kalten Zonen der Erde leben Säugetiere. Gegen die Kälte sind sie durch warme Felle und meistens auch noch durch eine dicke Fettschicht unter der Haut geschützt. Während in arktischen Gebieten (Nordpol) sowohl im Wasser als auch an Land lebende Säugetiere vorkommen, fehlen die Landsäugetiere in der Antarktis (Südpol) ganz.

Der **Eisbär** wird bis zu 3 m lang. Er lebt in den Eiswüsten rund um den Nordpol und besitzt eine sehr dichtes Fell sowie eine Speckschicht, sodass er kaum Körperwärme an die kalte Umgebung abgibt. Die Haare sind so gebaut, dass sie die wenigen Wärmestrahlen einfangen und auf die Haut weiterleiten. Die Hauptnahrung der Eisbären sind Robben. Meist lauert ihnen der Eisbär an den Atemlöchern auf. Er pirscht sich aber auch an, wenn

sie auf dem Eis schlafen. Der Eisbär besitzt Schwimmhäute zwischen den Zehen. So kann er sich im Wasser gut fortbewegen. Bereits im Dezember verlässt der Eisbär das Packeis und zieht sich auf das Festland zurück. Dort gräbt er bis zu fünf Meter lange Gänge in Eis und Schnee, wo er in einem kleinen Kessel den Winter schlafend verbringt. Die jungen Eisbären werden mitten im Winter in einer Schneehöhle geboren.

Der **Eisfuchs** oder **Polarfuchs** lebt ebenfalls im Nordpolargebiet, aber in den im Sommer eisfreien Gebieten entlang der Küsten. Er ist insgesamt kleiner als unser Rotfuchs und als Angepasstheit an die Kälte hat er auch kleinere Ohren. Er ernährt sich von Kleinsäugern, Vögeln und Aas, aber auch von Beeren. Das Sommerfell ist bräunlich, das dichte Winterfell ist weiß gefärbt. Wegen ihrer Tarnfarbe heben sich Eisfüchse im Winter und auch im Sommer kaum von ihrer Umgebung ab.

Das **Walross** gehört, wie der Seehund, zu den Robben. Die mächtigen Tiere werden fast 4 m lang und 850 kg schwer. Sie ernähren sich vorwiegend von Kleintieren, wie Schnecken, Muscheln und Krebsen. Im Wasser können sie sich trotz ihres Gewichtes gut fortbewegen. Walrosse leben gesellig in Herden. Das besondere Kennzeichen der männlichen Tiere sind die bis zu 50 cm langen Eckzähne *(Hauer)* aus Elfenbein. Bei Weibchen bleiben die Hauer deutlich kleiner.

Moschusochsen kommen natürlicherweise in Grönland und im hohen Norden Amerikas vor. Vor der großen Kälte in den langen Wintermonaten schützt sie ihr dichtes Fell, das aus zwei Schichten besteht. Eine obere, dunkle Lage überdeckt eine dicke Schicht grauer, dichter Wollhaare. Die gedrungenen Tiere werden bis zu 2,50 m lang und 400 kg schwer. Sie ernähren sich von Gräsern, Flechten und Weiden. Im Winter graben Moschusochsen regelrechte Krater

in den Schnee, um an die Nahrung zu kommen. Moschusochsen sind näher mit den Schafen und Ziegen verwandt als mit den Rindern. Werden die Tiere bedroht — etwa von einem angreifenden Rudel Wölfe — flüchten sie nicht, sondern drängen sich dicht zu einem Kreis zusammen, wobei sich die älteren Tiere schützend vor die Kälber stellen. Ihre massigen Hörner zeigen dann nach außen und hin und wieder unternimmt der Leitbulle der Herde einen Ausfallangriff, der für den Angreifer tödlich enden kann, wenn er nicht flieht.

Säugetiere

Impulse

Große Tiere

Elefanten sind mit 5 bis 8 t Gewicht die größten Landsäugetiere.
Kennst du die Unterschiede zwischen dem Asiatischen und dem Afrikanischen Elefanten?
Lies dazu auch die Gehegebeschriftung.
Kennst du weitere große Säugetiere?

Bei einer der beiden Arten tragen nur die männlichen Elefanten Stoßzähne. Weißt du, bei welcher?

  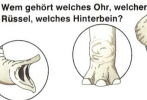 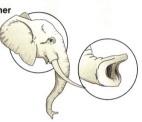

Wem gehört welches Ohr, welcher Rüssel, welches Hinterbein?

Säugetiere im

Wahrscheinlich kennst du mehr Säugetiere aus fremden Ländern als aus unserer Heimat. Ein Grund dafür könnte sein, dass einige dieser Säugetiere aufgrund ihrer Größe allein schon sehr beeindruckend sind. Bei einem Besuch im Zoo kannst du viele aus der Nähe sehen. Versuche einmal, beim nächsten Zoobesuch bei einigen Tieren länger zu verweilen und sie genauer zu beobachten. So erfährst du wesentlich mehr über die Tiere. Du kannst zum Beispiel die Unterschiede zwischen ähnlich aussehenden Tieren herausfinden. Oder du kannst dich mit dem Familienleben, zum Beispiel von Schimpansen, beschäftigen.

Zusammenleben und Verständigung

Meist ist gut zu erkennen, wer die Gruppe anführt. Dieses kannst du an bestimmten Merkmalen oder Verhaltensweisen erkennen.

Besonders Schimpansen zeigen verschiedene Gesichter, mit denen sie ihre Stimmungen ausdrücken. Was könnte sich hinter dem jeweiligen Gesicht verbergen? Aber Vorsicht, der Vergleich mit dem Menschen ist manchmal irreführend!

Viele Säugetiere leben meist in festen Gruppen zusammen, in denen sich die Mitglieder genau kennen. Kannst du erkennen, wie die Tiere untereinander Kontakt aufnehmen? Finde heraus, wie viele Mitglieder die Gruppe hat und wie die Gruppe zusammengesetzt ist.

Leben auf Bäumen

Die meisten Affen verbringen den größten Teil ihres Lebens auf Bäumen. Daran sind sie durch ihren Körperbau besonders angepasst. Die kleinen Arten bewegen sich in ihrem Lebensraum in der Regel ganz anders fort als die großen Arten. Wenn du genau beobachtest, wirst du den Unterschied leicht entdecken. Hast du auch eine Erklärung dafür?

Säugetiere

Laufen, Schwimmen, Fliegen

Im Laufe ihrer langen Entwicklung haben die Säugetiere ganz verschiedene Fortbewegungsweisen entwickelt. Die weitaus meisten Arten sind Landbewohner. Einige haben es geschafft, Wasser und Luft als Lebensraum zu erobern.

Robben gibt es in den meisten Zoos, z. B. Seelöwen, Seebären und Seehunde. Seelöwen und Seebären gehören zu den Ohrenrobben, Seehunde zu den Hundsrobben. Sie haben unterschiedliche Vorfahren. Deshalb schwimmen sie auch ganz verschieden. Weißt du, wie?

Wale, Seekühe und Robben besitzen umgewandelte Fortwegungsorgane, die es ihnen ermöglichen, ohne große Anstrengung zu schwimmen. Vergleiche.

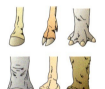

Suche verschiedene landbewohnende Säugetiere und vergleiche. Wer gehört zu den Sohlen-, Zehen- und Zehenspitzengängern?

Sieh dir die Hände und Füße verschiedener Affen genau an. Vergleiche mit deinen eigenen Händen und Füßen.

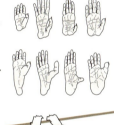

Du hast längere Beine als Arme. Vergleiche dich in diesem Merkmal mit verschiedenen Affen. Bei welchen Affenarten sind die Arme besonders lang? Wie bewegen sich diese fort? Es gibt eine Affenart, die bei der Fortbewegung eine „fünfte Hand" benutzt. Vielleicht kannst du sie finden. Welcher Körperteil wird als „fünfte Hand" benutzt?

Die meisten Menschen finden die Fellmuster der Katzen schön. Die Muster haben aber auch eine ganz bestimmte Aufgabe. Kannst du dir vorstellen, welche?

Flecken und Streifen

Viele Tiere zeigen in ihrem Fell die unterschiedlichsten Flecken- und auch Streifenmuster. Kannst du erkennen, wen du vor dir hast?

Kennst du außer den Katzen andere Säugetiere mit einem Flecken- oder Streifenmuster. Im Zoo kannst du einige finden.

Säugetiere **111**

4 Verwandtschaft bei Säugetieren

Wie man Säugetiere sinnvoll ordnen kann

Du hast nun viele Tiere kennen gelernt, die verschieden aussehen. Eines aber haben sie gemeinsam, es sind *Säugetiere*. Weltweit gibt es etwa 5 000 verschiedene Säugetierarten. Wie bekommt man Ordnung in diese Vielzahl, um den Überblick zu behalten? Eine sinnvolle Einteilung, ein *System*, wäre nützlich.

So könnte man beispielsweise die Säugetiere nach Lebensräumen, etwa in die Tiere des Waldes, der Wiese usw. einteilen. Hierbei ergeben sich aber Schwierigkeiten. Rehe halten sich zum Beispiel bei der Nahrungssuche auf der Wiese auf, ziehen sich dann aber wieder in den Schutz des Waldes zurück. Diese Einteilung ist also unzuverlässig.

Einfacher wird die Sache, wenn man Tiere, die sich ähnlich sehen, in einer *Gruppe* zusammenfasst. So sehen sich Löwen und Katzen ähnlicher als Löwen und Pferde. Pferde und Rinder haben mehr Gemeinsamkeiten als Schimpansen und Igel.

Auf welche Merkmale muss man dabei achten? Auf der rechten Seite sind 32 Tiere abgebildet, von denen jeweils vier zusammengehören und eine Säugetiergruppe bilden. Wenn man ein Kartenspiel mit 32 Karten daraus macht, kann man insgesamt acht Quar-

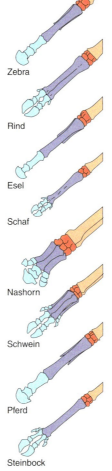

Zebra

Rind

Esel

Schaf

Nashorn

Schwein

Pferd

Steinbock

tette bilden. *Eichhörnchen, Murmeltier, Hamster* und *Biber* sind schon zu einem Quartett angeordnet. Diese vier Tiere besitzen als gemeinsames Merkmal ein *Nagetiergebiss*. Das unterscheidet sie eindeutig von anderen Säugetieren. Alle Tiere, die ein solches Gebiss haben, werden deshalb zu einer Gruppe, nämlich der *Ordnung der Nagetiere* zusammengefasst.

Sieben Quartette fehlen dir nun noch. Sie stellen andere Säugetierordnungen dar. Mithilfe der nachstehenden Aufgaben und dem, was du über Säugetiere in den vorhergehenden Kapiteln gelernt hast, kannst du die letzten Sieben zusammenstellen.

Aufgaben

1. Unter den 32 Tieren der Abbildung gibt es noch vier, die gut nagen können. Sie haben allerdings nicht nur 4, sondern 6 Nagezähne: 4 im Ober- und 2 im Unterkiefer. Wie könnte diese Ordnung heißen?
2. In der Randspalte sind 8 Fußskelette von verschiedenen Huftieren abgebildet. Wenn du genau hinsiehst, hast du zwei weitere Quartette gefunden.
   Wie heißen diese Huftierordnungen?
3. Vergleiche Igel und Maulwurf in Bezug auf ihre Nahrung. Finde einen passenden Namen für diese Gruppe und vervollständige sie zum Quartett.
4. Katzen und Hunde besitzen Raubtiergebisse. Mit zwei weiteren Raubtieren ist das nächste Quartett vollständig.
5. Jetzt bleiben noch acht Tiere übrig. Gruppiere sie zu zwei Quartetten und gib ihnen einen sinnvollen Namen.

In einer Ordnung sind natürlich nicht nur vier Tiere wie beim Quartett zusammengefasst, sondern oft einige hundert. Zur Ordnung der Paarhufer gehören zum Beispiel Tiere mit Hörnern (Rind, Steinbock), Tiere mit Geweihen (Reh, Damhirsch) oder auch Schweine, die weder Hörner noch Geweihe besitzen. Diese Unterschiede dienen dazu, die Tiere nach ihrer Ähnlichkeit zu kleineren Gruppen, nämlich *Familien*, zusammenzufassen. Jede Familie enthält unterschiedliche *Gattungen*; jede Gattung schließlich wird in verschiedene *Arten* unterteilt. Wie das gemeint ist, zeigt die Tabelle auf dieser Seite.

Merkmale des Tieres	Bezeichnung	Weitere Beispiele
Milchdrüsen, mit denen die Jungen gesäugt werden	**Klasse** Säugetiere	Andere *Wirbeltierklassen* sind: Fische, Lurche, Kriechtiere, Vögel.
Zehenspitzengänger mit zwei (oder vier) Hufen am Fuß	**Ordnung** Paarhufer	Andere *Säugetierordnungen*: Nagetiere, Rüsseltiere, Raubtiere, Unpaarhufer, …
Am Kopf der Tiere sitzen zwei Hörner auf Knochenzapfen	**Familie** Hornträger	Andere *Paarhuferfamilien*: Flusspferde, Schweine, Giraffen, Hirsche, …
Muskulöser Nacken, Wamme, das Maul ist immer feucht …	**Gattung** Rinder	Andere *Hornträgergattungen*: Gämsen, Ziegen, Schafe, Antilopen, Gazellen …
Wird zur Milch- und Fleischgewinnung gehalten	**Art** Hausrind	Andere *Rinderarten*: Auerochse (ausgestorben), Yak, Gaur, …

1 Überblick im System der Säugetiere

Das erste Quartett ist fertig

Säugetiere

Wissenschaftliche Verzeichnisstrukturen

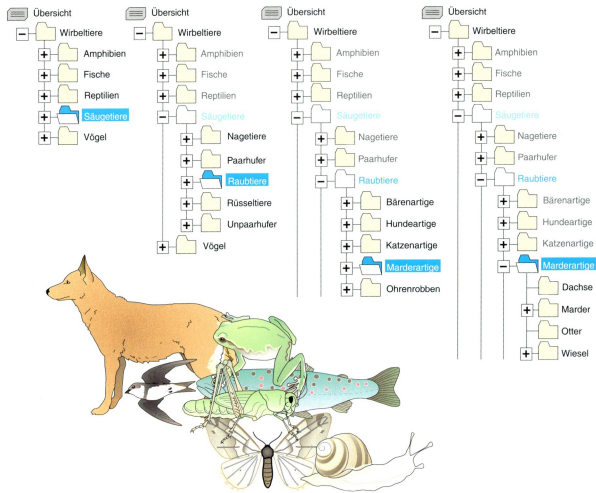

Wissenschaftler arbeiten noch genauer

Namen von Tieren, z. B. von Säugetieren, die man nicht kennt, kann man mithilfe eines Bestimmungsbuches ermitteln. Dabei muss man bestimmte Merkmale feststellen, nach denen das unbekannte Tier einer bestimmten Säugetiergruppe zugeordnet wird.

Tiere, die eine Wirbelsäule besitzen — Wirbeltiere — werden in fünf Klassen unterteilt. Die Einteilung ist wie die Verzeichnisstruktur bei einem Computer. Die Tierklassen sind wiederum in verschiedene Unterverzeichnisse unterteilt. So gibt es zum Beispiel bei den Säugetieren verschiedene Tierordnungen. Wählt man die Ordnung der Raubtiere, findet man weitere Unterverzeichnisse, die jeweiligen Tierfamilien. So trifft man bei der Familie der Marderartigen erneut auf Unterverzeichnisse, die unterschiedlichen Gattungen. Zuletzt werden diese nochmals unterteilt in die einzelnen Arten. Hätte man hingegen bei der Ordnung der Raubtiere die Familie der Hundeartigen angeschaut, so wäre man auf Gattungen wie Fuchs, Wolf, Windhund und Schakal gestoßen. Bei der Gattung Fuchs findet man schließlich Arten wie z. B. den Rotfuchs *(Vulpes vulpes)* oder den Tibetfuchs *(Vulpes ferriltus)*.

Besonders bei den lateinischen Namen der Tierarten wird das System der Wissenschaftler bei der Namensgebung deutlich. Der lateinische Name besteht zunächst aus dem Namen der Gattung und als zweites aus dem Artnamen. Deshalb lässt sich schnell die Zugehörigkeit von Rotfuchs und Tibetfuchs zur gleichen Gattung erkennen. Auch deren Verwandtschaft zum Eisfuchs *(Alopex lagopus)* kann bereits durch den Namen abgelesen werden.

Steckbriefe der Marderartigen

Aufgaben

1. Die Fotos der Steckbriefe sind vertauscht. Durch den Vergleich der Kennzeichen mit den Fotos kannst du sie richtig zuordnen.
2. Erstelle anhand des Lexikons „einheimische Wildtiere" auf Seite 104 den Fischottersteckbrief.
3. Zeichne das Verzeichnis der Gattung der Marderartigen (Seite 114) ab und füge die acht Marderarten ein.

Baummarder (Martes martes)

Steckbrief

a

Kennzeichen: Das hell- bis dunkelbraune Fell des Baummarders besitzt einen gelblichen Kehlfleck, der fast bis zu den Vorderbeinen reicht. Die relativ langen, abgerundeten Ohren weisen am Rand ebenfalls eine gelbliche Färbung auf.

Lebensweise: Wälder und größere Parkanlagen gehören zu ihren bevorzugten Lebensräumen. Er kann ausgezeichnet klettern und von Baum zu Baum springen. Er ernährt sie sich von kleineren Beutetieren, wie z. B. von Kleinsäugetieren, Vögeln oder Insekten, er frisst aber auch Obst, Beeren und Bucheckern.

Dachs (Meles meles)

Steckbrief

b

Kennzeichen: Er besitzt deutlich voneinander abgesetzte schwarze und weiße Streifen entlang des Kopfes. Sein Fell ist an der Oberseite meist grau bis gelbbraun.

Lebensweise: Der Dachs ist ein nacht- bzw. dämmerungsaktiver Allesfresser. Er findet im Wald Deckung und gräbt dort bis zu 80 m lange Gangsysteme.

Hermelin (Mustela erminea)

Steckbrief

c

Kennzeichen: Das Fell des Hermelins ist im Winter weiß, während es im Sommer an der Oberseite hellbraun und in Brust- und Bauchbereich gelbweiß ist. Die Schwanzspitze ist zu jeder Jahreszeit schwarz.

Lebensweise: Hermeline sind dämmerungs- und nachtaktive Einzelgänger. Die Nahrung besteht überwiegend aus kleinen Säugetieren.

Mauswiesel (Mustela nivalis)

Steckbrief

d

Kennzeichen: Das Mauswiesel hat ein braunes Fell mit weißer Unterseite. Häufig befindet sich ein brauner Fleck am Mundwinkel.

Lebensweise: Dieser flinke und äußerst erfolgreiche Mäusejäger lebt in fast allen Lebensräumen. Er ernährt sich hauptsächlich von kleinen Nagetieren.

Waldiltis (Mustela putorius)

Steckbrief

e

Kennzeichen: Das Fell des Iltis ist dunkelbraun und an der Unterseite fast schwärzlich.

Auffallend ist sein helles Gesicht mit der dunklen Maske.

Lebensweise: Im Gegensatz zu seinem Namen meidet er größere Waldgebiete und bevorzugt Siedlungen und Gewässer. Seine Nahrung besteht aus Insekten, Würmern, Amphibien, bis hin zu Kleinsäugetieren, Aas und Früchten.

Nerz (Mustela lutreola)

Steckbrief

g

Kennzeichen: Das weiche, glänzende Fell ist durchgängig braun gefärbt.

Lebensweise: Bei den heute hier frei lebenden Nerzen handelt es sich um „Ausreißer" aus Pelztierfarmen (Mustela vison). Ihre Nahrung besteht aus kleineren Beutetieren.

Steinmarder (Martes foina)

Steckbrief

f

Kennzeichen: Das Aussehen des Steinmarders gleicht dem des Baummarders. Sein Kehlfleck reicht aber bis auf die beiden Vorderpfoten hinab.

Lebensweise: Der Steinmarder bewohnt nahezu alle Lebensräume und meidet menschliche Siedlungen nicht. Er ernährt sich hauptsächlich von kleineren Nagetieren, Früchten und Beeren, die er in Bodennähe aufspürt.

Säugetiere

Heimtiere

Beobachtung

Perlhuhn

Pirol

Gans

Fasan

Specht

Woran erkennst du Vögel?
Der Körper der Vögel ist mit Federn bedeckt, sie haben Flügel und die meisten Vögel können damit fliegen.

Faszinierend sind Bilder und Filme, die Vögel beim Fliegen zeigen. Ist es nicht verblüffend, dass Vögel auf dem Vogelzug mehrere tausend Kilometer zurücklegen.

Nicht nur die Hühner legen kalkschalige Eier, die bebrütet werden und aus denen die Jungen schlüpfen. Viele Vögel betreiben eine aufwändige Brutpflege für ihre Jungen.

Vögel haben nicht nur den Luftraum erobert, sondern auch andere Lebensräume. Bei Wasservögeln sind z. B. zwischen ihren Zehen Schwimmhäute zum Rudern oder lange Stelzenbeine zum Waten in weichen Untergründen ausgebildet. Mit den Schnäbeln haben sie unterschiedliche Nahrungsquellen erschlossen, Papageien können mit ihrem Schnabel Nüsse knacken, Grasmücken nehmen mit ihrem Schnabel wie mit einer Pinzette Insekten auf.

Viele Menschen beschäftigen sich in ihrer Freizeit mit Vögeln. Manche halten, andere beobachten als ehrenamtliche Mitarbeiter von Naturschutzverbänden Wildvögel. Was interessiert dich am meisten an den Vögeln?

1 Kennzeichen der Vögel

1 Haustaube

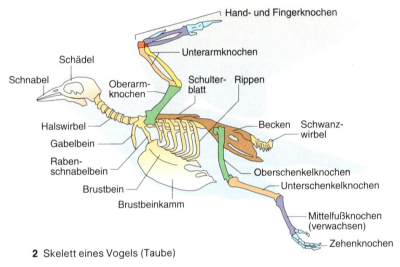

2 Skelett eines Vogels (Taube)

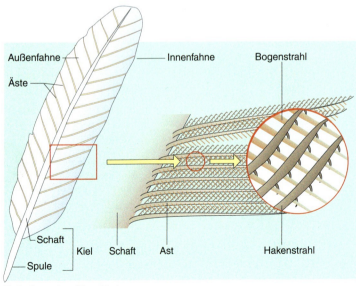

3 Aufbau einer Vogelfeder

Angepasstheiten des Vogelkörpers an den Flug

Jauchzend rennt ein kleines Kind auf einen Taubenschwarm zu. Doch bevor es ihn erreicht, erheben sich die Vögel mit wenigen Flügelschlägen in die Luft und gleiten einige Meter weiter wieder zu Boden.

Das **Fliegen** ist ein herausragendes Kennzeichen der Vögel. Diese besondere Fortbewegungsweise erfordert bestimmte *Voraussetzungen im Körperbau*. Die verschiedenen Anpassungen an das Fliegen lernst du am Beispiel der Tauben kennen.

Eine *Taube* wiegt ungefähr 500 g, ein gleich großer Igel jedoch bis zu 1 000 g. Vögel sind also leichter gebaut als vergleichbare Säugetiere. Ein Grund für das geringere Gewicht der Vögel sind ihre *hohlen, luftgefüllten Röhrenknochen*, die kein Mark enthalten.

Wenn die Flügel beim Flug auf- und abschlagen, treten starke Kräfte auf. Dies erfordert eine hohe Festigkeit des *Rumpfes*. Er wird durch die fest miteinander verwachsene Einheit von Brust- und Lendenwirbeln sowie der Beckenknochen und dem Brustkorb, der aus dem Brustbein und den Rippen besteht, gebildet. Die *Gabelbeine* und die *Rabenschnabelbeine* des Schultergürtels versteifen den Rumpf noch zusätzlich. Dieser starre und feste Rumpf dient den Flügeln als Widerlager. Am breiten *Brustbeinkamm* setzen die kräftigen Flugmuskeln an, welche die Flügel bewegen. Der große Brustmuskel bewirkt den Abschlag, der kleine Brustmuskel hebt die Flügel nach dem *Gegenspielerprinzip* beim Aufschlag.

Die **Federn** sind das wichtigste Kennzeichen der Vögel. Der *Kiel* gibt einer Feder, die mit ihrer *Spule* in der Haut steckt, durch seinen röhrenförmigen Aufbau Festigkeit. Die *Fahne* wird durch kleine *Äste* gebildet, die von zwei Seiten des *Schaftes* abzweigen. Von jedem Ast gehen nach der einen Seite bogenförmige Strahlen ab, nach der anderen Seite solche mit kleinen Häkchen. Diese *Bogen-* und *Hakenstrahlen* benachbarter Äste verhaken miteinander wie bei einem Klettverschluss und bilden eine zusammenhängende, luftundurchlässige Fläche.

Man unterscheidet vier verschiedene Federtypen. Die *Schwungfedern* bilden als Hand-

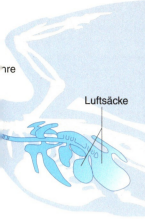

Atmungsorgane beim Vogel

Schwungfeder

Daune

Deckfeder

Schwanzfeder

und Armschwingen die Tragflächen des Flügels. Mit den großen *Schwanzfedern* steuert die Taube den Flug und bremst bei der Landung. Die *Deckfedern* verkleiden den Rumpf stromlinienförmig und schützen ihn vor Verletzungen. Die *Daunen* oder *Dunenfedern* liegen unter den Deckfedern. Sie umschließen durch ihren lockeren Aufbau viel Luft. Da Luft ein schlechter Wärmeleiter ist, verringert das Gefieder Wärmeverluste. Vögel benötigen eine gleich bleibende Körpertemperatur von etwa 41°C.

Vögel haben beim Fliegen auch einen erhöhten *Sauerstoffbedarf*. Mithilfe besonderer *Luftsäcke*, die mit den *Lungen* in Verbindung stehen, können sie doppelt so viel Atemluft aufnehmen wie ein vergleichbares Säugetier. Die Lungen bestehen aus vielen dünnwandigen, feinverzweigten Röhrchen. Diese geben an parallel verlaufende kleine Blutgefäße rasch Sauerstoff ab und nehmen von diesen Kohlenstoffdioxid auf. Die Atemluft in den Lungen und Luftsäcken kühlt die Wärme erzeugenden Muskeln im gesamten Rumpf. Das im Vergleich zu den Säugetieren größere Herz der Vögel pumpt so viel Blut durch den Körper, dass jederzeit ausreichende Sauerstoffmengen für den Flug transportiert werden können.

Das *Gewicht* der Vögel wird auch durch Anpassungen bei Fortpflanzung und Entwicklung der Jungvögel niedrig gehalten. Die Weibchen legen die *Eier* in bestimmten Abständen nacheinander ab. Deshalb werden sie beim Fliegen jeweils nur durch das Gewicht eines Eies belastet. Die weitere Entwicklung der Nachkommen erfolgt nach der Eiablage außerhalb des Körpers im *Nest*.

Mit dem *zahnlosen Schnabel* aus leichtem *Horn* nimmt die Taube Nahrung auf, die überwiegend aus Samen, Blättern und Beeren besteht. Im *Kropf* werden die Körner eingeweicht und im *Kaumagen* zerkleinert. Die energiereiche, wasserarme Nahrung wird schnell verdaut und belastet damit nur kurze Zeit den Vogelkörper.

Aufgaben

① Fasse die Angepasstheiten des Vogelkörpers und ihre Bedeutung in einer Tabelle zusammen.

② Welche wilden Taubenarten bewohnen neben den Haustauben unsere Städte? Schlage in einem Vogelbestimmungsbuch die Merkmale im Vergleich zu denen der Haustauben nach. Berichte.

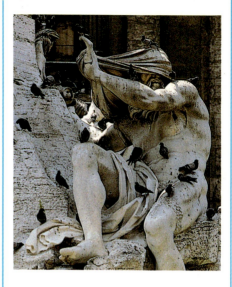

Taubenplage in Großstädten

In den Großstädten sind *verwilderte Haustauben* zu einem Problem geworden. Ihr ätzender Kot nagt an Häusern und Baudenkmälern. Sie übertragen mit ihrem Kot Krankheitserreger, die Infektionskrankheiten auslösen können. In Sandkästen, die mit Taubenkot verunreinigt sind, können sich dann Kinder anstecken.

Da viele Menschen die Tauben aus Tierliebe füttern, können die verwilderten Haustauben praktisch das ganze Jahr über Junge aufziehen. Sie kommen auf bis zu fünf Bruten in zwölf Monaten. Ihre lockeren Nester aus Zweigen errichten sie auf Vorsprüngen oder in Nischen von Gebäuden. Die Weibchen legen jeweils zwei Eier, die von beiden Eltern abwechselnd 18 Tage lang bebrütet werden. Die blinden Jungen werden anfangs mit *Kropfmilch*, einem käseartigen Brei aus dem Kropf der Eltern, später mit Körnerfutter aufgezogen. Die Jungtauben wachsen sehr schnell. Wenn sie dann nach etwa drei Wochen ausfliegen, bereiten die Altvögel schon die nächste Brut vor.

Da natürliche Feinde, wie Wanderfalke und Habicht, in Städten normalerweise fehlen, kommt es oft zu einer sehr starken Vermehrung der Tauben. Die vom Menschen ergriffenen Maßnahmen zur Verringerung der Taubenzahl in den Städten waren in vielen Fällen nur wenig erfolgreich.

Aufgabe

① Welche Maßnahmen zur Verringerung der Taubenanzahl sind euch bekannt? Diskutiert in der Klasse mögliche Auswirkungen.

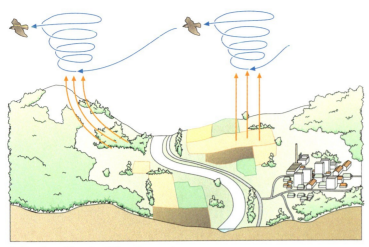

1 Der Segelflug des Mäusebussards

Wie Vögel fliegen

Ohne sichtbaren Flügelschlag gleitet ein *Mäusebussard* auf einen Zaunpfahl zu und landet auf ihm. Erst kurz vor dem Aufsetzen schlägt er mit den Flügeln, um zu bremsen. Diese einfachste Flugform der Vögel bezeichnet man als **Gleitflug**. Dabei kommen die Vögel mit ausgebreiteten Flügeln ohne Flügelschlag, jedoch unter langsamem Höhenverlust, vorwärts. Wie ist so ein Flug möglich?

Am Flügel des Bussards erkennt man im Querschnitt eine deutlich ausgebildete *Wölbung*. Im folgenden Versuch wird ihre Bedeutung für den Flug klar. Über ein vergleichbar gewölbtes Blatt Papier wird die Luft geblasen. Dabei entsteht ein *Sog*, der das Blatt nach oben zieht. Dieser *Auftrieb* tritt in gleicher Weise am Flügel des Bussards auf, wenn beim Gleitflug Luft darüber strömt.

Welche Faktoren wirken beim Gleitflug mit? In einem Versuch ermittelten Wissenschaftler die *Gleitstrecken* von drei Vogelarten bei Windstille und einer Anfangshöhe von 10 m (s. Abb. 2) sowie jeweils deren Flügelfläche und das Körpergewicht (s. Tabelle in der Randspalte). Aus dem Vergleich der Werte kann man schließen: je größer die Flügelfläche, umso größer der Auftrieb. Aber auch je höher das Körpergewicht ist, desto stärker wird der Vogel von der Schwerkraft zu Boden gezogen. Daneben wirken weitere Faktoren mit.

Wie kann nun aber ein Mäusebussard minutenlang in der Luft bleiben und den Höhenverlust ausgleichen, ohne mit den Flügeln zu schlagen? Ein Versuch macht uns eine wichtige Voraussetzung für diese Flugform klar. Über einer brennenden Kerze steigt warme Luft auf. Bringt man in die aufsteigende Luft eine Daunenfeder, wird sie von der warmen Luft nach oben getragen.

Mithilfe dieser Beobachtung können wir die obige Frage beantworten. Der Mäusebussard segelt mit ausgebreiteten Flügeln **(Segelflug)** in aufsteigender Luft, die einen Auftrieb bewirkt. Ist der Auftrieb stark genug, so steigen die Vögel im Segelflug sogar noch weiter empor. Aufsteigende Luft entsteht an Berghängen oder infolge der unterschiedlichen Erwärmung von Landschaftsteilen. So erwärmen sich dunkle Flächen wie abgeerntete Felder schneller als etwa Wälder.

Vögel mit großflächigen, annähernd rechteckigen Flügeln besitzen gute Segelflugeigenschaften über Land (Mäusebussard, Steinadler). Gute Segelflieger über dem Meer, wie die Möwen und der Albatros, haben ebenfalls große, aber schmale Flügelflächen, die zum Ende hin spitz zulaufen. Diese Flügelform ist bei den böigen Winden über dem Meer stabiler.

Die häufigste Flugart bei Vögeln ist aber der **Ruderflug**. Hierbei werden die Flügel auf- und abgeschlagen. So entsteht auch in ruhender Luft ein Auftrieb. Indem die Flügel bei der Abwärtsbewegung nach hinten bewegt werden, wird auch Vortrieb erzeugt.

Flügelquerschnitt mit Luftströmung

	Flügelfläche in cm²	Körpergewicht in kg
Taube	680	0,3
Adler	5930	4,2
Bussard	2030	0,9

2 Gleitstrecken verschiedener Vogelarten

Praktikum

Federn und Vogelflug

Fast mühelos bewegen sich Vögel in der Luft. Wie kommt der Vogelflug zustande? Welche Rolle spielt das Federkleid dabei?

Der Stoff, aus dem die Federn sind

① Halte mit einer Zange eine kleine Feder in die Flamme eines Bunsenbrenners (Vorsicht!). Beschreibe den Geruch!

Wie schwer ist eine Feder?

② Lege eine Feder auf ein Blatt Millimeterpapier. Fahre den Umriss mit einem Bleistift nach. Schneide anschließend die gezeichnete Papierfeder aus. Wiege jetzt die Papierfeder und die Vogelfeder. Erkläre das Ergebnis!

③ Bestimme die Fläche der Papierfeder. Schneide so lange von der Papierfeder etwas ab, bis sie mit dem Gewicht der Vogelfeder übereinstimmt. Zähle die Fläche auf dem Millimeterpapier aus. Erkläre das Ergebnis!

Federsammlung

④ Im Wald findest du häufig Federn von der Mauser oder von einem Vogel, der von einem Beutegreifer getötet wurde, und im Zoo kann man auch farbenprächtige Federn von tropischen Vögeln entdecken.

⑤ Versucht, Ordnung in euren Fund zu bringen, klebt anschließend die Federn auf einen Karton auf und legt zusammen in der Schule eine Federsammlung an.

Notiere zu den Funden die Vogelart, den Federntyp, Fundort und Datum.

Wie sind die Federn aufgebaut

⑥ Streiche mit deinen Fingern an einer Federkante auf und ab. Beschreibe die Beobachtung.

⑦ Untersuche eine Feder mit dem Mikroskop und zeichne sie an einer auseinander gerissenen Stelle.

⑧ Versuche, eine brennende Kerze durch eine Schwungfeder auszublasen. Gib das Ergebnis an.

Der Flügel beim Fliegen

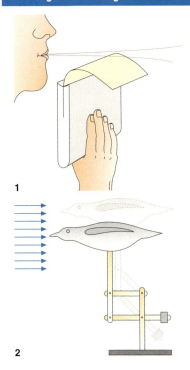

1

2

⑨ Klemme in dein Biologiebuch ein Blatt Papier so ein, dass es nach vorne überhängt (Abb. 1). Blase jetzt kräftig über das Papier. Beschreibe das Ergebnis. Übertrage das Ergebnis auf einen Vogelflügel.

⑩ Befestige einen Balsaholzgleiter oder einen Vogelbalg mit ausgebreiteten Flügeln auf einer Briefwaage (Abb. 2). Blase die Flügel von vorne mit einem Fön an. Beschreibe und deute das Ergebnis in deinem Heft.

⑪ Gib zu dem Luftstrom Rauch. Wie streicht der Luftstrom über die Oberseite und die Unterseite des Flügels?

Warme Luft und Fliegen

⑫ Spanne ein Glasrohr senkrecht an einem Stativ ein (Abb. 3). Stelle unter das Glasrohr eine brennende Kerze.

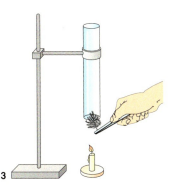

3

Bringe mit einer Pinzette eine kleine Daunenfeder oberhalb der Flamme in das Rohr. Beschreibe und deute das Ergebnis für den Vogelflug.

Isolieren Federn?

⑬ Fülle in zwei große Reagenzgläser ca. 40 °C warmes Wasser ein. Verschließe sie mit durchbohrten Gummistopfen. Durch die Öffnung wird vorher mit etwas Vaseline jeweils ein Thermometer gesteckt. Fülle 2 Ein-Liter-Becherglas mit ca. 15 °C warmen Leitungswasser. Stelle das eine Reagenzglas so in das Becherglas, während das zweite in ein Würstchenglas mit einer Füllung von Daunenfedern eingebracht wird (Abb. 4).

⑭ Bringe die Versuchsansätze gleichzeitig in die Bechergläser. Schalte eine Stoppuhr ein. Notiere nach jeweils einer Minute (über 10 Minuten) die Temperatur der beiden Gläser.

⑮ Deute das Ergebnis für Vögel im Winter und auf dem Wasser.

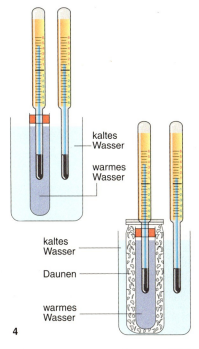

4

Vögel

1 Haushühner auf dem Bauernhof

Das Haushuhn — Fortpflanzung und Entwicklung bei Vögeln

Wenn auf einem Bauernhof Hühner im freien Auslauf gehalten werden, kann man dort manchmal folgendes *Verhalten* beobachten. Ein *Hahn* lockt mit Futter im Schnabel eine *Henne* an. Nähert sich diese, umtanzt er sie mit kurzen Schritten. Er senkt und spreizt dabei den von ihr abgewandten Flügel, sodass es aussieht, als ob er stolpere. Duckt sich die Henne nach diesen *Balzhandlungen*, steigt der Hahn auf und presst seine *Kloake* auf die der Henne. Diese geschlechtliche Vereinigung der Hühner nennt man *Treten*. Die Spermien, die beim Treten übertragen werden, schwimmen in den oberen Teil des Eileiters. Verschmilzt jetzt der Zellkern eines Spermiums mit dem einer Eizelle, ist die *Befruchtung* erfolgt.

Die verschiedenen Teile des **Hühnereis** werden auf dem Weg durch den *Eileiter* gebildet (Abb. 2). Aus der *befruchteten Eizelle* entsteht durch Teilungen die *Keimscheibe*, die auf der Dotterkugel schwimmt. Der Dotter dient zur Ernährung des Hühnerembryos, der sich aus der Keimscheibe entwickelt. Das *Eiklar*, die *Hagelschnüre* und zwei *Schalenhäute* werden von Teilen des Eileiters um den Dotter gebildet. Zum Schluss erhält das Ei in der *Schalendrüse* die *Kalkschale*. Diese Schale besitzt viele *Poren*, durch die später Luft für die Atmung des Vogelembryos hindurch kann. 24 Stunden nach der Befruchtung wird das Ei aus der Kloake ausgepresst.

Hühner, die in sogenannten *Legebatterien* gehalten werden, legen fast jeden Tag ein unbefruchtetes Ei. 250 Eier werden von einer Henne im Durchschnitt pro Jahr gelegt. Die hohe Legeleistung wird durch das regelmäßige Entfernen der Eier möglich. So erreicht die Henne nie ein vollständiges *Gelege*, was unter normalen Bedingungen die Eiablage stoppen würde.

Aufgaben

1. Schneide mit dem Messer vorsichtig ein hart gekochtes Ei längs durch. Zeichne und beschrifte alle erkennbaren Teile unter Verwendung von Abbildung 2.
2. Nimm ein Stückchen Kalkschale und betrachte es mit der Lupe. Was kannst du erkennen?

Balz
Besonderes Verhalten von Männchen und Weibchen, das die Paarbildung einleitet und festigt.

Kloake
letzter Abschnitt des Enddarmes, in den die Ausgänge von Harnblase und Eierstock oder Hoden münden.

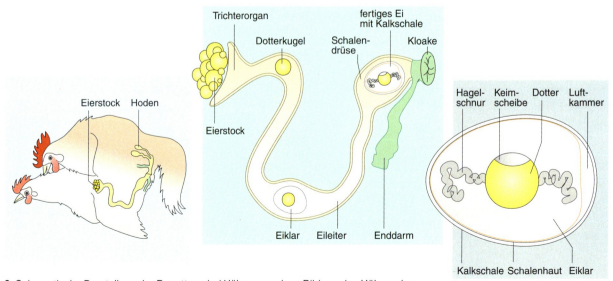

2 Schematische Darstellung der Begattung bei Hühnern und zur Bildung des Hühnereis

Vom Ei zum Küken

Nur aus einem befruchteten Ei kann ein *Küken* entstehen. Das Ei enthält alle Stoffe, die der Hühnerembryo zur Entwicklung benötigt. Der Dotter enthält Fett und Eiweiße, das Eiklar speichert Wasser, Eiweiß, Vitamine und Salze. Sobald die *Glucke* die Eier bebrütet, setzt die Entwicklung des Embryos ein.

Glucke
Henne, die Eier ausbrütet bzw. Küken führt.

Die Glucke überträgt ihre Wärme durch den *Brutfleck*, einer federlosen Stelle auf der Bauchseite, auf die Eier. Sie wendet die Eier regelmäßig mit ihrem Schnabel, sodass diese gleichmäßig gewärmt werden. Die Hagelschnüre halten die Dotterkugel stets so, dass die Keimscheibe oben bleibt.

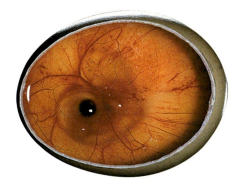

Nach 3 Tagen kann man auf der Dotterscheibe *Adern* erkennen, die den *Keim* mit Nährstoffen aus Dotter und Eiklar versorgen. Nach 6 Tagen werden Kopf, Augen und die spätere Wirbelsäule sichtbar. Nach 14 Tagen sind Kopf, Schnabel und Augen bereits weit entwickelt. Man sieht jetzt auch deutlich die Flügel und die ersten Federn. Am 21. Bruttag durchbricht das Küken mithilfe des *Eizahnes*, das ist ein Kalkaufsatz am Oberschnabel, die Eischale und schlüpft aus.

Nach kurzer Zeit ist das Daunenkleid trocken. Danach verlässt das Küken das Nest für immer. Es kann sofort sehen und unter der Führung der Glucke Futter suchen. Hühnerküken sind **Nestflüchter**.

Junge Tauben dagegen liegen in den ersten Tagen ihres Lebens nackt und blind im Nest. Sie sind, wie viele andere Vögel auch, **Nesthocker**, die bis zum Ausfliegen auf die Altvögel angewiesen sind.

Nesthocker (Taube)

Aufgaben

① Lege ein rohes Ei waagrecht in eine Vertiefung eines Eierkartons. Stich mit einer Einwegspritze durch die Kalkschale und sauge ca. 1,5 ml Eiklar ab. Nun kannst du das Ei von oben mit Schere und Pinzette öffnen, ohne dass es ausläuft.
  a) Was erkennst du im Inneren?
  b) Versuche mit Präpariernadel und Pinzette den Dotter zu drehen bzw. zu wenden. Was geschieht?
② Beschreibe die Entwicklung des Hühnchens im Ei nach den Fotos auf dieser Seite.
③ Fasse die Unterschiede zwischen Nesthockern und Nestflüchtern in einer Tabelle zusammen.

Nestflüchter (Huhn)

1 Entwicklung eines Kükens im Ei

Vögel

2 Zum Verhalten der Vögel

1 Kampfverhalten bei Junghähnen

Verhalten der Hühner

Hühnerküken müssen das Bild ihrer Mutter in den ersten Lebensstunden kennen lernen, um ihr folgen zu können. Dieses *Lernen* läuft so schnell und unveränderlich ab, wie wenn du deine Hand in feuchten Gips drückst. Nach dem Trocknen bleibt der Abdruck der Hand erhalten. Diese Form des Lernens bezeichnet man als **Prägung**.

Mit den „gluck, gluck, gluck"-Lauten lockt die Glucke ihre Küken zum Futter und hält die Schar zusammen. Verliert ein Küken den Anschluss, piepst es und die Glucke führt es zu den anderen zurück. Werden die Küken angegriffen, ist die Glucke sofort zur Verteidigung bereit.

Die Hühnerküken picken in den ersten Tagen nach allen Gegenständen, die wie ein Korn oder Wurm aussehen oder wie Wasser glänzen. So *lernen* sie durch *Probieren* Genießbares und Ungenießbares voneinander zu unterscheiden.

Im Alter von drei Wochen finden erste *Kämpfe* statt. Ein Küken hackt wie spielerisch nach einem anderen, das andere weicht zurück. Wiederholt sich der Vorgang, so ist das zurückweichende Küken dem anderen unterlegen. Bis zum Alter von 15 Wochen haben alle Hühner einer *Schar* ihre Positionen zueinander eingenommen und jedes Huhn hat nun einen festen Platz in der **Rang**- oder **Hackordnung** der Gemeinschaft.

Ranghohe Hennen fressen zuerst und nehmen die besten Schlafplätze auf den Sitzstangen ein. Rangniedere Hennen müssen auch beim *Staubbaden* und am Legenest hinter den Ranghöheren zurückstehen. Der Vorteil der festgelegten Rangordnung liegt für die Schar darin, dass es dann nur noch selten zu Kämpfen kommt.

Aufgaben

① Erkläre nun mit dem, was du über das Verhalten der Hühner erfahren hast, die Ergebnisse der folgenden Experimente.
a) Ein Küken wird unter eine Glashaube gesteckt. Das Küken flattert ängstlich umher und piepst. Die Glucke reagiert nicht.
b) Ein Küken wird unter einem Korb versteckt. Sobald das Küken piepst, gluckt die Henne erregt. Sie geht umher und pickt gegen den Korb.

② Eine ranghohe Henne wird aus der Schar herausgefangen und ihr Gesicht mit Farbe angemalt. Wenn sie zur Schar zurückgesetzt wird, reagieren die anderen Hühner so, als sei sie ihnen fremd. Nach einer Weile greift eine rangniedere Henne an. Doch die ursprünglich Ranghöhere wehrt sich so heftig, dass die Angreiferin ablässt. Erkläre die Beobachtungen.

③ Auch junge Hähne kämpfen untereinander eine Rangfolge aus. Beschreibe mit eigenen Worten die in der Abbildung 1 erkennbaren Verhaltensweisen.

Hühnerhaltung

Man unterscheidet heute hauptsächlich zwei Formen der Hühnerhaltung, die *Bodenhaltung* und die *Legebatterien*. Bei der Bodenhaltung wird eine große Zahl von Hühnern auf Streu in einem Stall gehalten. Durchschnittlich sechs Hennen halten sich auf einem Quadratmeter auf. Sie können frei auf der Streu herumlaufen, picken und scharren, Futter und Wasser aufnehmen sowie ihre Eier in Nester ablegen.

Die meisten Hühner leben aber in Batteriehaltung. Dabei sind Tausende von Käfigen mit je vier Hennen in großen Ställen neben- und übereinander gestapelt. Die Hennen werden automatisch gefüttert und getränkt und haben nur sehr wenig Bewegungsfreiheit. Die Eier fallen durch den Drahtboden in eine Sammelrinne und kommen so nicht mit dem Kot, der mit Fließbändern abtransportiert wird, in Berührung. Die Ställe sind klimatisiert und 16 Stunden am Tag gleichmäßig beleuchtet, somit fressen die Hühner ständig und legen viele Eier.

1 Bodenhaltung

2 Legebatterie

In **Legebatterien** leben jeweils vier Hennen in einem Käfig, der meist weniger als einen halben Quadratmeter groß ist. Damit steht jedem Tier etwa die Größe dieser Buchseite als Platz zur Verfügung.

Ab dem Jahr 2003 dürfen keine Legebatterien mehr eingerichtet werden. Ab 2012 werden sie ganz abgeschafft.

Aufgabe

① Diskutiert Pro und Contra der Boden- bzw. der Legebatterien-Haltung.

Zettelkasten

Paduaner Zwerghuhn

Antwerpener Barthuhn

Wyandotte

Seidenhuhn

Bankivahahn

Bankivahenne

Vom Bankivahuhn zu den Hochleistungsrassen

Alle Haushuhnrassen sind durch *Züchtung* aus dem Bankivahuhn entstanden. Bankivahühner leben heute noch wild in den Wäldern Südostasiens. Sie fressen Samen und Knospen und scharren im Boden nach Würmern und Insekten. Zur Gefiederpflege baden sie häufig im Sand. Abends fliegen sie in das Geäst von Bäumen und übernachten dort. Die Henne legt einmal im Jahr 8 – 12 Eier. Unsere Hochleistungsrassen dagegen erreichen heute eine Legeleistung von über 300 Eiern pro Jahr.

Vögel

Den Vögeln auf der Spur

Vogelspuren

Du hast wahrscheinlich schon Fußabdrücke und andere Überbleibsel von der Lebenstätigkeit von Vögeln entdeckt. Je aufmerksamer du auf die Spuren achtest, um so mehr wirst du über das Leben der Gefiederten erfahren.

Auf feuchtem Schlamm oder im Neuschnee kann man die Laufspuren oder die Hüpfspuren von Vögeln am besten erkennen.
Wie bewegt sich die Gans am Boden vorwärts? Was verrät dir die Spur? Wie sieht die Fortbewegung eines Buchfinks am Boden aus?
Leichte Singvögel, wie Buchfink oder Haussperling, hüpfen leichtfüßig über den Boden und lassen feine Spuren zurück.

Buchfink

Gans

Kennst du die Spuren von Greifvögeln und dem Graureiher?
Was solltest du beachten, wenn du Fußabdrücke durch Fotografien, Zeichnungen oder Gipsabgüsse festhalten möchtest?

Nester

Als Spuren der zurückliegenden Brutsaison kannst du im Herbst, wenn die Blätter von Bäumen und Sträuchern gefallen sind, z. B. in Astgabeln die Nester von Vögeln entdecken.

Teichrohrsänger errichten ihr napfförmiges Nest an einigen Halmen des Schilfrohres. Hier füttert ein Teichrohrsänger seine Jungen.

Nester werden mit den unterschiedlichsten Materialien und Konstruktionen erbaut. Schwalben z. B. bauen Lehmnester, die sie an Wände kleben.

Die afrikanischen Webervögel, Verwandte unseres Haussperlings, flechten ein kunstvolles glockenförmiges Nest. Es können in einer Kolonie Hunderte an einem Akazienbaum hängen.

Welche Nester hast du schon gefunden? Wie sahen sie aus?
Welche unterschiedlichen Nistmaterialien sind zum Bau verwandt worden? Welche Vogelarten hatten sie errichtet? Wie könntest du mit Zeichnungen und Fotografien eine Ausstellung von Nestern gestalten?

Nest des Gartenrotschwanzes

126 *Vögel*

Gewölle von Watvögeln

Gewölle

Nicht nur Eulen und Greifvögel würgen unverdauliche Reste ihrer Nahrung als Gewölle aus.
Auch Krähen würgen Reste von kleinen Säugetieren, Eischalen, Insektenpanzer und unterschiedliche Pflanzenmaterialien hervor. Gewölle von Möwen und Watvögeln enthalten Schalenreste von Muscheln und manchmal auch Nahrungsreste von Müllkippen.

Gewölle von Krähen

Wo könntest du bei dir in der Umgebung Gewölle von Saatkrähen, Dohlen oder Elstern finden?
Gibt es bei dir in der Nähe eine Kolonie von Möwen? Suche dort nach Spuren!

geschlossener Nistkasten

Nisthilfen und Futterhäuschen

Gartenbesitzer möchten häufig Vögel zum Bleiben veranlassen. Dazu bauen sie ihnen Nistkästen und hängen diese an geeigneten Stellen, geschützt vor Katzen, auf. Andere Gartenbesitzer locken im kalten Winter Vögel mit Futterhäuschen an, um sie besser beobachten zu können. Was kann man aus den hinterlassenen Spuren erschließen?

Was verrät die Größe der Nistkästen und deren Öffnungen über ihre Bewohner?
Wer bevorzugt Halbhöhlen?
Nach welcher Himmelsrichtung sollte die Öffnung der Nistkästen gerichtet sein?
Warum sollte erst bei geschlossener Schneedecke gefüttert werden?

Eier

Amselnest

Halbhöhle

Teichhuhn Graureiher Steinkauz Nachtigall

Eier der Küstenseeschwalbe

Futter-silo

Die Eier von Schleiereulen, die in Höhlen brüten, sind weiß. Kleine Landvögel, wie die Kohl- und die Blaumeise, legen zwar kleine Eier, aber bis 15 an der Zahl pro Gelege. Die Eier sind überwiegend weiß und zeigen fast keinen Tarneffekt, da sie in einem Nest liegen. Der Sandregenpfeifer legt seine Eier im Uferbereich zwischen Kies und Geröll. Deren sandfarbene, mit braunen Flecken gesprenkelte Eier sind vor der Entdeckung durch Feinde getarnt und damit geschützt.

Warnung!!!
Du darfst keine Eier aus Nestern entfernen!
Versuche über Vogelbestimmungsbücher herauszufinden, wie die Eier von Rotkehlchen, Heckenbraunelle, Ringeltaube und Waldkauz aussehen?
Hat ein Naturkundemuseum in deiner Nähe eine Sammlung von Eiern ausgestellt?
Konntest du schon einmal in einem Zoologischen Garten eine Brutstation für Vogeleier besuchen?

Vögel

1 Lebensraum und Verhaltensweisen der Amsel

Verhaltensbeobachtungen bei Amseln

Im zeitigen Frühjahr kannst du oft Amselmännchen hoch auf dem Dach eines Hauses sitzen sehen, wenn sie ihr Abendlied flöten. Am nächsten Abend findest du denselben Vogel wieder an seinem Platz, den man als *Singwarte* bezeichnet. Plötzlich bricht er seinen Gesang ab und fliegt unter lautem „Tschick-tschick-tschick" in den Garten hinunter. In einer *Drohhaltung* hüpft das Männchen auf einen anderen Amselhahn zu und treibt diesen in den Nachbargarten zurück. So verteidigt das Männchen sein *Revier* allerdings nur gegen andere Amseln, nicht gegen andere Singvögel.

Diese Beobachtungen kann man häufig machen, bis im März die Grenzen der Amselreviere feststehen. Die Männchen bedrohen sich dann nur noch direkt an der Reviergrenze oder liefern sich morgens und abends *Wechselgesänge*. Die Amselhähne kennzeichnen weiterhin ihr Revier durch den Gesang und locken damit auch paarungsbereite Weibchen an. Ihr Revier kann ungefähr halb so groß wie ein Fußballplatz sein. Es muss geeignete Plätze zum Nestbau und genügend Nahrung bieten, um die Jungen aufziehen zu können.

Wenn der Amselhahn mit seinem Gesang ein Weibchen angelockt hat, erfolgt nach der *Balz* die Paarbildung. Gemeinsam suchen dann beide nach einem geeigneten *Nistplatz*. Dieser kann in Astgabeln von Sträuchern oder Bäumen, in Hecken oder Nadelbäumen bis in etwa zwei Meter Höhe liegen.

In der Folgezeit kann man das Amselweibchen beobachten, wie es aus dünnen Zweigen, groben Halmen, feuchter Erde und Lehm einen Nestgrund errichtet. Darauf formt es dann mit dünnen Halmen, Laub und Moos einen Aufbau. Das Weibchen schiebt das Nistmaterial mit den Füßen von unten nach oben und erhöht dadurch den Nestrand. Man nennt dieses Verhalten *Strampeln*. Dann formt es den Nestrand aus, indem es herausragende Halme und Zweige entfernt oder in den Nestrand hineinsticht. Bei diesem Teil des Nestbaus spricht man von *Zupfen*. Ist die Mulde fertig, wird sie noch mit feuchter Erde ausgekleidet. Nach einem Tag Pause trägt das Weibchen dünne Grashalme und Blätter in die Mulde und bringt diese durch Hin- und Herdrehen mit dem Körper in die endgültige Form. Dieser letzte Abschnitt des Nestbauverhaltens heißt *Kuscheln*.

Das Amselweibchen legt nun im Abstand von jeweils einem Tag 4 bis 6 bläulich grüne, mit rostroten Flecken überzogene Eier. Zwei Wochen dauert die *Brutzeit*. Immer wieder wendet das Weibchen die Eier, damit sie gleichmäßig gewärmt werden. Nur drei- bis viermal täglich verlässt es kurz das Nest, um Futter zu suchen.

Aus den Eiern schlüpfen nackte, blinde Jungvögel. Diese jungen Amseln sind *Nesthocker*. Nur wenige Daunen und Federkiele an den Flügelenden weisen auf das spätere Gefieder hin. Ständig tragen nun beide Eltern Insekten, Würmer, Beeren und Früchte als Nahrung herbei und füttern die Jungvögel. Immer wieder nimmt das Weibchen die Jungen unter sein Gefieder und wärmt sie. Während der Abwesenheit der Eltern liegen die Jungen ganz ruhig im Nest. Aber kaum landet ein Altvogel am Nestrand, recken die Jungvögel die Hälse nach oben, sperren ihre Schnäbel weit auf und piepen. Woran erkennen die Jungtiere, dass ein Elterntier auf dem Nest gelandet ist?

Nach einer Reihe von Versuchen fanden Verhaltensforscher eine Antwort auf diese Frage. Zunächst wurde bei acht Tage alten Jungamseln, die schon sehen konnten, überprüft, ob das Umrissbild einer Amsel aus schwarzer Pappe das *Sperren* auslöst. Die Jungen sperrten tatsächlich ihren Rachen weit auf. In weiteren Versuchen wurde die Pappamsel immer mehr vereinfacht. So konnte gezeigt werden, dass sogar zwei schwarze Kreise an einem Stock angebettelt werden. Solch vereinfachte Nachbildungen nennen die Biologen *Attrappen*. Die Jungamseln reagieren mit angeborenen Verhaltensweisen darauf. Sie kennen also die Form ihrer Eltern. Dieser *Schlüsselreiz* löst das Sperren aus.

Am 12. Tag nach dem Schlüpfen ist das Gefieder der Jungamseln voll ausgebildet. Zwei bis drei Tage später verlassen sie das Nest. Sie können noch nicht gut fliegen und halten sich einzeln am Boden versteckt. Dort werden die jungen Amseln noch weitere 14 Tage gefüttert, bevor sie ganz selbstständig sind.

Früher lebten Amseln fast ausschließlich in den Wäldern. Nur im Winter kamen diese Waldamseln in die Dörfer und Städte, um dort nach Nahrung zu suchen. Heute halten sich die meisten Amseln ständig in menschlichen Siedlungen auf. Diese Stadtamseln haben sich den Menschen angeschlossen, sie sind *Kulturfolger*.

Aufgaben

① Beschreibe die erkennbaren Unterscheidungsmerkmale zwischen Amselweibchen und -männchen.

② Die drei Abbildungen in der Mittelspalte Seite 128 zeigen verschiedene Stadien beim Nestbau. Gib jedem Bild einen passenden Titel.

③ Gib an, welcher Schlüsselreiz das Sperren der noch blinden Jungamseln auslöst (vgl. die obere Abbildung in der Randspalte).

④ Auch das Verhalten der Altvögel beim Füttern wird durch Schlüsselreize ausgelöst. Schlage Attrappenversuche vor, die deiner Meinung nach geeignet sind nachzuweisen, welche Schlüsselreize dabei entscheidend sind.

1 Brütendes Amselweibchen

2 Amselnest mit Eiern

3 Amselmännchen mit Jungen

Vögel

1 Haussperling bei der Fütterung

2 Haussperling — Weibchen und Männchen

Der Haussperling — ein Kulturfolger

Feldsperling

„Tschilp! Tschilp!" schmettert das Männchen des Haussperlings sein Lied. Es sitzt auf der Dachrinne eines Hauses, nahe bei dem Dachziegel, unter den es die letzten Tage Grashalme eintrug. Das Männchen versucht, mit seinem lauten Tschilpen ein Weibchen anzulocken, was aber misslingt. Es fliegt ab und sammelt erneut Nistmaterial. Nun singt es mit dem Nistmaterial im Schnabel. Da nähert sich ein Weibchen und begutachtet das Nest unter dem Dachziegel. Das Männchen putzt und plustert sich indessen auf. Es *balzt* das Weibchen an. Das Weibchen duckt sich und zeigt Flügelzittern. Die Haussperlinge paaren sich nun mehrfach hintereinander.

Die Balz der Haussperlinge, die auch *Spatzen* genannt werden, setzt in der zweiten Februarhälfte ein und erreicht Ende März ihren Höhepunkt. Das Weibchen legt einige Zeit nach der Begattung bis Mitte April die ersten Eier. Das Nest wird aus trockenen Halmen nach oben geschlossen gebaut. Das Gelege umfasst 3—6 Eier. Während der 14-tägigen Brutzeit kennzeichnet das Männchen mit lautem Tschilpen sein Revier. Die Jungen schlüpfen als nackte und blinde *Nesthocker*. Das Spatzenpärchen füttert seine Jungen durchschnittlich 300-mal pro Tag mit Würmern, Insekten und deren Larven. Nach 17 Tagen verlassen die Jungspatzen das Nest, werden aber von den Alten noch weiter ernährt. Sie müssen erst durch Nachahmung lernen, selbst Samen zu sammeln. Haussperlinge ziehen pro Jahr 2—3 Bruten auf.

Die Spatzen können mit ihrem kräftigen Kegelschnabel Samen von Wildkräutern und Getreidekörner aufquetschen und fressen. Sie nehmen auch Abfälle des Menschen, Obst oder Insekten. Haussperlinge haben sich als *Kulturfolger* dem Menschen eng angeschlossen. Als Lebensraum bevorzugen sie Wohnsiedlungen, besonders eingegrünte Altbauviertel der Städte, aber auch in Dörfern oder Industrieanlagen leben sie. Lediglich geschlossene Wälder werden gemieden.

Als Niststandorte werden Hohlräume unter Dachpfannen von Häusern oder Scheunen, Mauerlöcher und mit Efeu bewachsene Hauswände, aber auch Nistkästen genutzt.

Bereits im Juni bilden die Spatzen große *Schwärme*. Mit der Reife von Gersten- und Weizenfeldern können 500 bis zu 6000 Haussperlinge zusammen beobachtet werden. Da ein Sperlingspaar bei 3 Bruten und bis zu 300 Fütterungen pro Tag umgerechnet bis zu 50 000 Blattläuse pro Jahr verfüttert, sollte man Sperlinge als *biologische Schädlingsbekämpfer* ansehen.

Gemeinsam ruhen sie laut tschilpend im Gebüsch und nehmen zusammen ein Staub- oder Wasserbad. Auch an Schlafplätzen kann man Ballungen von Sperlingen finden: 1600 Vögel in einer mit Efeu bewachsenen Hauswand. Im Frühjahr lösen sich die Schwärme auf und die Partner des Vorjahres finden wieder zusammen. Die Haussperlinge bleiben das ganze Jahr in unserer Region. Sie sind *Standvögel*.

Vögel in Gärten und Parkanlagen

Die **Kohlmeise** ist ein häufiger Jahresvogel. Charakteristisch ist ihr schwarzer Kopf mit weißen Wangen sowie die gelbe Unterseite. Wie alle Meisen brütet auch die Kohlmeise in *Höhlen*. Ihr Nest besteht aus Moos und wird mit Haaren und Federn ausgepolstert. Meist legt das Kohlmeisenweibchen in einer Brut bis zu 12 Eier. Insekten bilden die Hauptnahrung. Typisch im Gesang der Vögel sind sich wiederholende Strophen: „zi-zi-be-zi-zi-be".

Die **Blaumeise** ist kleiner als die Kohlmeise. Unverwechselbar ist das blaugelbe Gefieder. Sie sucht Insekten, deren Larven und Spinnen an den Zweigspitzen von Laubbäumen. Größere Samen hält sie mit dem Fuß fest und bearbeitet sie mit dem spitzen Schnabel. Das Gelege besteht aus 7—13 Eiern. Die Rufe der Blaumeise klingen wie „tsi-tsi-tsi-tsit".

Die **Tannenmeise** kommt in Nadel- und Mischwäldern sowie Gärten und Parkanlagen mit Nadelbäumen vor. Ihre Nahrung besteht aus Nadelbaumsamen und Nüssen, aber auch Insekten, deren Larven und Spinnen. Sie baut die Nester in Baumhöhlen oder Mäuselöchern. Meist hat sie zwei Bruten mit 6—10 Eiern. Die Tannenmeise ist, wie die Blaumeise, ein Vogel, der das ganze Jahr über bei uns bleibt.

Der **Kleiber** bewohnt Eichenwälder, kommt aber auch in Gärten und Parks vor. Er hat seinen Namen einer besonderen Eigenart beim Nestbau zu verdanken: Die Weibchen kleben den Eingang der Nisthöhle so lange mit lehmiger Erde zu, bis nur noch eine körpergroße Öffnung übrig bleibt. Seine Nahrung sucht der Kleiber am Baumstamm. Er ist der einzige einheimische Vogel, der dabei mit dem Kopf voran abwärts klettern kann. Im Sommer bilden Insekten, im Winter fetthaltige Baumsamen die Hauptnahrungsquelle.

Der **Gartenbaumläufer** klettert in kleinen Sprüngen, meist spiralig, am Stamm hoch. Mit seinem langen, gebogenen Schnabel liest der Vogel Insekten und deren Larven sowie Spinnen aus Spalten der Rinde ab. Das Nest für die 5—7 Eier baut er hinter abstehenden Rindenstücken oder in Baumspalten. Bis in die Höhenlagen brütet der ihm ähnliche *Waldbaumläufer*. Beide Arten lassen sich am besten an ihrem Gesang unterscheiden.

Der **Zaunkönig** ist ein kleiner, rundlicher brauner Vogel mit fast ständig steil aufgerichtetem Schwanz. Im kugelförmigen Nest in Bodennähe werden zwei Bruten mit 5—7 Jungen aufgezogen. Auffällig sind sein geradliniger, schnurrender Flug in Bodennähe, sein lauter Gesang sowie sein äußerst lebendiges Verhalten. Die Stimme des nur 8,5 g schweren Vogels ist bereits im ausgehenden Winter zu hören. Auf der Suche nach Nahrung, die aus Insekten, deren Larven, Würmern und Spinnen besteht, durchstöbert er das Gestrüpp und bewegt sich hierbei wie ein Kleinsäuger. Viele Zaunkönige überwintern bei uns, manche ziehen in der kalten Jahreszeit bis in den Mittelmeerraum.

132 *Vögel*

Der Kuckuck ist ein Brutschmarotzer

Der Tierfotograf PAUL TRÖTSCHEL berichtet, wie er die *Entwicklung des Kuckucks* fotografiert hat (Seite 132). „Zuerst holte ich eine Sondergenehmigung bei der Naturschutzbehörde zum Fotografieren am Nest. Dann fuhren wir in ein sumpfiges Gelände mit Brennnesselbeständen und stellten dort unser Tarnzelt auf. Wir befanden uns in einer *Kolonie* von etwa 100 *Sumpfrohrsängernestern*. Aus dem Zelt konnten wir, ohne die Vögel zu stören, ein Sumpfrohrsängernest beobachten. Würde ein Kuckuck ausgerechnet in dieses Nest ein Ei legen? Nun begann das Warten, 8 bis 10 Stunden am Tag. Endlich, am 6. Tag, tauchte ein Kuckucksweibchen auf, nachdem das Rohrsängerweibchen gerade das Nest zur Futtersuche verlassen hatte. Das Kuckucksweibchen verschluckte schnell ein Ei und legte dafür ein eigenes in das Nest. Dann flog es mit einem weiteren Rohrsängerei im Schnabel davon. In diesen wenigen Sekunden hatte die Motorkamera den ganzen Film belichtet. Der Aufwand hatte sich gelohnt."

Das Sumpfrohrsängerweibchen brütet nach seiner Rückkehr weiter, ohne sich an den Veränderungen im Nest zu stören. Das Kuckucksei hat ungefähr gleiche Färbung und Fleckung, es ist aber etwas größer. Dieser Kuckuck wird — wegen der Ähnlichkeit im Aussehen der Eier — immer Sumpfrohrsänger als *Pflegeeltern* aufsuchen. Die *Wirtsvögel* ziehen dann seine Nachkommen auf.

Nach 12 Tagen schlüpft — kurz vor den Sumpfrohrsängern — das Kuckucksjunge aus. Wenige Stunden nach dem Schlüpfen bewegt sich der junge Kuckuck im Nest unruhig hin und her. Er versucht sich unter alle Gegenstände zu schieben, die er im Nest findet (Eier, Nestgeschwister oder hineingelegte Stoffbällchen). Er nimmt die Gegenstände auf den Rücken und wirft sie über den Nestrand hinaus. Dieses Verhalten ist angeboren und läuft ganz automatisch ab. Man sagt, es ist ein *Instinktverhalten*. Nach fünf Tagen erlischt diese Handlungsbereitschaft zum Hinauswerfen.

Der Kuckuck benötigt bei seinem starken Wachstum das ganze Futter, das seine Pflegeeltern herbeischaffen. Er öffnet unermüdlich seinen Schnabel. Der große, orangerote *Sperrrachen* ist dabei ein wirksamer *Schlüsselreiz* für die Elterntiere. Das lässt sich mit *Attrappenversuchen* nachweisen (vgl. Abbildungen in der Randspalte).

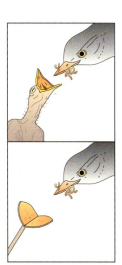

20 Tage nach dem Schlüpfen ist dem jungen Kuckuck das Nest zu klein. Er verlässt es, wird aber außerhalb noch drei Wochen von seinen Pflegeeltern weitergefüttert. Weil der Kuckuck seine Eier in die Nester anderer Vögel legt, sie dort ausbrüten und die Jungvögel von anderen aufziehen lässt, bezeichnet man ihn als *Brutschmarotzer*. Im Spätsommer zieht der Kuckuck zur Überwinterung nach Zentral- oder Südafrika.

Aufgaben

① Beschreibe mit eigenen Worten die Verhaltensweisen des Kuckucks anhand der Fotografien.

② Diskutiert, ob das Verhalten des Kuckucks grausam ist, wenn er seine Nestgeschwister hinauswirft.

③ Erkläre, warum der junge Kuckuck auch Stoffbällchen aus dem Nest wirft.

Zettelkasten

Sumpfrohrsänger füttert seine Jungen

Ein Kuckuckswirt stellt sich vor: Der Sumpfrohrsänger

Sumpfrohrsänger sind an der Oberseite olivbraun und besitzen einen hellen Augenstreif. Auf der Unterseite ist das Gefieder schmutzig weißlich. Sie ernähren sich von Insekten und im Herbst auch von Beeren. Sumpfrohrsänger bauen ihr Nest an die Stängel mehrerer Pflanzen, z. B. in dichten Brennnesselbeständen. Die Weibchen legen etwa fünf bläulich weiß gefleckte Eier. Die Brutdauer beträgt 13 Tage. Danach bleiben die Nesthocker noch 10—13 Tage im Nest. Sumpfrohrsänger sind eine eher seltene Wirtsart des Kuckucks; häufiger sind Teichrohrsänger, Bachstelzen, Haus- und Gartenrotschwanz, sowie der Neuntöter.

Der Vogelzug — zum Winter in den Süden

Mauersegler

Anfang August sammeln sich in Mitteleuropa die *Mauersegler* und ziehen nach Afrika. Dort überwintern sie südlich der Sahara, weil sie bei uns im Winter keine Insekten als Nahrung finden. Solche jährlich wandernden Vögel werden als **Zugvögel** bezeichnet.

Woher wissen wir eigentlich, wohin die Zugvögel ziehen und auf welchem Weg dies geschieht? Erste Ergebnisse bei der Erforschung des Vogelzuges brachte ab 1899 die *Methode der Beringung* von Vögeln mit Aluminiumringen. Mitarbeiter von Instituten für wissenschaftliche Vogelkunde *(Vogelwarten)* legen bei Jungvögeln im Nest oder bei gefangenen Vögeln mit einer Beringungszange jeweils passende Ringe an. Sie notieren in Beringungslisten die Vogelart, das Geschlecht, den Zeitpunkt und Ort der Beringung unter der Nummer, die der Vogel erhalten hat. Die Beringungsliste wird an die Vogelwarte geschickt, für die der Beringer arbeitet. Zusätzlich sammeln viele Vogelfreunde *Ankunfts-* und *Abreisedaten* von heimischen Zugvögeln.

Von einhundert beringten Vögeln erhalten die Vogelwarten allerdings nur etwa fünf Rückmeldungen. Falls du also einen toten, beringten Vogel finden solltest, dann schicke den Ring an eine der beiden deutschen Vogelwarten *(Helgoland* oder *Radolfzell am Bodensee)*. Du gibst dazu Fundort, Datum, Fundumstände, Name und Adresse des Finders an. Bei einem verletzten Vogel schreibst du alle Angaben vom Ring ab und sendest sie mit den gleichen Beschreibungen wie oben an die Vogelwarte. Den verletzten Vogel bringst du zu einer Vogelpflegestation oder zu einem Tierarzt.

Eine andere Methode der Vogelzugforschung ist die *Radarbeobachtung*. Damit können nachts ziehende Vögel überwacht werden. Über große Entfernungen sammelt man Daten von Vögeln, die auf ihrem Rücken einen kleinen Sender tragen. Dessen Funksignale werden von einem Satelliten empfangen und an die Vogelwarte rückgemeldet.

Aus allen Rückmeldungen erstellen die Wissenschaftler dann *Zugkarten* für die einzelnen Vogelarten, die das *Brutgebiet*, den *Zugweg* und die *Überwinterungsgebiete* ausweisen.

Zu den Zugvögeln gehören viele bei uns heimische Arten, wie zum Beispiel Rauchschwalbe, Mehlschwalbe, Kuckuck und Weißstorch. Die Vögel, die das ganze Jahr an ihrem Standort bleiben, wie Haussperling, Dompfaff, Kleiber und Amsel, nennt man **Standvögel**. Die Vögel, die nur für kurze Zeit ungünstigen Lebensbedingungen ausweichen, gehören zu den **Strichvögeln**. Beispiele für diese Gruppe sind Kohlmeise, Blaumeise, Buchfink und Star. Nur wenn in strengen Wintern in Nordeuropa die Beerennahrung knapp wird, kommen Bergfinken, Tannenhäher oder Seidenschwänze plötzlich in großen Schwärmen zu uns. Solche Vögel, die in Schwärmen, aber nicht jeden Winter zu uns kommen, werden **Invasionsvögel** genannt.

Zettelkasten

1 Mehlschwalbe

Die Schwalben

Mehlschwalben bauen ihre Nester an Außenwänden von Gebäuden. In den Winkel von senkrechten und waagerechten Flächen kleben sie ihr rundliches Nest aus feuchtem Lehm und Stroh. Mehlschwalben bebrüten zweimal im Jahr ein Gelege von jeweils 4—6 Eiern. Sie ernähren sich von im Flug gefangenen Insekten. Mehlschwalben sind auf der Oberseite glänzend schwarzblau, am Bürzel und unterseits weiß. Der Schwanz ist kurz gegabelt.
Im Gegensatz dazu tragen die Rauchschwalben am gegabelten Schwanz noch lange äußere Schwanzfedern. Bei ihnen sind Stirn und Kehle rostfarben. Rauchschwalben nisten innerhalb von Gebäuden. Deshalb benötigen sie Einflugöffnungen, um in die Gebäude zu gelangen.

2 Rauchschwalbe

Welches sind die auslösenden Faktoren für den Vogelzug?

Bei Strichvögeln wie dem Star wird der Zug durch Nahrungsverknappung und schlechtes Wetter ausgelöst. Schwalben, Mauersegler und Störche ziehen aber schon nach Süden, bevor Nahrungsmangel oder Wetter die dazu zwingen. Um herauszufinden, ob Vögel in ihrem Zugverhalten von der Lichtmenge im Laufes des Tages ausgelöst werden, hielt man Vögel im Labor unter verschiedenen, konstanten Tageslängen. Alle Versuchstiere zeigten zur gleichen Zeit wie ihre frei lebenden Artgenossen Zugunruhe. Bei diesen Vögeln werden der Wegzug, der Federwechsel und die Fortpflanzung durch eine *innere* Uhr gesteuert.

Wie orientieren sich die Vögel während des Vogelzugs?

Versuche haben gezeigt, dass man zwischen einer *Richtungsorientierung* und einer *Zielorientierung* unterscheiden muss. Am Tage ziehende Vogelarten versuchen auch im Labor zur Zugzeit im Herbst immer wieder nach Südwesten abzufliegen. Dies entspricht der natürlichen Zugrichtung. Man hat auch beobachtet, dass Jungkuckucke, die nachts und alleine ziehen, sicher ihr Überwinterungsgebiet in Afrika erreichen. Aus beiden Beobachtungen folgt, dass die Zugrichtung angeboren sein muss.

Am Tage ziehende Vögel richten sich dabei nach der Sonne *(Sonnenkompass)*. Sie verwenden zur Richtungsorientierung zusätzlich auffällige Oberflächenstrukturen der Erde, wie Küsten, Gebirge und Flüsse. Bei nachts ziehenden Grasmücken fand man im Planetarium heraus, dass sie ihre Zugrichtung mithilfe der Sterne festlegen *(Sternenkompass)*. An Rotkehlchen konnte man in Versuchen zeigen, dass sie sich noch nach dem Erdmagnetfeld orientieren können *(Magnetkompass)*, wenn man die Orientierung nach der Sonne und den Sternen verhinderte.

Aufgaben

1. Was ist der für eine Bestimmung wichtige Unterschied im Flugbild von Mehl- und Rauchschwalbe?
2. Wie ist es möglich, mithilfe der Beringung Angaben über das Zugziel, ja sogar über die Reisegeschwindigkeit eines Zugvogels zu erhalten?
3. Das Bildrätsel in der Randspalte gibt eine weitere Zugvogelart an. Welche?
4. Entnimm dem Vogelzugkalender aus Abbildung 1, wie lange sich die einzelnen Arten in ihrem Brutgebiet in Mitteleuropa aufhalten. Stelle die Zeiten in einer Tabelle zusammen.
5. Beschreibe die häufigsten Zugwege der bei uns heimischen Arten anhand der Abbildung 1.
6. Erkläre, warum Feuchtgebiete auf dem Zugweg für viele Zugvögel von großer Bedeutung sind.
7. Viele Zugvögel kommen nicht aus ihrem Winterquartier zu uns zurück. Überlegt gemeinsam, welche Gefahren die ziehenden Vögel bedrohen.
8. Sicher habt ihr noch andere Ideen, wie man den Vogelzug erforschen kann. Schreibt eure Vorschläge auf und diskutiert in der Klasse darüber.

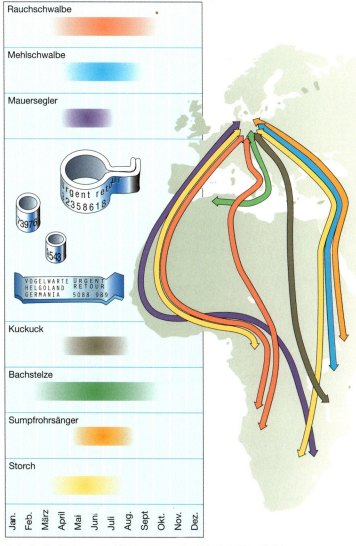

1 Aufenthaltsdauer und Zugwege von heimischen Zugvögeln

Wintersnot — Vögel auf Nahrungssuche

Solange kein Frost auftritt und kein Schnee liegt, können die gesunden und kräftigen *Standvögel* den Winter selbst überstehen. Erst bei geschlossener Schneedecke ist die Nahrung (Samen, Früchte und überwinternde Insekten) für die Vögel unerreichbar. Dann kannst du ein Futterhäuschen mit Sonnenblumenkernen, Samen und Früchten, die du im Sommer gesammelt hast, füllen. Für solch eine Vorratshaltung eignen sich Samen von Disteln und Löwenzahn, Früchte von Eberesche, Holunder und Weißdorn.

Bald wirst du am Futterplatz Sperlinge, Buchfinken, Grünfinken und manchmal auch Bergfinken beobachten können. Diese Vögel besitzen dicke, kegelförmige Schnäbel, mit denen sie hartschalige Samen aufschneiden oder quetschen können. Man bezeichnet sie als *Körnerfresser*. Die Meisen müssen Sonnenblumenkerne regelrecht aufmeißeln, um den Samen herausholen zu können. Rotkehlchen, Amseln und Zaunkönige bevorzugen normalerweise Insekten, Spinnen und Würmer. Für diese *Weichtierfresser* kannst du an einer geschützten Bodenfutterstelle ein Fettfuttergemisch und getrocknete Beeren anbieten.

Wenn mit der Winterführung begonnen wird, muss sie auch durchgehalten werden. Auf keinen Fall gehören auf Vogelfutterstellen gesalzene, menschliche Nahrungsmittel. Alle Futterplätze müssen regelmäßig gereinigt werden, damit durch den Vogelkot keine Krankheitskeime auf das Futter gelangen.

Aufgaben

1. Auf nebenstehender Abbildung sind häufige Wintergäste unserer Futterhäuschen zu sehen:
   - 1 Kohlmeise
   - 2 Blaumeise
   - 3 Sumpfmeise
   - 4 Grünling
   - 5 Distelfink
   - 6 Seidenschwanz
   - 7 Bergfink
   - 8 Amsel
   - 9 Rotkehlchen
   - 10 Haussperling
   - 11 Feldsperling

   Welche Vogelarten hast du schon an einem Futterhäuschen beobachtet?
2. Stellt gemeinsam Regeln für eine vernünftige Winterfütterung auf.
3. Diskutiert in der Klasse das Für und Wider der Winterfütterung von Vögeln.
4. Erkundige dich in einem Fachgeschäft nach geeignetem Futter für die Winterfütterung.

Vögel als Heimtiere

Am Futterhäuschen kannst du sicher Interessantes aus dem Verhalten der Vögel beobachten. Sehr viel mehr Möglichkeiten bietet die Haltung, Pflege und Beobachtung von Stubenvögeln. Bevor ein Vogel in eure Familie aufgenommen wird, solltest du dich ernsthaft mit allen Fragen auseinander setzen, die am Anfang des Lexikons Heimtiere (Seite 80) gestellt werden.

Alle vorgestellten *Heimvögel* leben als Wildtiere außerhalb der Brutzeit gemeinsam in Schwärmen. Häufig sind sie ihrem Partner treu. Man sollte deshalb alle Arten nur paarweise halten. Bei Einzelhaltung benötigen die Vögel anstelle des Partners regelmäßige menschliche Betreuung. Alle Rassen der Heimvögel kann man gut auf Ausstellungen oder über Züchtungsvereinigungen kennen lernen.

Bei Käfighaltung sollte man sie regelmäßig baden und frei fliegen lassen. (Vorsicht bei angeschalteten Herdplatten, offenen Aquarien und bei giftigen Topfpflanzen!) Der Standort des Käfigs sollte ruhig, licht und etwas oberhalb der Augenhöhe in einem Raum sein, in dem du dich häufig aufhältst. Aus hygienischen Gründen sind Wasser- und Futtersilos gegenüber offenen Gefäßen zu bevorzugen. Sie sollten täglich kontrolliert, gereinigt und aufgefüllt und der Käfig zweimal wöchentlich gereinigt werden.

Steckbrief: Papageien

Papageien. Die farbenprächtigen Vögel mit dem gekrümmten Schnabel und den Kletterfüßen werden wegen ihrer Sprachkünste vom Menschen gehalten.

Viele Arten sind im Freiland ihrer tropischen Heimatländer vom Aussterben bedroht, weil die Tiere in die USA und Europa exportiert werden. Beim Transport sterben sie in großer Zahl. Deshalb ist nach dem *Washingtoner Artenschutzabkommen* der internationale Handel mit allen Papageien bis auf Wellen-, Halsband- und **Nymphensittiche** verboten. Der beste Schutz für die Papageien ist der Verzicht auf die Haltung der Tiere in den reichen Industrienationen.

Steckbrief: Kanarienvögel

Sie stammen vom Kanariengirlitz auf den Kanarischen Inseln ab, von denen sie die Spanier Ende des 15. Jahrhunderts nach Europa brachten. Seither werden sie als Stubenvögel gehalten und nach Gesang, Färbung und Gestalt gezüchtet. Die Männchen der 12–13 cm großen Vögel bilden in ihrer Heimat im Frühjahr Reviere aus, die sie mit ihrem Gesang verteidigen. Tiroler Bergleute brachten Kanarienvögel in den Harz und züchteten daraus die bekannte Rasse der *Harzer Roller*.

Haltung: Rechteckiger Käfig mit einer Mindestgröße von 60 cm Breite, 50 cm Höhe und 40 cm Tiefe und mit 3 geschlossenen Käfigseiten, die gegen Zugluft und Sicht schützen. Kanarienvögel werden mindestens 10 Jahre alt.

Ernährung: Täglich einen Teelöffel Kanarienmischfutter, zusätzlich etwas Gemüse und Obst.

Steckbrief: Zebrafinken

Sie sind hervorragend an das Leben in den Trockengebieten ihrer Heimat Australien angepasst: sie können monatelange Dürrezeiten ohne Wasseraufnahme überstehen. Zebrafinken werden seit 100 Jahren vom Menschen gezüchtet, werden aber nicht handzahm.

Haltung: Möglichst in Zimmervolieren mit mehreren Paaren. Volieren sind große Vogelkäfige, in denen die Vögel auch fliegen können. Pro Pärchen braucht man mindestens einen Käfig von 100 x 40 x 50 cm und zwei Schlaf- und Brutnester aus Peddigrohr oder ausgehöhlten Kokosnüssen. Die Vögel können in Gefangenschaft bis ca. 10 Jahre alt werden.

Ernährung: Sie erhalten eine ausgewogene Körnermischung aus verschiedenen Hirsesorten. Zusätzlich werden angekeimte Körner, Samen von Wildgräsern, Obst und Weichfutter gegeben.

Steckbrief: Wellensittiche

Sie leben im australischen Buschland und werden ca. 18 cm lang. Wellensittiche werden seit 100 Jahren wegen ihres farbenprächtigen Gefieders, vor allem aber wegen ihrer Fähigkeit, die Sprache nachzuahmen, in Käfigen gehalten. Die Jungvögel werden rasch zahm.

Haltung: Sie sollten in einem großen Flugkäfig (Länge 75 cm, Breite 40 cm und Höhe 50 cm) gehalten werden. Sie werden 12–14 Jahre alt.

Ernährung: Hirse, Glanzsamen, Hafer, Obst und Gemüse.

3 Vögel als Spezialisten

Spechte — die Zimmerleute des Waldes

Im Frühjahr hört man beim Spaziergang im Wald oft kurze *Trommelwirbel*. Beim Näherkommen entdeckt man manchmal einen **Buntspecht**, der gerade einen trockenen Ast mit schnell aufeinander folgenden Schnabelhieben bearbeitet. Mit diesem Trommelwirbel kennzeichnet er sein *Revier* und versucht, ein Weibchen anzulocken.

Für die Fortbewegung auf Bäumen, auch an senkrecht stehenden Ästen oder am Stamm, sind Spechte besonders gut angepasst. Wenn der Buntspecht mit kurzen Sprüngen den Baumstamm hinaufklettert, geben die gebogenen spitzen Krallen des *Kletterfußes* dem Vogel wie Steigeisen Halt in der Rinde. Zwei Zehen des Fußes sind dabei nach vorne gerichtet und zwei nach hinten. Ein Abrutschen nach unten wird zusätzlich durch den *Stützschwanz* verhindert.

1 Buntspecht

Bei der Nahrungssuche legt der Buntspecht mit dem harten, keilförmigen Schnabel Insekten unter der Borke oder im morschen Holz frei. Weil der Oberschnabel den Unterschnabel nach vorne mit einer senkrechten Schneide überragt, kann der Specht wie mit einer Axt Span um Span vom Holz abmeißeln *(Meißelschnabel)*. So kann der Buntspecht auch Insekten und Maden erreichen, die tiefer im Holz leben.

Spechtspuren

Dabei presst er seine harten, elastischen Schwanzfedern gegen den Baumstamm, sodass sie ein Widerlager für die federnden Körperbewegungen beim Meißeln bilden. Findet der Buntspecht dann Insekten, schnellt er die lange, biegsame *Zunge* aus dem Schnabel heraus. Mit den Widerhaken an der Hornspitze der Zunge spießt er seine Beute wie mit einer Harpune auf und zieht sie unter der Rinde hervor.

Spechte schlafen und brüten in *Höhlen*, deshalb bezeichnet man sie als *Höhlenbrüter*. Ein Buntspechtpaar zimmert in zwei bis vier Wochen die Bruthöhle mit den Meißelschnäbeln bevorzugt in kernfaule Baumstämme. Ein kurzer, waagerechter Gang führt in die senkrecht in den Stamm geschlagene Höhle. Das Weibchen des Buntspechtes legt 4—7 weiße Eier auf die Holzspäne am Grund der Höhle. Männchen und Weibchen brüten gemeinsam. Nach 8—12 Tagen schlüpfen Ende Mai oder Anfang Juni die nackten und blinden Jungen. Die Nesthocker werden dann 23—24 Tage von den Altvögeln versorgt, bevor sie flügge sind.

Im Spätherbst und im Winter, wenn die Insekten als Nahrung fehlen, ernährt sich der Buntspecht überwiegend von den ölhaltigen Samen der Zapfen von Nadelbäumen. Dazu klemmt er die Zapfen in geeignete Baumspalten und hämmert so lange auf sie ein, bis die Samen frei liegen. Unter solchen *Spechtschmieden* findet man zahlreiche Überreste seiner Mahlzeiten. Bei ihrem großen Nahrungsbedarf benötigen Buntspechte sehr große Reviere.

2 Spechtschmiede

138 *Vögel*

1 Schwarzspecht

Grünspechte halten sich häufiger am Boden auf als andere Spechte. Sie schlagen mit ihren Schnäbeln Löcher in Ameisenbauten und löffeln mit ihren langen klebrigen Zungen die Ameisen und ihre Puppen auf. Grünspechte können dazu ihre Zunge über zehn Zentimeter aus dem Schnabel herausstrecken. Das beruht darauf, dass die Zunge in einem Muskelschlauch um den Schädel vor- und zurückgleiten kann.

Die Bedeutung der Spechte für die Forstwirtschaft besteht darin, dass sie viele Forstschädlinge fressen, befallene Bäume entrinden und damit Schädlingen die Lebensmöglichkeiten nehmen. Außerdem werden verlassene Spechthöhlen von vielen anderen Höhlenbrütern benutzt.

Weitere heimische Spechtarten

Die krähengroßen **Schwarzspechte**, die nur in großen, zusammenhängenden Wäldern leben, gehören zu den *Großspechten*. Sie besitzen einen langen und kräftigen Hackschnabel zum Freilegen der Larvengänge unter der Rinde. Am Boden der Wälder finden sie Ameisen, bei der Zerkleinerung von Baumstümpfen Holzameisen und an Baumstämmen Käferlarven als Nahrung. Die Zunge der Schwarzspechte ist sowohl zum Auslöffeln der Ameisen als auch zum Aufspießen der Larven geeignet. Die Schwarzspechte hämmern ihre Brut- und Schlafhöhlen in alte, glattrindige Stämme, die dicker als 35 cm sind. Freier Anflug zur Höhlenöffnung ist für sie wichtig.

2 Grünspecht

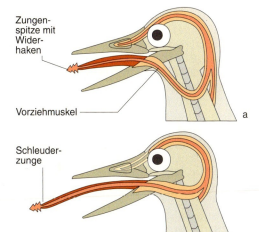

3 Arbeitsweise der Spechtzunge (Schema)

Aufgaben

① Fasse die Merkmale des Körpers, mit denen die Spechte an das Leben auf Bäumen angepasst sind, in kurzen Merksätzen zusammen
② Welche Tierarten kennst du, die als „Nachmieter" für verlassene Spechthöhlen in Frage kommen?
③ An der Form des Klopfens kann man verschiedene Spechtarten erkennen. Wodurch unterscheiden sich die Trommelwirbel von Buntspecht und Schwarzspecht?
④ Vogelschützer schlagen vor, Naturwaldzellen von 0,5–5 ha mit über 100-jährigen Altbäumen zu erhalten. Erkläre die Bedeutung dieser Altholzinseln für die Spechte und für den Wald.

Vögel

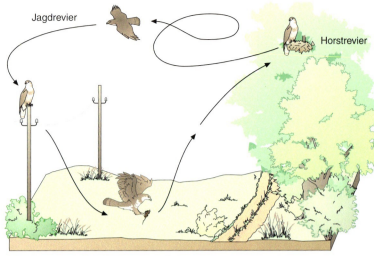

1 Lebensraum des Mäusebussards

Das *Jagdrevier* des Mäusebussards liegt im offenen Feld- und Wiesengelände. Häufig beobachtet der Mäusebussard auf einem Pfahl sitzend. Mit dem guten Sehvermögen seiner großen Augen kann er kleine Beutetiere, wie zum Beispiel Feldmäuse, leicht erkennen. Die Beute greift er dann aus dem Gleitflug auf.

Das Bussardpaar baut sein hoch liegendes Nest, das man als *Horst* bezeichnet, aus Ästen, Reisig und Moos in einem hohen Baum am Rande eines Waldstückes. Dort liegt das *Horstrevier*, in dem nicht gejagt wird. Das Weibchen legt im Abstand von jeweils zwei bis drei Tagen zwei oder drei weißlich braun gefleckte Eier. Nach 33 bis 34 Tagen schlüpft das erste Junge, ein *Nesthocker* mit einem weißlichen Dunenkleid. Die Eltern füttern die Jungen zunächst mit Beuteteilen und später mit ganzen Mäusen. 46 Tage nach dem Schlüpfen können die jungen Bussarde fliegen.

Der Mäusebussard — ein Greifvogel jagt

Bei schönem Wetter kann man über offenen Landschaften häufig ein miauendes „Hiäh, Hiäh" hören. Wenn du dann zum Himmel schaust, entdeckst du einen im Kreis segelnden Vogel mit breiten Flügeln und kurzem Schwanz. Es ist ein *Mäusebussard*.

Bussard

Turmfalke

Habicht

Rotmilan

Manchmal schlägt der Mäusebussard die Flügel schnell auf und nieder, bleibt mit voll gespreizten Schwanzfedern und schräg gehaltenem Körper im Rüttelflug scheinbar in der Luft stehen. Dann lässt er sich nach unten fallen. Mit voll ausgebreiteten Flügeln bremst er kurz vor dem Boden, streckt die Beine nach vorn und ergreift eine Maus. Der Mäusebussard tötet die Beute meist sofort mit den spitzen Krallen seiner Greiffüße, die man als *Fänge* bezeichnet.

Anschließend fliegt er zu einem festen Platz in seinem Revier. Er *kröpft* sie und reißt mit dem Hakenschnabel Stücke aus der Beute. Losgerissene Stücke kann er mit der scharfen Schneide des Ober- und Unterschnabels zerkleinern. Die Beute wird mit Haut und Haaren verschlungen. Im Magen zersetzen Verdauungssäfte die Fleischteile und sogar Knochen. Unverdauliche Reste, wie Federn und Haare, werden im Magen zusammengepresst und nach einem Tag als Speiballen *(Gewölle)* herausgewürgt. Aus Gewölleuntersuchungen weiß man, dass der Mäusebussard hauptsächlich Feldmäuse frisst. Zu seiner Nahrung gehören außerdem Maulwürfe, Junghasen, Singvögel und Frösche.

Alle **Greifvögel** besitzen gemeinsame Körpermerkmale, die für einen Beuteerwerb wichtig sind: Einen *Hakenschnabel*, *Greiffüße* und *große, scharfsichtige Augen*. Sie jagen tagsüber und speien von den unverdaulichen Resten *Gewölle* aus. Die Weibchen sind meist größer als die Männchen. Die Jungen sind *Nesthocker*.

Aufgabe

① Gib anhand der Flugbilder in der Randspalte an, wie man die abgebildeten vier Greifvogelarten im Flug unterscheiden kann.

2 Mäusebussard

Greifvögel

Rotmilan

Schwarzmilan

Rotmilan und **Schwarzmilan** unterscheiden sich von den anderen Greifvögeln durch einen gegabelten Schwanz. Der Rotmilan ist etwas größer als ein Bussard und hat rötlich braune Schwanzfedern. Der Schwarzmilan ist bussardgroß und im Gefieder schwarzbraun. Als Nahrung nimmt der Rotmilan Aas, aber auch Vögel, Kleinsäuger, Amphibien und Fische. Er lebt in abwechslungsreichen Landschaften, während der Schwarzmilan mehr in der Nähe von Gewässern zu finden ist. Für beide Milanarten sind eingebrachte Stofffetzen im Horst typisch.

Wanderfalken sind stark vom Aussterben bedroht. Ihre Nahrung besteht fast nur aus Vögeln bis zur Größe eines Eichelhähers, die sie im Flug über offenem Gelände erbeuten. Die Wanderfalken erreichen im steilen *Stoßflug* auf die Beutetiere eine Geschwindigkeit bis zu 300 km/h. Diese Falkenart brütet in steilen Felswänden.

Turmfalken sind die häufigsten Greifvögel Europas. Die etwa taubengroßen Vögel sind auf dem Rücken rotbraun gefärbt. Ihre Flügel sind schmal und spitz zulaufend. Das Schwanzgefieder ist lang und schmal. Charakteristisch ist der *Rüttelflug* in geringer Höhe, bei dem die Falken nach Beute spähen. Haben sie die Beute erkannt, lassen sie sich im *Sturzflug* zur Erde fallen. Zum Schluss bremsen sie mit ausgebreiteten Flügel- und Schwanzfedern ab. Die Beute ergreifen die Turmfalken mit den Fängen und töten sie mit einem Biss des Hakenschnabels in den Nacken. Turmfalken ernähren sich hauptsächlich von Mäusen und anderen Kleinsäugern sowie Jungvögeln, Insekten und Larven. Sie nutzen als Beuterevier offenes Gelände und kommen dabei sogar in Parkanlagen von Großstädten. Ihre Horste legen sie auf Bäumen in alten Krähennestern an oder nutzen Nischen in Gebäuden bzw. Nistkästen.

Der **Habicht** ist bei uns nicht mehr so häufig wie früher. Sein Gefieder ist oberseits graubraun und auf der Unterseite weiß mit graubrauner Querbänderung. In der Nähe von abwechslungsreichen Feldflächen stößt der Habicht überraschend aus der Deckung am Waldrand auf seine Beute zu. Die Beute sind überwiegend Vögel (Tauben, Elstern, Drosseln, Stare, Rebhühner) und Säugetiere (Hasen, Kaninchen, Eichhörnchen). Der Horst wird vorzugsweise in der Krone von Nadelbäumen angelegt.

Der **Steinadler** ist der größte Taggreifvogel Europas, der durch langjährige Bejagung stark gefährdet ist. In den bayerischen Alpen brüten z. B. nur noch wenige Paare. Der Steinadler erkundet im *Segelflug* in großer Höhe sein Jagdgebiet. Der eigentliche Angriff erfolgt dicht über dem Boden. Im Überraschungsangriff ergreift er seine Beute aus einem rasanten *Stoßflug*. Die Nahrung besteht aus Murmeltieren, Schneehühnern, Reptilien und Aas. Der umfangreiche Horst aus Knüppeln und Reisern befindet sich gewöhnlich auf einem Absatz einer senkrechten Felswand, selten auf Bäumen.

Vögel **141**

1 Abfliegende Schleiereule

2 Schleiereule mit Jungen

3 Eulengewölle (rechts zerlegt)

Die Schleiereule — lautloser Jäger in der Nacht

Eulenfuß mit Wendezehe

Schleiereulen waren ursprünglich Felsenbewohner, leben heute aber in Mitteleuropa in der Nähe des Menschen. Sie bewohnen ruhige Schlupfwinkel in Scheunen, Dachböden, Kirchtürmen und zerfallenen Häusern als *Tagesruhesitz* und *Brutplatz*.

Die Schleiereulen jagen hauptsächlich nachts nach Mäusen. Die großen Augen sind so lichtempfindlich, dass sich die Eulen auch bei schwachem Mondlicht gut orientieren können. Die Unbeweglichkeit der Augen gleichen die Eulen durch die enorme Drehbarkeit des Kopfes bis zu 270° aus.

Der herzförmige *Gesichtsschleier* lenkt Schallwellen auf die verdeckten Ohröffnungen. Die Ohren sind der *Leitsinn* bei der Jagd. Schleiereulen können bei absoluter Dunkelheit nur nach Geräuschen Mäuse anfliegen und schlagen. Eine weitere Voraussetzung für diese ungewöhnliche Gehörleistung liegt im Aufbau des Gefieders. Das besonders weiche Gefieder und der fransenartige Kamm an der Außenfahne der Handschwingen verhindern die Entstehung von Windgeräuschen beim Flug. So kann die Eule die Beutetiere orten, die Mäuse dagegen werden nicht durch Geräusche gewarnt.

Hat die Schleiereule eine Maus von einem Ansitz aus erkannt, gleitet sie lautlos zur Erde und greift sie mit den spitz bekrallten *Greiffüßen*. Dabei stehen zwei Zehen nach vorne und zwei nach hinten. Von den drei nach vorne gerichteten Zehen der Eulen kann eine gedreht werden *(Wendezehe)*. Die Maus hat kaum eine Chance zu entkommen. Im Hakenschnabel wird die Beute zum *Brut-* oder *Kröpfplatz* getragen. Dort wird sie mit dem Kopf voran unzerkleinert verschlungen. Einige Stunden nach der Mahlzeit würgt die Eule Unverdauliches (z. B. Haare, Federn, Knochen) als *Gewölle* wieder aus.

Lang anhaltende Winter mit geschlossener Schneedecke bedeuten für viele Schleiereulen den Tod. Sie können nur geringe Fettreserven anlegen, die schnell verbraucht sind, wenn sie keine Beute machen können. Die Anzahl der Eulen nimmt in Jahren mit vielen Mäusen schnell wieder zu. Die Weibchen legen statt 4 bis 7 dann bis zu 12 Eier. Dazu kommt manchmal noch eine zweite Brut im selben Jahr. Das Weibchen brütet vom ersten Ei an 30 bis 34 Tage. Die Jungen schlüpfen im Abstand von jeweils ein bis zwei Tagen. Nach ungefähr 60 Tagen fliegen sie aus und suchen ein eigenes Revier.

Gewölleuntersuchung

Man kann die Eulen nachts bei der Jagd schlecht beobachten. Die *Zusammensetzung der Nahrung* kann man aber durch eine Untersuchung herausfinden. Anhand der Knochen in den Gewöllen kann die Zusammensetzung der Beutetiere bestimmt werden.

① Vor der Untersuchung werden die Gewölle in einem Backofen über mehrere Stunden bei 150 °C erhitzt, um eventuell vorhandene Krankheitskeime abzutöten. Dann kannst du die getrockneten Gewölle auf Zeitungspapier mit Präpariernadeln und spitzen Pinzetten zerzupfen.

② Versuche zunächst anhand der Bestimmungstabelle herauszufinden, von welcher Eulenart das Gewölle stammt.

③ Versuche die Beutetiere und deren Anzahl nach den gefundenen Schädeln und Kieferteilen zu bestimmen. Nach den Untersuchungen musst du deine Hände waschen!

④ Sammelt die Ergebnisse der ganzen Klasse in einer Tabelle!
Kleine Wühlmäuse . . . .
echte Mäuse . . . .
Spitzmäuse . . . .
Vögel . . . .
Lurche . . . .
Restbeute . . . .

⑤ Forscher haben die Zusammensetzung der Eulennahrung anhand von Gewöllen ermittelt. Die Ergebnisse sind in der Tabelle dargestellt. Vergleiche eure Ergebnisse mit der Tabelle.

⑥ Gib die Unterschiede und Gemeinsamkeiten in der Nahrung der vier Eulenarten an.

⑦ Versuche aus den Knochen der Gewölle nach der Vorlage ein vollständiges Mäuseskelett auf ein Blatt Papier aufzukleben. Dein Ergebnis kannst du mit einer selbst klebenden, durchsichtigen Klarsichtfolie schützen.

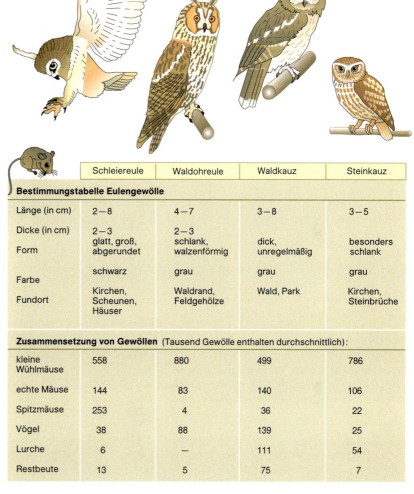

	Schleiereule	Waldohreule	Waldkauz	Steinkauz
Bestimmungstabelle Eulengewölle				
Länge (in cm)	2–8	4–7	3–8	3–5
Dicke (in cm)	2–3	2–3		
Form	glatt, groß, abgerundet	schlank, walzenförmig	dick, unregelmäßig	besonders schlank
Farbe	schwarz	grau	grau	grau
Fundort	Kirchen, Scheunen, Häuser	Waldrand, Feldgehölze	Wald, Park	Kirchen, Steinbrüche
Zusammensetzung von Gewöllen (Tausend Gewölle enthalten durchschnittlich):				
kleine Wühlmäuse	558	880	499	786
echte Mäuse	144	83	140	106
Spitzmäuse	253	4	36	22
Vögel	38	88	139	25
Lurche	6	—	111	54
Restbeute	13	5	75	7

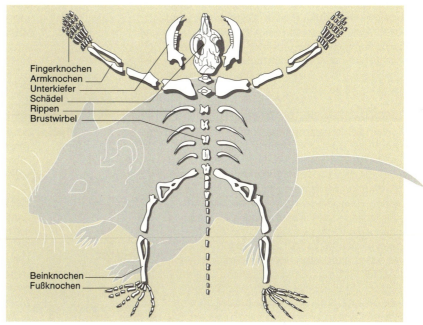

1 Stockentenweibchen mit Jungen

Die Stockente — ein typischer Schwimmvogel

Auf einem Teich kann man oft zahlreiche *Wasservögel* sehen. Neben den weißen, ruhig schwimmenden Höckerschwänen fallen die zahlreichen, pechschwarzen Bläßrallen mit weißem Stirnfleck und Schnabel auf. Vereinzelt sieht man Teichrallen, Haubentaucher und Reiherenten. Doch in den meisten Fällen sind **Stockenten** am häufigsten vertreten.

Stockenten sind als typische *Schwimmvögel* besonders gut an das Leben im Wasser angepasst. Ihren kahnförmigen Körper treiben sie im Wasser mit *Schwimmfüßen* voran. Zwischen den drei nach vorne gerichteten Zehen befinden sich *Schwimmhäute*. Beim Rückwärtsschlag eines Fußes sind die Schwimmhäute ausgebreitet und drücken die Ente vorwärts. Der andere Fuß wird gleichzeitig mit zusammengelegten Zehen nach vorne gezogen.

Die Stockenten werden im Wasser, ähnlich wie ein Schlauchboot, von einem Luftpolster getragen. Die Luft hält sich zwischen dem lockeren Dunengefieder. Die Deckfedern schließen das Dunengefieder nach außen ab. Stockenten fetten ihre Federn mit *Talgabscheidungen* aus der an der Schwanzwurzel liegenden *Bürzeldrüse* ein und machen das Gefieder dadurch wasserabstoßend. Da Luft und Fett schlechte Wärmeleiter sind, geht kaum Körperwärme an das Wasser verloren. Zusammen mit dem Fettpolster unter der Haut verhindert die eingeschlossene Luftschicht, dass die Enten im Wasser auskühlen.

Erpel
männliche Ente

Im Herbst lassen sich manchmal die *Balz* und Paarbildung der Stockenten beobachten. Die *Begattung* erfolgt erst im darauf folgenden Frühjahr. Das Weibchen legt dann im April oder Mai 7 bis 11 grünlich bräunliche Eier in das *Bodennest*. Nach 28 Tagen schlüpfen die Jungen aus und folgen der Mutter sofort auf das Wasser. Die kleinen *Nestflüchter* können gleich schwimmen und ernähren sich selbstständig. Das Weibchen betreut die Jungen noch acht Wochen, bis sie auch fliegen können.

Am flachen Ufer des Teiches kann man Enten oft beim *Gründeln* beobachten. Dabei ragt ihr Hinterkörper senkrecht aus dem Wasser. Mit dem Kopf unter Wasser nehmen sie nahrungshaltigen Schlamm auf. Die Enten pressen dann mit der Zunge das Wasser durch die Hornleisten des Schnabels und die gefransten Ränder der Zunge nach außen. Diese Teile des Schnabels wirken wie ein Küchensieb. Man spricht von einem *Seihschnabel*. Darin bleiben Würmer, Insektenlarven, Schnecken, Laich und Wasserpflanzen als Nahrung zurück und werden verschluckt.

Nach der Art der Nahrungssuche unterscheidet man bei den Enten **Schwimmenten**, die gründeln, und **Tauchenten**, die tiefer im Wasser liegen und tauchend ihre Nahrung suchen. Zu den Schwimmenten gehören neben der Stockente auch die selteneren *Krick-* und *Knäkenten*. Beispiele für heimische Tauchenten sind *Tafel-*, *Reiher-* und *Schellente*.

Wasservögel

Die **Teichralle** läuft mit ihren *Stelzfüßen* geschickt über große Blätter von Schwimmpflanzen und pickt von diesen Insekten, Schnecken und Froschlaich auf. Ihr Nest baut sie versteckt im Gebüsch am Ufer. Das Weibchen legt 8 – 10 Eier in das Nest.

Die **Blessralle** trägt an drei Zehen Schwimmlappen. Mit diesem *Lappenfuß* kann sie schnell schwimmen und sprungtauchen. Sie ernährt sich hauptsächlich von Wasserpflanzen, Insekten und deren Larven. Blessrallen bauen ihre Nester versteckt im Schilf. Das Gelege besteht aus 7 – 9 Eiern.

Der **Haubentaucher** lebt auf den freien Wasserflächen größerer Seen. Er taucht normalerweise bis zu 6 m tief und bis zu einer Minute lang, um unter Wasser Fische zu fangen. Sein *Schwimmnest* aus faulenden Pflanzenteilen liegt am Rande des Schilfgürtels. Beim Verlassen des Nestes tarnt das Weibchen die 4 Eier jeweils mit losen Halmen und Blättern. An Land wirken Haubentaucher sehr unbeholfen, da die weit hinten am Körper ansetzenden Beine nur ein schwerfälliges Gehen ermöglichen.

Höckerschwäne zählen mit einem Gewicht bis zu 13 kg zu den größten flugfähigen Vögeln. Sie brüten an stehenden und langsam fließenden Gewässern mit reichlich Wasserpflanzen am Ufer. Der Schwan erreicht die Pflanzen mit seinem langen Hals bis in 1,5 m Wassertiefe und rupft sie ab. Das Weibchen baut das Nest aus groben Pflanzenteilen, die es in der Umgebung abreißt. Im Inneren des Nestes verwendet es zusätzlich feineres Material und einige Dunen. Das Weibchen bebrütet die 5 – 7 Eier alleine, das Männchen bewacht und verteidigt in dieser Zeit den Brutplatz. Nach 35 Tagen schlüpfen die zunächst grauen *Dunenjungen*. Sie bleiben dann noch wochenlang mit den Altvögeln als Familie zusammen.

Die **Tafelente** gehört zu den Tauchenten. Das Männchen ist in seinem *Prachtkleid* an Kopf und Hals rosarot, an der Vorderbrust schwarz gefärbt. Nach der Nahrung (hauptsächlich Blätter und Triebe von Wasserpflanzen, auch Weichtiere und Insekten) tauchen Tafelenten bist zu 5 m tief. Das Nest mit 6 – 13 Eiern befindet sich im Röhricht oder ist ein *Schwimmnest*.

Die **Reiherente** ist kleiner als die Stockente. Der Erpel ist in seinem *Prachtkleid* an Kopf, Brust und Rücken schwarz. Reiherenten tauchen nach Schnecken, Muscheln und Würmern. In das Nest, das sie an Land zwischen Seggen und Binsen bauen, legt das Weibchen 5 – 12 Eier.

Vögel **145**

Schnäbel und Füße verraten sie

Vögel halten sich in den verschiedensten Lebensräumen auf. Für jeden Lebensraum sind andere Angepasstheiten erforderlich, um sich ernähren und fortbewegen zu können. Die Angepasstheiten werden deutlich, wenn du die *Fußtypen* in Beziehung zur typischen Fortbewegungsweise setzt und überprüfst, wie der *Schnabeltyp* zum Fressen der bevorzugten Nahrung als Werkzeug dienen kann.

Rosapelikan

Der Rosapelikan fischt in Gruppen. In fischreichen Seen Ostafrikas schwimmen 6 bis 10 Vögel hufeisenförmig — angetrieben durch ihre Schwimmfüße — auf das Ufer zu. Dabei tauchen ihre Schnäbel, die auf der Unterseite einen weit dehnbaren Kehlsack besitzen, im Gleichtakt in das Wasser. Mit dem Kehlsack werden die Fische wie mit einem Netz herausgefischt. Der Haken am Oberschnabel verhindert, dass Fische aus dem Kehlsack entweichen können.

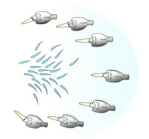

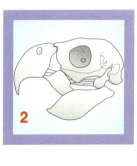

Zwergflamingo

Der Zwergflamingo seiht und brütet in Kolonien. Im Nakuru-See leben über 2 Millionen Tiere zusammen. Sie laufen beim Start zum Flug mit ihren Stelzenbeinen über die Wasseroberfläche, dabei sind die Schwimmhäute zwischen den drei vorderen Zehen des Schwimmfußes ausgebreitet. Zur Nahrungsaufnahme waten die Flamingos durch das flache Wasser. Sie halten den Kopf mit dem abgeknickten Oberschnabel nach unten in den Schlamm und wühlen ihn auf. Mit zurückgezogener Zunge und Pumpbewegungen des Halses werden durch die Schnabelspitze Wasser und Schlamm eingesogen und danach mit der Zunge das Wasser bei geschlossenem Schnabel wieder nach außen gedrückt. Auf der Innenseite des Oberschnabels und in den Haken der Zunge bleiben Algen und Krebschen hängen und werden geschluckt. Der Farbstoff Carotin der Krebschen färbt das Gefieder rosa.

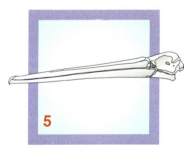

Strauß

Strauße sind Laufvögel der afrikanischen Savanne. Männchen werden bis 150 kg schwer und 3 m hoch. Sie sind also die größten lebenden Vögel. Mit den langen Beinen erreicht der Strauß Schrittlängen von 3 bis 4 Meter und eine Geschwindigkeit bis zu 80 km pro Stunde. Die Beine sind durch einen langen Lauf und nur 2 Zehen gekennzeichnet *(Lauffuß)*. Strauße leben mit Antilopen, Zebras und Gnus in großen Herden zusammen. Nähern sich Feinde, warnen Strauße, wenn sie diese mit ihrem guten Sehvermögen ausmachen. Strauße fressen Pflanzen, Wurzeln, auch Insekten, Reptilien und kleine Nagetiere.

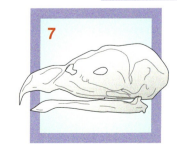

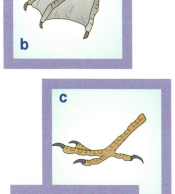

Grünling

Der Grünling frisst bevorzugt Pflanzennahrung. Dieser *Grünfink* ist ungefähr sperlingsgroß und überwiegend grün gefärbt. Er baut in dichtem Gebüsch von Gärten und Parkanlagen Mitteleuropas seine napfförmigen Nester. Dazu sitzt er sicher auf einem Zweig, ohne Muskelkraft zu benötigen. Seine Gelenke an Knie und Lauf beugen sich, die Sehnen werden gespannt, sodass die Zehen den Zweig automatisch umklammern *(Sitzfuß)*.

Der Schnabel des Grünfinks ist kegelförmig. Er ist geeignet, Samen aufzuknacken und heißt deshalb *Körnerfresserschnabel*. Neben Samen von Gräsern, Kräutern und Bäumen bevorzugen diese Finken Beeren und Früchte. Lediglich für die eigene Brut, die Nestlinge, tragen die Eltern kleine Insekten als Nahrung ein.

Steinadler

Der Steinadler — ein Greifvogel — jagt in den Alpen. Aus einem Überraschungsangriff über dem Boden ergreift er mit den langen spitzen Krallen seiner Zehen Murmeltiere als Beute. Mit dem Reißhaken und dem kräftigen Schnabel *(Hakenschnabel)* zerteilt er leicht seine tierische Nahrung.

Gelbhaubenkakadu

Der Gelbhaubenkakadu ist ein Kletterkünstler aus Australien. Seinen Namen verdankt er dem gelben Federschopf am Kopf. In Schwärmen suchen die Kakadus nach Nahrung. Sie besteht im Wesentlichen aus Grassamen, aber auch aus Früchten, Beeren und Nüssen. In dem kürzeren, etwas breiteren Unterschnabel kann eine Nuss lagern, die dann im Zusammenwirken mit dem hakenförmigen, beweglichen Oberschnabel geknackt wird *(Nussknackerschnabel)*. Mit der Zunge und dem Schnabel löst der Papagei geschickt das Fruchtfleisch aus den Samenhüllen. Zum Festhalten der Nahrung setzt der Papagei auch seine Füße ein. Er kann einen der drei Vorderzehen nach hinten schwenken, sodass sich je zwei Zehen gegenüberstehen. Diese Anordnung ist auch zum Klettern sehr hilfreich *(Kletterfüße)*.

Graureiher

Der Graureiher fischt in den Uferzonen von Seen. Still steht ein Graureiher am Ufer eines deutschen Sees. Die drei langen Vorderzehen sind am Stelzenbein weit auseinander gespreizt und verhindern das Einsinken in den weichen Untergrund. Der s-förmig gebogene Hals ist völlig im Gefieder verborgen. Plötzlich stößt der Reiher seinen Kopf explosionsartig vor, der Hals scheint sich zu verlängern und mit dem langen spitz zulaufenden Schnabel *(Pinzettenschnabel)* greift er den Fisch. Auf feuchten Wiesen fängt er auch Lurche, Insekten und Mäuse. In der Umgebung der Seen errichten die Reiher meist in Kolonien auf hohen Bäumen ihre Nester.

Aufgaben

① Die Reihenfolge der Texte, Schädel mit Schnäbeln und die Fußabbildungen sind durcheinander geraten. Versuche, jeder beschriebenen Vogelart den richtigen Schnabel und den richtigen Fuß zuzuordnen.

② Fasse die Ergebnisse in einer Tabelle nach folgendem Muster zusammen: Vogelart, Erdteil, Schnabeltyp, Fußtyp.

③ Links findest du auch Abbildungen von Werkzeugen. Erkläre für alle Werkzeugbeispiele, wie Vögel die vergleichbaren Leistungen mit ihren Schnäbeln vollbringen.

Vögel

4 Bedrohte Lebensräume — bedrohte Vögel

Watvögel leben im Grenzgebiet zwischen Wasser und Luft

Zur Zeit des Vogelzugs halten sich an der Nordseeküste Schwärme von Watvögeln auf. Hierzu gehören u. a. Uferschnepfe, Flussregenpfeifer, Großer Brachvogel, Austernfischer und Kiebitz. Sie bewohnen Meeresstrände, Sümpfe, Uferzonen von Seen und Flüssen sowie feuchte Wiesen. Gemeinsam ist vielen Watvögeln ihr Angepasstsein an ihren Lebensraum.

Die *Uferschnepfen* waten mit ihren langen ungefiederten Beinen wie auf Stelzen durch die Schlammbänke am Ufer von Flüssen und Seen. Drei spreizbare Zehen nach vorne und eine nach hinten verhindern ein Einsinken im weichen Grund. Auch wenn der Vogel lange im kalten Wasser steht, verliert er wenig Wärme. Die Wärme des in die Beine hinabtransportierten Blutes wird von anderen Blutgefäßen zum Körper zurücktransportiert. Die langen Beine verhindern, dass das Gefieder des Rumpfes nass wird. Zur Nahrungsaufnahme stochert die Uferschnepfe mit ihrem Schnabel im Schlamm und erkennt Insekten, Weichtiere und Würmer mit dem empfindlichen Tastsinn im Schnabel.

Wegen dieser hervorragenden Angepasstheit der Watvögel an ihren Lebensraum gehört ein Großteil von ihnen zu den *bedrohten Arten*. Denn mit dem Verschwinden ihrer Lebensräume fehlen auch Nahrungs- und Nistplätze. Je mehr eine Tierart Spezialist für einen bestimmten Lebensraum ist, umso schwerer fällt ihr das Überleben in einem andersartigen bzw. einem verändertem Lebensraum.

1 Verschiedene Watvögel bei der Nahrungssuche am Gewässer

Der Kiebitz — ein Vogel der Feuchtwiesen

Am Niederrhein kehren die Kiebitze Ende Februar oder Anfang März vom Winterzug zurück. Im Frühjahr führen die Männchen der Kiebitze, leicht erkennbar am typischen Federschopf, auffällige Balzflüge mit Sturzflügen, Kapriolen und lauten Fluggeräuschen aus.

Als ursprüngliche Bewohner feuchter Wiesen, Moore und verlandeter Teiche brüten die Kiebitze heute, da geeignete Brutplätze fehlen, sogar auf trockenen Äckern. Ihre Nester bestehen aus einer gescharrten und gedrehten Mulde, die sie mit Pflanzenteilen auslegen. Die Weibchen legen bereits Ende März vier birnenförmige Eier. Nach 25 bis 30 Tagen schlüpfen die Jungen. Die Nestflüchter tragen ein gesprenkeltes Daunenkleid. Bei Gefahr stoßen die Eltern Warnrufe aus. Die Jungen flüchten in Deckung, stellen sich tot und sind durch ihre Tarnfarbe geschützt. Nach fünf Wochen werden die Jungen flügge. Der Nistplatz auf dem Acker birgt aber eine Reihe von Gefahren, die jedes Jahr zu hohen Verlusten bei der Brut führt. Nicht nur frei laufende Hunde, sondern auch die intensive Nutzung der Äcker durch die Landwirtschaft bedrohen die Kiebitzgelege. Bei dem Verlust der Brut kommt es bei den Kiebitzen zwar zu Nachgelegen, aber dennoch haben die gut getarnten Jungvögel keine Überlebenschance bei einer großflächigen maschinellen Bearbeitung des Ackers zur Brutzeit.

1 Feuchtgebiete als Lebensraum
2 Weißstorch im Nest mit Jungen

Ohne Feuchtgebiete kann der Storch nicht überleben

Der Weißstorch gehörte ursprünglich zu den typischen Vogelarten der naturnahen Kulturlandschaft am unteren Niederrhein. Doch durch die zunehmende Entwässerung der Rheinniederungslandschaft und der folgenden intensiven landwirtschaftlichen Nutzung sowie durch die Begradigung vieler Fluss- und Bachläufe und die zunehmende Bebauung und Erschließung der Überflutungs- und Auenbereiche war im Jahr 1946 der Brutbestand des Storches am unteren Niederrhein erloschen.

Nachdem 1987 größere Teile des Gebietes unter Naturschutz gestellt wurden, sind wieder regelmäßig Weißstörche zu beobachten. Das Errichten von Nestkörben wurde 1996 mit der erfolgreichen Brut eines Storchenpaares belohnt. In den Folgejahren waren die Bruten der nistenden Störche nicht immer erfolgreich, aber in der Region setzten sich viele Naturschützer für ihre Störche ein.

Um die Nahrungsgrundlage der nistenden Weißstorchpaare zu verbessern, wurden durch Naturschutzverbände und das Land Nordrhein-Westfalen Weide- und Ackerflächen aufgekauft. Durch eine naturschonende Bewirtschaftung dieser Flächen wird den Störchen eine bessere Möglichkeit zur Nahrungssuche geboten, denn die Störche benötigen Feuchtgebiete und offene Landschaften. Hier finden sie zahlreiche Wasserinsekten, Frösche und gelegentlich Fische. Auf den umliegenden Feldern bevorzugen sie Mäuse, Regenwürmer, Insekten, seltener auch Maulwürfe oder sogar Schlangen.

Eine weitere Schutzmaßnahme ist, die freien Stromleitungen unter die Erde zu legen. Denn jährlich werden ca. 500 durch Großvögel verursachte Kurzschlüsse an diesen Stromleitungen registriert, wodurch z. B. jeder zweite der in Deutschland beringten Störche verendet.

Die Bruterfolge der letzten Jahre belegen, dass der Weißstorch den unteren Niederrhein langsam wieder als Brutgebiet zurückerobert. Damit werden die langjährigen Aktivitäten zum Schutz der Feuchtwiesen belohnt. Wenn an Kleingewässern, auf geringer bewirtschafteten Wiesen und auf Ackerrandstreifen genügend Nahrung zu finden ist, kann der Storch in Zukunft wieder erfolgreich brüten und Junge großziehen.

Aufgaben

① Vergleiche die Anzahl der Brutpaare des Weißstorchs in den vier Bundesländern. Überlege dir Gründe, weshalb die Ergebnisse der verschiedenen Bundesländer so unterschiedlich ausfallen.
② Welche Maßnahmen können die Brutsituation des Weißstorches in Deutschland noch mehr verbessern?
③ Diskutiert Vor- und Nachteile einer zusätzlichen Fütterung von Weißstörchen.

Jahr 2000		Baden Württemberg	Brandenburg	Mecklenburg-Vorpommern	Nordrhein-Westfalen
Fläche in km²		35 865 km²	29 477 km²	23 171 km²	34 080 km²
Anzahl Einwohner		10 475 900	2 601 200	1 789 300	17 999 800
Einwohner pro km²		293	88	77	528
Anzahl Vogelschutzgebiete		317	12	15	6
Fläche Vogelschutzgebiete		240 km²	2 243 km²	2 697 km²	265 km²
Weißstorchbrutpaare	1994	0	1270	1273	6
	1995	0	1260	1146	6
	1996	0	1354	1223	6
	1997	0	1127	1016	5
	1998	40	1316	1188	7
	1999	45	1357	1157	7
	2000	57	1405	1177	10

3 Bestandsentwicklung der Brutpaare des Weißstorches in Deutschland

Wildgänse sind gefährdet

Am unteren Niederrhein kann man in jedem Winter ein einmaliges Naturschauspiel beobachten, wenn Tausende von Wildgänsen zum Überwintern eintreffen. Schon ab Mitte Oktober sind die ersten keilförmigen Flugformationen der Bless-, Grau- und Saatgänse zu beobachten. Am häufigsten sind die Blessgänse vertreten, erkennbar an einer weißen Federblesse um den Schnabelgrund herum. Außerdem sind der Bauch und die Flanken deutlich dunkel gebändert.

Die Brutgebiete der Blessgänse liegen in der Arktis, vor allem im nördlichen Sibirien. Dort leben und brüten in jedem Sommer knapp eine Million Tiere. Etwa ein Fünftel davon überwintert am Niederrhein und im angrenzenden Holland. Das war nicht immer so. Noch vor 50 Jahren wurden nur etwa 1000 Wildgänse gezählt. Seitdem hat die Zahl stark zugenommen und liegt seit 20 Jahren auf etwa gleicher Höhe.

Die Vögel benötigen zum Schlafen und Trinken große, freie Wasserflächen. Tagsüber fressen sie sich Fettreserven für den Rückflug an, denn nur wohl genährte Tiere haben eine Chance, in den sibirischen Sommerquartieren erfolgreich zu brüten.

auffliegende Blessgänse

Nicht nur der anstrengende Rückflug gefährdet den Bestand der Wildgänse. Im Winterquartier benötigen die Tiere vor allem Ruhe, um sich ein Fettpolster anzufressen. In Deutschland ist die Jagd auf Wildgänse zwar seit mehr als 30 Jahren verboten, aber immer wieder fordern Landwirte Maßnahmen, weil die Vögel auf Feldern und Wiesen Schaden anrichten. Auch unkundige Spaziergänger oder mitgeführte Hunde scheuchen die Gänse manchmal auf. Wenn das mehrmals am Tag geschieht, können sie keine Fettreserven anlegen.

Es sind also nicht nur die Bejagung oder die Zerstörung von Brutplätzen, die dazu führen, dass viele Vogelarten gefährdet sind. Für den Fortbestand der Wildgänse sind in den Überwinterungsgebieten vor allem Ruheräume und Äsungsplätze wichtig. In Nordrhein-Westfalen werden deshalb die Landwirte finanziell entschädigt, auf deren Äcker oder Weiden durch Wildgänse ein Ernteausfall entstanden ist.

Aufgabe

1. Wie unterscheiden sich Bless-, Grau- und Saatgänse voneinander?

Zettelkasten

Die rote Liste

Für die *rote Liste* werden in einem bestimmten Gebiet alle vorkommenden Tier- und Pflanzenarten zahlenmäßig erfasst. Es gibt z. B. eine rote Liste für die Bundesrepublik Deutschland und eine für Nordrhein-Westfalen. Außerdem gibt es regionale Listen, etwa für das Münsterland oder den Niederrhein. So kann man feststellen, welche Arten in diesen Gebieten mit welcher Häufigkeit anzutreffen sind.

Das Führen von roten Listen zeigt auch Veränderungen im Gefährdungsgrad der Tier- und Pflanzenarten. So weiß man zum Beispiel, dass von den 194 in Nordrhein-Westfalen heimischen Vogelarten etwa die Hälfte gefährdet ist (Kat. 1 – 3). Im Vergleich zu einer Einstufung von 1986 haben sich hier für 23 Arten die Lebensbedingungen verschlechtert. Es gibt aber auch 16 Arten, die weniger oder nicht mehr gefährdet sind. Ein Beispiel dafür ist der **Kormoran**.

Rote Listen werden seit 1977 geführt und regelmäßig auf den neuesten Stand gebracht. In der roten Liste sind Tiere bzw. Pflanzen vor allem nach dem Grad ihrer Gefährdung eingetragen. Man unterscheidet dabei mehrere Kategorien:

0: ausgestorben / verschollen
1: vom Aussterben bedroht
2: stark gefährdet
3: gefährdet
4: möglicherweise gefährdet

Bedrohte Vogelarten

Folgende Beispiele zeigen einige Arten, die aus den unterschiedlichsten Gründen gefährdet sind oder waren. (Kategorien: rote Liste für die Bundesrepublik Deutschland)

Der **Fischadle**r (Kat. 3) ernährt sich ausschließlich von Fischen. Interessante Angepasstheiten an diese Lebensweise zeigen die Füße: Die äußeren Zehen können nach innen gedreht werden und so die glitschige Beute gut greifen. Die Krallen sind scharf und auffällig lang. Da der Fischadler sich vor allem von kranken oder geschwächten Fischen ernährt, richtet er keinen wirtschaftlichen Schaden an. Dennoch wurde er bejagt.

Der **Seeadler** wird mit einer Spannweite von maximal 2,5 m deutlich größer als der Fischadler. Auch er wird von Fischzüchtern nicht gern in der Nähe ihrer Fischteiche gesehen. Er ist gefährdet (Kat. 3), nur noch wenige Paare brüten an der Mecklenburgischen Seenplatte. Er ernährt sich von Fischen, Wasservögeln und kleinen Säugetieren, gelegentlich auch von Aas. Die noch verbliebenen Horste der Seeadler werden von Naturschützern streng bewacht und so vor Nesträubern geschützt.

Der **Kranich** bevorzugt als Lebensraum die weiten Flächen großer Moorgebiete. Mit seinen langen Stelzbeinen kann er sich in diesem Lebensraum gut fortbewegen. Die scheuen Vögel sind in den dicht besiedelten Landschaften Mitteleuropas selten geworden, in Skandinavien sind sie noch häufiger anzutreffen. In seiner Nahrung ist der Kranich nicht wählerisch, er frisst jede Art von Kleintieren und auch Pflanzen. Mit seinem langen Schnabel kann er seine Beute gut greifen. Kraniche sind Zugvögel. In der typischen Keilformation fliegende Kraniche zeigen ein beeindruckendes Naturschauspiel. Die Schutzmaßnahmen für den Kranich waren in den letzten Jahren so erfolgreich, dass er nicht mehr als gefährdet gilt.

Der **Schwarzstorch** ist etwas kleiner als der Weißstorch und deutlich dunkler gefärbt. Auch er ist ein Zugvogel. Als Lebensraum bevorzugt er feuchte Laubwälder, in denen geeignete Nahrungsgewässer vorhanden sein müssen. Er brütet auf Bäumen. Nicht nur durch die Zerstörung seiner Lebensräume, sondern auch durch die Jagd wurde die Zahl der Schwarzstörche stark dezimiert. Nur noch wenige Paare leben in Brandenburg, Mecklenburg und der Lüneburger Heide (Kat. 3).

Wasseramseln leben an schnell fließenden Bächen oder schmalen Flüssen im Mittelgebirge. Sie ernähren sich von wasserbewohnenden Insektenlarven und anderen kleinen Tieren, die sie tauchend erbeuten. Die Wasseramsel springt dabei von einem Stein ins Wasser und erreicht mit wenigen Flügelschlägen den Bachgrund. Dort läuft sie mit schräg nach vorn gebeugtem Körper und angewinkelten Flügeln gegen die Strömung. Zwischen den Kieselsteinen pickt sie ihre Beute auf. Die normale Tauchzeit beträgt 5 bis 10 Sekunden (Kat. 3).

Eisvögel leben an ruhigen, klaren und fischreichen Gewässern. Dort benötigen sie Steilwände aus Sand, Löss oder Torf, in die sie ihre Bruthöhle graben können. Von einem Ansitz aus lauern die Eisvögel auf kleine Fische, wie zum Beispiel Stichlinge und Elritzen, die sie stoßtauchend erbeuten und mit dem Kopf voran verschlucken. Der Eisvogel gehört, wie die Wasseramsel, zu den gefährdeten Vogelarten (Kat. 3). Durch Veränderung des Uferbereichs fehlen geeignete Nistplätze und die Verschmutzung der Gewässer entzieht den Tieren die Nahrungsgrundlage.

Vögel

Blüte

Blütenpflanzen
Bau und Leistung

Bestäubung
Befruchtung

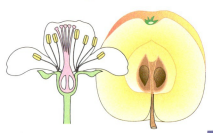

Frucht

„Pflanzen sind langweilig!" Ähnliche Bemerkungen kann man häufig hören, wenn es darum geht, Pflanzenkunde in der Schule zu beginnen. Das mag zwar bei oberflächlicher Betrachtung so erscheinen, denn Pflanzen sind unbeweglich und werden von manchen Menschen deshalb noch nicht einmal für Lebewesen gehalten. Doch der Schein trügt. Obwohl Pflanzen nur aus wenigen Grundorganen bestehen, zeigen sie doch eine große Vielfalt in der Ausgestaltung von Sprossachse, Blatt und Wurzel. Diese Organe ermöglichen es den Pflanzen, sich zu ernähren, zu wachsen und sich fortzupflanzen. Weißt du, wie das alles geschieht?

Spross

Blatt

Wurzel

W u c h s f o r m

1 Aufbau einer Blütenpflanze

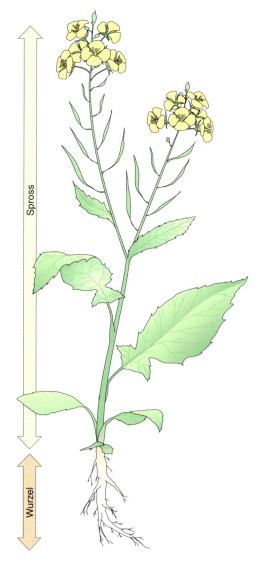

Blüte

Die Blüte besteht aus vier grünen, waagerecht abstehenden Kelchblättern, vier gelben Blütenblättern, zwei kurzen und vier langen Staubblättern sowie dem Stempel. Aus der Blüte entwickelt sich die Frucht, eine Schote.

Sprossachse

Der grüne, krautige Stängel, auch Sprossachse genannt, kann etwa 50 cm lang werden. Er ist rundlich, borstig behaart und bei kräftigen Pflanzen stark verzweigt. Der Stängel trägt die Blüten und Blätter.

Blatt

Die länglichen Laubblätter sitzen unregelmäßig am Stängel. Sie sind tief eingebuchtet; der Blattrand ist gezähnt. Die Blattadern verlaufen wie die Fäden eines Netzes. Das Blatt heißt deshalb netzadrig. Die unteren Blätter besitzen nur einen kleinen Blattstiel.

Wurzel

Die Wurzel ist gelblich bis braun gefärbt, niemals grün. Von der dicken Hauptwurzel zweigen viele dünnere Nebenwurzeln ab.

1 Steckbrief des Ackersenfs

Der Ackersenf — Steckbrief einer Blütenpflanze

Im Unterricht der Grundschule hast du sicherlich schon einige *Blütenpflanzen* und ihren Aufbau kennen gelernt. Am Beispiel des Ackersenfs kannst du nun wiederholen, was du noch weißt.

Blühenden *Ackersenf* kannst du von Mai bis September auf Schuttplätzen, Äckern und an Wegrändern finden. An seinen gelben Blüten ist er leicht zu erkennen. Grabe eine gut entwickelte Pflanze aus und spüle das Erdreich ab. Stelle sie in ein wassergefülltes Glas und notiere alle Einzelheiten, die dir auffallen. So erhältst du den Steckbrief des Ackersenfs, wie er oben abgedruckt ist.

Die *Blüten* sind bei einer Pflanze meist besonders auffällig. Ohne Blüten würdest du den Ackersenf sicher nicht so leicht erkennen. Deshalb wollen wir zunächst den Aufbau der Blüte und ihrer Bestandteile untersuchen. Zum Zergliedern der Blüte benötigst du eine Präpariernadel und eine Pinzette, für das Erkennen von Einzelheiten eine Lupe.

Die Blüte:

eine Kreuzblüte

Der Blütenstand:

eine Traube

Die Frucht:

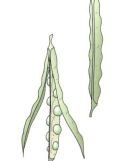

eine Schote

Aufbau einer Blüte

Als äußere Hülle erkennt man an den Blütenknospen vier grüne *Kelchblätter*. Sie umgeben schützend die übrigen Blütenbestandteile. Bei der geöffneten Blüte stehen die Kelchblätter waagerecht ab. Versetzt dazu folgen weiter nach innen vier gelbe *Blütenblätter*, die auch als *Kronblätter* bezeichnet werden. Man kann bei ihnen einen breiten oberen Teil und einen schmalen, nach unten abknickenden Teil unterscheiden.

Auf die Blütenblätter folgen zwei kurze und viele lange *Staubblätter*. Jedes besteht aus dem *Staubfaden* und einem verdickten *Staubbeutel*. Im Mittelpunkt der Blüte befindet sich der keulenförmige *Stempel*. Der obere, schmale Teil des Stempels heißt *Griffel*. Der Stempel endet in der knopfförmigen *Narbe*. Er wird aus zwei miteinander verwachsenen *Fruchtblättern* gebildet. Das wird deutlich, wenn man den Stempel im unteren Drittel, dem *Fruchtknoten*, quer durchschneidet. Dann erkennt man im Inneren zwei getrennte Fächer.

Das Legebild (Abb. 2) und der Blütengrundriss (Abb. 3) zeigen deutlich die Anordnung und Anzahl der einzelnen Blütenbestandteile. Wegen der Form nennt man die Blüte des Ackersenfs eine *Kreuzblüte*. Entsprechend der Anzahl von Kelch- und Blütenblättern bezeichnet man sie als *vierzählig*.

Am Ende eines jeden Triebes sitzen viele kurzgestielte Einzelblüten übereinander. Sie bilden gemeinsam einen *Blütenstand*, der wegen seiner Form *Traube* heißt. Jede Blüte bleibt etwa zwei Tage lang geöffnet. Dann entwickelt sie sich weiter zu einer länglichen Frucht. Wenn diese reif ist, springen die zwei Klappen der Frucht auf, sodass die runden, schwarzen Samen herausfallen können. Eine solche Frucht mit zwei Samenfächern heißt *Schote*.

Aufgaben

1. Zergliedere eine Ackersenfblüte. Klebe die Teile entsprechend Abbildung 2 in dein Heft und beschrifte.
2. Gib für einige Schoten die Anzahl der Samen an. Zähle die Blüten und Früchte an einer gut entwickelten Pflanze. Rechne aus, wie viele Samen diese Pflanze in einem Jahr erzeugen könnte.
3. Schneide eine Knospe quer durch und vergleiche mit dem Blütengrundriss.
4. Versuche herauszubekommen, woraus Senf hergestellt wird und berichte davon.

1 Einzelblüte des Ackersenfs

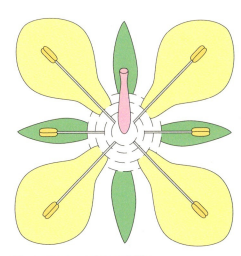

2 Legebild der Ackersenfblüte

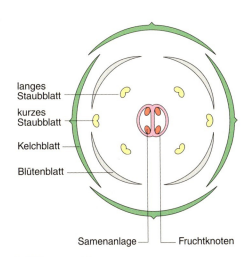

3 Blütengrundriss

Aufbau und Leistung

Zettelkasten

Wildtulpen

Die Herkunft der Gartentulpe

Die *Gartentulpe* stammt von Wildformen ab, die in den Steppengebieten Vorderasiens beheimatet sind. Aber auch bei uns kommt in Obstgärten und Weinbergen eine weißgelb blühende *Wildtulpe* vor, die unter Naturschutz steht.

In Vorderasien wurde die Tulpe schon vor 4000 Jahren gezüchtet. Später wurde diese Tradition in den Gärten der türkischen Sultane weitergeführt. Ihren Namen verdankt diese Blume der turbanähnlichen Blüte (*Turban* = türk. *tülbend*). Nach Europa kamen die ersten „Turbanblumen" dann im 16. Jahrhundert. Besonders in den Niederlanden begeisterten sich die Menschen für diese Pflanzen und zahlten viel Geld für Zwiebeln einer neuen Sorte. Seither hat die Tulpe in Holland eine neue Heimat gefunden. Viele Menschen dort leben von der Zucht und vom Handel mit Tulpen und Tulpenzwiebeln.

Verschiedene Sorten von Gartentulpen

Blüte

Stängel

Laubblatt

Zwiebel

Wurzeln

Die Gartentulpe — ein weiterer Pflanzensteckbrief

Von März bis Mai blühen in Gärten und Parkanlagen die Gartentulpen. Es gibt sie in vielen verschiedenen Sorten, die sich vor allem in Farbe und Form ihrer Blüten, aber auch in der Wuchshöhe unterscheiden. Wir wollen den Bau der Gartentulpe von der Wurzel bis zur Blüte hin beschreiben.

An den hellbraunen *Wurzeln* sind keine Haupt- und Nebenwurzeln zu unterscheiden. Alle Wurzeln sehen gleich aus; sie sind fadenförmig und unverzweigt. Sie entspringen an der Unterseite der Zwiebel.

Oben aus der Zwiebel wächst der runde *Stängel* heraus. Er ist unverzweigt und trägt außer den Blättern die große, auffällig gefärbte Blüte. Die *Laubblätter* sind wechselständig angeordnet. Die Blattadern verlaufen parallel zueinander; solche Blätter nennt man *paralleladrig*. Sie sitzen ohne Stiel direkt am *Stängel* und umfassen ihn. Bei Regen perlen Wassertropfen auf der wachsüberzogenen Blattoberfläche ab und fließen am *Stängel* abwärts. So gelangt das Wasser schnell in den Bereich der Wurzeln.

Die Blütenknospe der Gartentulpe ist zunächst grün gefärbt. Wenn die Pflanze zu blühen beginnt, werden alle sechs Blütenblätter farbig. An ihren Rändern überdecken sich die Blütenblätter. Drei von ihnen umhüllen die Blüte von außen; auf Lücke dazwischen stehen die drei inneren. Kelchblätter sind keine vorhanden. Ebenso wie die Blütenblätter, sind auch die sechs Staubblätter in Kreisen zu je drei angeordnet. Die Tulpenblüte heißt wegen dieses Blütengrundrisses *dreizählig*.

Jedes Staubblatt besteht aus Staubfaden und Staubbeutel, in dem sich der *Pollen* (Blütenstaub) befindet. In der Mitte der Blüte steht der *Stempel*. Seine dreizipfelige Narbe sitzt auf einem länglichen Fruchtknoten. Ein deutlicher Griffel fehlt. Wenn man den Fruchtknoten quer durchschneidet, erkennt man, dass der Stempel aus drei Fruchtblättern verwachsen ist. In jedem der drei Fächer befinden sich viele *Samenanlagen*.

Wenn die Tulpe verblüht ist, verdickt sich der Stempel. Aus ihm entsteht die Frucht, eine *Kapsel*. Zur Zeit der Samenreife platzt sie dreiklappig auf und die vielen Samen fallen heraus. Aus ihnen können sich neue Tulpenpflanzen entwickeln.

156 *Blütenpflanzen*

Untersuchung einer Gartentulpe

Beschreibung der Tulpenpflanze

Besorge dir aus einer Gärtnerei eine vollständige Tulpenpflanze. Spüle anhaftendes Erdreich ab und bearbeite daran die folgenden Aufgaben.

① Beschreibe das Aussehen von Wurzel, Zwiebel, Stängel, Blatt und Blüte möglichst genau. Gib die Anzahl der Blütenbestandteile an.
② Zeichne, ohne die Blüte zu zerlegen, ein Staubblatt und den Stempel. Beschrifte die Teile.
③ Fertige, ähnlich wie beim Ackersenf, einen Steckbrief der Tulpenpflanze an.
④ Benetze die Oberseite eines Laubblattes der Tulpe mit einigen Tropfen Wasser. Beobachte und beschreibe das Verhalten der Wassertropfen. Was kannst du aus dem Ergebnis schließen?
⑤ Reibe mehrmals mit dem Finger über die Blattfläche und wiederhole den Versuch. Beschreibe und deute das Versuchsergebnis.

Der Grundriss der Tulpenblüte

Um den Blütengrundriss der Tulpe zu entwickeln, muss die Blüte zergliedert werden. Gehe dabei folgendermaßen vor.

Lege etwa in der Mitte eines DIN A4-Blattes einen Punkt fest. Schlage um diesen Mittelpunkt vier Kreise mit den Radien 1, 1,5, 2,5 und 3 cm. Halte nun die Blüte senkrecht über den Mittelpunkt und beginne von außen her, ein Blütenblatt nach dem anderen abzuzupfen. Das erste

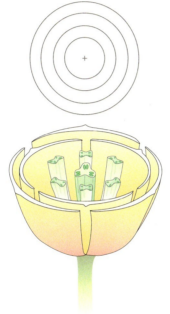

Blatt legst du auf den äußeren Kreis, genau in der Richtung, in der es in der Blüte gestanden hat. Bei dem nächsten verfährst du ebenso, bis alle äußeren Blätter gelegt sind. Dann beginnst du mit dem zweiten Kreis. Es folgen dann in gleicher Weise die Staubblätter. Schneide schließlich den oberen Teil des Stempels ab und lege ihn auf den Mittelpunkt. Achte dabei auf die Richtung der Narbenzipfel.

⑥ Klebe alle Teile mit Klebefolie fest. Du erhältst so das Legebild der Tulpenblüte.
⑦ Stehen die Blütenteile hintereinander oder auf Lücke? Beschreibe genau.
⑧ Schneide den Fruchtknoten mit einem scharfen Messer quer durch. Wie viele Fruchtblätter kannst du erkennen?
⑨ Die Narbenzipfel geben die Lage der Fruchtblätter an. Wie ist ihre Stellung innerhalb des Legebildes?
⑩ Den Blütengrundriss der Tulpe erhältst du, indem du noch einmal die vier Kreise nach dem angegebenen Muster in dein Heft zeichnest. Trage dann die Blüten-, Staub- und Fruchtblätter entsprechend ihrer Lage ein. Verwende folgende Symbole:

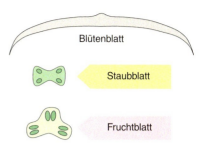

Untersuchung der Zwiebel

Trenne die Zwiebel von deiner Pflanze ab und führe folgende Untersuchungen durch.

⑪ Schneide die Zwiebel längs durch und zeichne, was du erkennst. Vergleiche deine Zeichnung mit der Abbildung und beschrifte entsprechend.

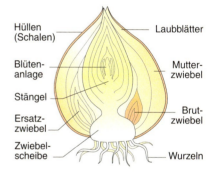

⑫ Bringe einen Tropfen Iodkaliumiodid auf den Längsschnitt. Beschreibe und deute das Ergebnis.
⑬ Die Karikatur gibt einen Hinweis darauf, dass die Zwiebel der Tulpe keine Wurzel ist. Gib an, aus welchen Pflanzenteilen demnach eine Zwiebel besteht.

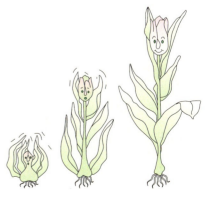

Aufbau und Leistung

Die Heckenrose ist ein Strauch

Die *Heckenrose* findet man häufig an sonnigen Wegrändern. Der Strauch wird etwa 2 m hoch und beginnt im Juni zu blühen. Eine Blüte besitzt fünf *Kelchblätter*, auf Lücke dazwischen stehen fünf rosafarbene, herzförmig eingekerbte *Blütenblätter*. Die Blüte ist also *fünfzählig*.

In der Mitte der Blüte erkennt man eine große Zahl *Staubblätter*. Es können bis zu hundert Stück sein. Beim genauen Hinsehen entdeckt man ganz im Inneren viele hellgelbe Fäden. Das sind die *Griffel*, auf denen die Narbe sitzt. Die zugehörigen *Fruchtknoten* liegen versteckt in einem krugförmigen *Blütenboden* und sind von silbrigen Haaren umgeben.

Aus der Blüte entwickeln sich im Herbst die *Sammelfrüchte* der Heckenrose, die *Hagebutten*. In ihrem Innern befindet sich eine Vielzahl kleiner Einzelfrüchte. Das rote Fleisch der Hagebutte ist sehr vitaminreich. Man kann es zu Marmelade verarbeiten oder getrocknet als Tee verwenden.

Das *Blatt* der Heckenrose besitzt einen kurzen *Blattstiel*. An seinem unteren Ende, dem *Blattgrund*, befinden sich kleine *Nebenblätter*. Die *Blattspreite* besteht aus mehreren *Fiederblättchen*; in der Regel sind es sieben, seltener neun oder fünf. Da immer eine ungerade Anzahl Fiederblättchen vorliegt, nennt man das Blatt *unpaarig gefiedert*. Der Rand der Fiederblättchen ist gesägt.

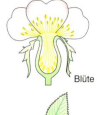
Blüte

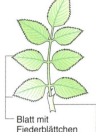
Blatt mit Fiederblättchen und Nebenblättern

Aufgaben

1. Besorge dir einen blühenden Zweig der Heckenrose. Zeichne eine Blüte und ein Blatt in dein Heft und beschrifte.
2. Zergliedere eine Blüte der Heckenrose und stelle ein Legebild her. Zeichne danach den Blütengrundriss und beschrifte.
3. Gib an, welche Aufgabe die Stacheln der Heckenrose haben können.

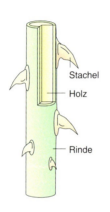

Stachel
Holz
Rinde

1 Blüten der Heckenrose

2 Hagebutten

Zettelkasten

3 Blühender Weißdorn

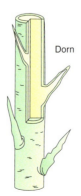

Dorn

Dorn und Stachel

Auch wenn es in einer oft benutzten Redewendung heißt „Keine Rose ohne Dornen!", so ist dieser Satz falsch, denn eine Rose besitzt keinen einzigen echten Dorn. Die spitzen Auswüchse auf der Rinde der Heckenrose nennt der Biologe Stacheln. Sie lassen sich leicht ablösen und hinterlassen an der Rinde nur eine kleine Narbe. Das Märchen vom „Dornröschen" müsste also eigentlich „Stachelröschen" heißen.

Aufgabe

1. Ein häufig in Hecken vorkommender Strauch ist der *Weißdorn*. Er besitzt Dornen. Beschreibe anhand der Abbildungen in der Mittelspalte und im Kasten den Unterschied zwischen einem Stachel und einem Dorn.

Baum, Strauch und Kraut — Wuchsformen im Vergleich

Pflanzen begegnen dir in vielen verschiedenen Formen: als Apfelbaum, als Rosenstrauch oder als Petersilienkraut. Bäume, Sträucher und Kräuter scheinen auf den ersten Blick kaum Gemeinsamkeiten zu besitzen. Aber der Anschein trügt. Die Grundorgane einer Blütenpflanze, nämlich Wurzel, Sprossachse und Blatt, sind immer gleich, nur ihr Aussehen kann je nach Aufgabe und Lebensraum unterschiedlich sein.

Bäume, Sträucher und Kräuter unterscheiden sich vor allem im Bau der Sprossachse. Je nach Pflanzenart heißt sie auch Stängel, Halm oder Stamm. Bei einem Kraut wird der Spross nicht holzig; er bleibt — wie der Name schon sagt — krautig. Sträucher und Bäume dagegen bilden festes Holz aus. Sie unterscheiden sich allerdings deutlich in ihrer Wuchsform.

Bäume besitzen einen aufrechten Stamm, der die Krone mit den kräftigen Ästen trägt. An den Zweigen entwickeln sich in jedem Jahr neue Triebe mit Blättern und Blüten. So vergrößert sich die Krone fortwährend und auch der Stamm nimmt ständig an Dicke zu. Manche Bäume werden sehr groß und alt. Der Mammutbaum kann 132 m hoch und bis zu 4 000 Jahre alt werden. Der Stammdurchmesser beträgt dann etwa 8 m. Wenn du viermal um diesen Baum herumgelaufen bist, hast du einen Hundertmeterlauf hinter dir. Noch älter, nämlich mehr als 4 500 Jahre alt, wird die Borstenkiefer.

Bei einem Strauch stellen die Spitzen der Zweige ihr Wachstum häufig ein. Die neuen Schösslinge treiben vor allem kurz über dem Boden seitlich an der älteren Pflanze aus. Deshalb besitzen Sträucher meistens viele Stämmchen. So wachsen sie mehr in die Breite und werden nicht so hoch wie Bäume.

Nicht immer muss eine krautige Pflanze klein und eine Holzpflanze groß sein. Es gibt Weidensträucher in den Alpen, die sich nur 1 bis 2 cm über den Erdboden erheben; die Bananenstaude dagegen, die wie ein Baum wirkt, aber unverholzt ist, wird bis zu 5 m hoch.

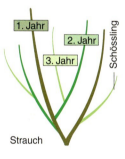

Baum

Strauch

Aufgaben

① Ein Kirschbaum und ein Heckenrosenstrauch sind 20 cm über dem Boden abgesägt worden. Wird sich wieder ein Baum bzw. ein Strauch entwickeln? Begründe die Antwort.

② Jemand hat vor 20 Jahren einen Meter über dem Erdboden seinen Namen in die Rinde eines jungen Kirschbaums geritzt. Wo wird er die Buchstaben heute an dem Baumstamm wiederfinden?

③ Ein Roggenhalm hat am Boden einen Durchmesser von 0,5 cm und er ist 1 m hoch. Bei einem Fernsehturm sollen Dicke und Höhe im gleichen Verhältnis stehen. Wie hoch müsste er sein, wenn der untere Durchmesser 25 m beträgt?

④ Manche krautigen Pflanzen — aber nicht alle — werden als Stauden bezeichnet. Versuche herauszubekommen, wann man von einer Staude spricht.

1 Wuchsformen von Baum, Strauch und Kraut im Vergleich

Aufbau und Leistung

2 Von der Blüte zur Frucht

Entwicklung der Kirsche

Herr Knaut ist *Wanderimker*. Er fährt mit seinen Bienenvölkern durchs Land. An blühenden Obstplantagen, Rapsfeldern oder Wiesen baut er seine Bienenstöcke auf. Die Bienen fliegen dann auf Nahrungssuche von Blüte zu Blüte. Er ist überall gern gesehen. Zum Beispiel erhält er von dem Besitzer einer Kirschplantage jährlich eine Prämie, damit er seine Bienenstöcke zwischen den blühenden Bäumen aufstellt. Der Kirschbauer weiß nämlich, dass der Ertrag seiner Bäume vom Blütenbesuch der Bienen abhängt. Eine Schulklasse besucht Herrn Knaut in der Kirschplantage und lässt sich den Zusammenhang erklären.

„Wir wollen uns zunächst einmal den Aufbau der Blüten ansehen," sagt der Imker und schneidet einen Zweig von einem Baum ab. Daran sitzen viele Blüten. Laubblätter sind noch nicht vorhanden. Herr Knaut verteilt einige Blüten zur näheren Betrachtung an die Schüler und erklärt dann weiter: „Die *Winterknospen* stehen in Büscheln an den *Kurztrieben*. Aus jeder dieser Knospen haben sich mehrere lang gestielte Blüten entwickelt. Der grüne Blütenboden ist becherförmig gewölbt. An seinem oberen Rand sitzen fünf grüne Kelchblätter und fünf weiße Blütenblätter. Die Blüte ist also *fünfzählig*. Zwanzig bis dreißig unterschiedlich lange Staubblätter sind mit ihren Staubfäden ebenfalls am Rand des Blütenbodens angewachsen. Ihre Staubbeutel platzen im reifen Zustand und gelber Blütenstaub, *Pollen* genannt, quillt heraus.

In der Mitte der Blüte befindet sich der Stempel. Wenn ihr die Blüte mit dem Fingernagel aufschlitzt, liegt der Stempel frei. Dann erkennt ihr den langen Griffel und die knopfförmige, manchmal klebrige Narbe. Der kugelförmige Fruchtknoten ist vom Blütenboden umhüllt. Hier befindet sich eine zuckerhaltige Flüssigkeit, der *Nektar*, durch den die Bienen zum Blütenbesuch angelockt werden."

„Und jetzt komme ich auf die Frage nach der Entstehung von Früchten zurück," sagt Herr Knaut. „Wenn meine Bienen nämlich Nektar und Pollen sammeln, bleiben im Haarpelz ihres Körpers einige Pollenkörner hängen. Bei der nächsten Blüte streift die Biene zufällig an der klebrigen Narbe entlang und der Blütenstaub bleibt daran haften. Dieser Vorgang, bei dem Pollen auf die Narbe gelangt, heißt **Bestäubung**.

Bis hierhin ist alles noch einfach zu verstehen. Aber das, was nun weiter geschieht, kann man nur unter dem Mikroskop beobachten. Aus jedem *Pollenkorn* wächst ein *Pollenschlauch* heraus. Dieser dringt in das Narbengewebe ein und wächst weiter durch den Griffel bis ins Innere des Fruchtknotens. Hier liegt die *Samenanlage*, in der sich eine *Eizelle* befindet. Der erste Pollenschlauch, der in die Samenanlage eindringt, platzt auf. Dabei wird ein Zellkern frei, der sich mit dem Kern der Eizelle vereinigt. Dieser Vorgang heißt **Befruchtung**."

Herr Knaut hält inne, um sich zu vergewissern, ob die Schüler alles richtig verstanden haben. Dann fährt er fort: „Erst jetzt, nachdem die Befruchtung erfolgt ist, entwickelt sich eine *Kirsche*. Die Blütenblätter welken

1 In einer Kirschplantage   2 Honigbiene vor einer Kirschblüte

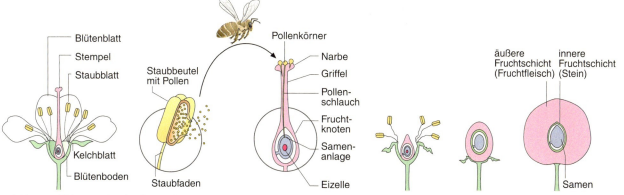

1 Von der Blüte zur Frucht: Bestäubung, Befruchtung und Fruchtentwicklung bei der Kirsche

2 Kirschblüten

3 Unreife Früchte

4 Reife Früchte

und der grüne Fruchtknoten schwillt gewaltig an. Der becherförmige Teil des Blütenbodens wird gesprengt und fällt mitsamt den eingetrockneten Kelch- und Staubblättern ab. Die *Frucht* reift heran. Aus der Wand des Fruchtknotens entsteht sowohl das rote *Fruchtfleisch* als auch der harte *Kirschstein*. Aus der Samenanlage mit der befruchteten Eizelle wird der *Samen*, der sich im Inneren des Steines befindet. Wenn die reife Kirsche zu Boden fällt, kann der Samen im nächsten Frühjahr auskeimen und zu einem neuen Kirschbaum heranwachsen.

Ihr seht also, dass Bestäubung und Befruchtung der Fortpflanzung dienen. Das Staubblatt mit dem Pollen ist das männliche, der Stempel mit Samenanlage und Eizelle das weibliche Fortpflanzungsorgan. Da sich in der Kirschblüte männliche und weibliche Organe befinden, heißt die Blüte *zweigeschlechtig* oder *zwittrig*.

Ihr könntet nun einwenden, dass die Bienen für die Bestäubung einer Zwitterblüte gar nicht notwendig sind, weil sie sich doch selbst bestäuben könnte. Weit gefehlt! Ihr müsst nämlich wissen, dass in jeder einzelnen Kirschblüte zunächst die Narbe klebrig ist, d. h. die Eizelle ist dann reif: Die Staubbeutel sind zu dieser Zeit noch geschlossen; der Pollen reift später heran. Es muss deshalb eine *Fremdbestäubung* erfolgen. Den besten Ertrag erhält man, wenn die Blüten eines Kirschbaumes durch Pollen eines anderen bestäubt werden."

Herr Knaut merkt, dass seinen Zuhörern der Kopf von den vielen Begriffen brummt. Er lässt sich von den Schülern alles noch einmal wiederholen und schließt dann seinen Vortrag mit den Worten: „Nun vergesst ihr hoffentlich nicht mehr, wie meine Bienen dazu beitragen, dass ihr im Sommer Kirschen essen könnt."

Aufgaben

① Zeichne einen Längsschnitt durch die Kirschblüte in dein Heft. Beschrifte deine Zeichnung.

② Erkläre anhand von Abbildung 1 die Vorgänge bei Bestäubung, Befruchtung und Fruchtentwicklung.

Aufbau und Leistung

Formen der Bestäubung

Bei vielen Pflanzen verhält es sich ähnlich wie bei der Kirsche: nur *Fremdbestäubung* führt mit Sicherheit zu Befruchtung und Samenbildung. Deshalb müssen die unbeweglichen Pollenkörner von einer Pflanze zur anderen transportiert werden. Es nützt aber nichts, wenn Pollen einer Taubnessel auf der Narbe einer Karthäusernelke landet oder umgekehrt. Die Befruchtung ist nämlich nur innerhalb einer Pflanzenart möglich. Doch wie wird das erreicht?

Insekten helfen bei der Bestäubung

Es fällt auf, dass viele Insekten nur an ganz bestimmten Pflanzenarten anzutreffen sind; sie sind *blütenstet*. Einige Beispiele sollen verdeutlichen, wie Insekten und Blüten einander angepasst sind.

Die *Karthäusernelke* wird von verschiedenen *Tagfaltern* besucht. Die Blütenröhre der Karthäusernelke ist sehr lang gestreckt. Der enge Innenraum ist von Staubfäden und dem Stempel so dicht erfüllt, dass nur ein sehr langer und dünner Saugrüssel bis zum Blütengrund und damit zum Nektar vordringen kann. Solch einen langen Saugrüssel besitzen nur die Schmetterlinge.

Die *Goldnessel* bietet durch ihre Blütenform einen guten Landeplatz für eine *Hummel*. Während das Insekt mit seinem langen Saugrüssel in der Tiefe der Blütenröhre nach Nektar sucht, streift es mit seinem pelzigen Rücken an den Staubbeuteln entlang und wird mit Pollen eingepudert. Die nächste Blüte kann nun damit bestäubt werden.

Der *Schlehdorn* besitzt wie die Kirsche eine Blüte, die besonders *Bienen* anlockt. Auf den radförmig ausgebreiteten Blütenblättern können diese Insekten landen. Der Blütenboden ist nur wenig eingesenkt. Dadurch erreichen Bienen mit ihrem kurzen Rüssel den dort gebildeten Nektar. Die vielen Staubblätter werden dabei zur Seite gebogen und Pollen bleibt am haarigen Körper der Insekten haften. Gleichzeitig kann die Narbe durch den bereits mitgebrachten Pollen bestäubt werden.

Der *Bärenklau* lockt durch den uns unangenehmen, aasähnlichen Geruch seiner Blüten vor allem *Fliegen* und *Käfer* an. Diese Insekten besitzen zwar nur kurze Mundwerkzeuge, aber der Nektar liegt hier auch leicht zugänglich wie auf einem flachen Teller.

1 Karthäusernelke

2 Goldnessel

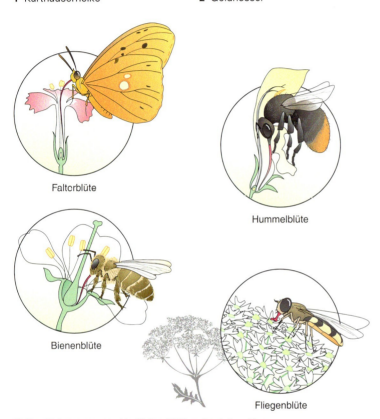

3 Bestäubung unterschiedlicher Blüten durch Insekten

4 Schlehdorn

5 Bärenklau

Die *Salweide* blüht im Vorfrühling und wird hauptsächlich durch *Bienen* bestäubt. Ihre unscheinbaren Blüten sind zu einem Blütenstand, dem *Kätzchen*, vereinigt. Es gibt gelb blühende männliche und grüne weibliche Kätzchen. Die Blüten der Salweide sind also nicht zwittrig, sondern *getrenntgeschlechtig*. Die männliche Einzelblüte besitzt auf einem schuppenförmigen Blättchen zwei Staubblätter, die weibliche einen Stempel. Kelch- und Blütenblätter fehlen.

Bei der Salweide sitzen die beiden Geschlechter auf verschiedenen Sträuchern; eine Pflanze ist also entweder männlich oder weiblich. Die Salweide ist *zweihäusig*. Im Frühjahr kann man die Sträucher von weitem an ihren gelblichen bzw. grünlichen Kätzchen unterscheiden. Ihr Nektar und Pollen gehören zur ersten Bienennahrung im Jahr. Deshalb soll man blühende Weidenzweige nicht mutwillig abbrechen.

Bestäubung durch den Wind

Ende Februar lockern sich die bräunlichen Kätzchen des *Haselstrauches* und entlassen bei der kleinsten Windbewegung ganze Wolken von gelbem Blütenstaub. Wenn wir ein Kätzchen untersuchen, so finden wir in regelmäßiger Anordnung drei Schuppenblättchen und darunter acht Staubbeutel. Stempel sind im ganzen Blütenstand nicht vorhanden. Die weiblichen Blüten entdecken wir, getrennt von den männlichen, am gleichen Strauch. Sie sind nur an den roten klebrigen Narbenzipfeln zu erkennen, die aus der Spitze einiger Knospen herausragen. Die zugehörigen Fruchtknoten liegen im Inneren der Knospe.

Die *Bestäubung* erfolgt beim Haselstrauch nicht durch Insekten, sondern durch den *Wind*. Das ist möglich, weil Haselpollen sehr trocken und leicht sind und deshalb kilometerweit verweht werden können. Die *Windbestäubung* wird zusätzlich dadurch gesichert, dass die Hasel blüht, bevor sich ihre Laubblätter entwickeln und den Pollenflug behindern. Aus dem gleichen Grund sind die Narben besonders groß und klebrig. Außerdem bildet die Hasel gewaltige Mengen an Pollen: mehr als 2 Millionen Pollenkörner kommen auf eine einzige Eizelle.

Nicht nur durch Insekten oder Wind werden Pollen übertragen. In tropischen Gebieten können manche Pflanzen auch von Kolibris, Nektarvögeln oder Fledermäusen bestäubt werden.

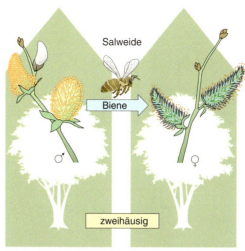

1 Insektenbestäubung bei der Salweide

Aufgaben

① Wiederhole anhand der Abbildung 162. 3, wie Blütenform und Insekt einander angepasst sind.

② Achte bei blühenden Pflanzen darauf, von welchen Insekten sie besucht werden. Schreibe die Pflanzennamen auf und ordne nach Falter-, Hummel-, Bienen- oder Fliegenblüten.

③ Den Haselstrauch bezeichnet man als einhäusig, seine Blüten als getrenntgeschlechtig. Erkläre beide Begriffe.

④ Besorge dir Pollen von verschiedenen Pflanzen. Mikroskopiere und zeichne einige Pollenkörner. Schreibe den Namen der Pflanze dazu.

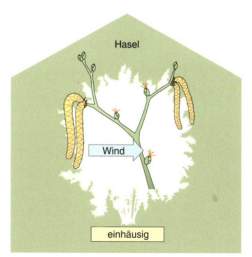

2 Windbestäubung bei der Hasel

Aufbau und Leistung

Bestäubungstricks

Manche Pflanzen sind in ihrem Blütenbau besonders gut an den Insektenbesuch angepasst. Welche erstaunlichen Tricks zu finden sind, sollen einige Beispiele zeigen.

Die Pollenpumpe der Lupine

Von den fünf Blütenblättern der **Lupine** sind zwei schiffchenförmig miteinander verwachsen. Nur an der Spitze befindet sich eine kleine Öffnung. Genau darunter haben die Staubbeutel ihren Pollen entleert. Wenn ein Insekt beim Blütenbesuch das Schiffchen abwärts drückt, pressen die kolbenförmig verdickten Staubfäden den Blütenstaub gegen den Bauch des Tieres. Erst wenn der gesamte Pollen abgeholt ist, kommt auch der Griffel aus der Öffnung und kann mit fremden Pollen bestäubt werden.

Der Schlagbaum des Wiesensalbeis

Beim **Wiesensalbei** sind die Blütenblätter, die in einem fünfzipfeligen Kelch sitzen, miteinander verwachsen. Sie erinnern in ihrer Form an zwei Lippen. Man spricht deshalb von einer *Lippenblüte*. Bei einer jungen Blüte ragt nur das Griffelende mit der zweizipfeligen Narbe unter der Oberlippe hervor. Auf der Unterlippe landen häufig Bienen oder Hummeln. Um an den Nektar zu gelangen, drängen sie ihren Kopf ins Innere der Blütenblattröhre. Wie von Zauberhand bewegt, schlagen plötzlich die beiden Staubblätter, die bisher unter der helmförmigen Oberlippe verborgen waren, wie ein Schlagbaum auf den Rücken des Insekts und pudern es mit Pollen ein.

Für den Beobachter unsichtbar, geschieht im Innern der Blüte Folgendes: Der Saugrüssel des Insekts kann nicht ungehindert zum Nektar gelangen. Er muss links und rechts eine Platte, die leicht beweglich am Staubfaden befestigt ist, nach hinten wegdrücken. Der Staubbeutel sitzt am oberen Ende eines langen Hebels und ist so mit der Platte verbunden. Die Bewegungen des Insekts übertragen sich auf den Hebel und setzen so den Schlagbaummechanismus in Bewegung.

Ältere Blüten stäuben nicht mehr. Bei ihnen ist der Griffel in die Länge gewachsen und ragt weit aus der Oberlippe heraus. Die beiden Narbenenden haben sich gespreizt. Erst in diesem Zustand kann die Narbe bestäubt werden. Auf diese Weise wird Selbstbestäubung vermieden.

Bewegliche Staubblätter beim Sauerdorn

Die gelben Blüten des **Sauerdorns** *(Berberitze)* erscheinen im Mai. Blütenblätter und Staubblätter sind wie eine kleine Schüssel geöffnet. Am Blütenboden befindet sich Nektar, der vor allem Fliegen anlockt. Berührt ein In-

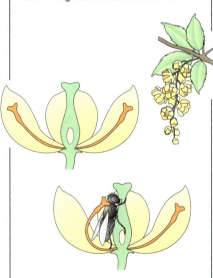

sekt die Ansatzstelle der Staubblätter, dann klappen sie nach innen und bepudern das Tier. So wird der Pollen sicher zur nächsten Blüte mitgenommen. Reizbare Staubblätter besitzt auch die *Kornblume*. Bei Berührung zieht sie die ganze Staubblattröhre zusammen. Die mit Pollen beladene Griffelspitze schiebt sich heraus und drückt den Blütenstaub gegen das Insekt.

Die Pollenbürste der Glockenblume

Bei der **Rundblättrigen Glockenblume** reifen die Staubbeutel schon in der Knospe. Sie liegen dem Griffel dicht an und platzen auf. Wenn der behaarte Griffel in die Länge wächst, bürstet er die Pollen heraus. Jetzt können Insekten den Pollen abholen. Deshalb ist bei der vollständig entwickelten Blüte kaum noch Blütenstaub zu finden. Erst zu diesem Zeitpunkt spreizen sich die drei Teile der Narbe nach außen und können mit Pollen bestäubt werden, den Insekten von jungen Blüten mitbringen.

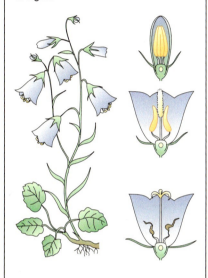

Die Schlüsselblume — Bestäubung in verschiedenen Etagen

Die gelben Blütenröhren der **Schlüsselblume** werden von Schmetterlingen und langrüsseligen Hummeln besucht. Wenn man einige Pflanzen untersucht, kann man eine Überraschung erleben. Es gibt nämlich zwei verschiedene Blüten.

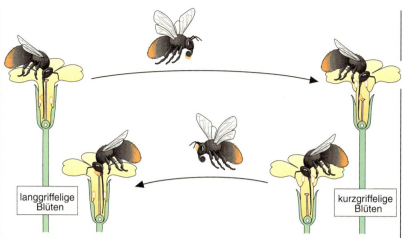

langgriffelige Blüten

kurzgriffelige Blüten

Äußerlich sehen beide gleich aus: Der grüne, fünfzipfelige Kelch umhüllt die lang gestreckte, gelbe Röhre, die aus fünf Blütenblättern verwachsen ist. Im Inneren gibt es wichtige Unterschiede: Ein Teil der Blüten besitzt einen kurzen Griffel und die fünf Staubblätter sind am oberen Rand der Blütenröhre angewachsen. Bei anderen Blüten ist der Griffel so lang, dass die Narbe aus der Blütenröhre herausragt. Die Staubblätter sitzen dort dagegen eine Etage tiefer.

Landet eine Hummel auf einer kurzgriffligen Blüte, um am Grund der Blütenröhre nach Nektar zu suchen, so bleibt Pollen von den hoch sitzenden Staubbeuteln an ihrem Kopf haften. Fliegt sie weiter zu einer langgriffeligen Blüte, so wird dieser Blütenstaub auf der herausragenden Narbe abgeladen. Dabei nimmt das Insekt wiederum Pollen mit, diesmal an seinem Saugrüssel. Dieser muss nämlich bei der Suche nach Nektar tief in die Blütenröhre hineingesteckt werden. Dabei berührt der Saugrüssel die tief sitzenden Staubblätter. Bei weiteren Blütenbesuchen streift das Insekt diesen Pollen auf der Narbe einer Blüte mit kurzem Griffel ab. Erst durch die verschiedenen Längen bei den Griffeln der Einzelblüten wird diese Form der Fremdbestäubung gesichert.

Die Gleitfalle des Aronstabs

Der Kolben des Aronstabs riecht wie Kot oder Aas und lockt dadurch Fliegen und Käfer an. Das Hüllblatt und der Kolben sind glattwandig. Insekten, die darauf zu landen versuchen, gleiten ab und rutschen in den Kessel. Hier befinden sich, getrennt übereinander, männliche und weibliche Blütenstände. Anfangs, wenn der Kolben besonders stinkt, sind nur die weiblichen Blüten reif. Hineinfallende Fliegen können mitgebrachten Pollen auf den weißlichen Narben abladen. Ein schleimiger Saft, der am Grund der Blüten abgeschieden wird, dient den Insekten als Nahrung. Das ist nötig, denn die glatten Wände und eine Vielzahl von Sperrborsten halten die Tiere einige Zeit gefangen.

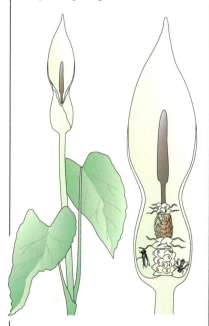

Ein bis zwei Tage später trocknen die Narben und die Sperrborsten welken. Gleichzeitig öffnen sich die Staubbeutel und die Fliegen und Käfer werden mit Pollen eingestäubt. Jetzt wird auch die glatte Wand des Kessels für die eingesperrten Insekten wieder begehbar und sie können entweichen. In der Nähe lockt dann oft schon die nächste Gleitfalle, in der die Tiere ihr Bestäubungswerk fortsetzen können.

Aufbau und Leistung

Früchte- und Samenverbreitung

Die Vogelinsel Memmert liegt vor der ostfriesischen Küste zwischen Juist und Borkum. Sie wird nur von einem Vogelwärter bewohnt. Im 19. Jahrhundert war diese Insel noch eine öde Sandbank. Mit Beginn des 20. Jahrhunderts ist es gelungen, durch das Anpflanzen von Strandhafer die Dünen zu befestigen. Seit 1888 beobachtete und zählte man die Pflanzenarten, die sich nach und nach ohne Eingriff des Menschen auf der Insel ansiedelten.

Jahr	Artenzahl
1888	6
1890	16
1891	32
1895	79
1900	100
1910	190
1920	284
1955	360

Aufgaben

① Welche Aussagen kann man anhand der Tabelle machen?

② Memmert liegt 13 km vom Festland entfernt. Nenne Möglichkeiten, wie die Pflanzenarten auf die Insel gelangt sein könnten.

Ahornfrüchte werden zunächst unversehrt aus einer Höhe von 5 Metern fallengelassen. Die Fallzeit und die waagerechte Entfernung vom Startpunkt bis zum Auftreffen auf dem Boden (Driftstrecke) werden gemessen. Danach werden die Flugeinrichtungen der Samen entfernt und das Experiment wird wiederholt. Beides wird einmal bei Windstille und einmal bei kräftigem Wind durchgeführt.

Aufgaben

③ Beschreibe anhand der nebenstehenden Tabelle das Ergebnis der Versuche und begründe die Unterschiede.

④ Plane selbst ähnliche Versuche.

Es gibt eine Vielzahl von Möglichkeiten, wie Früchte und Samen verbreitet werden. Die nebenstehende Abbildung zeigt einige Früchte, die du sicher schon einmal gesehen hast.

Aufgaben

⑤ Beschreibe das Aussehen der Früchte und äußere begründet Vermutungen über die Art ihrer Verbreitung.

⑥ Lies die Seite 167 durch und gib an, wie eine Frucht wegen ihrer Verbreitungsform mit dem Fachbegriff genannt wird.

⑦ Fertige dann eine Tabelle nach folgendem Muster an:

Name der Pflanze	Form der Verbreitung	Art der Frucht
Linde	Windverbreitung	Schraubenflieger
Eiche		
Pappel		

⑧ Samen hoher Bäume und Wiesenpflanzen werden häufig durch den Wind verbreitet, dagegen sind bei Sträuchern und niedrigen Bäumen eher Lockfrüchte anzutreffen. Gib an, welche Gründe das haben könnte.

Die unten stehende Abbildung gibt an, wie viele Samen einer Pflanzenart ein Gramm wiegen. Beachte, dass es sich bei den genannten Beispielen nicht um die Masse der ganzen Frucht handelt, sondern dass nur die Massen für einen einzelnen Samen angegeben ist.

Erle, Ulme, Klatschmohn, Löwenzahn, Ahorn, Veilchen, Eiche, Klebkraut, Pappel, Springkraut

Aufgaben

⑨ Erkennst du einen Zusammenhang zwischen der Masse eines Samens und der Verbreitungsart?

⑩ Berechne, welche Masse 1000 Samen der genannten Pflanzenarten haben. Man bezeichnet diesen Wert als das „Tausendkorn-Gewicht".

⑪ Eine Bohnenhülse enthält etwa zehn Samen, die Frucht einer Orchidee dagegen fast eine Million. Worin können deiner Meinung nach Gründe für diesen Unterschied liegen?

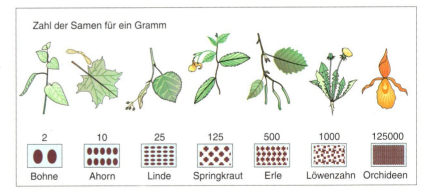

Zahl der Samen für ein Gramm

Bohne	Ahorn	Linde	Springkraut	Erle	Löwenzahn	Orchideen
2	10	25	125	500	1000	125000

Pflanzenart Ahorn	Fallzeit		Driftstrecke	
	ganze Frucht	Samen allein	ganze Frucht	Samen allein
bei Windstille	5,8 s	1,1 s	2,30 m	0,06 m
bei starkem Wind	11,1 s	1,9 s	15,30 m	1,05 m

Fallzeit und Driftstrecke von Samen bei unterschiedlichen Windverhältnissen

Blütenpflanzen

Verbreitung von Früchten und Samen

Wenn ihr im Schulgarten arbeitet, ärgert ihr euch sicher manchmal, dass in den Beeten Pflanzen keimen, die niemand gesät hat. Wo kommen ihre Samen her? Einige habt ihr selbst mitgebracht, ohne es zu wissen. Der Vogelknöterich zum Beispiel besitzt *Haftfrüchte*. Sie sind bei Nässe klebrig und können an den Schuhen hängen bleiben und dadurch verschleppt werden. Es gibt allerdings noch viele andere Möglichkeiten, wie Früchte und Samen verbreitet werden können.

Verbreitung durch Tiere: Manche Pflanzen besitzen auffällig gefärbte Früchte. Diese *Lockfrüchte* werden vor allem von Vögeln gefressen. Die unverdaulichen Samen werden später mit dem Kot wieder ausgeschieden und können — weit entfernt von der Mutterpflanze und gut gedüngt durch den Vogelkot — keimen. Schneeball, Holunder und Eberesche besitzen solche Lockfrüchte. Bucheckern, Eicheln, Kastanien und Haselnüsse sind *Trockenfrüchte*. Sie dienen zum Beispiel Eichhörnchen und Siebenschläfer als Nahrung. Beim Sammeln verlieren sie einige davon und verbreiten so die Samen. Auch Ameisen sind an der Verbreitung von Pflanzen beteiligt. Schöllkraut, Veilchen und Taubnessel besitzen *Ameisenfrüchte*. Ein kleines, fetthaltiges Anhängsel lockt die Tiere bei der Nahrungssuche an. Dabei werden die Samen verschleppt. Die *Klettfrüchte* des Labkrauts und der Klette besitzen hakenförmige Fortsätze, die sich im Fell von Säugetieren oder im Gefieder von Vögeln verfangen. So reisen die Früchte als „blinde Passagiere" mit.

Flugsamen von Zanonia (Originalgröße)

Verbreitung durch den Wind: Viele Samen oder Früchte haben gute Flugeigenschaften. Die Samen des Klatschmohns sind *Körnchenflieger*. In der reifen Frucht liegen sie wie in einem Salzstreuer. Bei trockenem Wetter bläst der Wind die Samen aus der schwankenden Kapsel heraus. Besonders leicht sind die Samen einiger Orchideen, die deshalb als *Staubflieger* bezeichnet werden. Die Früchte von Ulme und Birke sind kleinen fliegenden Untertassen vergleichbar. Wegen ihrer Form heißen sie *Scheibenflieger*. Bei den *Schraubenfliegern* von Ahorn, Hainbuche, Linde oder Kiefer bewegen sich die Früchte wie Propeller durch die Luft und legen so größere Strecken zurück. Die Samen der mit unserem Kürbis verwandten tropischen Pflanze Zanonia besitzen große, flügelförmige Tragflächen, die sie zu *Gleitfliegern* machen. Auch haarähnliche Fortsätze ermöglichen vielen Früchten ein langes Schweben in der Luft. Die Früchte der Waldrebe sind *Federschweifflieger*. Weide und Pappel besitzen *Schopfflieger*. Bei ihnen sind die Früchte wie von einem Haarschopf umgeben. Die „Pusteblume" des Löwenzahns ist jedem bekannt. Diese *Schirmflieger* sind die Fallschirmspringer unter den Früchten.

Selbstverbreitung von Früchten: Aus den gelben Blüten des Springkrautes entwickeln sich *Schleuderfrüchte*. Wenn man eine reife Kapsel berührt, rollen sich die fünf Fruchtblätter so schnell ein, dass die Samen drei bis fünf Meter weit weggeschleudert werden. Bei Ginster und Hornklee platzen die Hülsen manchmal mit einem vernehmlichen Knall auf. Die Fruchtblätter rollen sich spiralig auf und schleudern die Samen aus.

Verbreitung durch Wasser: Wasser- bzw. Uferpflanzen wie Seerose und Erle besitzen *Schwimmsamen*. Luftgefüllte Hohlräume verhindern das Untergehen und sie können durch die Wasserströmung sehr weit verbreitet werden. Die Kokospalme ist dank ihrer *Schwimmfrüchte* auf den entlegensten Inseln der Südsee anzutreffen.

Aufgaben

① Sammle Früchte und Samen und ordne sie nach der Art ihrer Verbreitung.
② In Nordamerika wurde der Breitwegerich von europäischen Siedlern eingeschleppt. Erkläre, warum die Indianer die fremde Pflanze „Fußstapfen des Weißen Mannes" nannten.

1 Eine Singdrossel frisst die Lockfrüchte vom Schneeballstrauch

Aufbau und Leistung

Früchte

Wenn die Samen heranreifen, verändert sich das Aussehen der Blüte. Aus dem Fruchtknoten entwickelt sich die Frucht. Bei einer Schließfrucht (*Nuss, Beere, Steinfrucht*) bleiben die Samen in der reifen Frucht eingeschlossen. Eine Streufrucht *(Kapsel, Hülse)* öffnet sich und die Samen werden ausgestreut. Daneben gibt es noch einige andere Fruchtformen.

Nuss

Die **Haselnuss** ist ein typisches Beispiel für eine Nuss. Bei ihr entwickelt sich die Fruchtknotenwand zu einer trockenen, manchmal sehr harten Schale. Im Inneren befindet sich in der Regel nur ein einziger Samen.

Esskastanie *(Marone)*, *Buchecker* und *Eichel* sind ebenso Nussfrüchte wie *Sonnenblumenkerne*. Nüsse sind nicht immer groß und essbar. Auch die Früchte vom *Hahnenfuß* und die Flugfrüchte vom *Löwenzahn* sind Nüsschen.

Beere

Früchte, bei denen die Wand des Fruchtknotens insgesamt fleischig bleibt, heißen *Beeren*. Im Inneren befinden sich häufig viele Samen. Dir sind sicher einige einheimische Beerensträucher bekannt. Zu ihnen gehören beispielsweise *Heidel-* und *Preiselbeere*. Im Garten werden *Stachel-* und **Johannisbeeren** gezogen. Sie liefern schmackhaftes Beerenobst.

Beeren sind nicht immer so klein wie die oben genannten Arten. *Gurke*, *Kürbis* und *Melone* sind besonders große Beerenfrüchte. Hättest du gewusst, dass auch *Tomaten* und *Paprika* Beeren sind, genauso wie die grünen Früchte der *Kartoffel*? Auch *Zitrone*, *Orange* und *Pampelmuse* sind Beerenfrüchte, allerdings ist das äußere Fruchtfleisch lederartig. Beeren enthalten in der Regel viele Samen. Ausnahmen sind die *Weinbeere*, in der sich nur wenige Samen befinden, und die *Dattel*. Sie ist eine Beere mit einem einzigen Samen.

Nicht alle Beeren sind essbar. Der **Bittersüße Nachtschatten** besitzt ungenießbare, leicht giftige Beeren. Deshalb solltest du niemals unbekannte Wildfrüchte essen, auch wenn sie noch so appetitlich aussehen.

Steinfrucht

Die Früchte des **Schlehdorns**, die erst spät im Jahr reifen und säuerlich schmecken, sind ein Beispiel für *Steinfrüchte*. Bei ihnen wird der Fruchtknoten in seinem äußeren Teil fleischig; sein Inneres entwickelt sich zu einer steinharten Schicht, die den Samen einschließt. Steinfrüchte besitzen sowohl Eigenschaften von Beeren als auch von Nüssen.

Pfirsich, *Kirsche*, *Pflaume* und *Aprikose* sind unter dem Begriff *Steinobst* bekannt. Bei ihnen wird nur der äußere, fleischige Teil der Frucht gegessen. Es gibt auch Steinfrüchte, bei denen der Samen sehr groß wird, während das Fruchtfleisch faserig und ungenießbar ist. Solche Steinfrüchte kennst du von *Walnuss* und *Kokosnuss*, die also in Wirklichkeit gar keine echten Nüsse sind. Wenn die Steinkerne sehr klein sind und im Fruchtfleisch kaum auffallen, kann man Steinfrüchte auch mit Beeren verwechseln. Ein Beispiel dafür sind die Steinfrüchte des **Schwarzen Holunders**, die man als Holunderbeeren bezeichnet.

Blütenpflanzen

Kapsel

Kapseln sind Streufrüchte von sehr unterschiedlicher Form. Bei der **Rosskastanie** öffnet sich die Kapsel spaltförmig und die Samen fallen heraus. Man spricht in diesem Fall von einer *Spaltkapsel*. Ähnlich ist es bei *Veilchen*, *Tulpe* und *Schwertlilie*.
Bei einer anderen Kapselform, der *Deckelkapsel*, öffnet sich die Frucht, indem sich der obere Teil wie ein Deckel abhebt. Die Samen liegen dann wie in einem offenen Topf und werden durch Windbewegungen ausgestreut. *Schlüsselblume* und *Bilsenkraut* sind Pflanzen mit Deckelkapseln.
Wenn sich in der Kapsel einzelne Löcher bilden, spricht man von einer *Porenkapsel*. Solche Früchte besitzen *Löwenmäulchen* und *Glockenblume*.

Besonders groß und auffällig ist diese Frucht beim **Klatschmohn**, einer häufigen Wegrandpflanze mit roten Blüten.

Balg

Als *Balg* bezeichnet man eine Streufrucht, die im Gegensatz zur Kapsel nur aus einem einzigen Fruchtblatt entstanden ist. Der Balg platzt mit einem schlitzförmigen Spalt an nur einer Seite auf. Dies unterscheidet ihn von der *Schote* und der *Hülse*. Diese Streufrüchte platzen an zwei Seiten auf.

Schote

Vom *Ackersenf* weißt du, dass sich eine *Schote* aus einem zweifächrigen Fruchtknoten entwickelt. Auch die Früchte von *Wiesenschaumkraut* und *Brunnenkresse* sind Schoten. Das **Hirtentäschelkraut** besitzt ein *Schötchen* als Frucht. Schote und Schötchen sind zweiklappige Kapseln.

Hülse

Sie ähnelt im Aussehen einer Schote, ist aber aus einem einfächrigen Fruchtknoten entstanden. Die Samen sitzen an der unteren Naht und nicht an der Scheidewand. *Ginster*, *Klee*, *Wicke* und *Lupine* besitzen Hülsen. Viele Hülsenfrüchte sind essbar. **Erbse**, *Bohne* und *Linse* sind dir bekannt. Auch die *Erdnuss* ist eine Hülsenfrucht.

Spalt- und Bruchfrucht

Manche mehrsamigen Früchte zerfallen bei der Reife in einsamige Teile. Bei der *Wegmalve* entstehen viele Teilfrüchte, so als würden Käseecken abgeschnitten. Die Frucht der *Taubnessel* zerfällt in vier Teile, die des *Kümmels* in zwei. Beim **Ahorn** sind die beiden Spaltfrüchte durch ihre großen Flügel besonders auffällig.

Sammelfrucht

Himbeere, *Brombeere* und *Erdbeere* sind *Sammelfrüchte* und keine echten Beeren. Die Einzelfrüchte der Himbeere und der Brombeere sind kleine Steinfrüchte. Bei der Erdbeere sind es Nüsschen, die sich auf der fleischigen Blütenachse befinden. Auch die *Hagebutte* ist eine Sammelfrucht mit vielen Nüsschen im Inneren.

Scheinfrucht

Da das Fleisch der *Erdbeere* nicht aus dem Fruchtknoten entstanden ist, kann man sie auch als *Scheinfrucht* bezeichnen. Ebenfalls Scheinfrüchte besitzt die **Eberesche**. Hier ist das Fruchtfleisch aus dem Blütenboden entstanden. Zwei andere bekannte Scheinfrüchte sind **Apfel** und *Birne*.

Aufbau und Leistung

3 Bau und Aufgaben der Pflanzenorgane

Die Gartenbohne — aus dem Leben einer Blütenpflanze

Blüte und Frucht

Die Blüten der *Gartenbohne* besitzen unterschiedlich geformte Blütenblätter. Aus der Entfernung erinnern sie an einen kleinen Schmetterling. Blüten mit diesem Aussehen heißen *Schmetterlingsblüten*. Wie ist eine solche Blüte aufgebaut?

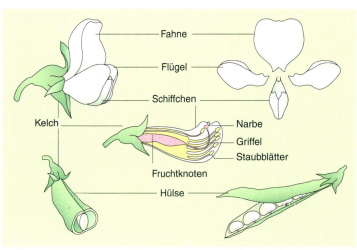

1 Aufbau von Schmetterlingsblüte und Hülse

Der fünfzipfelige, grüne *Kelch* ist glockenförmig. Nach oben ragt aus ihm ein besonders großes Blütenblatt, die *Fahne*, heraus. Die beiden seitlichen Blütenblätter, die den Schmetterlingsflügeln gleichen, heißen *Flügel*. Zwischen ihnen versteckt liegt ein kahnförmiges Gebilde, das *Schiffchen*. Es besteht aus zwei miteinander verklebten Blütenblättern. Insgesamt besitzt die Blüte der Gartenbohne also fünf Blütenblätter. Sie ist *fünfzählig*.

Verborgen im Inneren des Schiffchens liegen zehn Staubblätter. Neun davon sind im unteren Abschnitt miteinander verwachsen. Sie bilden eine Rinne, die vom zehnten, freien Staubblatt abgedeckt wird. In dieser Rinne befindet sich der lang gestreckte Fruchtknoten. Er besteht aus einem einzigen Fruchtblatt. Der Griffel ist hakenförmig aufwärts gebogen. Die Narbe liegt also in unmittelbarer Nähe der Staubbeutel. Deshalb können reife Pollenkörner leicht auf die Narbe gelangen; es kommt regelmäßig zur *Selbstbestäubung*. Im Gegensatz zu vielen anderen Pflanzen ist bei der Gartenbohne keine Fremdbestäubung zur Samenbildung erforderlich.

Nach der Befruchtung entwickelt sich eine einfächrige Frucht, die *Hülse*. In ihrem Inneren reifen mehrere *Bohnensamen*. Aus jedem von ihnen kann eine neue Bohnenpflanze heranwachsen.

Zum Aufbau der Samen

Der Bohnensamen ist von einer *Samenschale* umgeben, an der deutlich der *Nabel* zu erkennen ist. An dieser Stelle war die Bohne in der Hülse angewachsen. Bei einem Samen, der über Nacht in Wasser gelegen hat, lässt sich die Samenschale leicht entfernen. Der geschälte Samen besteht aus zwei dicken, weißlichen Hälften. Dies sind die nährstoffhaltigen *Keimblätter*. Dazwischen liegt der *Keimstängel* mit den ersten Laubblättern und der *Keimknospe*. Die *Keimwurzel* ist ebenfalls deutlich zu erkennen. Das bedeutet: Der Samen einer Pflanze ist ein mit Vorratsstoffen ausgestatteter *Keimling* im Ruhezustand. Er ist ein vollständiges Pflänzchen, das nur noch heranwachsen muss.

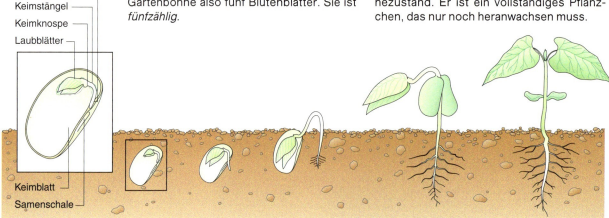

Keimung und Wachstum

Solange die Samen der Gartenbohne nicht mit Feuchtigkeit in Berührung kommen, verändern sie ihr Aussehen nicht. Sie scheinen vollkommen leblos; sie befinden sich in *Samenruhe*. So überstehen sie ohne Schaden ungünstige Bedingungen, zum Beispiel lange Trockenheiten oder Frost.

Damit der Samen sich zu einer jungen Pflanze entwickeln kann, müssen einige Voraussetzungen erfüllt sein:
— Ohne Wasser kann kein Samen keimen.
— Die Temperatur beeinflusst die Keimung: Wärme fördert die Geschwindigkeit; Samen, die kühl gehalten werden, keimen weniger rasch.
— Wie alle Lebewesen benötigen keimende Samen auch den Sauerstoff der Luft. Licht und Erde sind dagegen für die Entwicklung der Keimpflanze zunächst nicht nötig. Erst die wachsende Pflanze ist darauf angewiesen.

Unerlässliche Keimungsbedingungen sind also *Wasser*, *Wärme* und der *Sauerstoff* aus der Luft.

In feuchter Erde nehmen die Samen der Gartenbohne Wasser auf, quellen und werden größer. Der dadurch entstehende Druck lockert das umgebende Erdreich und der Keimling kann beim Wachsen den Boden leichter durchdringen. Als erstes durchbricht die Keimwurzel die Samenschale. Sie wächst nach unten in die Erde und bildet dabei *Seitenwurzeln* aus. Erst jetzt wird der hakenförmig gebogene Stängel sichtbar. Er wächst nach oben und zieht die beiden Keimblätter aus der aufgeplatzten Samenschale heraus. Der weißliche Stängel richtet sich über der Erde auf und wird, ebenso wie die beiden Keimblätter, im Licht bald grün. Die ersten Laubblätter entfalten sich und der Spross wächst mit der Stängelknospe in die Länge. Gleichzeitig schrumpfen die Keimblätter, trocknen ein und fallen schließlich ab.

Der wachsende Stängel verfestigt sich und hält die Pflanze aufrecht. Das ist zum Beispiel bei den niedrig wachsenden *Buschbohnen* der Fall. *Stangenbohnen* dagegen benötigen eine Stütze, wenn sie größer werden. Sie führen beim Wachsen kreisende Suchbewegungen aus. Haben sie einen Halt gefunden, so winden sie sich um die Stütze herum. Dies geschieht immer in der gleichen Richtung. Die Bohne ist ein *Linkswinder*, d. h. sie dreht sich gegen den Uhrzeigersinn, wenn man von oben auf die Pflanze blickt.

Zettelkasten

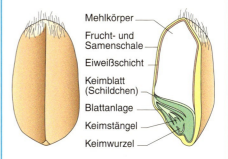

Weizenkorn (Aufsicht und Längsschnitt)

Das Weizenkorn

Der stärkehaltige *Mehlkörper* bildet die Hauptmasse des Weizenkorns. Er ist von einer gelblichen *Frucht- und Samenschale* umgeben, darunter liegt eine *Eiweißschicht*. Der Keimling befindet sich an einem Ende des Korns außerhalb des Mehlkörpers und besitzt nur ein Keimblatt, das *Schildchen*. Dieses versorgt den heranwachsenden Keimling mit Vorratsstoffen aus dem Nährgewebe des Mehlkörpers. Nach der Keimung ist das Korn geschrumpft; der Mehlkörper enthält keine Stärke mehr, was man mithilfe des Mikroskops erkennen kann. Samen mit nur einem Keimblatt lassen sich im Gegensatz zu Bohnensamen nicht in zwei Hälften zerlegen.

Aufgaben

① Ziehe einen Bohnenkeimling heran (vgl. Praktikum). Zeichne die Keimblätter und eines der Folgeblätter. Beschreibe deren Form und nenne Unterschiede.

② Beschreibe die Stellung der Laubblätter einer Bohnenpflanze bei voller Beleuchtung und nach längerer Dunkelheit.

③ Man kann eine Hülse auf den ersten Blick leicht mit einer Schote (z. B. der Frucht des *Ackersenfs*) verwechseln. Vergleiche beide Fruchtformen und gib an, woran du eine Hülse bzw. eine Schote erkennst.

④ Untersuche einige Samen (*Erbse*, *Apfelkern*, *Haselnuss*) und Getreidekörner (*Roggen*, *Mais*, *Gerste*). Begründe, ob sie im Aufbau eher einem Bohnensamen oder einem Weizenkorn gleichen.

⑤ Lege einige dieser Samen und Getreidekörner ein paar Tage in feuchte Watte. Vergleiche dann die sich entwickelnden Keimlinge täglich unter der Lupe und versuche, sie zu zeichnen. Welche Unterschiede kannst du erkennen?

Aufbau und Leistung

Quellung, Keimung, Wachstum

Quellung

Pflanzensamen kannst du aufbewahren, wenn du darauf achtest, dass sie trocken lagern. Durch Wasseraufnahme verändern sich Samen, sie *quellen*.

Aufgaben

① Wiege 100 Gramm trockene Erbsen oder Bohnen ab und schütte sie in ein Becherglas mit reichlich Wasser. Trockne die Samen nach 24 Stunden gut mit Küchenpapier ab. Stelle erneut das Gewicht fest und vergleiche.

② Miss die Länge eines trockenen Bohnensamens. Lege ihn über Nacht in Wasser und miss erneut. Was stellst du fest?

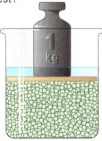

③ Lege in einem Glasgefäß auf trockene Erbsen eine Platte mit einem Gewicht. Markiere die Lage der Platte. Übergieße alles mit Wasser und kontrolliere am nächsten Tag.

④ Rühre in zwei Jogurtbechern jeweils halbvoll Gips an. Stecke bei einem Becher sechs Bohnensamen in den Gips und gieße den Inhalt des zweiten Bechers darüber. Lege den Gipsblock, nachdem er ausgehärtet ist, für zwei Tage in eine wassergefüllte Petrischale. Was bedeutet das Ergebnis für die Samen im Boden?

Keimung

Erde | Wasser | Licht | Wärme | Luft

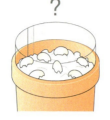 

Erde | Wasser | Licht | Wärme | Luft

Erde | *Wasser* | Licht | Wärme | Luft

Erde | Wasser | *Licht* | Wärme | Luft

Erde | Wasser | Licht | *Wärme* | Luft

Erde | Wasser | Licht | Wärme | *Luft*

Wenn du im Garten Bohnenpflanzen ziehen möchtest, so legst du im Frühjahr Bohnensamen ins feuchte Erdreich. Manchmal keimen Samen aber nicht. Woran kann das liegen?

Wahrscheinlich ist irgendeine Bedingung, die zum Keimen des Samenkorns nötig ist, nicht erfüllt. Man kann die Keimungsbedingungen durch Experimente herausbekommen. Wenn du zum Beispiel wissen möchtest, ob Erde notwendig ist, dann musst du die Erde in einem Keimungsversuch durch etwas anderes ersetzen. Wenn die Samen dennoch keimen, dann ist Erde überflüssig.

Aufgaben

⑤ Damit du richtige Ergebnisse erhältst, musst du überprüfen, ob die verwendeten Samen überhaupt keimfähig sind. Dazu legst du zehn Samen in feuchte Erde und schaffst natürliche Bedingungen. Die Keimung ist gelungen, wenn die ersten grünen Blättchen zu sehen sind. Ein solches Experiment heißt *Kontrollversuch*.

⑥ In den nebenstehenden Abbildungen werden einige Keimungsbedingungen genannt. Ausserdem erhältst du Hinweise, wie die Versuche aussehen könnten. Beschreibe genau, was bei jedem einzelnen Experiment gemacht werden muss.

⑦ Führe die Versuche selbst durch und vergleiche deine Ergebnisse mit denen deiner Mitschüler. Wo fallen deine Versuche anders aus?

⑧ Benutze für die Versuche Samen der Feuerbohne und der Gartenbohne. Beschreibe das Aussehen der jeweiligen Keimpflanzen und vergleiche die Keimblätter.

⑨ Lege 10 ungequollene und 10 gequollene Samen für eine Woche in den Kühlschrank. Untersuche danach die Keimfähigkeit. Was bedeutet das Ergebnis für die natürlichen Verhältnisse?

⑩ Schäle einen gequollenen Bohnensamen. Brich ihn in zwei Teile auseinander. Betrachte das Innere mit der Lupe und zeichne.

⑪ Kratze die Oberfläche eines Bohnensamens ab. Bringe einen Tropfen Iodkaliumiodid darauf. Deute das Ergebnis.

⑫ Bringe in einem sandgefüllten Quarkbecher 10 Bohnensamen zum Keimen. Entnimm im Abstand von jeweils zwei Tagen einen Samen und zeichne die Keimlinge in natürlicher Größe. Achte genau auf Veränderungen im Aussehen von Wurzel und Spross (Lupe).

Blütenpflanzen

Wachstum

Wenn sich deine Keimpflanzen gut entwickelt haben, sind sie gewachsen: die Wurzeln ins Erdreich, der Spross nach oben. Auch das Wachstum lässt sich genauer untersuchen. Dazu wird täglich die Länge des Sprosses gemessen und protokolliert. Nach den gemessenen Werten kannst du eine *Wachstumskurve* zeichnen.

Dazu gehst du folgendermaßen vor:
Auf einer waagerechten Linie trägst du in gleichen Abständen die Zahl der Tage auf, die du für deine Beobachtungen benötigt hast. Den Anfangstag bezeichnet man in der Regel mit „Null". Die Messung nach einem Tag liegt dann richtig bei „Eins". Auf der dazu senkrechten Achse wird die Länge in Zentimetern aufgetragen. Wenn du nun über jedem Tag senkrecht die gemessene Länge aufträgst und diese Punkte verbindest, dann erhältst du die *Wachstumskurve* deiner Pflanze.

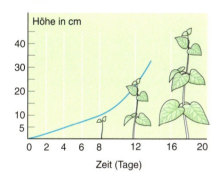

Aufgaben

⑬ Besorge dir im Winter bzw. im zeitigen Frühjahr in einer Gärtnerei eine Zwiebel des Rittersterns *(Amaryllis)*. Pflanze sie in einen Blumentopf und beobachte die Entwicklung, bis ein Blütentrieb sichtbar wird.
Miss von nun an täglich seine Länge und trage die Werte in eine Tabelle ein. Nach drei Wochen kannst du eine Wachstumskurve zeichnen.

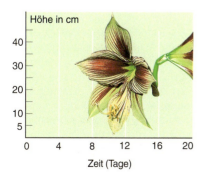

⑭ Die folgende Tabelle zeigt eine solche Messung. Zeichne und vergleiche deine Ergebnisse mit den vorgegebenen Werten und auch mit Abb. 1. Gibt es Unterschiede?

Tage	2	4	6	8	10
Länge (cm)	0,3	1,2	2,1	6,5	11,1
Tage	12	14	16	18	20
Länge (cm)	17	25	37	45	46

⑮ Bohnen werden in feuchtem Sand zum Keimen gebracht, bis Spross bzw. Wurzel 2 cm lang sind. Mit wasserlöslicher Tusche werden im Abstand von 1 mm Markierungsstriche angebracht. Nach vier Tagen wird kontrolliert. Die Ergebnisse sind in den unten stehenden Abbildungen dargestellt. Beschreibe deine Ergebnisse und vergleiche sie mit denen deiner Mitschülern.

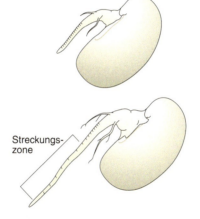

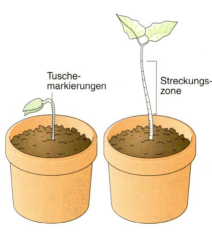

⑯ Führe die Versuche selbst mit Erbsen-, Kresse- oder Sonnenblumensprossen durch. Ebenso mit den Keimwurzeln bei Erbse, Eiche oder Rosskastanie.

Bis jetzt haben wir untersucht, wie schnell und an welchen Stellen ein Keimling wächst. In den folgenden Versuchen geht es um die Frage, in welche Richtung der Spross bzw. die Wurzel wachsen und wovon die Wuchsrichtung abhängt.

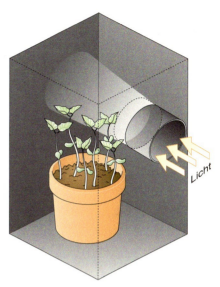

⑰ Ziehe in vier Blumentöpfen einige Bohnenkeimlinge heran. Führe damit folgende Versuche durch:
a) Über einen Topf wird eine schwarz ausgekleidete Schachtel gestülpt.
b) Der zweite wird mit einem Dunkelkasten wie bei a) versehen. Diesmal wird durch eine Hülse eine Öffnung geschaffen. Das einfallende Licht muss die Spitze der Keimlinge treffen.

c) Lege den dritten Blumentopf waagerecht hin.

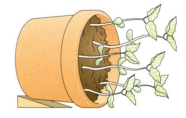

d) Der vierte Topf dient als Kontrolle.

Beschreibe nach 14 Tagen das Aussehen der Keimlinge in den vier Töpfen. Achte bei c) auch auf die Keimwurzel! Vergleiche mit den Kontrollpflanzen und gib Gründe für das unterschiedliche Aussehen an.

Aufbau und Leistung

Bau und Funktion von Wurzel und Spross

Die **Wurzel** ist das erste Organ, das sich bei der Keimung des Samens entwickelt. Diese *Keimwurzel* wächst langsam und dringt dabei senkrecht in den Boden ein. Aus der Keimwurzel entwickelt sich bei vielen Samenpflanzen eine *Hauptwurzel* mit zahlreichen *Seitenenwurzeln*. Bei anderen, wie z. B. bei allen Gräsern, stirbt die Keimwurzel ab. Dafür entwickeln sich aus unteren Sprossteilen neue Nebenwurzeln. Man spricht dann von sprossbürtigen Wurzeln.

Die Wurzeln wachsen an den Enden ständig weiter und schieben sich dadurch zwischen die Bodenteilchen. Dabei schützen lockere Zellschichten die zarte Wurzelspitze wie eine Haube. Die inneren Schichten der Wurzelhaube werden stets neu gebildet, während die äußeren absterben und eine Gleitschicht bilden. Sie erleichtert das Eindringen in den Boden.

In der Zone hinter der Wurzelspitze wachsen immer wieder neue *Wurzelhaare*. Sie bilden eine große Oberfläche, über die Wasser und Mineralstoffe aufgenommen werden. Diese werden von der Wurzel in die anderen Organe weitergeleitet.

Die Wurzeln verankern die Pflanze im Boden. Bei vielen Samenpflanzen wachsen die Wurzeln sehr tief in die Erde hinein. Solche *Tiefwurzler* sind zum Beispiel Eichen, Kiefern und Sonnenblumen. Die *Flachwurzler* bilden ihre Wurzelsysteme überwiegend in den oberen Bodenschichten aus. Zu diesen Pflanzen gehören neben Pappeln und Fichten auch Mais und Gräser.

Die **Sprossachse** ist ein sehr vielgestaltiges Pflanzenorgan. Je nach Pflanzenart heißt sie auch *Stängel, Halm* oder *Stamm*. Trotz unterschiedlichster Formen erfüllen die Sprossachsen stets die gleichen Aufgaben. Sie bringen Laubblätter und Blüten in eine günstige Position. Laubblätter kommen ins Licht und Blüten können vom Wind oder von bestäubenden Insekten leicht erreicht werden.

Die Sprossachse dient auch dem Transport von Stoffen. Wasser und darin gelöste Mineralstoffe werden von der Wurzel in die Laubblätter, Blüten und Früchte transportiert. Die in den Laubblättern gebildeten Nährstoffe gelangen umgekehrt in andere Pflanzenteile, wo sie weiter verwertet oder aber gespeichert werden.

1 Buchenblatt

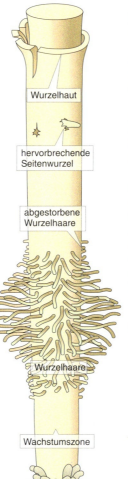

Wurzel

Das **Laubblatt** ist das dritte Grundorgan einer Samenpflanze. Es besteht in der Regel aus *Blattgrund, Blattstiel* und *Blattspreite*. Auf der Blattfläche sind deutlich *Blattadern* zu erkennen. Sie durchziehen die ganze Blattspreite und dienen dem Stofftransport.

Laubblätter verdunsten Wasser über ihre gesamte Oberfläche und über winzige, regulierbare Öffnungen, die *Spaltöffnungen*, die mit bloßem Auge nicht zu erkennen sind.

Die grünen Blätter sind die wichtigsten Organe für die Ernährung der Pflanze. Über sie nehmen die Pflanzen Kohlenstoffdioxid aus der Luft auf. Unter dem Einfluss des Lichts werden mithilfe des grünen Blattfarbstoffes *Chlorophyll* aus Wasser, Kohlenstoffdioxid und Mineralsalzen die Nährstoffe der Pflanze und Sauerstoff gebildet. Die Nährstoffe, zu denen *Zucker, Stärke, Fette* und *Eiweiße* gehören, benötigt die Pflanze für ihr eigenes Wachstum und ihre Entwicklung. Den an die Luft abgegebenen Sauerstoff brauchen alle Lebewesen zur Atmung.

Aufgaben

1. Fichte und Pappeln werden durch Sturm leicht entwurzelt. Dagegen wird bei Kiefern oft der Stamm geknickt. Erkläre diesen Umstand.
2. Zeichne von drei verschiedenen Pflanzenarten die Laubblätter. Beschrifte und vergleiche den Grundaufbau.
3. Zimmerpflanzen, die längere Zeit im Dunkeln stehen, verlieren ihre grüne Farbe und gehen schließlich ein. Erkläre diese Erscheinung.

Wurzel, Sprossachse, Blatt

Die Grundorgane einer Blütenpflanze sind Wurzel, Sprossachse und Blatt. Diese Organe können so vielfältig abgewandelt sein, dass sie manchmal gar nicht mehr unseren Vorstellungen entsprechen.

Die Wurzel

Die Wurzel ist ein Pflanzenorgan, das man nur selten zu Gesicht bekommt. Aufgaben der Wurzeln sind, Wasser und Mineralsalze aufzunehmen und die Pflanze fest im Boden zu verankern. Um das zu leisten, kann ein Baum unter der Erde fast genau so verzweigt und so groß sein wie das, was von ihm herausragt. Beim Weinstock reichen die Wurzeln bis zu 10 m tief in den Boden, bei einigen Getreidearten sind es noch 1,50 m. Die gesamte Wurzellänge einer kräftigen, frei stehenden Roggenpflanze mit allen Seitenwurzeln wurde mit 80 km berechnet.

Bei der Fichte bleiben die Wurzeln flach unter der Erdoberfläche und bilden eine sogenannte **Tellerwurzel**. Tanne und Löwenzahn dagegen besitzen eine *Pfahlwurzel*, die senkrecht ins Erdreich vordringt. Bei einigen Pflanzen, z. B. bei der Möhre, ist die Pfahlwurzel verdickt und übernimmt zusätzlich eine Aufgabe bei der Speicherung von Nährstoffen.

Manche Orchideenarten besitzen **Luftwurzeln**, mit denen sie das Wasser nicht aus dem Boden, sondern aus der Luft aufnehmen können.

Die Sprossachse

Ein Spross ist nicht unbedingt daran zu erkennen, dass er aus der Erde herausragt. Ein Merkmal ist, dass er grün werden kann, wenn ihn keine Erde mehr bedeckt. Die Knolle der Kartoffel ist ein Beispiel für einen solchen unterirdischen Sprossabschnitt.

Die Sprossachse trägt die Blüten und Blätter. Beim **Mäusedorn**, einer Pflanze des Mittelmeerraumes, kann man merkwürdige Beobachtung machen.

Die Sprossachse besitzt viele spitze „Blättchen" und mitten darauf erscheint eine kleine weiße Blüte. Untersuchungen mit dem Mikroskop zeigen, dass das Organ, das beim Mäusedorn wie ein Blatt aussieht, nichts anderes ist als ein sehr, sehr flacher Seitenspross.

Das Blatt

Das dritte Grundorgan, das alle Pflanzen besitzen, ist das Blatt. Ein Laubblatt besteht in der Regel aus drei Teilen: der Blattspreite, dem Blattstiel und dem meist sehr unscheinbaren Blattgrund. Schon die Blattspreite kann so typisch geformt sein, dass es möglich ist, die Pflanzenart daran zu erkennen.

Blätter können manchmal aber auch sehr eigenartig aussehen, vor allem dann, wenn sie eine besondere Aufgabe übernehmen. Eine Erbsenpflanze kann sich zum Beispiel mit ihren

Blattranken beim Klettern festklammern. Auch die Dornen an einem Kaktus sind abgewandelte Blätter.

Die **Kannenpflanze** gehört zu den Fleisch fressenden Pflanzen. Ihre Blätter besitzen einen seltsamen Bau. Bei ihnen ist der Blattgrund sehr groß und

sieht aus wie eine Blattspreite. Am gebogenen Blattstiel sitzt dann die eigentliche Blattspreite, die man allerdings gar nicht als solche erkennt. Sie ist zu einer kannenförmigen Röhre umgebildet. Darin befindet sich eine Flüssigkeit, durch die Insekten verdaut werden, die in die Kanne hinein gefallen sind.

Auch die Blüte besteht aus abgewandelten Blättern. Die Begriffe Fruchtblatt und Staubblatt deuten darauf hin. Diese Pflanzenorgane sehen zwar nicht grün aus und erst recht nicht wie ein Blatt. Nur beim Blütenblatt ist die Bezeichnung „Blatt" verständlich. Hier lassen sich bei manchen Zuchtformen von Gartenpflanzen, z. B. bei der **Papageientulpe**, Übergänge von den grünen Laubblättern zu den farbigen Blütenblättern entdecken.

Die Ansprüche der Pflanzen an Wasser, Boden und Licht

Stülpt man ein großes Glas über eine Pflanze, so beschlägt es von innen mit Wassertröpfchen. Offenbar verdunstet das Wasser aus den Blättern der Pflanze. Mikroskopische Untersuchungen zeigen, dass die Blätter winzige *spaltförmige Öffnungen* besitzen. Diese befinden sich meist auf der Blattunterseite und sind mit der Lupe als dunkle Punkte zu erkennen. Im mikroskopischen Bild sieht man, dass der Spalt von zwei bohnenförmigen Zellen gebildet wird. Aus der dazwischen liegenden Öffnung verdunstet das Wasser. Diese *Spaltöffnungen* können geöffnet und geschlossen werden und so die Wasserabgabe regeln.

Wie gelangt nun ständig neues Wasser in die Blätter? Bringt man einen beblätterten Zweig in mit roter Tinte gefärbtes Wasser, so erkennt man den Verlauf des Wasserstroms bis in die Blattadern hinein. Den Transport in Spross und Blatt übernehmen bestimmte Wasserleitungsbahnen innerhalb der Leitbündel.

Die Pflanze nimmt das Wasser aus dem Erdreich auf. Kurz hinter der wachsenden Wurzelspitze befinden sich die *Wurzelhaare*. Durch ihre Oberfläche gelangt das Wasser in die Pflanze. Über die Gefäßbündel werden alle Pflanzenteile von der Wurzel aus mit Wasser versorgt. Eine Birke mittlerer Größe verdunstet auf diese Weise an warmen Sommertagen etwa 300 Liter Wasser. Das verdunstende Wasser kühlt die Blätter und zieht weiteres Wasser in der Pflanze nach.

Der *Wasserstrom* in der Pflanze hat noch eine wichtige Aufgabe. Ein Versuch gibt darüber Auskunft: Zwei Bohnenkeimlinge, die gleich weit entwickelt sind, werden in zwei Bechergläser gebracht, nachdem das Erdreich von ihren Wurzeln abgespült worden ist. In einem Glas befindet sich destilliertes Wasser; beim zweiten Glas wird in das Wasser ein Esslöffel Komposterde eingerührt. Die Pflanze im destillierten Wasser wächst deutlich langsamer weiter als die zweite Pflanze. Diese entwickelt sich normal. Welchen Grund hat das?

In der Erde befinden sich Stoffe, die von Pflanzen für ihr Gedeihen benötigt werden. Diese lebensnotwendigen Stoffe sind *Mineralstoffe*. Sie werden durch das Wasser aus dem Boden herausgelöst und dann durch die Wurzeln in die Pflanze aufgenommen.

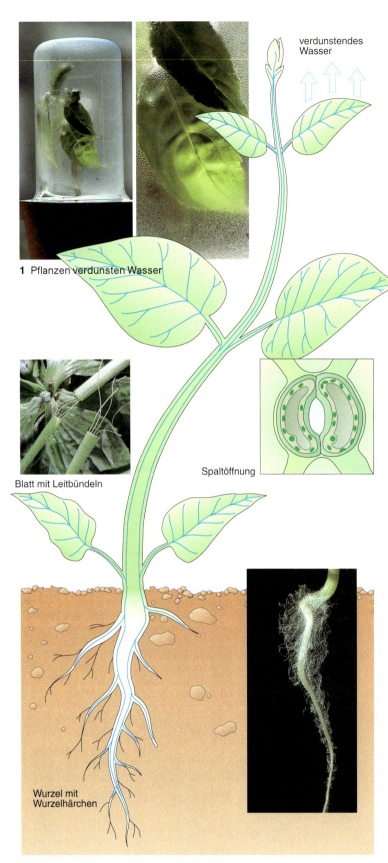

1 Pflanzen verdunsten Wasser

Blatt mit Leitbündeln

Spaltöffnung

verdunstendes Wasser

Wurzel mit Wurzelhärchen

2 Wasseraufnahme und -transport in der Pflanze

1 Blattmosaik beim Ahorn

Auch das *Licht* beeinflusst das Gedeihen einer Pflanze. Zimmerpflanzen, die nur von einer Seite her Sonnenlicht erhalten, krümmen sich zum Fenster hin und wenden ihre Blätter mit der Blattfläche dem Lichteinfall zu. Bei Bäumen sind die Blätter häufig so angeordnet, dass sie sich möglichst wenig gegenseitig beschatten (Blattmosaik). Pflanzen, die eine Zeit lang im Dunkeln gehalten werden, unterscheiden sich in ihrem Wachstum und Aussehen von gut belichteten Pflanzen. Ihr Spross wächst stark in die Länge, aber die Blätter bleiben klein und bleich. Eine grüne Pflanze kann sich nur dann gut entwickeln, wenn sie ausreichend Licht erhält. Ohne Licht geht sie schließlich zugrunde.

Aufgaben

① Stelle den Zweig einer Zimmerpflanze *(Buntnessel, Fleißiges Lieschen)* oder eines Laubbaumes *(Weide, Pappel)* für 24 Stunden in mit roter Tinte gefärbtes Wasser. Schneide den Zweig anschließend quer durch.
   a) Betrachte den Querschnitt mit der Lupe und zeichne, was du erkennst.
   b) Beschreibe und erkläre das Ergebnis.
   c) Verfahre ebenso bei einem Längsschnitt.

② Bringe je einen Tropfen Klebstoff auf die Ober- und Unterseite eines Laubblattes. Den getrockneten Klebstoff kannst du wie eine Haut abziehen. Betrachte dann die beiden Abdrücke mit der Lupe und unter dem Mikroskop. Vergleiche.

③ Bringe je einen Tropfen destilliertes Wasser, Leitungswasser und Flüssigdünger auf eine saubere Glasplatte. Lass das Wasser verdunsten und beschreibe deine Beobachtungen. Erkläre.

destilliertes Wasser

Wasser mit Komposterde

Zettelkasten

Düngung

Pflanzen nehmen aus dem Erdreich fortwährend Mineralstoffe auf. Diese gehen dem Boden jedoch nicht verloren. Beim herbstlichen Laubfall oder nach dem Absterben der Pflanzen gelangen diese Stoffe wieder in den Boden zurück. Sie können nach der Zersetzung erneut genutzt werden.

Aber dort, wo der Mensch in seinen Gärten oder auf den Feldern die Pflanzen aberntet und abtransportiert, verarmen die Böden. Dieser Verlust lässt sich durch natürlichen Dünger, wie Kompost oder Stallmist, wieder ausgleichen. Der Boden wird dadurch zusätzlich mit *Humusstoffen* angereichert. Das sind verweste, pflanzliche und tierische Stoffe, die ebenfalls zur Verbesserung des Bodens beitragen.

Gülledüngung

Auf Wiesen und Feldern wird häufig mit *Jauche* oder *Gülle* gedüngt. Diese flüssigen Dünger haben den Vorteil, dass sie sich leichter auf großen Flächen verteilen lassen. Ein Teil dieser Stoffe gelangt so allerdings auch in das Grundwasser. Dies hat in manchen Gegenden bereits zur Verschlechterung der Trinkwasserqualität geführt. Gülle darf deshalb nur zu bestimmten Zeiten ausgebracht werden, z. B. im zeitigen Frühjahr, kurz bevor das Pflanzenwachstum einsetzt und die Mineralstoffe dem Boden von den Pflanzen schnell wieder entzogen werden.

In der Landwirtschaft wird heute in großem Umfang *Mineraldünger* (Kunstdünger) benutzt. Je nach Bodenbeschaffenheit und Pflanzenart muss unterschiedlich gedüngt werden. Der Landwirt muss deshalb die Zusammensetzung des Ackerbodens und die Ansprüche seiner Kulturpflanzen genau kennen. Denn auch ein Zuviel an Mineralstoffen kann zu Schäden an den Pflanzen führen. Sie wachsen dann möglicherweise zu schnell oder sind anfälliger gegen ungünstige Witterungsverhältnisse und Schädlinge.

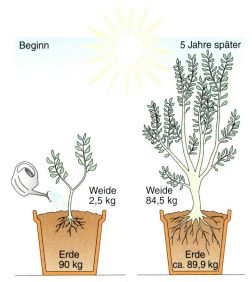

1 VAN HELMONTS Versuch

Ernährung von Pflanzen

Menschen und Tiere können nicht leben, ohne zu essen und zu trinken. Aber hast du dir schon einmal Gedanken darüber gemacht, wovon sich Pflanzen ernähren?

Bereits im Jahr 1640 beschäftigte sich der holländische Arzt VAN HELMONT mit dieser Frage. Um sie zu beantworten, führte er folgenden Versuch durch. Er pflanzte ein Weidenbäumchen mit einer Masse von 2,5 kg in einen Kübel, in dem sich eine genau abgewogene Menge Erde befand. Fünf Jahre lang hat er die Pflanze nur mit Regenwasser gegossen und darauf geachtet, dass keine Erde hinzukam oder weggespült wurde. Die Weide hatte danach eine Masse von 84,5 kg, war also um 82 kg schwerer geworden. Das Nachwiegen der Erde ergab, dass sie nur um 57 g leichter geworden war.

VAN HELMONT meinte, die Frage nach der pflanzlichen Ernährung gelöst zu haben. Für ihn lautete die Antwort: Außer einer geringen Menge an *Mineralstoffen* benötigt die Pflanze für ihr Wachstum und ihre Gewichtszunahme nur ausreichend Wasser. Beides nimmt sie durch ihre Wurzeln aus dem Erdreich auf.

Aber ist das schon die vollständige Erklärung? Wir wollen einmal nachrechnen: Pflanzen bestehen zu einem großen Teil aus Wasser. Zum Beispiel werden 100 g frisches Gras durch Trocknung zu etwa 20 g Heu. Die restlichen 80 g sind Wasser und verdunsten beim Trocknen. VAN HELMONTS Weidenbäumchen, das um 82 kg schwerer geworden ist, verliert beim Trocknen etwa 67 kg Wasser. Seine *Trockenmasse* beträgt also noch 15 kg. Das ist sehr viel im Vergleich zu den 57 g Mineralstoffen, die aus der Erde aufgenommen wurden. Selbst wenn noch etwas Wasser in der Pflanze zurückbleibt, lässt sich die Differenz von 15 kg nicht erklären. Was hat VAN HELMONT übersehen?

Eine zufällige Beobachtung führte im Jahre 1772 einen Schritt weiter. Damals experimentierte der englische Naturforscher PRIESTLEY mit Pflanzen und Tieren, um zu untersuchen, wie sich die Luft durch Lebewesen verändert. Er stellte fest, dass eine Maus in einem luftdicht verschlossenen Gefäß nach kurzer Zeit ohnmächtig wurde. Eine brennende Kerze ging in der verbliebenen Luft sofort aus. Eine grüne Pflanze konnte erstaunlicherweise in der gleichen Luft weiterleben ohne abzusterben. In einem dritten Versuch zeigte sich zur Verblüffung von PRIESTLEY, dass die Maus bei Tageslicht in ihrem luftdichten Gefäß wesentlich länger ohne Schädigung überlebte, wenn sich gleichzeitig Pflanzen darin befanden.

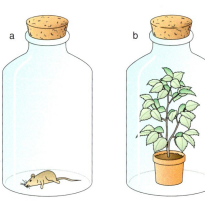

2 Versuche von PRIESTLEY

Wir erklären das heute so: Die Pflanze gibt den für die *Atmung* eines Tieres notwendigen *Sauerstoff* in die Luft ab. Gleichzeitig nimmt sie aus der Luft einen anderen Bestandteil auf, nämlich *Kohlenstoffdioxid*. Die rätselhafte Massenzunahme des Weidenbäumchens hängt auch mit Veränderungen der Luft zusammen. Pflanzen benötigen also nicht nur Wasser und Mineralstoffe aus dem Boden, sondern sie nehmen auch Kohlenstoffdioxid aus der Luft auf. Außerdem wissen wir, dass Pflanzen zum Leben auch Licht benötigen. Damit kommen wir der Antwort auf die Frage nach der Ernährung von Pflanzen, also auch deren Massenzunahme, wieder ein Stück näher.

Fotosynthese und Zellatmung

Welche Stoffe machen eigentlich neben dem Wasser die Masse einer Pflanze aus? In einer Kirsche befindet sich *Zucker*, in der Kartoffelknolle ist *Stärke* enthalten. Nüsse sind sehr *fettreich* und das Holz eines Weidenbäumchens besteht zum Teil aus *Zellulose*. Diese Stoffe – wir nennen sie allgemein „organische Stoffe" – müssen im Organismus der Pflanze gebildet worden sein.

Wie das geschieht, wurde in den vergangenen 200 Jahren durch viele Versuche erforscht. Heute weiß man, wie sich Pflanzen ernähren:

— Wasser und Mineralstoffe nimmt die Pflanze durch die Wurzeln auf.
— Kohlenstoffdioxid gelangt durch die Spaltöffnungen in die Blätter.
— Zucker und Stärke (Kohlenhydrate) werden in den Blättern aus Kohlenstoffdioxid und Wasser gebildet.
— Licht und Blattgrün *(Chlorophyll)* müssen bei diesem Vorgang ebenfalls vorhanden sein.
— Sauerstoff wird dabei von den Pflanzen in die Luft abgegeben.
— Alle anderen organischen Stoffe werden unter Verwendung des Zuckers und der Mineralstoffe in der Pflanze hergestellt.

Die Ergebnisse lassen sich folgendermaßen zusammenfassen: *Die Pflanze stellt mithilfe von Sonnenlicht und Blattgrün aus Kohlenstoffdioxid und Wasser Zucker her. Dabei wird Sauerstoff freigesetzt.* Dieser Vorgang heißt **Fotosynthese**.

Grüne Pflanzen erzeugen also ihre Nährstoffe selbst und speichern sie zum Beispiel in Früchten, Knollen und Wurzeln. Menschen und Tiere sind auf diese organischen Stoffe angewiesen. Sie benötigen den Zucker für ihren *Stoffwechsel*. Zusammen mit Sauerstoff wird der Zucker dazu genutzt, den Körper mit *Energie* zu versorgen. *Kohlenstoffdioxid* und *Wasser* werden dabei freigesetzt. Dieser Vorgang heißt **Zellatmung**.

Auch Pflanzen leben von ihren Vorräten. Im Dunkeln können sie keine Fotosynthese betreiben. Sie müssen, wie Menschen und Tiere, Sauerstoff aufnehmen, also atmen. Grüne Pflanzen sind, wie andere Lebewesen auch, auf die Zellatmung angewiesen, wenn sie Energie für ihren Stoffwechsel freisetzen. Darüber hinaus sind sie zusätzlich zur Fotosynthese befähigt, wenn genügend Licht vorhanden ist.

Aufgaben

① Beschreibe anhand der Abbildung 1 den Gaswechsel bei der Fotosynthese bzw. bei der Zellatmung.
② Welche Beobachtung hätte PRIESTLEY gemacht, wenn er eine Maus und eine grüne Pflanze im Dunkeln in einem luftdicht verschlossenen Gefäß gehalten hätte?
③ Auch Wurzeln müssen mit Sauerstoff versorgt werden. Begründe.
④ Beschreibe den in der Randabbildung dargestellten Versuch. Erkläre seine Bedeutung für die Erforschung der Fotosynthese.

Versuch zur Fotosynthese

An einer Pflanze wird ein Blatt mit einem Alustreifen abgedeckt.

Nach einigen Tagen wird das Blatt abgeschnitten, der Alustreifen entfernt.

Durch Brennspiritus wird dem Blatt das Chlorophyll entzogen.

Nach Abwaschen und Hinzufügen von Iodkaliumiodid ist das Blatt mit Ausnahme der abgedeckten Stellen blauviolett gefärbt.

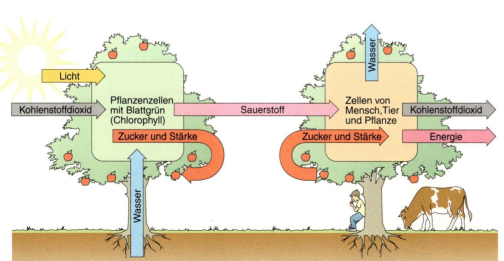

1 Schema von Fotosynthese und Zellatmung

Aufbau und Leistung

1 Blühender Strauch des Besenginsters mit Blatt und Wurzeln

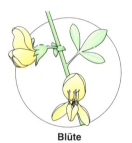 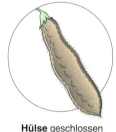  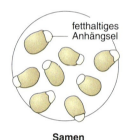

Blüte — **Hülse** geschlossen — **Hülse** geöffnet — **Samen**

2 Blüte, Hülse und Samen des Besenginsters

Der Besenginster — ein Strauch auf kargem Boden

Der *Besenginster* ist weit verbreitet. Der gelb blühende Strauch kann bis zu 2 m hoch werden. Seinen Namen verdankt er der Tatsache, dass aus seinen rutenförmigen Zweigen früher Besen hergestellt wurden. Häufig ist der Besenginster in großen Beständen an sonnigen Hängen, an Waldrändern und in Heidegebieten zu finden. Mundartlich heißt er auch Bram oder Brambusch. Einige Ortsnamen, z. B. auch der Name von Bremen, sollen davon abgeleitet sein.

Dieser wärmeliebende Strauch ist frostempfindlich. Deshalb sterben die Sprosse in kalten Wintern bis kurz über dem Boden ab und werden schwarz. Allerdings treiben im Frühjahr viele grüne Schösslinge aus den nicht erfrorenen Pflanzenteilen. So erholen sich die Bestände sehr schnell.

Anfang Mai bis Mitte Juni sind die Zweige des Besenginsters mit gelben Blüten übersät. Jetzt fällt der Strauch in der Landschaft besonders auf. Er gedeiht vor allem auf kargen Sand- und Geröllböden. Solche Böden trocknen leicht aus. Das bedeutet für die Pflanze, dass sie mit wenig Wasser auskommen muss. Außerdem ist der Boden häufig arm an Mineralstoffen. Man hat festgestellt, dass er vor allem sehr wenig Kalk enthält. Durch sein Gedeihen weist der Besenginster also auf bestimmte Eigenschaften seines Standortes hin. Er ist eine *Zeigerpflanze* für *kalkarme Böden*.

Der Besenginster besitzt die gleichen Grundorgane wie alle Blütenpflanzen. Sie zeigen jedoch verschiedene Abwandlungen und Anpassungen an den Lebensraum.

Blütenpflanzen

Die Schösslinge des Besenginsters tragen kleine, häufig dreizählig gefingerte Blätter. Auf der Unterseite sind diese dicht behaart. Die Haare bilden einen guten *Verdunstungsschutz*. Wenn im Sommer die Temperaturen besonders hoch sind, kann manchmal schon der Laubfall beginnen. Die Pflanze verringert auf diese Weise die verdunstende Oberfläche und verliert weniger Wasser. Die Sprossachse übernimmt zum Teil die Funktion der Blätter. Das ist möglich, weil sich in der blattgrünhaltigen Rinde auch Spaltöffnungen befinden. Die Fotosynthese findet jetzt vor allem in den kantig gefurchten Zweigen statt.

Die fünfzähligen Blüten des Besenginsters besitzen Fahne, Flügel und Schiffchen. Sie sind also *Schmetterlingsblüten*. Staubblätter und Stempel sind im Schiffchen verborgen. Die Bestäubung erfolgt durch Insekten. Das nach oben gerichtete Blütenblatt, die Fahne, lockt durch rötliche Saftmale Hummeln an. Die schweren Insekten finden auf den seitlichen Blütenblättern, den Flügeln, einen guten Landeplatz. Da die Flügel durch Wülste hakig mit dem Schiffchen verbunden sind, überträgt sich das Gewicht auch darauf. Das Schiffchen platzt auf und explosionsartig rollen sich Staubblätter und Griffel nach oben hin auf. Sie schlagen gegen die behaarte Bauchseite der Hummel. Mitgebrachte Pollenkörner gelangen dabei auf die Narbe und das Insekt wird mit neuen Pollen eingepudert.

Aus dem behaarten Fruchtknoten entwickelt sich nach der Befruchtung eine mehrsamige Hülse. An warmen Augusttagen platzen die reifen Früchte mit einem deutlich hörbaren Knall, wobei sich die Fruchtwand spiralig aufrollt. Die Samen werden bis zu 5 m weit weggeschleudert. Sie besitzen ein fetthaltiges Anhängsel. Ameisen ernähren sich davon und verschleppen die Samen. Weit entfernt von der Mutterpflanze können diese dann wieder auskeimen.

Die *Wurzeln* des Besenginsters sind weit verzweigt und dringen tief in den Boden ein. So wird die Versorgung mit Wasser und Mineralstoffen auch in Trockenzeiten gewährleistet. In den jungen Wurzeln siedeln sich bestimmte Bakterien an. Sie bewirken die Bildung von „Knöllchen" in den Wurzeln. Das ist nicht schädlich für die Pflanze, im Gegenteil, es nützt ihr. Denn diese *Knöllchenbakterien* können den *Stickstoff* aus der Luft binden, was dem Besenginster beim Wachstum zugute kommt.

Zettelkasten

Zeigerpflanzen geben Auskunft über den Boden

Für das Gedeihen einer Pflanze spielt der *Boden,* auf dem sie wächst, eine wichtige Rolle. Da sich verschiedene Böden im *Mineralstoffgehalt* ganz erheblich voneinander unterscheiden, gibt es eine ganze Reihe natürlicher *Bodenarten*. Mithilfe einiger typischer Pflanzen lassen sich bestimmte Merkmale des Bodens feststellen. Solche Pflanzen, von denen man weiß, dass sie nur auf einem bestimmten Boden gut gedeihen, nennt man *Zeigerpflanzen*.

Heidelbeere   Huflattich

Während Besenginster und Heidelbeere *kalkarmen* Boden bevorzugen, zeigen beispielsweise Huflattich und Ackerrittersporn *kalkreichen* Boden an. Brennnesseln weisen ebenso wie die Vogelmiere auf *stickstoffreichen* Boden hin.

Gänsefingerkraut   Margeriten

Es gibt auch Zeigerpflanzen für den Wassergehalt des Bodens. Gänsefingerkraut und Kriechender Hahnenfuß zeigen *stauende Nässe* an, während Wiesensalbei und Margerite hauptsächlich an *trockenen Standorten* wachsen.

Aufbau und Leistung

Pflanzen verschiedener Standorte

Nicht an jedem Standort finden Pflanzen ideale Lebensbedingungen. Um im Schatten oder in extremer Trockenheit zu gedeihen, müssen sie besonders angepasst sein.

Streben nach Licht

Um Fotosynthese betreiben zu können, benötigen grüne Pflanzen ausreichend *Licht*. Deshalb werden die Blätter in eine möglichst vorteilhafte Stellung gebracht. Um aus dem Schatten von Bäumen und Sträuchern herauszukommen, klettert der **Efeu** an Baumstämmen, Felsen und Mauerwerk empor. Auf der lichtabgekehrten Seite seines Sprosses bilden sich *Haftwurzeln*, mit denen er sich in Spalten und Ritzen fest verankert. Die unscheinbaren Blüten öffnen sich erst im Herbst. Die giftigen, schwarzen Beeren reifen dann im darauf folgenden Frühjahr.

Die **Zaunrübe** benutzt eine andere Klettertechnik, um ans Licht zu gelangen. Die Pflanze besitzt *Ranken*, mit deren Spitze sie sich an Zweigen und Ästen festhält, wobei sie diese mehrfach umschlingt. Der Rankenstiel windet sich zusätzlich wie eine Spiralfeder auf. In der Mitte ändert sich seine Wicklungsrichtung ähnlich wie beim Kabel eines Telefonhörers. So wird die Pflanze federnd mit ihrer Stütze verbunden.

Die *Gemüsebohne* hast du als Windepflanze bereits kennen gelernt. Sie ist ein sogenannter *Linkswinder*. Daneben gibt es aber auch *Rechtswinder*, wie zum Beispiel den Hopfen. In tropischen Wäldern findet man Schlingpflanzen, deren Stängel verholzen. Solche Kletterpflanzen werden als *Lianen* bezeichnet.

Leben im Schatten

Der **Sauerklee** ist auf feuchtem Waldboden anzutreffen. Die zarte Schattenpflanze benötigt nur wenig Licht. Manchmal findet man dicht nebeneinander Pflänzchen mit unterschiedlichem Aussehen. Bei Blättern, die im Schatten liegen, sind die drei Fiederblättchen weit ausgebreitet. Volles Sonnenlicht vertragen sie dagegen nicht. Blätter, die von der Sonne beschienen werden, sind zusammengefaltet. Dadurch wird gleichzeitig die Verdunstung herabgesetzt. Auch abends nehmen die Blätter diese Stellung ein.

Unterschiedliche Böden

Sogenannte *Zeigerpflanzen* weisen darauf hin, dass sich Böden in ihrem Mineralstoffgehalt unterscheiden. Manchen Böden fehlen bestimmte Mineralstoffe. Dazu gehören die ausgesprochen stickstoffarmen Hochmoore. Hier gedeiht der **Sonnentau**. Diese Pflanze ist in der Lage, sich eine zusätzliche Stickstoffquelle zu erschließen: sie verdaut kleine Tiere, vor allem Insekten. Auf den Blättern des Sonnentaus sitzen viele gestielte *Drüsenknöpfchen*. Sie duften leicht nach Honig und locken dadurch Insekten

an. Diese bleiben wie an einer Leimrute kleben und werden anschließend verdaut. Man spricht deshalb von einer „Fleisch fressenden" Pflanze. Außerdem betreibt der Sonnentau, wie alle grünen Pflanzen, zu seiner Ernährung auch Fotosynthese.

Ein anderer Bodenspezialist ist der **Queller**. Er gedeiht im *Watt*. Hier wird der Boden täglich zweimal vom stark salzhaltigen Meerwasser überspült. Das Wasser der Nordsee enthält etwa 3,5 % Salze, das sind 35 g in einem Liter. Wenn du mit solchem Wasser eine Zimmerpflanze gießt, geht sie unweigerlich ein. Nicht so der Queller. Er ist als *Salzpflanze* diesen Verhältnissen angepasst.

Trockene Standorte

Lebensräume mit lang anhaltenden Dürrezeiten und Böden, die schnell austrocknen, können nur von Spezialisten besiedelt werden.

Der **Mauerpfeffer** wurzelt in Felsspalten und Mauerritzen. Seine walzenförmigen Blätter sind klein und von einer *Wachsschicht* überzogen. Dadurch verdunsten sie wenig Wasser. Außerdem sind die Blätter fleischig und dienen als Wasserspeicher.

Stammquerschnitt
nach der Regenzeit   nach der Trockenzeit

Kakteen, die in den Wüstengebieten Nord- und Mittelamerikas vorkommen, besitzen gar keine Blätter. Die ganze grüne Sprossachse dient als großer Wasserbehälter. So können sie Trockenzeiten, die manchmal zwei bis drei Jahre lang dauern, überstehen.

Die **Besenheide** besitzt lederartige Blättchen, die nach unten hin eingerollt sind. Die Wasserabgabe, die nur durch die Spaltöffnungen auf der Blattunterseite erfolgt, ist dadurch stark vermindert. Die Blätter der *Königskerze* sind von einem weißlichen, dichten *Haarfilz* überzogen, der den Wasserverlust gering hält.

Trockenpflanzen besitzen also grundsätzlich einen wirksamen *Verdunstungsschutz*. Einige können außerdem Wasser speichern und sie haben häufig tiefreichende Wurzeln.

Wasser im Überfluss

Pflanzen an *immerfeuchten Standorten*, zum Beispiel im Uferbereich von Bächen oder am schattigen Boden feuchter Wälder, benötigen keinen Verdunstungsschutz. Da die Luftfeuchtigkeit dort sehr hoch ist, kann nur wenig Wasser in die Luft abgegeben werden. Ein dauernder Wasserstrom durch die Pflanze ist aber zur Mineralstoffaufnahme notwendig. Um ihn sicherzustellen, besitzen *Feuchtluftpflanzen* wie die **Sumpfdotterblume** großflächige, dünne Blätter ohne Wachsüberzug. Die Wurzeln sind oft nur schwach entwickelt, da Wasser im Überfluss vorhanden ist.

Wasserschwertlilie und *Rohrkolben* sind *Sumpfpflanzen*. Nur die Blätter und die Blütenstände ragen aus dem Wasser empor. Der Spross liegt ständig unter dem Wasserspiegel im Gewässerboden. Die Wurzeln müssen durch Lufträume, die in Blättern und Sprossachse verlaufen, mit Sauerstoff versorgt werden.

Pflanzen im Wasser

Schwimmblattpflanzen, wie zum Beispiel die unten abgebildete **Seerose,** nehmen Wasser und Mineralstoffe durch die Blattunterseite auf. Luftgefüllte Kammern ermöglichen den Blättern das Schwimmen. Die seilförmigen

Blattstiele besitzen *Luftkanäle*. Sie versorgen Spross und Wurzeln mit Sauerstoff. Die Wurzeln selbst dienen nur noch der Verankerung im Gewässerboden.

Die **Wasserlinse** ist eine *Schwimmpflanze*. Sie besitzt an ihrem blattförmigen Spross nur eine kleine, frei ins Wasser ragende Wurzel.

Aufbau und Leistung **183**

4 Pflanzen im Wechsel der Jahreszeiten

1 Blühende Schneeglöckchen

Das Schneeglöckchen — Blüten im Schnee

Es ist Anfang Februar. Noch überzieht eine dünne Schneedecke den Boden, der durch Nachtfröste oberflächlich gefroren ist. Aber am Tage liegen die Temperaturen manchmal schon über dem Gefrierpunkt. Das Erdreich erwärmt sich und das Schmelzwasser kann versickern. Dies ist die Zeit, in der im Garten die ersten *Schneeglöckchen* als Frühlingsboten blühen.

Wer im Frühjahr Schneeglöckchen im Garten haben möchte, muss im Herbst Schneeglöckchenzwiebeln pflanzen. Im Längsschnitt durch eine solche *Zwiebel* ist die junge Pflanze schon zu erkennen. Die winzige Blütenknospe sitzt auf einem kurzen Stängel. Er verbreitert sich nach unten hin zur *Zwiebelscheibe*, aus der bald nach dem Einpflanzen kleine Wurzeln herauswachsen. Die Hauptmasse der Zwiebel wird von mehreren saftigen *Zwiebelschalen* gebildet. Das sind Blätter, die zu Nährstoffspeichern verdickt sind. Wie Knospen befinden sich zwischen ihnen *Ersatz-* und *Brutzwiebeln*. Die Zwiebel ist ein stark gestauchter Spross.

Noch vor Beginn des Winters wird am oberen Ende der Zwiebel eine Spitze sichtbar, die von einem weißlichen häutigen *Hüllblatt* eingeschlossen ist. Wenn im Frühjahr die ersten Sonnenstrahlen den Schnee zum Schmelzen bringen und den Boden erwärmen, gelangt Tauwasser an die Wurzeln. Der Spross beginnt zu wachsen. Aus dem Hüllblatt schieben sich zwei längliche *Laubblätter* hervor. Zwischen ihnen liegt gut geschützt der *Stängel* mit der *Blütenknospe*. Diese steht zunächst aufrecht und wird von zwei Hüllblättern umschlossen. Sie sind durch ein Häutchen miteinander verwachsen. Wegen ihrer Stellung am oberen Ende des Stieles werden sie als *Hochblätter* bezeichnet. Wenn der Blütenstiel etwa 15 cm lang geworden ist, geben die Hochblätter eine einzige *glockenförmige Blüte* frei.

Was geschieht, wenn ein neuer Kälteeinbruch mit Nachtfrost und eisigem Wind die jungen Pflanzen überrascht? Auch dann ist die Blüte nicht der Kälte ausgeliefert. Der Blütenstiel krümmt sich und legt sich mitsamt dem Blütenglöckchen waagerecht auf die Erde. So sind die Blüten der eiskalten Luft weniger ausgesetzt.

Wenn nach einigen Tagen wärmende Sonnenstrahlen auf die Pflanze treffen, richtet sich der Blütenstiel wieder auf. Dann besuchen die ersten umherfliegenden Bienen die Blüten, denn Pollen und Nektar dienen ihnen als Nahrung. Dabei werden auch die Blüten bestäubt. Das Schneeglöckchen ist allerdings nicht auf Fremdbestäubung angewiesen. Bleiben die Bienen aus, so kommt es zur Selbstbestäubung. Nach der Befruchtung entwickelt sich aus dem unterständigen Fruchtknoten eine dreifächerige *Kapsel*, in der die Samen heranreifen. Mit der Zeit neigt sich der Blütenstiel zum Boden hin. Die Frucht liegt auf der Erde und entlässt die reifen Samen, an denen sich ein *nährstoffhaltiges Anhängsel* befindet.

Bald werden die Laubblätter gelb und trocken. Im Sommer ist von den Schneeglöckchen dann nichts mehr zu sehen. Nur unter der Erde ruht wieder eine Zwiebel.

Die Zwiebel ist ein *Speicherorgan*, in dem sich Reservestoffe befinden. Diese Reservestoffe werden im Frühjahr beim Austreiben des Schneeglöckchens aufgebraucht. Die Zwiebelschalen werden immer dünner. Wenn die Laubblätter entwickelt sind, wird die Ersatzzwiebel mit neuen Reservestoffen gefüllt. Sie ersetzt im nächsten Jahr die ausgetriebene Zwiebel an der gleichen Stelle. Eine oder mehrere Brutzwiebeln verdicken sich ebenfalls und liegen dann neben der Ersatzzwiebel. Aus ihnen kann eine neue Pflanze herauswachsen. Neben den Samen dienen Brutzwiebeln der *Vermehrung*.

Aufgaben

① Ordne den Ziffern der Abb. 1 die richtigen Begriffe zu. Gib an, durch welche Einrichtungen die Blüte des Schneeglöckchens gegen Kälte geschützt ist.

② Beschreibe anhand der Abbildung, wie sich das Aussehen einer Zwiebel im Jahresverlauf verändert.

③ Der Samen des Schneeglöckchens besitzt ein nährstoffhaltiges Anhängsel, das von Ameisen gerne gefressen wird. Welche Bedeutung hat das für die Schneeglöckchen?

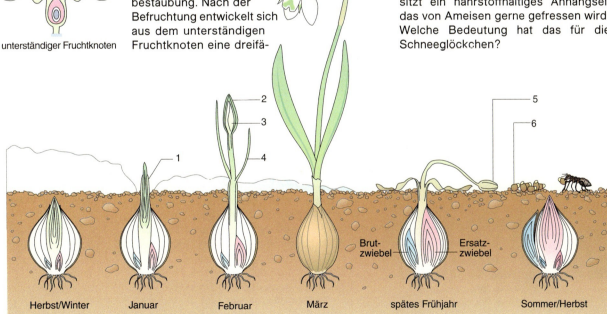

unterständiger Fruchtknoten

1 Das Schneeglöckchen im Jahreslauf

Aufbau und Leistung **185**

Frühblüher leben vom Vorrat

Das Wohlriechende Veilchen blüht sehr zeitig im Jahr. Schon im März zeigen sich an Wegrändern, vor allem im Schutz von Hecken, die blauvioletten Blüten. Auch Scharbockskraut, Buschwindröschen und andere Frühblüher sind trotz empfindlicher Nachtfröste und schlechter Witterungsbedingungen zu dieser Zeit regelmäßig zu finden. Was ermöglicht es diesen Pflanzen, so bald hervorzubrechen und sich zu entfalten?

Die meisten Frühblüher besitzen unterirdische *Speicherorgane*. Darin sind Vorräte an Nährstoffen enthalten, die der Pflanze im zeitigen Frühjahr sofort zur Verfügung stehen. Nach dem Blühen grünt und wächst die Pflanze und sammelt Vorräte für das nächste Frühjahr. Das Speicherorgan, das dem Veilchen das zeitige Blühen ermöglicht, ist ein unterirdischer Stängel. Er wird *Erdspross* genannt und wächst waagerecht im Boden. Dieser Erdspross besitzt winzige schuppenförmige Blättchen. Er ist verdickt und enthält viele Reservestoffe. Aus seiner Unterseite wachsen dünne Wurzeln heraus.

Bei anderen Frühblühern befinden sich die Reservestoffe in rundlich verdickten Pflanzenteilen, den *Knollen*. Beim Scharbockskraut sind es Wurzeln, die so als Speicherorgane genutzt werden. Man spricht deshalb von *Wurzelknollen*. Aus jeder Wurzelknolle kann eine neue Pflanze entstehen. Der Krokus dagegen speichert Nährstoffvorräte in einem Stängelabschnitt, einer *Sprossknolle*. Solche Sprossknollen besitzen oft Schuppenblättchen und sind dadurch von Wurzelknollen zu unterscheiden.

Wie beim Schneeglöckchen, sind bei Märzenbecher und Tulpe *Zwiebeln* als Speicherorgane zu finden. In den fleischig verdickten Blättern werden unterirdisch die Reservestoffe gelagert.

Aufgaben

① Ein wesentlicher Speicherstoff bei Frühblühern ist die Stärke. Du kannst sie mit Iod-Kaliumiodid-Lösung nachweisen. Gib ein bis zwei Tropfen auf die Schnittstelle einer Tulpenzwiebel und beschreibe deine Beobachtung.
② Bei kalter Witterung fehlen häufig die zur Bestäubung benötigten Insekten. Dennoch können sich die Frühblüher auch ohne Samen vermehren. Erkläre diese Aussage!

1 Wohlriechendes Veilchen
Standorte: Waldränder, Gebüsche, Gärten.
Blütezeit: März bis April
Höhe: 5 bis 10 cm

2 Scharbockskraut
Standorte: Laubwaldränder, Hecken.
Blütezeit: Mitte März bis Ende Mai
Höhe: 10 bis 20 cm

3 Krokus
Standorte: Wiesen, Parkanlagen, Gärten.
Blütezeit: März bis April
Höhe: 10 (im Garten bis 15) cm

4 Frühlingsknotenblume, Märzenbecher
Standorte: Laubwälder, feuchte Wiesen.
Blütezeit: Februar bis April
Höhe: bis zu 30 cm

Erdspross des Veilchens

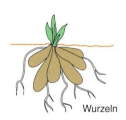

Wurzeln
Wurzelknollen des Scharbockskrauts

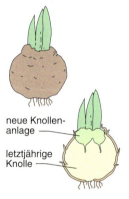

neue Knollenanlage
letztjährige Knolle
Sprossknolle des Krokus

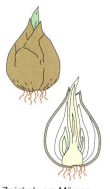

Zwiebel vom Märzenbecher

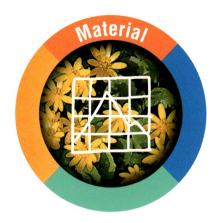

Frühblüher

Auch das Buschwindröschen ist ein Frühblüher. Seine weißen Blütensterne bedecken im März den Waldboden wie ein Teppich. Man kann gar nicht erkennen, wo die eine Pflanze aufhört und wo die nächste beginnt. Das liegt an einer Besonderheit des Wachstums.

Aufgaben

1. Beschreibe die Abbildung 1.
2. Das Buschwindröschen kann sich ohne Samenbildung vermehren. Gib anhand der Abbildung an, wie das geschieht, und erkläre das in vielen Wäldern massenhafte Auftreten der Pflanzen.
3. Übertrage die Tabelle in dein Heft und ergänze sie für Buschwindröschen, Scharbockskraut, Wohlriechendes Veilchen, Krokus und Märzenbecher.
4. Begründe, weshalb die Frühblüher häufig an Hecken und in Laubwäldern vorkommen.
5. Viele Frühblüher sind geschützt. Welche Gründe gibt es dafür? Warum ist in der Regel das Ausgraben verboten?
6. Welche Vorteile bietet es, dass Reservestoffe unterirdisch gelagert werden?
7. Beschreibe die Abbildung 2 zu den Lichtverhältnissen am Waldboden.
8. Übertrage die Kurve der Lichtwerte im Jahresverlauf in dein Heft und markiere darin die Blühzeiten der Pflanzen aus der Tabelle.
9. Erläutere, welcher Zusammenhang zwischen Blütezeit der Pflanzen und den Lichtverhältnissen besteht.
10. Sauerklee kommt mit dem hundertsten Teil des normalen Tageslichts aus. Erkläre, wie das mit dem Standort (feuchter Laub- und Nadelwald) und der Blütezeit (Mai bis Juni) zusammenhängt.

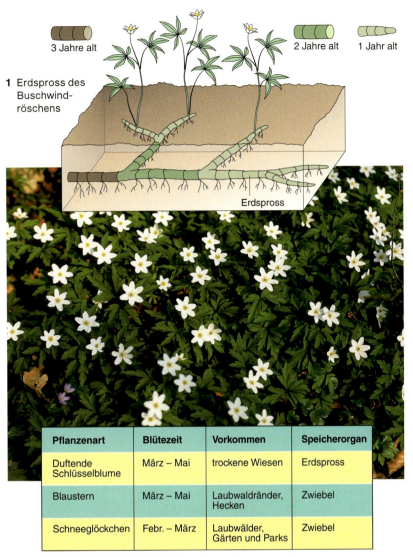

1 Erdspross des Buschwindröschens

Pflanzenart	Blütezeit	Vorkommen	Speicherorgan
Duftende Schlüsselblume	März – Mai	trockene Wiesen	Erdspross
Blaustern	März – Mai	Laubwaldränder, Hecken	Zwiebel
Schneeglöckchen	Febr. – März	Laubwälder, Gärten und Parks	Zwiebel

Tabelle: Frühblüher

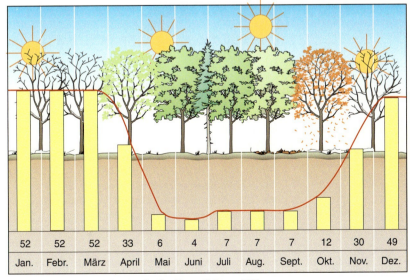

2 Lichtwerte am Waldboden (volles Tageslicht = 100)

Aufbau und Leistung

1 Eine Sommerwiese mit einigen ihrer typischen Bewohner

Von der Sonne verwöhnt — die Sommerwiese

Im Sommer sind die *Lebensbedingungen* für die meisten Pflanzen optimal. Es ist warm und es fallen auch genug Niederschläge. Die Sonne scheint lange. Da sie hoch am Himmel steht, ist ihr Licht sehr intensiv. Die Fotosynthese der Pflanzen kann sehr gut ablaufen, dadurch können die Pflanzen in großen Mengen lebenswichtige Stoffe, wie z. B. Kohlenhydrate, selbst erzeugen. Dies ermöglicht ihnen ein rasches Wachstum und ist auch die Lebensgrundlage für die vielen Wiesentiere.

Die Blüten der Wiesenpflanzen locken viele *Insekten* an, wie z. B. Schmetterlinge, Bienen, Fliegen und Käfer. Blütenstaub und Nektar dienen ihnen als Nahrung. Nur wenige Arten von *Säugetieren* sind reine Wiesenbewohner, z. B. die Feldmäuse, Wiesel und Maulwurf. Die meisten benötigen zum Überleben noch Hecken oder kleine Feldgehölze. Auch unter den *Vögeln* gibt es nur wenige typische Wiesenbewohner, z. B. die Feldlerche oder den Wiesenpieper.

Wiesen sind in Mitteleuropa meist keine natürlichen Lebensgemeinschaften, sondern sie sind erst nach der Rodung von Wäldern entstanden. Der Mensch gewann so *landwirtschaftliche Nutzflächen* für die Tierhaltung. Wiesen werden ein- oder mehrmals im Jahr gemäht. Bäume und Sträucher kön-

Wiesenschaumkraut

188 *Blütenpflanzen*

nen nicht auf ihnen wachsen. Das Heu wird für die Fütterung von Nutztieren verwendet. Werden Nutztiere auf den Grasflächen gehalten, nennt man sie *Weiden*.

Vor der ersten Heuernte ist meist der *Löwenzahn* die auffälligste Wiesenpflanze. Er wächst bevorzugt auf nährstoffreichen, feuchten Böden. Auf gedüngten Wiesen ist er die häufigste Pflanzenart und die Farbe seiner Blüten taucht oft die ganze Landschaft in ein intensives Gelb. Die Reservestoffe aus seiner Pfahlwurzel ermöglichen ihm ein Austreiben nach dem ersten und sogar nach dem zweiten Schnitt. Weitere häufige Wiesenpflanzen sind Wiesenkerbel, Margerite, Wiesenschaumkraut und Hornkraut.

Die erste *Heuernte* erfolgt meist Mitte Juni. Die Lebensbedingungen sind im Frühsommer für die Pflanzen so gut, dass sie nach dem Mähen rasch heranwachsen. Typische Pflanzen für diese Zeit sind Bärenklau, Wilde Möhre, Glockenblume, Spitzwegerich und Weidelgras. Im August ist eine zweite Heuernte möglich.

Das *Mähen* ist ein harter Einschnitt in das Leben der Wiesenpflanzen. Ihre oberirdischen Teile werden fast vollständig entfernt. Die Wiesenpflanzen haben verschiedene Möglichkeiten entwickelt, mit denen sie diesen Eingriff des Menschen überleben können.

Süßgräser sind die häufigsten Wiesenpflanzen, weil sie auch auf mehrfach gemähten Wiesen problemlos überleben können. Viele Gräser bilden Ausläufer, die dicht an der Erdoberfläche wachsen und an denen neue Halme entstehen können. Manche Gräser können auch nach dem Schnitt an den unteren Stängelknoten Seitentriebe ausbilden. Andere Pflanzen, wie z. B. das *Gänseblümchen*, haben Laubblätter, die in einer Rosette angeordnet sind und dicht am Boden anliegen. Sie entgehen so der Mähmaschine.

Wiesen-Bärenklau

Margerite

Aufgaben

① Wie würde sich der Pflanzenbestand auf den Wiesen ändern, wenn der Mensch die Bewirtschaftung einstellen würde?

② Warum haben verholzte Pflanzen, wie Bäume und Sträucher, auf Wiesen keine Überlebensmöglichkeit?

③ Bestimmte Pflanzenarten, die sogenannten *Leitpflanze*n, können nur an ganz bestimmten Standorten vorkommen. Informiere dich in einem Pflanzenlexikon, für welche Standorte die folgenden Pflanzenarten charakteristisch sind: Flockenblume, Kleiner Wiesenknopf, Wegwarte, Trollblume und Küchenschelle.

Zettelkasten

Wiesen sind in ihrem Pflanzenbestand sehr unterschiedlich. Dies hängt ab von der Art des Bodens, von der Häufigkeit und Menge der Niederschläge, von der Höhe und von der Intensität der Sonneneinstrahlung. Die vielfältigen Lebensbedingungen in einer Wiese haben zur Folge, dass sehr viele verschiedenen Pflanzenarten in den Wiesen überleben können. Die unten stehende Tabelle zeigt Beispiele für verschiedene Typen von Wiesen und deren wichtigsten Eigenschaften hinsichtlich Bodenbeschaffenheit und Wasserversorgung.

	Feuchte Fettwiese	Trockene Fettwiese	Magerwiese	Trockenrasen
Bodenbeschaffenheit	nährstoffreich	nährstoffreich	nährstoffarm	nährstoffarm
Wasserversorgung	sehr gut	mittelmäßig	unterschiedlich	sehr gering
typische Pflanzen	Kriechender Hahnenfuß	Wiesensalbei	Akelei	Silberdistel

Aufbau und Leistung

1 Rosskastanie im Herbst

Die Rosskastanie — wie ein Baum überwintert

Die *Rosskastanie* ist ein häufiger Park- und Alleebaum. An ihren Blättern und Früchten ist sie gut zu erkennen. Im Winter allerdings verändert sich das Aussehen des Baumes, denn Kälte und Schnee bringen verschiedene Gefahren für die Pflanze mit sich.
— Die niedrigen Lufttemperaturen können dazu führen, dass das Wasser in einzelnen Pflanzenteilen gefriert. Der Kältetod wäre dann die Folge.
— Belaubte Pflanzen verdunsten ständig Wasser. Da der Frost das Wasser auch im Boden gefrieren lässt, können die Wurzeln kein Wasser mehr aufnehmen. Es bestünde die Gefahr, dass die Pflanze vertrocknet.
— Wenn sich Schnee in größeren Mengen auf den Blättern anhäuft, können Zweige und Äste abbrechen. Durch diese Verletzungen würde die Pflanze geschwächt.

Der *Laubfall* ist eine Anpassung, durch die unsere heimischen Laubbäume die Probleme des Winters meistern. Schon im Herbst verfärben sich die Blätter. Das ist das erste Anzeichen des bevorstehenden Laubabwurfs. Der wertvolle grüne Blattfarbstoff, das *Chlorophyll*, wird abgebaut. Seine Bestandteile werden durch die Leitbündel aus den Blättern abtransportiert und in den Zweigen gespeichert. Rote und gelbe Farbstoffe, die vorher auch schon im Blatt waren, aber von der Farbe des Blattgrüns überdeckt wurden, bestimmen die Färbung. Später, wenn die Blätter absterben, sind sie ganz braun und trocken.

Am Grunde des Blattstiels bildet sich als Abschlussgewebe eine *Korkschicht*. Diese ermöglicht erst den Laubwurf und bleibt, wenn das Blatt abgefallen ist, als *Blattnarbe* an den kahlen Zweigen deutlich sichtbar. Die ehemaligen Austrittsstellen der Leitbündel sind noch zu erkennen. Sie bilden eine halbkreisförmige Punktreihe, die *Blattspur*.

In den Zweigen ist nun kaum noch Wasser vorhanden. Dadurch ist die Gefahr des Erfrierens weitgehend gebannt. Da keine Blätter mehr vorhanden sind, verdunstet der Baum auch fast kein Wasser mehr. Die Wurzeln müssen also nicht für Nachschub aus dem eisigen Boden sorgen und Schnee ist für die kahlen Äste nur eine geringe Belastung.

Der Laubfall wirkt sich noch in anderer Hinsicht günstig aus. Die abgestorbenen Blätter bilden nämlich auf dem Erdboden eine schützende Schicht. So gefrieren der Boden und die Wurzeln an der Oberfläche nicht so schnell. Außerdem hält das Laub Feuchtigkeit zurück und verhindert das Austrocknen des Bodens.

Im Winter wirkt die Rosskastanie mit ihren kahlen Zweigen wie abgestorben. Das sieht aber nur so aus. In Wirklichkeit befindet sie sich nur in einem *Ruhezustand*. Die Vorbereitungen für das Austreiben im nächsten Frühjahr sind nämlich schon im Herbst abgeschlossen.

An den Zweigen der Rosskastanie befindet sich oberhalb jeder Blattnarbe eine Knospe, die man *Seitenknospe* nennt. An der Spitze

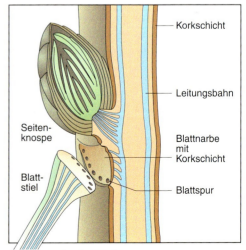

2 Schema des Laubfalls

des Zweiges sitzt eine besonders große Knospe, die *Endknospe*. Im Frühjahr entwickeln sich daraus beblätterte *Triebe* und *Blüten*. An der Endknospe fallen zunächst die harten, schuppenförmigen Hüllblätter auf, die *Knospenschuppen*. Sie liegen wie Dachziegel übereinander und sind durch eine *Harzschicht* miteinander verklebt. Das Innere ist dadurch gegen eindringende Nässe ebenso gut geschützt wie gegen Austrocknung. Da die harzige Masse unangenehm schmeckt, ist sie auch ein Schutz gegen Tierfraß. Im Längsschnitt durch eine solche Knospe erkennt man zusätzlich einen wichtigen Kälteschutz. Eine dicke Schicht aus filzigen Haaren umgibt die winzigen Laubblätter und schützt die ebenfalls behaarte Blütenanlage.

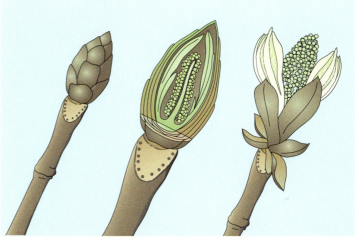

1 Winterzweig (a), Knospenlängsschnitt (b), und Austrieb der Endknospe (c)

Die Knospen dienen dem Wachstum des Baumes im Frühjahr. In ihnen befindet sich die winzig kleine, aber vollständige Anlage eines neuen Triebes. Wenn die Wurzeln den Baum wieder mit Wasser versorgen, treiben die Knospen aus. Die Seitenknospen entfalten sich meist zu vier *Laubblättern*. Aus den Endknospen entwickelt sich zusätzlich der *Blütenstand*. Er wird als *Rispe* bezeichnet. An diesen „Blütenkerzen" ist die Rosskastanie im Frühling von weitem zu erkennen.

Aufgaben

① Besorge einen Winterzweig der Rosskastanie. Zeichne ihn und beschrifte mit den im Text genannten Begriffen.
② Stelle den Zweig ins Wasser und halte ihn an einem warmen Ort. Beobachte die Entwicklung der Knospen.

2 Rosskastanie im Frühjahr

Einzelblüte

Zettelkasten

Einjährig — zweijährig — mehrjährig

Bäume und Sträucher tragen *Erneuerungsknospen*, aus denen jedes Jahr neue Triebe hervorbrechen. Andere Pflanzen sterben nach der Fruchtreife vollkommen ab. Sie erneuern sich nur aus *Samen*. Die Zeit, die zwischen der Keimung und der Bildung neuer Samen vergeht, kann unterschiedlich lang sein. Bei *einjährigen Sommerpflanzen* (Ackersenf, Gartenbohne) verläuft die Entwicklung innerhalb eines Sommers. Andere Einjährige überwintern als kleine Pflanzen unter dem Schnee, da ihre Samen schon im Herbst keimen (Wintergetreide). *Zweijährige Pflanzen* entwickeln sich im ersten Jahr bereits kräftig und bilden häufig Speicherorgane (Zuckerrübe). Sie blühen jedoch erst im zweiten Jahr und sterben danach ab.

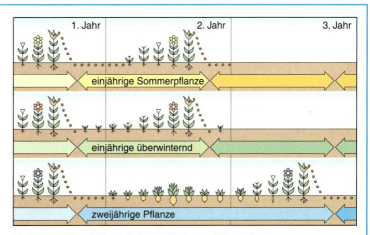

Verlauf der Entwicklung bei verschiedenen Blütenpflanzen

Aufbau und Leistung

Winter

Es ist für uns ganz selbstverständlich, dass sich die Jahreszeiten regelmäßig abwechseln. Auch die Lebewesen haben sich darauf eingestellt. Aber manchmal sind wir doch verdutzt, wenn zu Weihnachten plötzlich jemand sagt: „Und in Neuseeland ist jetzt Sommer."

Jahreszeiten

Im Winter werden die Tage kürzer. Weniger Licht und weniger Wärme für die Tier- und Pflanzenwelt sind die Folge. Wie kommt es eigentlich dazu, dass die Sonne nicht mehr mit der gleichen Kraft wie im Sommer scheint?
Die Erde dreht sich innerhalb eines Jahres einmal um die Sonne. Da die Erdachse schräg steht, wird die nördliche Halbkugel im Winter nicht so stark von der Sonne beschienen.

Um das zu verstehen, müsste man eigentlich ein entsprechendes Modell basteln. Suche nach geeigneten Möglichkeiten!

Nordpol
Nordhalbkugel
Deutschland
Erdachse
Äquator
Südhalbkugel
Südpol

So ist die Stellung der Erde am 21. Juni (Sommeranfang). Ist das nicht genauso wie zum Winteranfang?

Laubfall

Schon im Herbst stellt sich die Natur auf den herannahenden Winter ein. Besonders auffällig ist die Verfärbung der Blätter bei unseren Laubbäumen. Gelbe, rote und braune Farbtöne beherrschen dann die Landschaft.

Welche Aufgabe haben die grünen Blätter im Sommer?
Hast du schon einmal überlegt, woher die gelben, roten und braunen Farbtöne im Herbst kommen?
Und noch etwas zum Thema Farben: Woher kommt die weiße Farbe beim Schnee und bei manchen Pflanzen, zum Beispiel in den Blütenblättern von Schneeglöckchen?

Lege eine Sammlung herbstlich gefärbter Blätter an. Presse die Blätter zwischen Zeitungspapier und ordne sie nach Baumart und Färbung. Notiere Fundort und Datum.
Wie kannst du den Verlauf der Blattadern möglichst genau in dein Biologieheft zeichnen?
Legt an einer Wand eures Klassenraums ein großes Poster von herbstlichen Blättern zum Beispiel in Form eines Baumes an.

In den Tropen gibt es keine Jahreszeiten. Aber auch hier werfen die Bäume ihr Laub im Abstand von einem bis zu zehn Jahren ab. Das geschieht allerdings nicht gleichzeitig. Deshalb erscheinen diese Bäume immergrün. Aus unseren Breiten wurden Laub werfende Bäume in Äquatornähe gebracht und dort wieder eingepflanzt. Äußere Vermutungen, ob und wann sie nun ihr Laub abwerfen.

Blütenpflanzen

Kälteschutz

Viele Nadelbäume, aber auch Laubbäume wie zum Beispiel die *Stechpalme*, sind immergrün. Wenn das wesentliche Problem bei der Überwinterung der Wassermangel ist, dann müssten diese Pflanzen ähnliche Anpassungen besitzen, wie sie bei Pflanzen an trockenen Standorten anzutreffen sind. Vergleiche und berichte darüber.

Eine Schneedecke schützt die darunter liegenden Pflanzen vor eisiger Kälte. Begründe diese Aussage, indem du weitere Beispiele dafür angibst, dass eine stehende Luftschicht isolierend wirkt.

Februar 6

Schneeflocken

Wenn stehendes Wasser langsam unter den Gefrierpunkt abkühlt, dann entsteht Eis. Ein Eiszapfen ist ebenso durchsichtig und fast so klar wie Wasser. Auch Schnee ist gefrorenes Wasser, sieht aber ganz anders aus. Bei einer Schneeflocke schließen die Eiskristalle, die immer in Form eines Sechsecks wachsen, sehr viel Luft ein. Dadurch entsteht das weiße Aussehen.

Schnee enthält also gar keine Farbe. Oder hast du schon einmal weiße Hände bekommen, wenn du einen Schneemann gebaut hast? Die eingeschlossene Luft hat eine wichtige Bedeutung für den Kälteschutz.

Zeichne eine Phantasie-Schneeflocke. Denke daran, dass sie genau sechseckig sein soll. Weißt du, wie man ein Sechseck mit dem Zirkel oder dem Geo-Dreieck zeichnet? Probiere es einmal aus!

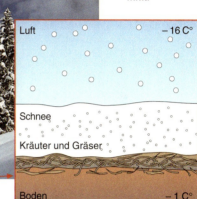

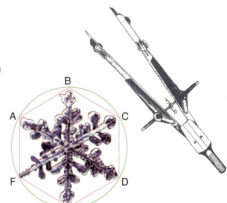

Wassermangel

Im Winter fallen die Temperaturen häufig weit unter den Gefrierpunkt. Dann steht den Pflanzen kein Wasser mehr zur Verfügung. Außerdem kann das Wasser in den Pflanzenzellen gefrieren. Dann sterben sie ab. Es gibt einige Schutzeinrichtungen, mit denen die Pflanzen dieser Gefahr entgehen.
Wasserhaltige Pflanzenteile werden abgeworfen (beim Laubfall).
Der Wasseranteil in den Zellen wird sehr stark vermindert (bei trockenen Samen). Wenn im Frühjahr wieder genügend Wasser zur Verfügung steht, dann können sich wieder neue Blätter oder ganze Pflanzen entwickeln. Es lohnt sich, diese Vorgänge einmal genauer zu beobachten und zu protokollieren. Das geht besonders gut bei Knospen.

März 21

Auf Autobahnen wird bei Schneefall und Eisglätte Salz gestreut. Überlege dir einen Versuch, mit dem du zeigen kannst, dass Salz wie ein Frostschutzmittel wirkt. Stelle einen Bezug zu den Pflanzensäften im Winter her.

Beobachte und beschreibe die Veränderungen an einer Knospe. Beginne im zeitigen Frühjahr mit dem Protokoll.

Protokoll zur Knospenentwicklung

Datum	Beschreibung	Skizze
15. 02.	Knospe mit rotem Faden markiert.	
18. 02.	Noch keine Veränderung sichtbar.	
22. 02.	. . . . . .	

Aufbau und Leistung

Blütenpflanzen
Vielfalt und Nutzen

Nutzpflanzen

Schokolade und Pommes frites: Was ist ihnen gemeinsam? Beides sind Produkte aus Pflanzen. Die Schokolade wird aus den Samen der Kakaofrüchte hergestellt, die Pommes frites aus der Kartoffelknolle.

Pflanzen sind aus unserer täglichen Nahrung nicht wegzudenken: Gemüse, Obst, Reis, Getreideprodukte aus Mehl oder der Zucker aus der Zuckerrübe.

Pflanzen nutzt der Mensch jedoch nicht nur zur Ernährung. In vielen anderen Bereichen spielen Pflanzen ebenfalls eine wichtige Rolle: Baumwolle brauchen wir für unsere Kleidung, Holz zum Hausbau.

Verwandtschaft

Bestimmung

Merkmale

1 Verwandtschaft und Ordnung bei Pflanzen

1 Brennnessel

2 Weiße Taubnessel

Brennnessel und Taubnessel

Bei jedem Aufenthalt in der Natur ist man von einer Vielzahl verschiedenster Pflanzen umgeben. Sie unterscheiden sich in ihrem Vorkommen, ihrer Blütenfarbe und -form, ihrer Größe, ihrer Wuchsform, ihren Samen und Früchten und ihren Blättern. Um die faszinierende Welt der Pflanzen besser verstehen zu können, werden wir Pflanzen in verschiedene Gruppen gliedern. Wir können uns damit einen Überblick über die verschiedenen Pflanzen verschaffen. Als Beispiel wählen wir zwei Pflanzen aus, die vermutlich jeder kennt: die *Große Brennnessel* und die *Weiße Taubnessel*.

Sie kommen beide an Wegrändern häufig vor, ihre Wuchsform und ihre Blätter sind recht ähnlich. Auch durch ihren „Nachnamen ... nessel" könnte man vermuten, dass diese beiden Pflanzen eine engere Verwandtschaft aufweisen. Bei genauerer Betrachtung fallen uns aber Unterschiede auf: Die Brennnessel brennt uns bei Berührung auf der Haut, die Taubnessel nicht. Und ebenso deutlich sind die Unterschiede im Blütenbau. Die große Blüte der Taubnessel ist oben fast helmförmig, unten ist sie lippen-

1 = G

2 = U
6 = L

Bilderrätsel
Brennnesselblüten werden durch den Wind bestäubt.
Die Lösung des Bilderrätsels ergibt einen häufigen Bestäuber der Taubnessel.

förmig. Bei der Brennnessel sind die Blüten unscheinbar grünlich. Die Blüten der Taubnessel sind *zwittrig*, während bei der Brennnessel männliche und weibliche Blüten auf verschiedenen Pflanzen vorkommen (siehe Abb. 1 und 2).

Aufgrund dieser Unterschiede weiß man, dass Brennnessel und Taubnessel nicht näher miteinander verwandt sind. Man ordnet sie sogar zwei verschiedenen *Pflanzenfamilien* zu. Eine **Familie** umfasst die Gesamtheit aller Pflanzen, die in wichtigen Merkmalen, vor allem im Bau ihrer Blüten, übereinstimmen. Die Große Brennnessel ist ein typischer Vertreter der *Familie Brennnesselgewächse*, zu der auch die seltenere Kleine Brennnessel gehört. Die Weiße Taubnessel gehört dagegen zu der *Familie der Lippenblütler*.

Die Gliederung der Pflanzen in verschiedene Familien ermöglicht uns einen schnelleren Überblick über die Vielfalt bei den Blütenpflanzen. Auf den folgenden Seiten werden wir wichtige Pflanzenfamilien mit ihren interessantesten Vertretern kennen lernen.

Die Familie der Lippenblütler

Die Weiße Taubnessel haben wir als typischen Vertreter aus der Familie der Lippenblütler bereits kennen gelernt. In der folgenden Übersicht sind die charakteristischen Merkmale dieser Familie zusammengefasst:
— Die *fünf Blütenblätter* sind in ihrem unteren Teil zu einer Röhre verwachsen. In ihrem oberen Teil bilden zwei Blütenblätter die *Oberlippe*, drei bilden die *Unterlippe*.

die Weiße Taubnessel, sondern nur zwei. Der Kriechende Günsel hat nur eine sehr kleine Oberlippe. Es ist deshalb sinnvoll, eine weitere Gliederung vorzunehmen und sehr ähnliche Pflanzen einer bestimmten Familie noch in eigenen *Gattungen* zusammenzufassen. Innerhalb der Familie der Lippenblütler gibt es zum Beispiel die Gattungen Taubnessel, Salbei und Günsel.

Art: Weiße Taubnessel

Art: Purpurrote Taubnessel

Art: Geflockte Taubnessel

Art: Goldnessel

— Die *Kelchblätter* sind ebenfalls miteinander verwachsen.
— Die reife Frucht zerfällt in vier *Teilfrüchte*.
— Die *Stängel* sind vierkantig.
— Die Laubblätter stehen *gekreuztgegenständig* am Stängel.

Gattung: Günsel

Gattung: Taubnessel · Gattung: Salbei

Die Pflanzen der *Gattung* Taubnessel ähneln sich untereinander sehr, Unterschiede findet man jedoch zum Beispiel bei der Blütenfarbe. So unterscheidet man die *Arten* Geflockte Taubnessel, Weiße Taubnessel, Purpurrote Taubnessel und Gold-Taubnessel. Die Pflanzen einer Art stimmen in allen wesentlichen Merkmalen überein und können sich untereinander fortpflanzen.

Als Botaniker untersuchten, wie viele Pflanzen diese typischen Merkmale aufweisen, waren sie überrascht: es gibt ca. 3 500 verschiedene Lippenblütler. Viele sind kleine krautige Pflanzen, einige sind baumförmig. Manche sind wichtige *Heil-* und *Gewürzpflanzen*.

Zwischen den Angehörigen dieser Familie zeigten sich außer gemeinsamen Merkmalen auch deutliche Unterschiede: Beispielsweise hat der Wiesensalbei nicht vier Staubblätter wie

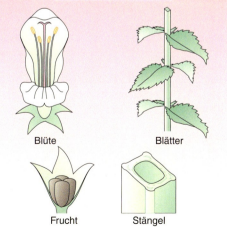
Familie: Lippenblütler

Aufgaben

① Viele Lippenblütler weisen eine helmförmige Oberlippe auf. Warum ist es trotzdem nicht sinnvoll, diese Familie als Helmblütler zu bezeichnen?

② Stelle in einer Tabelle Vertreter aus der Familie der Lippenblütler zusammen, die als Heil- oder Gewürzpflanzen verwendet werden.

Vielfalt und Nutzen

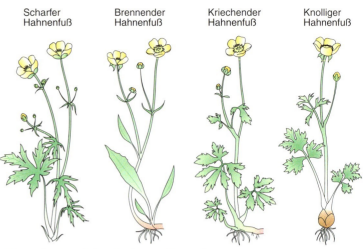

1 Blüte vom Scharfen Hahnenfuß
2 Verschiedene Arten der Gattung Hahnenfuß

Der Scharfe Hahnenfuß hat viele Verwandte

Der *Scharfe Hahnenfuß* ist bei uns so häufig, dass seine Blüten im Mai manche Wiese gelb erscheinen lassen. Jede seiner Blüten besitzt fünf Kelch- und fünf Blütenblätter. Auf dem gewölbten Blütenboden sitzen viele Stempel, die jeweils aus einem grünen Fruchtknoten mit einer gelblichen, gebogenen Narbe bestehen. Die Blütenblätter glänzen wie lackiert. An ihrem unteren Ende wird von einem tütenförmigen Schüppchen Nektar gebildet. Wegen dieser Besonderheit bezeichnet man die Blütenblätter auch als *Honigblätter*.

Die Blattspreite ist beim Scharfen Hahnenfuß tief eingeschnitten; dadurch entstehen fünf fingerförmige Zipfel. Die am Stängel weiter oben sitzenden Blätter sind nur dreizipfelig und sehen dem Fuß eines Hahnes ähnlich. Von dieser Blattform ist der Name „Hahnenfuß" wahrscheinlich abgeleitet.

Weidetiere meiden den Scharfen Hahnenfuß. Die Pflanze enthält, wie fast alle Hahnenfußgewächse, ein Gift, an dem die Tiere erkranken können. Das Heu kann man aber als Viehfutter verwenden, denn das Gift verliert beim Trocknen der Pflanzen seine Wirkung.

Zur *Gattung Hahnenfuß* gehören viele gelb blühende und einige weiß blühende Arten. Sie sind teilweise schwer zu unterscheiden.

Die Merkmale der Gattung Hahnenfuß lassen sich bei vielen anderen Gattungen der **Familie Hahnenfußgewächse** wiederfinden. Besonders häufig kommt eine ähnliche Form der Blätter vor. Oft findet man auch eine fünfzählige Blüte mit vielen Staubblättern und mehreren, einzeln stehenden Stempeln. Die Blütenformen sind zum Teil unterschiedlich. Bei der Gattung *Akelei* besitzen die fünf Honigblätter lange, spornförmige Fortsätze. Beim *Rittersporn* ist nur ein Sporn vorhanden. Der *Eisenhut* verbirgt den Nektar unter einem helmförmig aufgewölbten Blütenblatt.

Manche Hahnenfußgewächse besitzen mehr als fünf Blütenblätter (*Scharbockskraut, Leberblümchen*), andere haben keine Kelchblätter (*Sumpfdotterblume, Trollblume*). Dennoch fasst man sie zu einer Familie zusammen. Um die Verwandtschaft festzustellen, wird auch der innere Aufbau der Pflanzen untersucht. Manchmal werden sogar chemische Untersuchungen nötig. Zur Familie der Hahnenfußgewächse gehören weltweit etwa 1500 Arten, meist Kräuter und Stauden.

Aufgaben

① Besorge dir von einer Wiese, auf der der Scharfe Hahnenfuß reichlich blüht, eine vollständige Pflanze.
  a) Zeichne ein grundständiges Blatt und je ein Blatt von der Mitte und vom oberen Teil des Stängels. Gib die Unterschiede an.
  b) Untersuche ein Honigblatt mit der Lupe und zeichne es.
② Schreibe Unterscheidungsmerkmale der vier Hahnenfußarten von Abbildung 2 in dein Heft. Versuche, diese Arten im Freien wieder zu erkennen.

Gattung: Hahnenfuß

Gattung: Rittersporn

Gattung: Eisenhut

Gattung: Akelei

Kirschblüten

Apfelblüten

Heckenrosenblüten

Erdbeerblüten

Die Familie der Rosengewächse

Im Frühjahr bieten die *Obstbäume* ein prächtiges Bild: Kirsche, Apfel, Birne, Pfirsich und Zwetschge stehen in voller Blüte. Auch an Waldrändern und an Hecken ist die Natur wieder zum Leben erwacht. Schlehen, Heckenrosen, Brombeeren, Weißdorn und Eberesche (Vogelbeere) zeigen bereits ihre Blüten. In der Krautschicht wachsen Fingerkräuter und Walderdbeere.

Betrachtet man die Blüten all dieser auf den ersten Blick so verschiedenen Pflanzen genauer, so stellt man einige Übereinstimmungen fest: Alle Blüten weisen 5 *Kelchblätter*, 5 *Blütenblätter* und viele *Staubblätter* auf. Die *Laubblätter* haben im Allgemeinen *Nebenblätter* und sind wechselständig. Alle Pflanzen mit derartigen Merkmalen fasst der Biologe in der Familie der *Rosengewächse* zusammen. Wegen bestimmter Unterschiede im Bau des Blütenbodens und der Früchte unterscheidet man innerhalb der Rosengewächse noch drei Unterfamilien.

Bei den *Steinobstgewächsen* steht der Stempel frei in dem becherartig eingesenkten Blütenboden. Dieser entwickelt sich nach Bestäubung und Befruchtung zu einer Steinfrucht. Dabei wächst der Fruchtknoten stark heran und bildet schließlich drei Schichten: Die äußere Haut, das saftige Fruchtfleisch und den harten Stein. Im Inneren des Steins liegt gut geschützt der Same, aus dem sich bei der Keimung die neue Pflanze entwickelt. Zu den Steinobstgewächsen gehören *Kirsche* und *Zwetschge*.

Der Fruchtknoten der *Kernobstgewächse* besteht aus 4 bis 5 verwachsenen Fruchtblättern. Er ist mit dem Blütenboden verwachsen. Der Fruchtknoten entwickelt sich zum vier- oder fünfkammerigen Kernhaus, das Fruchtfleisch entsteht dagegen aus dem Blütenboden und bildet eine Scheinfrucht. Zu den Kernobstgewächsen zählen *Birne* und *Apfel*.

Bei der dritten Unterfamilie, den eigentlichen *Rosengewächsen*, stehen zahlreiche Stempel frei auf dem Blütenboden. Sie entwickeln sich zu kleinen, unscheinbaren *Nussfrüchten* oder *Steinfrüchten*. Bei der Erdbeere wird der Blütenboden fleischig und bildet schließlich mit den winzigen Nüsschen eine Sammelfrucht. Auch die Hagebutte bildet eine Sammelnussfrucht, während Himbeere und Brombeere Sammelsteinfrüchte bilden.

Kirschblüte

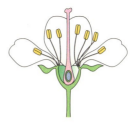

5 Kelchblätter
5 Kronblätter
viele Staubblätter
1 freier Fruchtknoten

Kirsche

Steinfrucht

Apfelblüte

5 Kelchblätter
5 Kronblätter
viele Staubblätter
1 fünfteiliger Fruchtknoten, mit dem Blütenboden verwachsen

Apfel

Kernfrucht

Heckenrose

5 Kelchblätter
5 Kronblätter
viele Staubblätter
viele Stempel in einem krugförmigen Blütenboden

Hagebutte

Frucht:
viele Nüsschen in einer Sammelfrucht vereint

Erdbeerblüte

2 x 5 Kelchblätter
5 Kronblätter
viele Staubblätter
viele Stempel auf einem kugelförmigen Blütenboden

Erdbeere

Frucht:
viele Nüsschen in einer Sammelfrucht vereint

Vielfalt und Nutzen

Die Familie der Korbblütler

Sonnenblumen werden wegen ihrer ansehnlichen *Blütenscheiben*, vor allem aber wegen der fettreichen Früchte angebaut. Die Pflanze ist trotz ihrer Größe einjährig. Da alle Pflanzenteile im Winter absterben, muss man jedes Jahr wieder *Sonnenblumenkerne* aussäen, um neue Pflanzen zu erhalten.

Untersucht man im Sommer eine der riesigen Blütenscheiben, so erlebt man eine Überraschung. Sie ist dicht besetzt mit vielen röhrenförmigen Blütchen. Auch die gelben, zungenförmigen Blätter am Rand stellen sich als besonders geformte *Einzelblüten* heraus. Was beim ersten Hinsehen die Blüte der Sonnenblume zu sein scheint, ist in Wirklichkeit ein *Blütenstand*. Er ist von vielen grünen *Hüllblättern* umgeben und erinnert in seiner Form an ein Körbchen. Dieser Blütenstand ist ein wichtiges Merkmal für die **Familie der Korbblütler**. Er hat ihr den Namen gegeben.

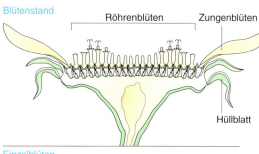
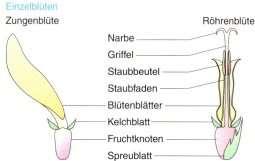

1 Blütenstand und Einzelblüten der Sonnenblume

Die *Zungenblüten* am Rand des Körbchens sind in ihrem unteren Abschnitt zu einer kurzen Röhre verwachsen. Sie besitzen weder Griffel noch Staubblätter. Ein Fruchtknoten ist zwar vorhanden, aber er kann keine Samen bilden. Die Zungenblüten der Sonnenblume sind also unfruchtbar *(steril)*. Sie haben nur die Aufgabe, den Blütenstand weithin sichtbar zu machen und Insekten anzulocken. Man nennt sie *Lockblüten*.

Die *Röhrenblüten* stehen dicht gedrängt im Inneren des Blütenkorbes. Sie sitzen in der Achsel eines Spreublattes. Auf dem unterständigen Fruchtknoten erkennt man zwei winzige Kelchblätter. Die Blütenblätter sind zu einer fünfzipfeligen, gelbbraunen Röhre verwachsen. Die Röhrenblüten öffnen sich nacheinander von außen nach innen. Zunächst reift der Pollen in den fünf, zu einer Röhre verwachsenen Staubbeuteln. Er wird von dem wachsenden Griffel nach oben geschoben. Erst später spreizen sich die beiden Narbenäste und können durch fremde Pollen bestäubt werden. Nach der Befruchtung entwickelt sich aus jeder Blüte ein Sonnenblumenkern, also viele hundert in einem Blütenstand.

Auch der **Löwenzahn** gehört zu den Korbblütlern. Sein gelbes Blütenkörbchen sitzt auf einem hohlen Stängel, der aus der Mitte einer *Blattrosette* emporwächst. Beim Abpflücken quillt aus den verletzten Pflanzenteilen ein weißer, klebriger Milchsaft heraus.

Im Blütenkörbchen des Löwenzahns befinden sich ausschließlich Zungenblüten. Sie sind nur in ihrem unteren Abschnitt zu einer Röhre verwachsen. Spreublätter und Kelchblätter sind nicht vorhanden. Stattdessen sitzt auf dem Fruchtknoten ein Haarkelch, aus dem sich bei der reifen Frucht der „Fallschirm" entwickelt. Dieser ermöglicht die Verbreitung der Löwenzahnfrüchte durch den Wind.

Die Familie der Korbblütler ist mit 14 000 Arten über die ganze Erde verbreitet. In Europa kommen etwa 300 Arten vor. Einige Korbblütler besitzen ausschließlich Zungenblüten. Diese Pflanzen enthalten fast immer Milchsaft. Salatpflanzen, wie *Endivie* und *Chicoree*, gehören dazu. Bei anderen Korbblütlern, wie *Distel* und *Flockenblume*, sind nur Röhrenblüten vorhanden. Diese Pflanzen führen keinen Milchsaft. Viele röhrenblütige Korbblütler besitzen zusätzlich zungenförmige Randblüten. So ist es bei *Margerite*, *Aster* und *Gänseblümchen*.

Aufgaben

① Vergleiche die Röhrenblüten der Sonnenblume mit den Zungenblüten des Löwenzahns.

② Sammle auf Wiesen oder am Wegrand einige Korbblütler und ordne sie nach Röhren- bzw. Zungenblütigen.

Löwenzahn, Kuhblume. 15 — 30 cm hohe Staude, blüht von April bis September.

Wegwarte. 30 — 150 cm hohe Staude, von Juli bis Oktober auf Weiden und an trockenen Wegrändern.

Habichtskraut. 10 — 25 cm hohe Staude, blüht von Mai bis September, es gibt viele ähnliche Arten.

1 Zungenblütige Korbblütler

Rainfarn. 60 — 120 cm hohe Staude, blüht von Juli bis September an Wegrändern, Hecken und Ufern.

Filzige Klette. Zweijährig, Höhe: 60 — 120 cm, blüht von Juli bis September an Zäunen und Gebüschen.

Ackerkratzdistel. Mehrjährig, Höhe: 100 — 120 cm, blüht von Juli bis September, oft auf Äckern und an Wegrändern.

2 Röhrenblütige Korbblütler

Gemeine Schafgarbe. 15 — 50 cm hohe Staude, blüht von Juni bis Oktober auf trockenen Wiesen und Ödland.

Echte Kamille. 15 — 40 cm hohe Staude, blüht von Mai bis August auf Äckern und an Wegrändern.

Jakobskreuzkraut. Zweijährig. 30 — 100 cm hoch, von Juli bis September an sonnigen Hängen und Wegen.

3 Röhren- und zungenblütige Korbblütler

Vielfalt und Nutzen

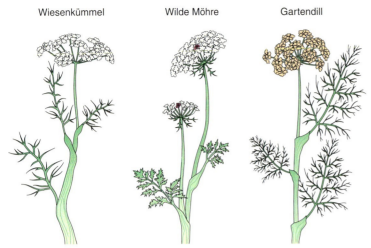

1 Verschiedene Arten aus der Familie Doldengewächse

2 Blütenstand der Wilden Möhre

Die Wilde Möhre ist ein Doldengewächs

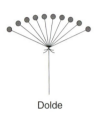

Dolde

zusammengesetzte Dolde

Die *Wilde Möhre* kommt an trockenen und warmen Standorten vor. Sie ist eine *zweijährige* Pflanze. Im ersten Jahr speichert sie Reservestoffe in ihrer verdickten *Pfahlwurzel*. Im zweiten Jahr bildet sie Blüten und Früchte; danach stirbt sie ab. Ihr Blütenstand ist eine *Doppeldolde*, die wie eine einzige, riesige Blüte wirkt. Dadurch ist die Pflanze auffällig und lockt Fliegen und Käfer an. Diese kurzrüsseligen Insekten finden reichlich Nektar, der auf einem Griffelpolster abgeschieden wird. Bei ihrem Besuch bestäuben die Insekten die Blüten.

Die *Einzelblüten* sind eher unscheinbar. Ihr fünfblättriger Kelch ist winzig klein und kaum zu entdecken. Die Blüten besitzen fünf weiße Blütenblätter, fünf Staubblätter und einen unterständigen Fruchtknoten. Dieser besteht aus zwei Fruchtblättern mit je einer Samenanlage. Die Frucht zerfällt in zwei einsamige Teilfrüchte. Sie tragen kurze Widerhaken, mit denen sie an Tieren hängen bleiben. Dadurch werden sie verbreitet. Ein besonderes Kennzeichen der Wilden Möhre ist eine rotbraune Blüte in der Mitte des Blütenstandes. Sie heißt *Mohrenblüte*. Wahrscheinlich hat die Pflanze ihren Namen von diesem „Möhrchen".

Pflanzen, die einen ähnlichen Blütenbau und eine *Dolde* oder *Doppeldolde* als Blütenstand besitzen, gehören zur **Familie der Doldengewächse**. Es sind meist krautige Pflanzen, die mit Rüben oder Erdsprossen überwintern. Der Stängel ist hohl und hat verdickte Knoten. Die Blätter sind oft gefiedert.

Die Familie der Doldengewächse umfasst 2600 Arten, von denen in Mitteleuropa etwas mehr als 100 wild vorkommen. Viele Nutz- und Gewürzpflanzen wie *Dill, Kerbel, Petersilie* und *Liebstöckel*, ebenso *Mohrrübe, Fenchel* und *Sellerie* gehören dazu.

Aufgabe

1. Bei vielen Doldengewächsen haben die Blüten am Rand des Blütenstandes eine andere Form als die in der Mitte.
   a) Beschreibe die Unterschiede im Aussehen von Rand- und Mittelblüten (Abb. 3).
   b) Welche Bedeutung könnte die Form der Randblüten haben?

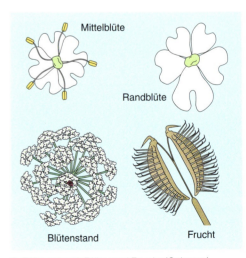

3 Blütenstand, Blüte und Frucht (Schema)

Blütenpflanzen

Die Familie der Süßgräser

Den größten Anteil der Wiesenpflanzen machen die **Süßgräser** aus. An einigen typischen Baumerkmalen sind sie leicht zu erkennen. Sie besitzen einen runden, hohlen Stängel *(Halm)*, der durch *Knoten* in kürzere Abschnitte gegliedert ist. Die Blätter sind lang und schmal. Sie besitzen parallel verlaufende Blattadern und ihr Rand ist glatt und scharf. Der untere Teil des Blattes bildet eine *Blattscheide*, die den Halm bis zum nächsten Knoten umschließt. Die Festigkeit des Halmes wird dadurch erhöht. Knickt er dennoch einmal um, so richtet er sich durch einseitiges Wachstum an einem Knoten mit der Zeit wieder auf.

Die Blüten der Gräser sind klein und unauffällig. Sie besitzen bei allen Süßgräsern einen ähnlichen Bau. Jede einzelne Blüte besteht aus dem Fruchtknoten mit federförmigen Narbenästen, drei Staubblättern und verschiedenen Spelzen. Sie schützen die Blüten und besitzen manchmal einen haarähnlichen Fortsatz, die *Granne*. Mehrere solcher Blüten, meistens zwei bis fünf, stehen in einem *Ährchen* eng beisammen. Die Vielzahl der Ährchen bildet den Blütenstand. Nach der Art des Blütenstandes lassen sich die Gräser in drei Gruppen unterteilen.

Ährengräser: Alle Ährchen sitzen ungestielt am Halm und bilden zusammen die Ähre. Das *Englische Raygras* ist eine wichtige Futter- und Rasenpflanze, denn sie verträgt sogar häufigen Schnitt sehr gut. Sehr widerstandsfähig ist auch ein anderes Ährengras, die *Quecke*. In Gärten und auf Äckern ist sie ein lästiges Wildkraut, da sich die Pflanze durch lange unterirdische Ausläufer, aber auch durch kurze Abschnitte dieser Erdsprosse weit verbreitet.

Rispengräser: Bei ihnen sitzen die Ährchen an deutlich gestielten und teilweise mehrfach verzweigten Seitenästen. Zwei häufige Rispengräser sind das *Honiggras* und das *Knäuelgras*.

Ährenrispengräser: Im Aussehen ähneln die Blütenstände dieser Gräser einer Ähre. Man spricht deshalb auch von *Scheinährengräsern*. Die einzelnen Ährchen sind jedoch kurz gestielt und sitzen nicht direkt am Halm. Das ist oft nur zu erkennen, wenn wir den Blütenstand stark umbiegen. *Wiesenfuchsschwanz*, *Kammgras* und *Ruchgras* gehören zu den Ährenrispengräsern.

Neben den Süßgräsern findet man auf nassen und kalkarmen Wiesen **Sauer-** oder **Riedgräser**. Sie sind leicht von den Süßgräsern zu unterscheiden: ihre Stängel sind dreikantig, nicht hohl und besitzen keine Knoten. Sauergräser sind kaum als Futterpflanzen geeignet. Ihr Heu ist sehr hart und wird vom Vieh nicht gefressen.

Aufgabe

① Gräser lassen sich leicht sammeln und pressen. Lege eine Gräsersammlung an und unterscheide zwischen Süß- und Sauergräsern. Ordne die Süßgräser nach den Blütenstandsformen.

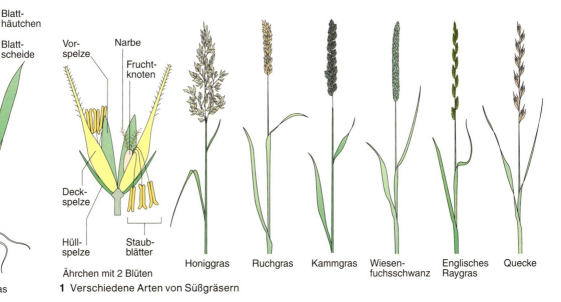

1 Verschiedene Arten von Süßgräsern

Vielfalt und Nutzen

1 Kiefernbestand

Maitrieb

Zapfenblüte, männlich

Zapfenblüte, weiblich

junger Zapfen (1 Jahr alt)

reifer Zapfen (2 Jahre alt)

Die Waldkiefer — ein Nadelbaum

Die *Waldkiefer* ist ein häufiger Baum unserer Wälder. Sie benötigt viel Licht. An die Bodenbeschaffenheit und das Klima stellt sie wenig Ansprüche. Auf trockenen Sandböden ist die Kiefer ebenso anzutreffen wie in nassen Mooren. Sie verträgt heiße Sommer und lang andauernde, strenge Winter.

Ihre Blätter, die *Nadeln*, sind lang gestreckt und schmal. Sie sitzen jeweils paarweise an einem Kurztrieb. Die kleine Oberfläche der Nadeln und ein zusätzlicher Wachsüberzug vermindern die Wasserverdunstung des Baumes. Das ist besonders im Winter wichtig, weil der Baum auch dann noch benadelt ist und aus dem gefrorenen Boden kein Wasser aufnehmen kann.

Die Kiefer blüht im Mai. Bei ihr sitzen männliche und weibliche Blüten an verschiedenen Trieben auf der gleichen Pflanze. Sie ist also *getrennt geschlechtlich* und *einhäusig*. Die *männlichen Blütenstände* stehen am Grund der jungen Maitriebe in einem dichten Büschel beisammen. Sie enthalten viele Staubbeutel. Bei trockenem Wetter entlassen diese Millionen von Pollen, die der Wind zu den weiblichen Zapfenblüten weht.

In den *weiblichen Blütenständen*, die an der Spitze der Maitriebe sitzen, befinden sich in regelmäßigem Wechsel *Deckschuppen* und *Fruchtschuppen* übereinander. Mit einer starken Lupe erkennt man auf jeder Fruchtschuppe zwei *Samenanlagen*. Sie sind nicht — wie bei allen bisher beschriebenen Pflanzen — von einem Fruchtknoten umschlossen, sondern liegen unbedeckt, gleichsam „nackt" auf der Fruchtschuppe. Die Kiefer wird deshalb, wie alle anderen Nadelbäume, zu den **Nacktsamern** gezählt.

Bei der Bestäubung werden die rötlichen Deckschuppen grün und verkleben mit Harz. Die Befruchtung erfolgt allerdings erst im März des folgenden Jahres im Inneren der grünen *Zapfen*. Bis zur Samenreife dauert es ein weiteres Jahr. Dann sind die Zapfen braun und verholzt. Bei trockenem Wetter spreizen sich ihre Schuppen ab, und die geflügelten Samen, die jeweils zu zweien zwischen Frucht- und Deckschuppe liegen, werden vom Wind herausgeweht.

Wie die Kiefer, sind auch *Fichte* und *Tanne* immergrüne Nadelbäume mit nacktsamigen Zapfenblüten, die zur **Familie der Kieferngewächse** gehören.

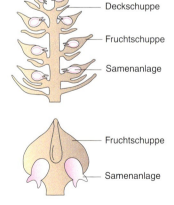

2 Männliche (links) und weibliche (rechts) Zapfenblüten einer Kiefer

Fichte und Tanne haben auch Nadeln

Fichte und Tanne werden leicht verwechselt. Wir wollen deshalb die wesentlichen Unterscheidungsmerkmale zusammenstellen. Die ursprünglichen Verbreitungsgebiete der *Fichte*, die keine hohen Ansprüche an Klima und Boden stellt, liegen in Nordeuropa und in Gebirgslagen über 900 m. Heute wird die Fichte häufig in heimischen Wäldern angepflanzt. Die *Tanne* ist auf besseren Boden und höhere Temperaturen angewiesen. Deshalb wächst sie nicht an Standorten über 900 m. Die Fichte ist ein *Flachwurzler*; ihre Gestalt gleicht einer regelmäßigen Pyramide. Die Tanne ist ein *Tiefwurzler*; ihre Wuchsform gleicht in der Jugend der der Fichte, im Alter wird die Krone walzenförmig.

Aufgabe

① Untersuche andere Nacktsamer (Kiefer, Lärche, Zeder, Eibe) und erweitere die Tabelle entsprechend.

Fichte — Zapfen, Nadeln

Tanne — Zapfen, Nadeln

	Fichte	Tanne
Stamm	30–50 m hoch; rotbraune Borke („Rottanne")	30–65 m hoch; silbergraue, glatte Borke („Weißtanne")
Nadeln	einzeln auf Höckern der Langtriebe sitzend; spiralig angeordnet; kurz, vierkantig, nadelspitz	zweireihig am Langtrieb sitzend; kurz, flach, an der Spitze meist eingekerbt, zwei weiße Wachsstreifen auf der Unterseite
Zapfen	hängend; fallen als Ganzes ab	aufrecht stehend; Schuppen fallen einzeln ab, übrig bleibt die „Zapfenspindel"

Zettelkasten

Der Ginkgo — ein Nadelbaum mit Blättern

Als die Saurier die Erde bevölkerten und es noch keine Vögel und Säugetiere gab, waren Verwandte des Ginkgo die beherrschenden Baumarten. Sie alle sind heute ausgestorben und nur aus Versteinerungen bekannt. Allein der Ginkgo existiert noch als „lebendes Fossil". Das ist für Biologen besonders interessant, weil man von dieser Art auf Bau- und Lebensweise der ausgestorbenen Verwandten rückschließen kann.

Der Ginkgo wird bei uns häufig in Parks angepflanzt. Der *nacktsamige Baum* besitzt keine Nadeln, sondern fächerformige Blätter. Sie werden im Herbst leuchtend gelb und fallen dann ab.

Der Ginkgobaum ist zweihäusig, es gibt also männliche und weibliche Bäume. Die Bestäubung erfolgt duch Pollen. Aus dem Pollenschlauch schlüpfen zwei bewegliche Schwärmerzellen, die in die Samenanlage eindringen. Nach der Befruchtung entwickelt sich ein gelber, kirschgroßer Samen, dessen fleischige Hülle essbar ist.

Vielfalt und Nutzen

Merkmale
von Blütenpflanzen

Wasserschierling · Lichtnelke · Roter Fingerhut · Echte Kamille · Rundblättrige Glockenblume · Frauenschuh · Klatschmohn · Stängelloser Enzian · Silberdistel

Aufgaben

① Auf dieser Seite findest du einige Abbildungen blühender Pflanzen. Erläutere
— die Blattrand- und die Blattform.
— ob sie einfache oder zusammengesetzte Blätter aufweisen.
— die Blattstellung am Stängel.
— ob die Blütenhüllen einfach oder doppelt sind.
— ob die Blütenblätter frei oder verwachsen sind.
— welche Symmetrie die Blüten aufweisen.
— ob sie Einzelblüten oder Blütenstände haben.

② Suche bei einem Lerngang mindestens fünf verschiedene Arten von Blütenpflanzen. Überprüfe für jede Art, welche Merkmale sie hinsichtlich ihrer Blätter und ihrer Blüten zeigt. Stelle deine Ergebnisse in Form einer Tabelle zusammen.

③ Lege eine Blattsammlung an, die so aufgebaut sein soll:
— je ein einfaches und ein zusammengesetztes Blatt.
— fünf Blätter mit unterschiedlichen Blattformen.
— fünf Blätter mit verschiedenen Blatträndern.
— zwei beblätterte Stängel mit unterschiedlichen Blattstellungen.
— je ein netzadriges und ein paralleladriges Blatt.
— je ein Blatt mit bzw. ohne Nebenblätter.

④ Lege eine Blütensammlung an, die folgenden Aufbau hat:
— je drei Einzelblüten und Blütenstände.
— je drei strahlig-symmetrische und zweiseitig-symmetrische Blüten.
— je drei Blüten mit freien bzw. verwachsenen Blütenblättern.

Es gibt einfache und doppelte Blütenhüllen.

Die Blütenblätter können miteinander verwachsen oder frei sein.

Die Blütensymmetrie kann strahligsymmetrisch oder zweiseitig-symmetrisch sein.

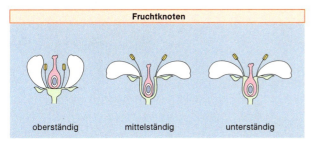

Die Fruchtknoten können in der Blüte oberständig, mittelständig oder unterständig sein.

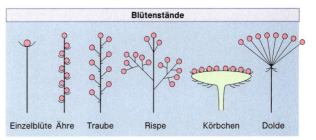

Stehen die Blüten einzeln am Stängelende, ist es eine Einzelblüte; zahlreiche Blüten in einer Gruppe bilden einen Blütenstand.

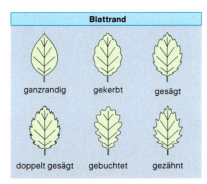

Blätter können sich in der Beschaffenheit der Blattränder unterscheiden.

Merkmale zum Bestimmen von Pflanzenfamilien

Insgesamt gibt es etwa 240 000 verschiedene Arten von Samenpflanzen auf der Erde und davon leben etwa 2 400 Arten in Mitteleuropa. Sie alle zu kennen ist unmöglich, nur einige Arten sind in diesem Buch vorgestellt worden. Trotzdem ist es manchmal nötig, Pflanzen bestimmen zu können, z. B. im Natur- und Umweltschutz. Dazu braucht man Kenntnisse vom Bau der Blüten und Blätter. Auf dieser Seite sind die wichtigsten Merkmale für das Bestimmen von Pflanzen beschrieben.

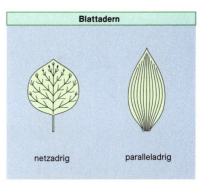

Netzadrige Blätter sind typisch für zwei—, paralleladrige für einkeimblättrige Pflanzen.

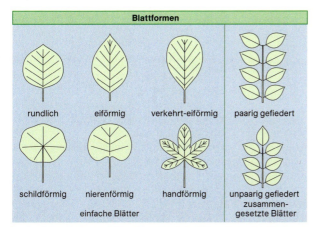

Die Blattformen zeigen eine große Vielfalt. Weiterhin muss man noch zwischen einfachen Blättern und den verschiedenen Typen von zusammengesetzten Blättern unterscheiden.

Manche Blätter tragen am Blattgrund kleine Nebenblätter

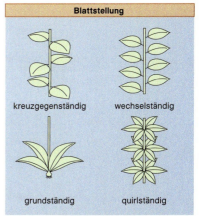

Auch die Stellung der Blätter am Stängel kann als Merkmal für die Bestimmung von Pflanzen herangezogen werden

Vielfalt und Nutzen

Pflanzen lassen sich bestimmen

Jens ist ein begeisterter Naturfotograf. In jeden Ferien sucht er nach neuen Motiven. Der Lehrer hat ihn gebeten, eine kleine Auswahl von Pflanzenfotos mitzubringen. Die Mitschüler sind verblüfft, dass Jens so viele Pflanzenarten kennt. Sie möchten gerne wissen, wie man den Namen einer unbekannten Art herausbekommt. Jens erklärt:

„Will man den Namen einer Pflanze wissen, so benötigt man dazu ein Buch, in dem die Pflanzen genau beschrieben sind. Ein solches *Bestimmungsbuch* kann zum Beispiel nur Abbildungen mit kurzen Erläuterungen enthalten. Hier muss man Seite für Seite durchblättern und die Pflanze mit den Bildern vergleichen. Irgendwann wird man so vielleicht den Namen herausbekommen.

In manchen Büchern sind die Pflanzen nach Blütenfarben geordnet. Da es sehr viele Pflanzen mit einer bestimmten Blütenfarbe gibt, gliedert man innerhalb der Blütenfarbe nach der Zahl der Blütenblätter. Danach kann man noch weiter nach dem Standort unterscheiden. Dadurch ist das Auffinden etwas leichter. Trotzdem kann man nicht immer sicher sein, ob der gefundene Pflanzenname der Richtige ist, da sich manche Arten doch sehr ähnlich sehen. Dies zeigt sich zum Beispiel bei den abgebildeten gelb blühenden Pflanzen mit fünf Blütenblättern, die alle auf Wiesen vorkommen können.

Besser ist es, wenn das Buch einen *Bestimmungsschlüssel* enthält. Das ist eine trickreiche Sache. Zu einer Pflanze werden immer zwei Möglichkeiten abgefragt. Dort, wo mit ja geantwortet werden kann, geht es weiter. Der Bestimmungsschlüssel führt dann über weitere Fragen am Ende zum richtigen Namen. Ich habe hier ein paar Bilder von gelb blühenden Wiesenpflanzen mitgebracht, für die ich einen solchen Bestimmungsschlüssel einmal selbst zusammengestellt habe."

In Jens Bestimmungsschlüssel ist für das Beispiel Gemeiner Odermennig der richtige Lösungsweg blau gedruckt. Auf der Seite 233 siehst du am selben Beispiel, wie ein solcher Bestimmungsschlüssel aufgebaut ist. Manche von Jens Klassenkameraden finden das auf den ersten Blick alles fürchterlich kompliziert, aber eines ist sicher: Wenn man es einmal richtig durchdacht hat, ist es gar nicht so schwer und kann sogar richtig Spaß machen.

1 Gelb blühende Wiesenpflanzen

1 Stängel kriechend _____ 2
   Stängel aufrecht _____ 3
2 Blätter rund bis elliptisch _____
   _____ Pfennig-Gilbweiderich
   Blätter handförmig geteilt _____
   _____ Kriechendes Fingerkraut
3 Blätter ganzrandig _____ 4
   Blätter handförmig geteilt oder aber gesägt _____ 5
4 Blätter groß, einige bis 30 cm lang _____
   _____ Gelber Enzian
   Blätter klein, alle höchstens 5 cm lang
   _____ Tüpfel-Hartheu
5 viele Blüten in langen Trauben _____ 6
   wenige, locker angeordnete Blüten ____
   _____ Scharfer Hahnenfuß
6 Blätter länglich, mehlig _____
   _____ Mehlige Königskerze
   Blätter unpaarig gefiedert _____
   _____ Gemeiner Odermennig

Aufgaben

① Bevor aber ein Botaniker Pflanzenarten bestimmt, wird er zunächst versuchen herauszubekommen, welchen Pflanzenfamilien sie angehören.
Versuche für die Pflanzenfamilien, die du auf den Seiten 196 bis 203 kennen gelernt hast, einen Bestimmungsschlüssel zu erarbeiten und ihn wie auf Seite 209 aufzuzeichnen.

② Versuche für eine Pflanze deiner Wahl mithilfe dieses Bestimmungsschlüssels die Pflanzenfamilie zu bestimmen, zu der sie gehört.

Gemeiner oder Kleiner Odermennig

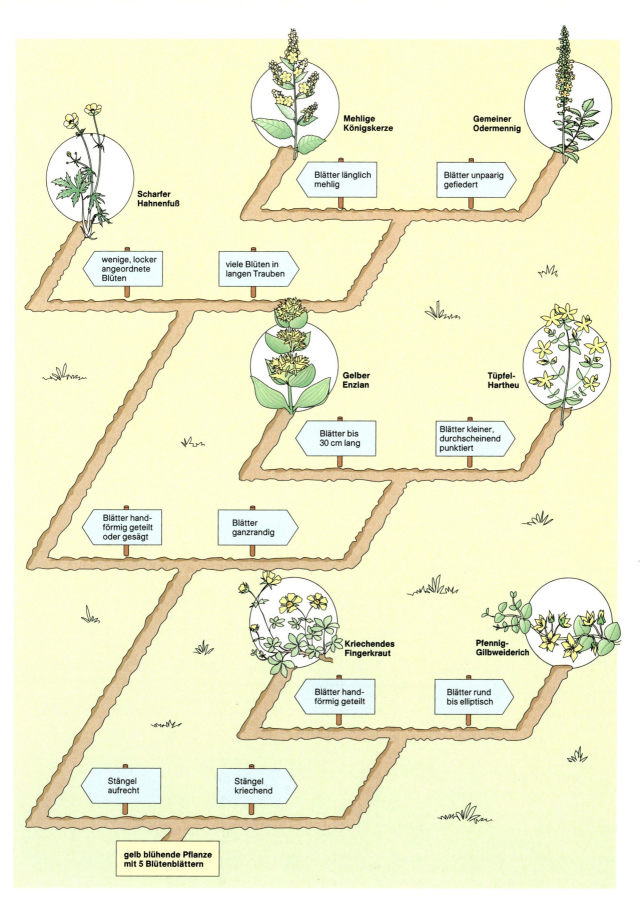

Herbarium

Weißt du, was man unter einem Herbarium versteht? *Herba* ist lateinisch und heißt Kraut. Ein Herbarium ist eine Sammlung von gepressten und getrockneten Pflanzen. Das klingt im ersten Augenblick nach einer ziemlich uninteressanten Angelegenheit. Ein sorgfältig angelegtes Herbarium kann jedoch viel Freude bereiten.
Und so geht man dabei vor:

Pflanzen sammeln und bestimmen
Am besten beginnst du damit, Blätter von verschiedenen Bäumen oder Sträuchern zu sammeln. Du wirst dich wundern, wie viele Blattformen es gibt und wie leicht du lernst, Bäume und Sträucher daran zu unterscheiden.

Später kannst du dir eine Wiese oder ein Stück Wegrand vornehmen. Versuche bereits an Ort und Stelle, den Namen der Pflanzen anhand eines Bestimmungsbuches herauszubekommen. Wenn du unsicher bist, ob es sich um eine geschützte Pflanze handelt, musst du sie auf jeden Fall stehen lassen. Beim Sammeln ist darauf zu achten, dass Stängel, Blüte und Laubblätter vorhanden sind. Notiere den Fundort und bewahre die gepflückte Pflanze in einem Plastikbeutel auf. So bleibt sie für kurze Zeit frisch.

Pflanzen beschriften
Kontrolliere zu Hause bei jeder Pflanze, ob du sie richtig bestimmt hast. Schreibe den Gattungs- und Artnamen auf ein Etikett. Notiere ebenso die Pflanzenfamilie, den Fundort und das Datum, an dem die Pflanze gepflückt wurde.

Pflanzen ausbreiten
Die Pflanzen werden einzeln zwischen gefaltetes Zeitungspapier gelegt und in natürlicher Lage leicht angedrückt. Das ausgefüllte Etikett wird dazugelegt.

Pflanzen pressen
Die Zeitungen mit den Pflanzen werden aufeinander gestapelt, mit einem schweren Gegenstand beschwert oder in eine Gitterpresse gelegt. Damit sich kein Schimmel bildet, müssen die Zeitungen mehrmals ausgewechselt werden.

Pflanzen aufziehen
Die getrocknete Pflanze wird rückseitig an einigen Stellen mit einem Alleskleber bestrichen und auf einen Bogen festes Papier geklebt. Das Etikett mit der Beschriftung wird als Letztes neben der Pflanze angebracht.

Pflanzen aufbewahren
Die fertigen Herbarblätter werden nach Familien sortiert und in einem Ordner gesammelt. Zur Übersicht beschriftet man für jede Familie ein eigenes Deckblatt und legt ein Inhaltsverzeichnis an.

Art	
Gattung	
Familie	
Fundort	
Datum	

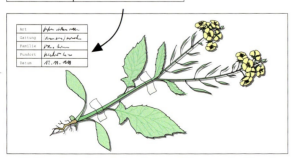

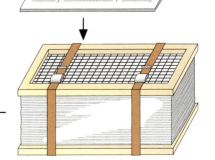

Ordnung schaffen im Pflanzenreich

Es gibt auf der Erde etwa 400 000 Pflanzenarten. Diese große Zahl erfordert eine möglichst übersichtliche Ordnung. Zur Zeit des ARISTOTELES (384–322 v. Chr.) kannte man bereits etwa 10 000 Arten und gliederte sie nach Bäumen, Kräutern und Sträuchern. Man unterschied zwischen Land- und Wasserpflanzen, zwischen „wilden" und „zahmen" Pflanzen. Später hat man Pflanzen nach ihrem medizinischen und landwirtschaftlichen Nutzen zu Gruppen zusammengefasst. Diese Art der Gliederung nach Lebensräumen oder Bedeutung nennt man ein künstliches System.

CARL VON LINNÉ, ein schwedischer Naturforscher (1707–1778), war der Erste, der den Bau der pflanzlichen *Fortpflanzungsorgane* verglichen und daraus ein weiteres Ordnungssystem entwickelt hat. So legte er die Grundlagen zu dem, was heute als *natürliches System* bezeichnet wird. Dabei werden möglichst viele Baumerkmale verglichen. Sehen wir uns das Ergebnis einmal am Beispiel der *Gemüsebohne* an.

Alle Pflanzen dieser **Art** gleichen sich weitgehend und können sich untereinander fortpflanzen. Ähnliche Arten fasst man zur **Gattung** *Bohnen* zusammen; Gattungen mit vielen gemeinsamen Merkmalen, z. B. mit gleichem Blütenbau, bilden eine **Familie**, hier die *Schmetterlingsblütler*. In gleicher Weise fasst man Familien zu Ordnungen und diese wieder zu Klassen zusammen. In unserem Beispiel ist das die **Ordnung** der *Hülsenfrüchtler* und die **Klasse** der *Zweikeimblättrigen*. Unterscheidungsmerkmale sind dabei erstens die Fruchtform und zweitens die Zahl der Keimblätter.

Achtet man nun darauf, ob die Samenanlagen in einem Fruchtknoten eingeschlossen sind oder frei auf einer Fruchtschuppe liegen, so erhält man zwei weitere systematische Gruppen, die *Bedecktsamer* und die *Nacktsamer*. Man bezeichnet sie als **Unterabteilungen** der **Abteilung** *Blütenpflanzen*. Zu dieser Abteilung gehört mehr als die Hälfte aller Pflanzenarten. Daneben gibt es noch *blütenlose Pflanzen*, die keine Samen bilden, z. B. *Algen*, *Moose* und *Farne*. Sie bilden weitere Abteilungen des Pflanzenreiches. Diese systematische Ordnung, die es ähnlich auch für Tiere gibt, ermöglicht es, Lebewesen nach dem Grad ihrer Verwandtschaft vergleichend zu betrachten und zu ordnen.

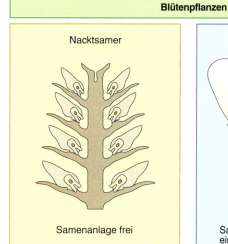
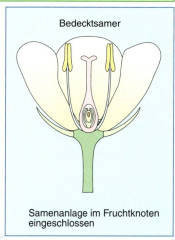
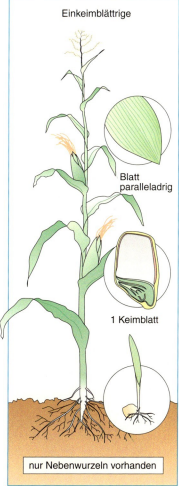
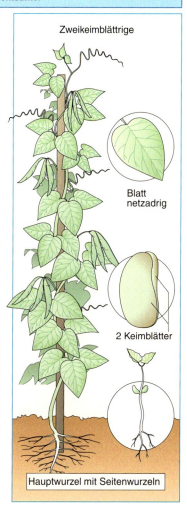

1 Bedecktsamer im Vergleich

Blütenpflanzen in der Übersicht

Nacktsamer

Bei allen Pflanzen, die zur Unterabteilung der Nacktsamer gehören, ist die Samenanlage nicht im Fruchtknoten eingeschlossen, sondern liegt frei auf einer Fruchtschuppe. Aus den weiblichen Blütenständen entwickeln sich *Zapfen*. Das sind keine echten Früchte, da sie nicht aus einem Fruchtknoten entstehen. Alle Nacktsamer sind *Holzgewächse*. Sie besitzen häufig schmale und spitze Blätter, die *Nadeln*.

Kieferngewächse: *Kiefer, Fichte* und *Tanne* sind die bekanntesten einheimischen Nadelhölzer. Bei *Zeder* und *Lärche* sind die Nadeln büschelförmig an Kurztrieben angeordnet; die Lärche wirft im Winter ihre Nadeln ab.

Eibengewächse: Bei der Eibe ist der Samen von einem leuchtend roten, fleischigen Samenmantel umhüllt. Er ist der einzige nicht giftige Teil der Pflanze und wird von vielen Vögeln gefressen. Eiben sind fast nur in Gärten und Parks zu finden.

Zypressengewächse: *Zypressen* und *Lebensbäume* (Thuja) mit ihren immergrünen, schuppenförmigen Blättchen sind häufig in Gartenanlagen und auf Friedhöfen angepflanzt. Der *Wacholder* ist ein Bäumchen von säulenförmigem Wuchs. Er ist auf Heideflächen, auf Trockenweiden und in lichten Nadelwäldern anzutreffen. Er besitzt blaue Beerenzapfen. Seine Nadeln stehen jeweils zu dritt in einem Quirl.

Ginkgogewächse: Diese Familie besitzt nur eine Gattung mit einer einzigen Art, dem *Ginkgobaum*. Er ist wie die Eibe zweihäusig. Seine Früchte sind kirschgroß und gelb. An seinen Blättern ist der Ginkgo leicht zu erkennen. Ihre Form erinnert an einen dreieckigen Fächer. Sie sind in der Mitte gespalten und die Blattadern verlaufen ebenfalls fächerartig.

Bedecktsamer

Die meisten Blütenpflanzen gehören zur Unterabteilung der Bedecktsamer. Bei ihnen entwickeln sich die Samen im Inneren des Fruchtknotens.

Einkeimblättrige Pflanzen

Pflanzen aus der Klasse der Einkeimblättrigen besitzen häufig parallele Blattadern. Die Blüten sind in der Regel dreizählig. Die Hauptwurzel stirbt zeitig ab und wird durch Wurzeln ersetzt, die am unteren Ende des Sprosses neu entstehen.

Liliengewächse: Wie die Tulpe besitzen alle Pflanzen dieser Familie regelmäßige, dreizählige Blüten mit oberständigem Fruchtknoten.

Beim **Maiglöckchen** und der *Traubenhyazinthe* sind die sechs Blütenblätter miteinander verwachsen. *Schnittlauch, Porree* und *Knoblauch* werden als Gemüse- oder Gewürzpflanzen angebaut.

Narzissengewächse: Sie besitzen den gleichen Blütenbau wie die Liliengewächse, nur der Fruchtknoten ist unterständig. Gattungen: *Osterglocke, Märzenbecher, Schneeglöckchen* und *Ritterstern* (Amaryllis).

Schwertliliengewächse: Auch bei ihnen ist der Fruchtknoten unterständig, allerdings besitzen sie nicht sechs, sondern nur drei Staubblätter. Gattungen: *Schwertlilie, Krokus* und *Gladiole*.

Knabenkrautgewächse (Orchideen): Die Blüten der Orchideen sind in Form und Farbe sehr unterschiedlich. Von den sechs Blütenblättern ist das nach unten zeigende — die Lippe — besonders auffällig. Beim **Frauenschuh** ist dieses Blütenblatt pantoffelförmig.

Bei den **Ragwurzarten** ähnelt es einem Insekt. Bei der abgebildeten Art handelt es sich um eine **Fliegenragwurz**. Alle einheimischen Orchideenarten stehen unter Naturschutz.

Weitere Familien: Süßgräser, Sauergräser, Binsen-, Ananas- und Bananengewächse sowie Palmen.

Zweikeimblättrige Pflanzen

Die Zweikeimblättrigen besitzen in der Regel netzadrige Blätter. Haupt- und Nebenwurzeln sind deutlich zu erkennen. Die Blüten sind meistens vier- oder fünfzählig. Die einzelnen Familien besitzen entweder nur freie oder nur verwachsene Blütenblätter.

Nelkengewächse: Zu dieser Familie gehören unscheinbare Wildkräuter wie *Sternmiere* und *Hornkraut*. Die Arten der Gattung *Nelke* sind dagegen sehr ansehnlich. Bei ihnen sind die fünf Blütenblätter häufig tief eingeschnitten.

Die **Kornrade** kam früher in Getreidefeldern sehr häufig vor. Es wird berichtet, dass auf einem Hektar bis zu einer halben Millionen Pflanzen standen. Das bedeutet, dass auf dieser Fläche etwa 72 Millionen Kornradensamen gebildet wurden. Nach der Ernte wurden diese Samen mit dem Getreide gemahlen. Da sie sehr giftig sind, kam es nach dem Genuss des Mehles zu Muskellähmungen. Heute wird das Saatgut gereinigt, deshalb ist die Kornrade auf unseren Feldern sehr selten geworden.
Weitere Gattungen: *Lichtnelke*, *Miere* und *Nachtnelke*.

Mohngewächse: Pflanzen aus dieser Familie besitzen häufig Milchsaft. Die Blüten sind zweizählig, die beiden Kelchblätter fallen kurz nach dem Aufblühen ab. Die vier gelben Blütenblätter des *Schöllkrauts* erinnern an eine Kreuzblüte, es sind jedoch viele Staubblätter vorhanden. Der gelbliche Milchsaft wirkt auf die Haut leicht ätzend. Er wurde deshalb als Mittel gegen Warzen angewendet. Der *Schlafmohn* wurde wegen seiner ölhaltigen Samen schon in der Jungsteinzeit angebaut. Der weiße Milchsaft dient als Rohstoff für die Herstellung von schmerzstillenden Medikamenten.

Der **Klatschmohn** bestimmte mit seinen leuchtend roten Blüten früher das Bild vieler Felder.

Rosengewächse: In dieser Familie findet man Bäume (*Kirsche*, *Apfel*), Sträucher (*Heckenrose*, *Weißdorn*, *Himbeere*) und krautige Pflanzen (*Erdbeere*, *Frauenmantel*). Viele liefern beliebte Obstsorten oder werden als Zierpflanzen angebaut. Außer an den fünfzähligen Blüten sind Rosengewächse daran zu erkennen, dass sie am Blattgrund Nebenblätter besitzen.

Schmetterlingsblütler: Bei *Lupine*, *Gartenbohne* und *Besenginster* ist der typische Bau der Schmetterlingsblüte dargestellt. Die Familie hat große wirtschaftliche Bedeutung. Einige wichtige Gattungen: *Erbse*, *Sojabohne*, *Linse*, *Wicke*, *Platterbse* und *Klee*.

Weitere Familien mit *freien Blütenblättern*: Hahnenfußgewächse, Kreuzblütler, Veilchengewächse.

Rachenblütler: Diese Familie ist sehr artenreich und vielgestaltig in Form und Farbe der meist fünfzähligen Blüten. Die Blätter stehen kreuzgegenständig, der Stängel ist rund.

Wie das *Löwenmäulchen* besitzt das **Leinkraut** eine geschlossene Rachenblüte. Offen ist der Rachen bei den Gattungen *Braunwurz* und *Fingerhut*. Bei *Königskerze*, *Ehrenpreis* und *Augentrost* sind die Blüten flach. Einige Gattungen wie *Wachtelweizen* und *Klappertopf* besitzen besonders gestaltete Saugwurzeln, mit denen sie in andere Pflanzen eindringen und ihnen Nährstoffe und Wasser entnehmen. Sie sind Halbschmarotzer.

Primelgewächse: Bei dieser Familie sind — wie bei den Rachenblütlern und allen Folgenden — die Blütenblätter verwachsen. Zu ihr gehören zahlreiche Zierpflanzen, von denen neben den *Primeln* vor allem das *Alpenveilchen* bekannt ist.
Weitere Gattungen: *Gilbweiderich*, *Gauchheil*, *Schlüsselblume*.

Nachtschattengewächse: Diese Familie stellt viele Giftpflanzen, zum Beispiel *Tollkirsche*, *Bilsenkraut* und *Nachtschatten* sowie einige wertvolle Nutzpflanzen, wie *Kartoffel*, *Tomate* und *Paprika*.

Glockenblumengewächse: Wenn die Blüten der **Wiesenglockenblume** sich öffnen, sind die Staubblätter schon welk. Vor dem Welken haben sie ihren Blütenstaub am oberen, behaarten Teil des Griffels, der Griffelbürste, abgelegt. Insekten, die sich in die Blütenglöckchen drängen, um an den Nektar zu gelangen, werden mit Pollen eingepudert.

Raublattgewächse: Pflanzen dieser Familie besitzen stark behaarte Blätter. Die Blüten sind meist blau oder violett. Oft sind die Blütenknospen rot, bevor sie sich endgültig färben. Gattungen: *Vergissmeinnicht*, *Lungenkraut* und *Borretsch*.

Weitere Familien mit v*erwachsenen Blütenblättern*: Enziangewächse, Korbblütler, Lippenblütler, Wegerich- und Kürbisgewächse.

Vielfalt und Nutzen

2 Der Mensch nutzt Pflanzen

Futterpflanzen für Nutztiere

Auf den meisten Bauernhöfen werden Nutztiere in großen Ställen gehalten. Viele Landwirte haben sich spezialisiert auf eine Tierart, wie Schweine oder Rinder, die in großen Stückzahlen gehalten werden. Nur in den Sommermonaten leben die Tiere auf der Weide und ernähren sich vom frischen Gras. In der restlichen Zeit werden sie direkt in den Stallungen ernährt. Die Landwirte bauen hierzu verschiedene Futterpflanzen an oder bewirtschaften Grasflächen, die *Wiesen*.

Wiesen sind Grasflächen, auf denen keine Nutztiere weiden. Für die Tierhaltung liefern sie das *Heu*, das in Scheunen gelagert wird, oder das tägliche *Frischfutter*. Dafür werden sie einmal oder mehrmals jährlich gemäht. Viele Landwirte sind dazu übergegangen, das Winterfutter nicht mehr in Form von Heu zu lagern, sondern als *Silage*. Mähen, Häckseln und Aufladen erfolgt in einem Arbeitsgang. Das Frischgut wird direkt in *Hochsilos* aus Stahl oder Beton luftdicht eingelagert. Ähnlich wie bei der Sauerkrautherstellung setzt dann eine *Gärung* ein, die das Frischfutter haltbar macht. Die Silage ist nährstoffreich und saftig.

Neben Gras findet der *Mais* immer mehr Bedeutung. Die Pflanzen wachsen auf den Äckern schnell heran. Für die Tierernährung werden nicht die Maiskolben genutzt, sondern die ganzen Pflanzen. Diese werden gehäckselt und in *Bodensilos* gelagert.

Auch *Rüben* haben als Futterpflanzen eine große Bedeutung. Die Runkel- oder Futterrüben werden in Silos direkt gelagert und bei Bedarf verfüttert. Die Rüben werden gehäckselt und können mit anderem Futter gemischt in die Futtertröge der Tiere gelangen. Auch die Blätter der Rüben nutzt man als Frisch- oder Silagefutter.

Zusätzlich wird Futter mit einem sehr hohen Nährwert *(Kraftfutter)*, wie Getreide, Melasse oder Ölkuchen, eingesetzt. Kraftfutter wird auf dem Bauernhof nicht selbst hergestellt, sondern von den Landwirten bei Firmen gekauft. Melasse sind Siruprückstände und Trockenschnitzel aus der Zuckergewinnung. Ölkuchen sind die Rückstände aus der Speiseölherstellung. Dies sind die Reste von Sojabohnen, Sonnenblumenkernen, Erdnüssen oder Rapssamen.

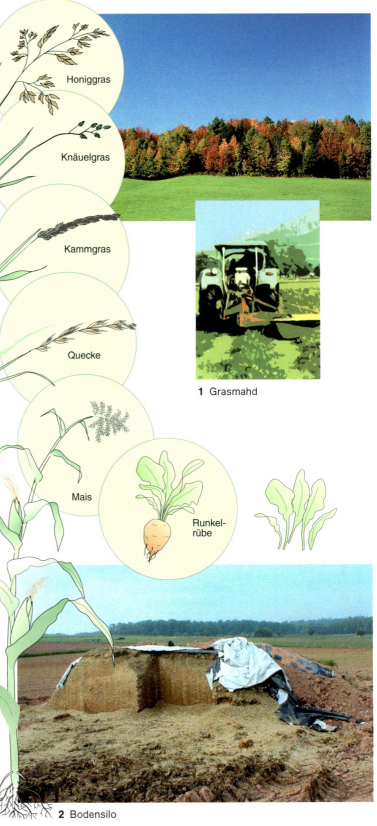

1 Grasmahd

2 Bodensilo

214 *Blütenpflanzen*

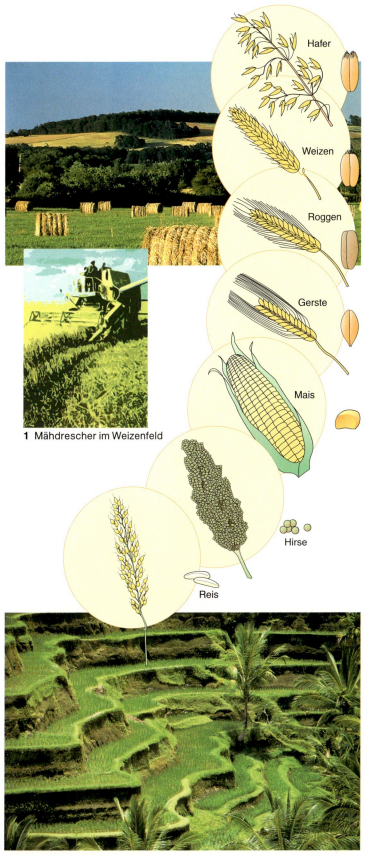

1 Mähdrescher im Weizenfeld

2 Reisanbau in Asien

Gräser für den Menschen

Nicht nur die Tiere ernähren sich von Gräsern, sondern auch wir Menschen. Alle *Getreidearten* sind aus Wildformen gezüchtete Gräser. In Europa haben Hafer, Weizen, Roggen und Gerste eine große Bedeutung.

Hafer ist leicht verdaulich. Die länglichen Körner werden gequetscht und getrocknet als Haferflocken gegessen.

Weizen hat rundliche Körner mit Härchen an der Spitze. Beim Mahlen der Körner entsteht aus den nährstoffhaltigen Schichten des Weizenkorns und dem Keimling die *Kleie*. Je nachdem, wie fein gemahlen und gesiebt wird, entstehen Schrot, Graupen, Gries oder Mehl. Gries wird für die Nudelherstellung, Mehl für das Backen von Kuchen und weißem Brot verwendet.

Roggen ist ein Brotgetreide mit langen, walzenförmigen Körnern. Er liefert dunkle, kräftig schmeckende Brotsorten, die lange frisch bleiben. Wird die Kleie nicht abgetrennt, erhält man ein Vollkornmehl mit allen Nährstoffen und vielen Ballaststoffen.

Gerste wird zur Herstellung von Biermalz genutzt. *Malz* nennt man angekeimte und anschließend geröstete Gerstenkörner.

Mais wird seit 5000 Jahren in Amerika angebaut. Wir essen Mais als Gemüse, Cornflakes oder Popcorn. In Italien wird aus Maisgries die Polenta gekocht. In Mexiko bäckt man Tortillas, kleine Fladen aus Maismehl.

Hirse war im Mittelalter bei uns ein wichtiges Nahrungsmittel. Da sie auch auf kargem Boden in trockenen Regionen wächst, wird sie heute hauptsächlich in Afrika angebaut. Aus dem Mehl zubereitete Breigerichte fehlen dort bei keiner Mahlzeit.

Reis wird zwar auch in Italien, Spanien oder den USA angebaut, jedoch sind die Hauptanbaugebiete China, Japan und Indien. Reis wird ausgesät oder junge Pflanzen eingepflanzt. Reispflanzen verdunsten viel Wasser, die Pflanzen werden daher auf überfluteten Feldern angebaut. Bis zur Ernte vergehen je nach Sorte 3 bis 9 Monate. Werden die Blätter gelb, beginnt die Erntezeit. Man unterscheidet Langkornreis *(Patnareis)* und Rundkornrais *(Milchreis)*. Langkornreis ist nach dem Kochen körnig und locker, Rundkornreis weich. Das Reismehl ist nicht, wie unser Getreidemehl, zum Backen geeignet.

Vielfalt und Nutzen

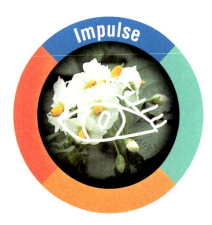

Die Kart**o**ffel

Kartoffeln gehören neben verschiedenen Getreidearten zu unseren Grundnahrungsmitteln. Außerdem werden sie zu vielen weiteren Produkten verarbeitet. Welche kennst du?

Kleine Pflanzenkunde

Die Kartoffeln sind krautige Pflanzen, die ca. 50 cm hoch werden. Die Früchte sind kleine grüne Beeren mit Samen, die Ähnlichkeit mit Tomaten haben. Die Kartoffel ist zwar mit der Tomate verwandt, jedoch sind die Beeren giftig.

Zum Verzehr eignen sich nur die unterirdisch wachsenden Knollen. Dies sind die verdickten Enden an den unterirdischen Sprossteilen der Kartoffelpflanze. Kartoffeln sind also nicht Teile der Wurzeln. Aus den „Augen" der Kartoffelknollen können wieder Triebe entstehen. Die Kartoffel schrumpft hierbei, weil der Vorratsspeicher, die Stärke, verbraucht wird.

Biologen hatten die Idee, „Tomoffeln" aus einer Kreuzung von Tomaten und Kartoffeln zu züchten. Dies ist bisher aber nicht gelungen. Welches Ziel könnte hinter dieser Idee stecken?

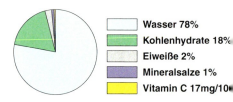

Wasser 78%
Kohlenhydrate 18%
Eiweiße 2%
Mineralsalze 1%
Vitamin C 17mg/10

Kartoffeln sind nicht nur nahrhaft, sondern sie haben auch einen hohen Vitamin-C-Gehalt. Der Bedarf eines Menschen liegt bei 75,0 mg pro Tag.

Wie viele Kartoffeln müsstest du essen, um den Tagesbedarf zu decken?

Die Geschichte der Kartoffel

Die Heimat der Kartoffeln ist das Hochland von Peru und Bolivien in Südamerika. Die Indianer bauten die Kartoffeln als Grundnahrungsmittel an.

Erst zwischen 1555 und 1560 kamen die ersten Kartoffeln nach Europa. In Deutschland wurde der Anbau der Kartoffeln von Friedrich dem Großen in Preußen als billiges und sättigendes Nahrungsmittel angeordnet.

Finde heraus, welches Ereignis dort im Jahre 1740 zu einer Hungersnot führte.

Kartoffelanbau und Ernte bei den Inkas. Die Zeichnungen wurden 1585 für den spanischen König angefertigt.

Vom peruanischen Hochland kamen Kartoffelpflanzen zuerst nach Spanien und dann nach Italien. Hier wurden sie wegen ihrer Ähnlichkeit zu Trüffeln Tartuffoli genannt.

Blütenpflanzen

Anbau und Ernte

Beim Kartoffelanbau nutzt man die ungeschlechtliche Vermehrung über die Kartoffelknollen. Diese werden im Frühjahr in gefurchten Reihen auf das Feld gelegt und mit Erde bedeckt.

Aus der Kartoffelknolle wächst ein Spross. Die oberirdische Pflanze entwickelt sich zu einer krautigen Pflanze. Diese blüht und es bilden sich die grünen Früchte. Gleichzeitig wachsen im Boden neue Kartoffelknollen. Diese werden im Herbst geerntet. Heute werden hierzu Maschinen eingesetzt. Die neuen Kartoffelknollen werden verkauft.

Weißt du, wie Kartoffeln gelagert werden sollen und warum?

Schädlinge

Die Kartoffel wird nicht nur vom Menschen als Nahrung geschätzt, sondern auch vom *Kartoffelkäfer*. Dieser frisst die Blätter der Kartoffelpflanze. Besonders gefräßig sind die rot gefärbten Larven.

Der Kartoffelkäfer lebte ebenfalls in Amerika und wurde in diesem Jahrhundert mit dem Schiffsverkehr nach Europa eingeschleppt.

Überlege, wie es zur Massenvermehrung der Käfer und Ernteverníchtung auf den Feldern kommen kann.

Auch Pilze und Bakterien können zu Ernteschäden führen. Kennst du Maßnahmen, die Landwirte gegen diese Schädlinge ergreifen?

Obwohl sich der Käfer auf einem Kartoffelacker rasch vermehrt, dauerte seine Verbreitung in Europa sehr lange. Wie könnte man das erklären?

Frühkartoffel

Clivia

Datura

Desiree

Grata

Hansa

Es gibt über 2000 Kartoffelsorten.

Kulturform

Wildform

In Südamerika an kurze Tage gewöhnt, kamen die Pflanzen in Europa schnell zur Blüte, setzten jedoch nur wenige, kleine Knollen an. 200 Jahre lang wurden sie als Zierpflanzen gehalten. Welche Auswahl bei der Zucht könnte zur heutigen Kartoffel geführt haben?

Apfel

Erdapfel?

Die Kartoffel wird manchmal auch Erdapfel genannt. Ein irreführender Begriff, oder?

Vielfalt und Nutzen

Viele Gemüsepflanzen sind Kreuzblütler

Die Nutzpflanzen, die wir im Garten als Gemüse anbauen, kommen in dieser Form wild nicht vor. Sie stammen jedoch von Wildpflanzen ab und sind das Ergebnis jahrhundertelanger *Züchtung*. Als die Menschen sesshaft wurden, haben sie in der Umgebung ihrer Behausungen gezielt verschiedene Pflanzenarten ausgewählt und angebaut. Diese Pflanzen besaßen Eigenschaften, die den Menschen für ihre Ernährung besonders wertvoll erschienen.

Zufällig traten dann im Laufe der Zeit einzelne Pflanzen auf, die noch mehr Vorzüge besaßen. Vielleicht war die essbare Wurzel etwas dicker oder die Früchte waren geschmackvoller. Die Samen solcher Pflanzen wurden dann zur Weiterzucht genutzt, um wieder Nachkommen von ähnlichem Aussehen oder Geschmack zu erhalten. Diese *Auslese* von gewünschten Eigenschaften führte zu den heutigen *Kulturpflanzen*.

Beim *Wildkohl* sind die Zuchterfolge besonders beeindruckend. Von ihm stammen alle Kulturformen des Kohls ab. Fast jedes Organ dieser Pflanze ist durch Auslesezüchtung verändert worden. Beim *Blumenkohl* wird der gesamte Blütenstand mit den fleischigen Blütenstielen gegessen; am *Grünkohl* schätzt man die zarten Blätter; der *Kohlrabi* ist ein fleischig verdickter Stängelabschnitt. Der gesamte Spross bleibt bei den *Kopfkohlen*, wie zum Beispiel beim Weißkohl, kurz gestaucht und wird als Gemüse genutzt. Beim *Rosenkohl* werden nur die dicken Seitenknospen geerntet.

Erst wenn diese Pflanzen blühen, erkennt man, dass sie miteinander verwandt sind. Ihre Blüten besitzen vier Kelch- und vier Blütenblätter. Neben vier langen Staubblättern stehen noch zwei kurze; die Frucht ist eine Schote. Dieser Blütenbau ist das Kennzeichen der *Familie der Kreuzblütler*. Zu ihr gehören neben *Radieschen*, *Rettich* und *Kresse* noch weitere Nutzpflanzen. Aus den fetthaltigen Samen des *Rapses* wird Öl gepresst; beim *Schwarzen Senf* dienen die Samen der Sentherstellung.

Grünkohl hat einen Spross ohne Seitentriebe. Am Spross befinden sich die großen, stark gekrausten Blätter.

Weißkohl hat einen kurzen Spross und viele dicht aufeinander liegende Blätter, den Kohlkopf.

Blumenkohl hat einen kurzen Spross mit wenigen großen Blättern. Der weiße Teil ist der junge Blütenstand.

Beim **Rosenkohl** ist der Spross stark verzweigt. Die Seitenzweige sind gestaucht, die Blätter dicht gepackt.

Broccoli hat einen kurzen Spross, an dessen Ende sich Blütenknospen bilden.

Beim **Kohlrabi** ist der Spross kurz und dick, eine *Sprossknolle*. An der Sprossknolle wachsen die Blätter.

Gemüse

Die **Rote Beete (1)** ist verwandt mit der Runkelrübe, Futterrübe und der Zuckerrübe. Sie hat eine dicke, farbige Sprossknolle zwischen ihren Blättern und der Wurzel. In Scheiben oder Streifen geschnitten und gekocht, liefert sie einen mineralstoffhaltigen Salat.

Küchenzwiebeln (2) kennt man überwiegend als würzenden Zusatz für Speisen und Salate. Sie werden aber auch — roh, in Essig eingelegt oder gekocht — als Gemüse gegessen. Verwandt mit der Küchenzwiebel ist der **Porree (3)**. Dieser hat keine ausgeprägte Zwiebel. Man isst die unteren Abschnitte der breiten Blätter.

Vom **Spargel (4)** essen wir die Sprosse. Bei uns wird meist weißlicher Spargel angeboten. Dazu werden die Sprosse aus dem Boden gestochen, bevor sie ans Licht kommen und ergrünen würden.

Spinat (5) ist ein Blattgemüse. Die Blätter werden gekocht und entweder ganz oder zerkleinert gegessen.

Bohnen (6, 7) gehören zu den Schmetterlingsblütlern. Man nutzt die Bohnen mit den Hülsen als Stangen- oder Buschbohnen im Gemüse oder in Salaten. Bei anderen Sorten werden die Samen aus den Hülsen entnommen. Die Samen können sehr unterschiedliche Farben haben. Es gibt weiße, rote, graue und bräunliche Bohnen. Sie werden als Salate, Gemüse oder Suppen gegessen. Sie sind sehr eiweißhaltig und dienen daher auch als Fleischersatz. Bohnen müssen immer gekocht werden, bevor man sie essen kann, weil rohe Bohnen zu Übelkeit oder Krämpfen führen.

Auch die **Erbsen (8)** gehören zu den Schmetterlingsblütlern. Die Samen werden den Hülsen entnommen und können frisch oder getrocknet weiterverwendet werden. Man isst sie in Salaten, im Gemüse oder als Suppe. Erbsen und Bohnen nennt man auch *Hülsenfrüchte*.

Bei der **Artischocke (9)** isst man die Hüllblätter der Blüte und den Blütenboden. Die Hüllblätter sind am unteren Ende besonders fleischig. Die Artischocke ist mit der Distel verwandt.

Die **Tomate (10)** ist eine Beere. Es gibt unterschiedliche Formen und Größen. Manche Sorten werden nur angebaut zur Verarbeitung als Tomatenpüree oder Ketschup.

Die **Aubergine (11)** ist mit der Tomate verwandt. Die eiförmigen, schwarzvioletten Früchte, werden in Scheiben geschnitten und in Olivenöl geschmort.

In die Verwandtschaft der Tomate gehört auch der **Paprika (12)**. Es gibt rote, grüne und gelbe Sorten. Die milden Sorten werden roh oder gekocht als Gemüse gegessen, die scharfen werden getrocknet. Die getrockneten Früchte werden gemahlen und als Gewürz genutzt.

Gurken (13), **Kürbisse (14)** und **Zucchini (15)** sind nah miteinander verwandt. Die Früchte dieser Pflanzen sind Beeren. Die Gurken werden meist roh zu Salat verarbeitet oder gekocht und in Essig eingelegt. Das Kürbisfruchtfleisch wird meist gekocht und süß-sauer zubereitet. Zucchini werden gekocht und z. B. mit Hackfleisch gefüllt.

Vielfalt und Nutzen

1 Erdbeerpflanze (Mutterpflanze)

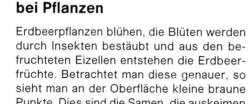
Pfropfen

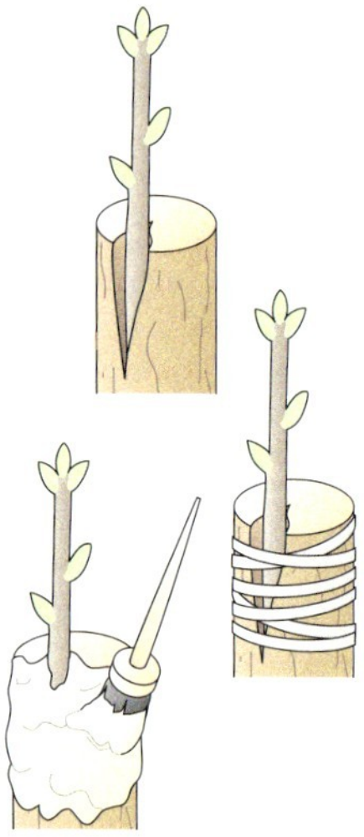

Ungeschlechtliche Vermehrung bei Pflanzen

Erdbeerpflanzen blühen, die Blüten werden durch Insekten bestäubt und aus den befruchteten Eizellen entstehen die Erdbeerfrüchte. Betrachtet man diese genauer, so sieht man an der Oberfläche kleine braune Punkte. Dies sind die Samen, die auskeimen können und dann zu neuen Pflanzen heranwachsen.

Die Erdbeere vermehrt sich in den meisten Fällen jedoch über *Ausläufer*. Dies sind oberirdische Triebe die seitlich aus der Pflanze herauswachsen. Wenn diese Seitentriebe den Boden berühren, bilden sich Wurzeln und Blätter. Diese kleinen Pflänzchen wachsen heran und werden eigenständige Pflanzen.

Eine Mutterpflanze kann mehrere Tochterpflanzen bilden. Man spricht bei diesem Vorgang von einer *ungeschlechtlichen Vermehrung*. Diese findet man auch bei anderen Pflanzen. Bei der Kartoffelpflanze, Himbeersträuchern oder Maiglöckchen sind diese Ausläufer unterirdisch.

Tulpen, Küchenzwiebeln oder Knoblauchpflanzen vermehren sich durch *Tochterzwiebeln*. In der Zwiebel der Mutterpflanze entstehen seitlich kleine Zwiebeln, die heranwachsen. Aus diesen Zwiebeln entstehen neue Pflanzen, die alle gleich sind.

Die Pflanzenzüchter nutzen die Eigenschaft der ungeschlechtlichen Vermehrung, da sie mehrere Vorteile hat:

Blattsteckling

— Alle Nachkommen haben die gleichen Eigenschaften wie die Mutterpflanze.
— Die Vermehrung geht schneller, da man nicht auf die Blütenbildung warten muss.
— Bei manchen Kulturpflanzen kommt es in unserem Klima nicht zur Reifung der Samen.
— Einige Kulturpflanzen haben durch züchterische Veränderungen keine Samen mehr, wie die Bananen oder einige Orangen und Mandarinen.

Züchter nutzen auch eine weitere Eigenschaft der Pflanzen, nämlich aus einzelnen Pflanzenteilen wieder ganze Pflanzen entwickeln zu können. Ein kurzer Zweig, der *Steckling*, wird abgeschnitten und in Wasser oder feuchte Erde gestellt. Bei Weiden, Geranien oder Fuchsien bilden sich auf diese Weise neue Wurzeln. Usambaraveilchen kann man als *Blattstecklinge* vermehren.

Eine weitere Form Obst- und Zierhölzer zu „vervielfältigen" ist die *Veredelung*. Hierbei wird im Frühjahr z. B. von einem Apfelbaum ein Zweig abgeschnitten und auf den Stamm eines wild wachsenden Apfelbaumes, der wenige oder ungenießbare Früchte trägt, *aufgepropft*. Hierzu wird der Zweig glatt abgeschnitten und in einen Spalt hinter der eingeschnittenen Rinde eingefügt. Die Wunde wird mit Baumwachs abgedichtet. Beide Teile verwachsen zu einer Einheit mit den gewünschten Eigenschaften.

Aufgaben

1. Manche Zuchtformen von Bananen, Apfelsinen und Mandarinen weisen keine Samen auf. Wie kann man sie vermehren?
2. Informiere dich bei einem Gärtner, wie man Obst- und Ziergehölze durch Okulieren und Kopulieren veredelt.
3. Versuche selbst, eine Weide durch Stecklinge zu vermehren. Erstelle zu diesem Versuch ein genaues Protokoll.
4. Das Brutblatt, vom Gärtner auch *Bryophyllum* genannt, weist eine besondere Art der Vermehrung auf: Am Blattrand der Mutterpflanze entstehen viele kleine Tochterpflänzchen, die nach einer gewissen Zeit abfallen und zu neuen Brutblattpflanzen heranwachsen.
Handelt es sich um eine geschlechtliche oder ungeschlechtliche Vermehrung?

Ausläufer einer Erdbeerpflanze

Pflanzen in Haus und Garten

In einem Garten gibt es das ganze Jahr über etwas zu tun: umgraben, ernten, hacken, jäten, düngen, harken, pflanzen, gießen, säen.

Vorsicht bei der Gartenarbeit! Einige Geräte sind spitz oder scharf. Man kann sich leicht mit ihnen verletzen, zum Beispiel bei der Arbeit mit dem Spaten oder der Hacke. Harken und Hacken sollte man immer so beiseite legen, dass man nicht auf die spitze Seite treten kann.

Aufgaben

① Im Volksmund gibt es viele Bauernregeln, die den Landwirten und Gärtnern als Wachstums- und Wetterregeln dienen, zum Beispiel: „Mai nicht zu kalt und nass, füllt die Scheuer und das Fass."
Sammle ähnliche Sprüche für die verschiedenen Jahreszeiten und erkläre ihren Inhalt.

② Versuche herauszubekommen, was man unter den „Eisheiligen" versteht und berichte.

③ Nach einem Regenguss bildet sich an der Erdoberfläche oft eine harte Kruste. Sie muss mit dem *Grubber* wieder gelockert werden.
Erkläre anhand der Abbildung, welche Bedeutung das regelmäßige Hacken für die Belüftung und die Wasserführung des Bodens hat.

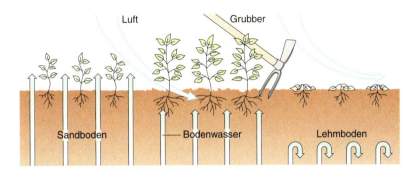

④ Im Herbst wird der Garten umgegraben. Die groben Erdschollen lässt der Gärtner liegen. Mache dazu folgenden Versuch: Fülle ein kleines Becherglas (50 ml) randvoll mit Wasser und verschließe es luftdicht mit einem Stück Haushaltsfolie und einem Gummiring. Stelle das Gefäß über Nacht in ein Tiefkühlfach. Beschreibe das Ergebnis und erkläre damit die Wirkung des Frostes auf das Erdreich.

⑤ Manche Küchenkräuter (Petersilie, Schnittlauch, Bohnenkraut u. a.) lassen sich in einem Blumentopf, einem Balkonkasten oder einem eigens dafür hergestellten Anzuchtkasten ziehen. In solchen Kästen können im Frühjahr auch Tomaten, Kohl- und Salatpflanzen herangezogen werden, bevor sie im Mai im Freien ausgepflanzt werden. Säe selbst einige Gewürzkräuter aus.

⑥ In einem Anzuchtkasten oder -topf lassen sich auch Zimmerpflanzen heranziehen. Schneide von Geranien, Fuchsien oder Efeupflanzen einige junge Triebe ab und bringe sie in einen Anzuchttopf. Wenn die Stecklinge Wurzeln getrieben haben, werden sie einzeln in kleinere Töpfe umgesetzt. Manche Triebe kann man in ein Glas mit Wasser stellen. Sie bilden dann auch im Wasser Wurzeln, die man gut beobachten kann. Probiere es einmal selbst aus.

⑦ In fast jeder Wohnung findet man verschiedene Zimmerpflanzen, die in Blumentöpfen wachsen. Manche entwickeln prächtige Blüten, andere werden als Blattpflanzen gehalten. Zum guten Gedeihen benötigen diese Pflanzen ähnliche Bedingungen wie an ihrem natürlichen Standort. Schreibe auf, welche Zimmerpflanzen bei dir zu Hause oder in der Schule gehalten werden.

⑧ Bringe Namensschilder am Topf der betreffenden Pflanze an.

⑨ Wähle eine Pflanze aus, die dir besonders gefällt.
Erkundige dich in einer Gärtnerei, wie diese Pflanze gepflegt werden muss. Frage insbesondere nach Licht- und Wasserbedarf, nach Art und Häufigkeit des Düngens und nach notwendigen Ruhepausen. Schreibe diese Pflegevorschriften auf und trage sie der Klasse vor.

⑩ Topfpflanzen steht nur wenig Erde zur Verfügung. Wenn das Wurzelwerk die Erde völlig durchsetzt hat, muss man einen größeren Behälter nehmen. Das geschieht am besten im Frühjahr. Beschreibe anhand der Abbildung, wie man beim *Umtopfen* vorgeht. Die fest zusammengepressten Wurzeln darf man nicht lockern, da sie leicht verletzt werden können.

Vielfalt und Nutzen

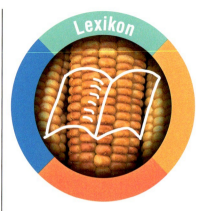

Nutzpflanzen

Schon seit mehr als 10 000 Jahren bauen die Menschen gezielt bestimmte Pflanzen an. Das weiß man von Grabbeigaben und Bildnissen, die man bei Ausgrabungen aus jenen Zeiten gefunden hat. Sie zeigen Menschen bei der Wein- oder Feigenernte und beim Bestellen von Feldern. Die Kulturpflanzen wurden damals wie heute in vielerlei Hinsicht genutzt; vor allem dienten sie der Ernährung.

Kohlenhydratpflanzen: Stärke ist vor allem in Kartoffeln und allen Getreidearten enthalten. Unser wichtigster Zuckerlieferant ist die **Zuckerrübe**. Die Pflanze speichert den Zucker in ihrer verdickten Pfahlwurzel als Reservestoff. Er kann ein Viertel ihres Gewichtes ausmachen.

Eiweißpflanzen: Einen hohen Eiweißgehalt besitzen die Hülsenfrüchte vieler Schmetterlingsblütler. Dazu gehören *Bohne, Erbse* und *Linse.* Für viele Menschen ist die *Sojabohne* der wichtigste Eiweißlieferant.

Öl- und Fettpflanzen: Fette werden vor allem in Früchten und Samen gespeichert. Das Fleisch der Kokosnuss, die *Kopra*, ist ein wichtiger Grundstoff für die Margarineherstellung.

Die **Kokospalmen** sind sehr wärmebedürftig; sie benötigen Temperaturen, die auch im kältesten Monat des Jahres nicht unter 20 °C liegen dürfen.

Im Mittelmeergebiet ist der *Ölbaum* beheimatet. Seine Früchte, die Oliven, besitzen bis zu 25% Fett in ihrem Fruchtfleisch. Auch aus den Samen vieler anderer Pflanzen wird Öl gepresst: *Sonnenblumen, Mohn, Lein, Klette, Distel, Raps, Senf* und *Sesam.*

Gemüsepflanzen: „Gemüse" hängt mit dem Wort Mus zusammen und bezeichnet essbare Pflanzenteile, die gekocht sind. Viele Gemüsesorten werden auch als Rohkost verzehrt. Man spricht dann von „Salat". Viele Zuchtformen und ausländische Gemüsesorten sind das ganze Jahr über auf dem Markt und bereichern unseren Speisezettel. Nur wenige Pflanzen werden als Wildgemüse oder Salat gesammelt. Wie der **Kürbis** werden fast alle heimischen Arten großflächig auf Feldern oder in Treibhäusern angebaut.

Obstpflanzen: Süß schmeckende, fleischige Früchte werden als Obst bezeichnet. Es wird in der Regel roh gegessen. Pflaume, Pfirsich und Kirsche sind *Steinobstsorten*, Birne und Apfel zählen zum *Kernobst.*

Als *Südfrüchte* fasst man alle Obstsorten zusammen, die in unseren Breitengraden nicht gedeihen und eingeführt werden müssen. Zu ihnen gehören die *Zitrusfrüchte*, die sich durch ihren hohen Gehalt an Vitamin C auszeichnen. *Zitrone, Apfelsine, Mandarine* und *Pampelmuse* werden von Oktober bis Februar geerntet. Da die Früchte am Baum kaum faul werden, kommt es vor, dass zur Blütezeit noch die Früchte des Vorjahres hängen. Der **Apfelsinenbaum** stammt wahrscheinlich aus China. Er wird bis zu 5 m hoch. Schon im Alter von drei

Jahren tragen die Bäumchen die ersten Früchte. Das Höchstalter beträgt etwa einhundert Jahre.
Einige andere, bei uns nicht heimische Früchte sind *Ananas, Dattel, Feige, Kiwi, Mango* und *Litchi.*

Die **Bananenstaude** wird etwa 6 m hoch. Trotz dieser Größe ist die Pflanze kein Baum. Sie ist nicht verholzt; der Scheinstamm besteht aus den zusammengerollten Blattscheiden. Die Blätter sehen wie riesige Palmwedel aus. Die Kulturformen der Banane entwickeln keine Samen. Zur ungeschlechtlichen Vermehrung benutzt man die Erdsprosse der Pflanze. Sie werden in kurze Stücke geschnitten und wieder eingegraben.

Genussmittelpflanzen: Genussmittel wie *Kaffee* oder *Tee* besitzen keinen Nährwert. Sie werden wegen ihrer anregenden Wirkung geschätzt.

Der **Kaffeestrauch** kann etwa 5 m hoch werden. Die Pflanze ist immergrün und besitzt ledrige Blätter. Die Entwicklung von der Blüte zur Frucht dauert etwa ein Jahr. An einer Pflanze findet man deshalb nebeneinander Blüten, unreife grüne und reife rote **Kaffeekirschen**. Im Inneren dieser Früchte liegen zwei Samen, die *Kaffeebohnen*. Sie werden geröstet und gemahlen. Neben den

Aromastoffen enthält Kaffee das Gift *Coffein*. In geringen Mengen regt es den Kreislauf und die Muskeltätigkeit an. Übermäßiger Coffeingenuss führt zu Schlaflosigkeit und Überreizung.

Der *Teestrauch* wird vor allem in den Gebirgsregionen der Tropen und Subtropen angebaut. Seine Blätter enthalten ebenfalls Coffein. Vor allem die jungen Blättchen ergeben ein aromatisches Getränk.

Die Blüten des *Kakaobaumes*, der 8 – 12 m hoch wird, treiben unmittelbar aus dem Stamm oder aus dicken Ästen hervor. Im Inneren der etwa 20 cm langen und bis 500 g schweren Frucht liegen viele kastaniengroße Samen. Diese Kakaobohnen sind sehr fetthaltig. Aus dem Fett, der Kakaobutter, wird durch Zuckerzugabe Schokolade hergestellt. Die entölten Samen werden zu Kakaopulver verarbeitet.

Ein fragwürdiges Genussmittel ist der Tabak. Er enthält das Gift *Nikotin*, das beim Rauchen inhaliert wird.

Es gilt als erwiesen, dass Tabakgenuss den menschlichen Körper auf Dauer stark schädigt. Vor allem die im Zigarettenrauch enthaltenen Teerstoffe können zu schweren Erkrankungen *(Krebs)* der Atmungsorgane führen. Tabak wird aus den getrockneten Blättern der **Tabakpflanze** hergestellt.

Heil- und Giftpflanzen: Viele Pflanzen liefern wertvolle Heilmittel. Aus der Wurzel der *Baldrianpflanze* werden beruhigende, aus den Blüten der *Echten Kamille* entzündungshemmende Arzneien hergestellt. Auch aus den Blättern des **Roten Fingerhutes** und den

Blüten der **Arnikapflanze** gewinnt man wirksame Heilmittel. Allerdings dürfen die Inhaltsstoffe nur in sehr geringen Mengen enthalten sein, sonst kommt es zu Vergiftungen. Weitere bekannte Giftpflanzen sind *Herbstzeitlose, Tollkirsche* und *Maiglöckchen*. Beim *Goldregen* sind vor allem die Samen stark giftig.

Gewürzpflanzen: Neben den einheimischen Küchenkräutern haben einige tropische Pflanzen große Bedeutung für das Würzen von Speisen. Der *Pfefferstrauch* ist eine Kletterpflanze. Ähnlich wie bei uns der Hopfen, wird er an Stangen gezogen. Seine unreifen, roten Früchte liefern getrocknet den

Schwarzen Pfeffer. Werden die reifen Früchte geschält, so bleiben die Samen als *Weißer Pfeffer* übrig. Der „Rote Pfeffer" hat mit dem Pfefferstrauch nichts zu tun; zu seiner Herstellung werden besonders scharfe **Paprikasorten** getrocknet und fein gemahlen.

Der *Zimtbaum* wird regelmäßig gestutzt. Die neu austreibenden, rutenförmigen Zweige werden im Alter von 2 bis 3 Jahren abgeschnitten. Ihre Rinde wird abgelöst und getrocknet. Sie rollt sich zusammen und nimmt eine goldbraune Farbe an. In dieser Form oder gemahlen kommt sie in den Handel. Auch aus Blüten werden Gewürze hergestellt. Die Griffeläste einer Krokusart liefern *Safran*. Die Blütenknospen des Nelkenbaumes werden zu *Gewürznelken* getrocknet.

Faserpflanzen: Einige Pflanzen liefern mit ihren Fasern das Rohmaterial für Textilien. Aus *Flachs* wird Leinen und Damast hergestellt. Die größte wirtschaftliche Bedeutung besitzt die *Baumwollpflanze*. Ihre erbsengroßen Samen sind rundum von 5 cm langen Haaren umgeben. Diese werden gesponnen und zu Stoffen verwebt.
Die Liste der Nutzpflanzen lässt sich fast beliebig fortsetzen. Achte selbst einmal darauf, wo dir im Alltag Pflanzen oder ihre Produkte begegnen!

Vielfalt und Nutzen

3 Kulturlandschaft — Felder, Parks und Gärten

1 Strauchhecken sind Lebensraum für viele Pflanzen und Tierarten

224 *Blütenpflanzen*

Hecken vernetzen Kleinlebensräume

Landwirtschaftlich genutzte Flächen unterliegen im Laufe des Jahres vielen Veränderungen. Es gibt z. B. kaum ein Tier, dem ein Getreidefeld von der Aussaat bis zur Ernte als Lebensraum dienen kann. Tiere benötigen Rückzugsflächen zur Aufzucht ihrer Jungen oder als Versteck vor Feinden. Auch viele Wildkräuter können in der intensiv genutzten Ackerlandschaft nicht überleben und verschwinden immer mehr.

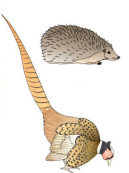

Für solche Tiere und Pflanzen sind Hecken wichtige Rückzugsgebiete. Schon eine einzelne Hecke lässt sich in viele kleinere Lebensräume unterteilen. Das Krautdickicht am Fuße der Hecke bietet Feldhasen, Fasanen oder Rebhühnern Deckung und Schutz. Bäume und Sträucher sind Singwarten und Brutstätten für Vögel. Von der Sonne erwärmte Steinhaufen werden von Eidechsen aufgesucht, denn diese Tiere benötigen viel Wärme und Trockenheit.

Besonders wertvoll sind Hecken, die in der Landschaft miteinander in Verbindung stehen. Diese *Vernetzung* bietet bodenlebenden Tieren die Möglichkeit, in neue Lebensräume einzuwandern.

In der Hecke ist nicht nur im Frühling oder Sommer etwas los. Im Herbst fallen, vor allem am Heckenrand, die vielen Beerenfrüchte auf. Sie werden von den überwinternden Vögeln als Futterquelle genutzt. Nahrungspflanzen, wie Holunder, Eberesche, Hasel, Heckenrose und Schlehdorn, sind deshalb gerade in Hecken von großer Bedeutung. Das Leben im Winter ist an den Spuren im Schnee besonders gut zu erkennen. Sie zeigen, welche Tiere von der Hecke aus auf Jagd gehen oder sich in ihr verstecken. Sie sind Zeichen dafür, dass das Leben in der Hecke nicht nur auf den schmalen Gehölzstreifen beschränkt bleibt, sondern sich um das Mehrfache der Heckenbreite auf die angrenzenden Fluren erstreckt.

Aufgaben

1. Erläutere jeweils an einem konkreten Beispiel die Bedeutung der Hecke als Unterschlupf- und Versteckmöglichkeit, als Überwinterungsort, als Nahrungslieferant und als Kinderstube.
2. Beschreibe anhand der Seite 224 die jahreszeitlichen Veränderungen an und in der Hecke.

Zettelkasten

Streuobstwiesen

Große, hochstämmige, alte Obstbäume, die bereits vor vielen Jahrzehnten in großem Abstand gepflanzt wurden, sind typisch für Streuobstwiesen (Abb. oben). Diese artenreichen Lebensräume sind vom Menschen geschaffen und stets in gleicher Form bewirtschaftet worden. In den letzten Jahrzehnten jedoch wurden immer mehr dieser schönen Baumwiesen vernichtet. Die Erweiterung der bebauten Flächen für Wohnhäuser, Industrieansiedelungen und Freizeitanlagen führten ebenso zu einem raschen Rückgang wie die Intensivierung der Landwirtschaft.

Naturnah bewirtschaftete Streuobstwiesen werden nicht gedüngt. Spritzungen mit Unkrautvernichtungsmitteln werden ebenfalls nicht durchgeführt. Je nach den Klimabedingungen wird lediglich ein- oder zweimal jährlich gemäht. So bieten Streuobstwiesen einer Vielzahl von Pflanzen und Tieren Nahrung, Nistmöglichkeiten und Unterschlupf. Den Menschen dienen sie als leicht erreichbarer Erholungsraum. Die Bedeutung der Streuobstwiesen wurde aber erst in den letzten Jahren allgemein anerkannt.

Die Obsternte ist bei Streuobstwiesen sehr arbeitsintensiv. Viel leichter und ungefährlicher lässt sich das Obst in modernen Obstbaumkulturen mit ihren niedrigen **Spalierobstbäumen** ernten (Abb. unten). Deshalb versucht man den Verkauf von Streuobstprodukten zu verbessern. Dazu wurde vor allem die Zusammenarbeit zwischen den Besitzern, Mostereien, Umweltschutzorganisationen und Obst- und Gartenbauvereinen verbessert. Große Handelsketten bemühen sich um die Vermarktung der Erzeugnisse. Der Erlös soll die Aufwendungen zum Erhalt der Streuobstwiesen decken und so das Überleben dieser wertvollen Lebensräume sichern.

Parkanlagen — Lebensraum für Mensch und Tier

Landschaften, die weitgehend unberührt von menschlichen Eingriffen sind, bezeichnen wir als *Natur*. Solche Gegenden, wie die Wälder der Eifel oder des Sauerlandes, suchen wir Menschen zur Erholung auf und halten sie für schützenswert. In Nordrhein-Westfalen gibt es rund um die Verdichtungszentren an Rhein und Ruhr noch großräumige Naturparks. Hier haben der Schutz der natürlichen Landschaft und die Erholung des Menschen den gleichen Stellenwert.

Der weitaus größte Teil unseres heutigen Lebensraumes ist aber durch die Tätigkeit des Menschen geprägt und verändert. Es handelt sich um eine *Kulturlandschaft*, in der man nur geringe Überreste der ursprünglichen Natur wiederfinden kann.

Die Parkanlagen einer Stadt unterliegen besonders stark dem Einfluss des Menschen. Sie machen den Aufenthalt und das Leben angenehmer und gesünder. Unbebaute Grünflächen bringen Frischluft in die mit Staub und Abgasen belastete Luft. Bei Hitze erwärmen sich die Straßen und Häuser stark. Über bepflanzten Flächen bleibt die Luft dagegen kühler, denn die Pflanzen verdunsten ständig Wasser. Auch der Lärm verkehrsreicher Straßen wird durch die Parkpflanzen gedämpft. Die Grünanlagen können jedoch ein sehr unterschiedliches Aussehen haben.

Parks und Grünflächen in Städten sind meistens künstlich angelegte Lebensräume. Ältere Parks sind zu einer Zeit entstanden, als der Gesamteindruck für den Betrachter besonders wichtig war. Hier sind Bäume und Sträucher mit auffälligen Blüten oder eigentümlicher Wuchsform angepflanzt worden, die den Besucher zu jeder Jahreszeit erfreuen. Zusätzlich können Bäume und Sträucher kunstvoll beschnitten sein. Die Beete werden regelmäßig bepflanzt. Um einen solchen Park zu erhalten, sind aufwändige Pflegemaßnahmen notwendig.

Dennoch kann ein solcher Park ein gutes Rückzugsgebiet für *Waldohreule, Singdrossel* oder andere Tiere sein. Im Frühling lohnt es sich, einmal früh am Morgen den vielen verschiedenen Vogelstimmen zu lauschen.

Oder man entdeckt in der Abenddämmerung eine *Erdkröte*, die ihr Versteck im Laub verlässt, um auf Beutefang zu gehen.

Neue oder umgestaltete Parks werden meistens naturnah angelegt. Das bedeutet, dass vorwiegend einheimische Bäume und Sträucher angepflanzt werden. Viele Tierarten können solche Grünanlagen als Rast-, Nahrungs- oder Brutgebiet nutzen. Wenn man zusätzlich darauf verzichtet, den Rasen regelmäßig zu mähen, so erhält man bald eine Naturwiese, die ebenfalls ein vielfältiger Lebensraum ist.

Die Parks mit ihren Bewohnern sind aber auch harten Belastungen ausgesetzt. Besonders am Wochenende sind die Grünanlagen voll von Besuchern. Alle wollen dasselbe: sich frei bewegen, frische Luft genießen und die Natur erleben. Sie strömen zu Tausenden über die Spazierwege, machen Rast auf Ruhebänken oder der Liegewiese und joggen über Trimm-dich-Pfade. Man hat erkannt, dass die Pflege und Erhaltung solcher öffentlicher Grünflächen für die Naherholung notwendig ist. Wenn jeder Parkbesucher sich rücksichtsvoll benimmt, dann können diese Anlagen für Menschen, Tiere und Pflanzen ihren Zweck erfüllen.

An vielen Stellen ist es innerhalb der Städte oder in ihrer näheren Umgebung möglich, naturnahe Lebensräume zu finden und sich für ihre Erhaltung einzusetzen. So sind z. B. *Brachflächen* wichtige Rückzugsgebiete für viele Pflanzenarten und die von ihnen abhängigen Tiere. Naturnahe Wegränder findet man noch entlang von Waldstücken, an Hecken und an vielen Gewässern. Die Erhaltung solcher Kleinlebensräume und ihrer möglichen Vernetzung ist deshalb eine wichtige Aufgabe des Naturschutzes.

Aufgabe

① Erkundige dich, welche Naturschutzgebiete und welche Schutzmaßnahmen es in deiner Heimatregion gibt.

Zettelkasten

Rasen oder Blumenwiese?

Auf einer üppigen Wiese Fußball spielen – das geht nicht. Der Ball verschwände im hohen Pflanzenbestand. Die Spieler würden Pflanzen niedertreten und Tiere vertreiben. Zum Spielen braucht man trittfeste Rasenflächen. Sie bestehen vorwiegend aus kleinwüchsigen, robusten und anspruchslosen Gräsern. Hoch wachsende und breitblättrige krautige Pflanzen werden bekämpft. Ein Rasen muss in kurzen Abständen gemäht werden und sieht reichlich uninteressant aus. Aufgrund der fehlenden Vielfalt an Blütenpflanzen findet man auch nur wenige Tiere. Ein richtiger Lebensraum ist ein Rasen also nicht.

Aber muss in einem Vorgarten wirklich Rasen statt einer Sommerblumenwiese sein? Sicher nicht. Auch ein Garten lässt sich wie eine Parkanlage vielgestaltig anlegen. So können viele verschiedene Pflanzenarten nebeneinander blühen. Eine solche Blumenwiese muss nur zweimal im Jahr gemäht werden. Sie wird auch nicht gedüngt oder gewässert. Die Blüten locken Insekten an: Hummeln, Schmetterlinge und Schwebfliegen.

Wenn man genau überlegt, müsste die Überschrift lauten: Rasen **und** Blumenwiese.

Vielfalt und Nutzen

Schutz der [Natur]

Für viele Menschen ist Naturschutz eine Angelegenheit, die sie persönlich wenig betrifft. Sie denken an unberührte Landschaften weit draußen. Dort verhalten sie sich vielleicht besonders vorsichtig. Aber in der Stadt und ihren Randgebieten kann man die Natur doch kaum schützen. Oder?

Innerhalb eines Netzes von Lebensräumen stellen Gärten, aber auch Bahndämme, Wegränder und Baumreihen wichtige Bindeglieder zwischen dem Siedlungsraum und dem Außenbereich dar. Hier ist jeder angesprochen, sich naturverträglich zu verhalten. Vielleicht möchtest du dich ja auch beteiligen. Diese Seite kann dir Anregungen geben. Handeln musst du selbst.

Trockenmauer und Gartenteich

Je unterschiedlicher die Teile eines Gartens gestaltet sind, desto mehr Tierarten lassen sich beobachten. Fast in jedem Garten ist Platz für einen kleinen Teich. Schon die kleinsten Wasserflächen sind eine Bereicherung. Sie dienen als Badestelle und Tränke für verschiedene Vogelarten. Wenn die Fläche etwas größer ist, siedeln sich schon nach kurzer Zeit viele Insekten, z. B. Libellen und Wasserkäfer, an.

Den Erdaushub bei der Erstellung eines Teiches kann man zur Anlage eines Steinhügels mit Trockenmauer nutzen. Welche Tier- und Pflanzenarten werden sich an einer Trockenmauer einstellen?

Erkundige dich, worauf man bei der Anlage eines Teiches achten soll.
Warum sollte ein Gartenteich zumindest 80 bis 100 cm tief sein?

Ohne Bienen keine Ernte im Obstgarten — ohne Wildblumen keine Bienen.

Erkläre den Zusammenhang! Was ergibt sich daraus für einen gut angelegten Garten?

Kompost — der unglaubliche Haufen

Es ist schon erstaunlich, was in der Gartenecke unbemerkt geschieht. Pflanzenabfall aus Haus und Garten, Kaffeesatz und Eierschalen sind im bunten Durcheinander zu einem Haufen aufgeschichtet worden. Und ein Jahr später ist daraus dunkel gefärbte, krümelige Erde geworden.

**Weißt du, was alles auf einen Komposthaufen gehört und was nicht?
Warum ist das Anlegen eines Komposthaufens ein Beitrag zum Umweltschutz?**

Naturnahe Gartenarbeit

Viele Schulen besitzen einen eigenen Schulgarten. Hier gibt es das ganze Jahr über etwas zu tun.

Wäre es nicht schön, in einer Schulgarten-AG mitzumachen?

Die nebenstehende Abbildung zeigt eine Mischkultur von Mangold, Lauch und Tomaten.

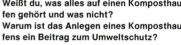

Weißt du, was eine Mischkultur ist?

Kannst du erklären, was das Anlegen einer Mischkultur mit „Schutz der Natur" zu tun hat?

228 *Blütenpflanzen*

Krautsäume sind Lebensräume

Gibt es am Rand eures Schulhofes einen Krautsaum? Wie sieht der denn aus?

Erkläre, weshalb zu einem Krautsaum auch Mut zur Unordnung gehört.

Stelle dir vor, du entdeckst am Schulhofrand eine Feldmaus. Kannst du einen Weg zum nächsten Feld oder Park angeben, auf dem die Maus sich eingeschlichen haben könnte?

Beispiele für Krautsäume sind Ackerrandstreifen, Gräben, Böschungen oder Straßenränder. Sie sind bei uns leider immer seltener anzutreffen.

Kannst du Ursachen angeben, warum viele Krautsäume aus der Landschaft verschwinden? Wodurch sind sie gefährdet?

Nenne Gründe, weshalb Krautsäume schützenswert sind.

Richtiges Verhalten in der Natur

Für Naturschutzgebiete gelten besondere Bestimmungen. Sie werden oft unbewusst missachtet, weil die Folgen für die Tier- und Pflanzenwelt nicht unmittelbar erkannt werden.

Was muss in einem Naturschutzgebiet beachtet werden?

Wenn du es nicht weißt, wende dich z. B. an die untere Naturschutzbehörde deines Landkreises.

Die meisten Menschen verhalten sich in der Natur rücksichtsvoll. Einige Regeln sollte man immer beachten. Dazu gehört zum Beispiel:
— keine Abfälle zurücklassen
— unnötigen Lärm vermeiden
— ...
Gib weitere Verhaltensregeln an!

Kennst du den Unterschied zwischen einem Naturschutzgebiet, einem Landschaftsschutzgebiet und einem Naturdenkmal? Welche Schilder gibt es dafür?

Auszug aus dem Landschaftsschutzgesetz von NRW

§ 61 Artenschutz
(1) Es ist verboten,
1. wild lebende Tiere mutwillig zu beunruhigen oder ohne vernünftigen Grund zu fangen, zu verletzen oder zu töten;
2. ohne vernünftigen Grund wild lebende Pflanzen von ihrem Standort zu entnehmen oder zu nutzen oder ihre Bestände niederzuschlagen oder auf sonstige Weise zu verwüsten;
3. von Bäumen, Sträuchern oder Hecken unbefugt Schmuckreisig zu entnehmen, gleichgültig ob ein wirtschaftlicher Schaden entsteht oder nicht;
4. ohne vernünftigen Grund Lebensstätten wild lebender Tier- und Pflanzenarten zu beeinträchtigen oder zu zerstören.

Vielfalt und Nutzen

Vom Wasser zum Land

Fische

Lurche

Kriechtiere

Trotz der großen Vielfalt unter den Fischen, Lurchen und Kriechtieren lassen sich bei ihnen jeweils gemeinsame Merkmale finden. So besitzen zum Beispiel Fische Flossen, Lurche und Kriechtiere dagegen vier Gliedmaßen, Kriechtiere haben als charakteristisches Merkmal eine trockene Hornschuppenhaut, usw. Diese charakteristischen Merkmale sind die Folge einer Entwicklung über viele Millionen Jahre.

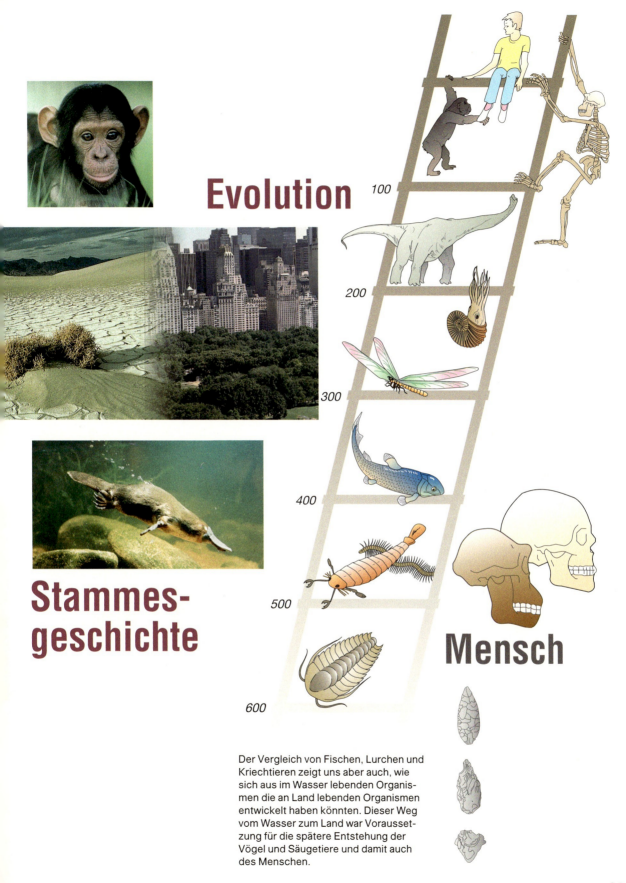

Evolution

Stammes-
geschichte

Mensch

Der Vergleich von Fischen, Lurchen und Kriechtieren zeigt uns aber auch, wie sich aus im Wasser lebenden Organismen die an Land lebenden Organismen entwickelt haben könnten. Dieser Weg vom Wasser zum Land war Voraussetzung für die spätere Entstehung der Vögel und Säugetiere und damit auch des Menschen.

1 Fische — ein Leben im Wasser

1 Karpfen

Seitenlinie — ein Sinnesorgan. Die Punkte sind in Wirklichkeit winzige Öffnungen, die in einen feinen Kanal unter den Schuppen münden. In diesen Kanal strömt ständig Wasser ein, wodurch die Sinneshärchen bewegt werden. Mithilfe des *Seitenlinienorgans* können Fische feinste Änderungen der Wasserströmung wahrnehmen, zum Beispiel können sie mit diesem Strömungssinn Feinde „erkennen".

Unter der Wirbelsäule liegt ein nur bei Fischen vorkommendes Organ, die *Schwimmblase*. Die meisten Fischarten besitzen diese. Die darin enthaltene Luftmenge erhöht den Auftrieb und kann vergrößert oder verringert werden. Die Fische können dadurch in unterschiedlichen Tiefen schweben.

Der Körperbau eines Fisches

Der *Karpfen* lebt in stehenden und langsam fließenden Gewässern. Am Boden und auf Pflanzen lebende Kleintiere und auch Pflanzen sind Hauptbestandteile seiner Nahrung. Am Beispiel des Karpfens kann man gut erkennen, wie Fische an das dauernde Leben im Wasser angepasst sind. Mit der lang gestreckten, am Kopf- und Schwanzende zugespitzten Gestalt gleitet er ruhig durch das Wasser. Sein Körper ist außerdem mit zahlreichen Knochenplättchen, den *Schuppen*, bedeckt, die dachziegelartig übereinander liegen. Darüber liegt noch eine zarte Haut, die seine gesamte Körperoberfläche überzieht. Viele kleine Hautdrüsen sondern einen Schleim ab, der die Oberfläche glitschig macht. Dieser Schleim verringert zusammen mit der stromlinienförmigen Gestalt den Wasserwiderstand und erleichtert so die Fortbewegung im Wasser. Außerdem schützt der Schleim den Fisch zum Beispiel vor Pilzkrankheiten der Haut.

Aus dem Schuppenkleid ragen die *Flossen* heraus. Sie dienen der Fortbewegung und Steuerung. Die Flossen bestehen aus *Flossenstrahlen* und einer Haut, durch die diese miteinander verbunden sind. Sie können durch Muskeln ausgebreitet und wieder zusammengelegt werden.

Bei genauerer Betrachtung erkennt man an den Seiten des Fischkörpers eine leicht geschwungene, punktierte Linie. Das ist die

Aufgaben

① Zeichne die Umrisse eines Fisches in dein Heft.
② Setze bei den Ziffern 1—5 in Abbildung 2 folgende Begriffe ein:
Afterflosse, Schwanzflosse, Bauchflosse, Rückenflosse, Brustflosse.
③ Welche Flossen sind paarig?
④ Auch andere Wirbeltiere haben stromlinienförmige Gestalt. Welche kennst du?

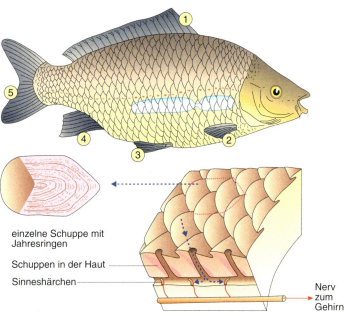

2 Karpfen — Körperbau, Körperbedeckung und Seitenlinienorgan

232 *Vom Wasser zum Land*

Atmen unter Wasser

Tauchen ist für den Menschen nur für kurze Zeit möglich. Dann muss er an die Oberfläche kommen, um Luft zu holen. Fische können dagegen im Wasser atmen, denn sie besitzen als Atmungsorgane *Kiemen*.

Diese liegen unter dem schützenden *Kiemendeckel*. Dort kann man vier hintereinander liegende *Kiemenbögen* mit vielen hauchdünnen *Kiemenblättchen* erkennen. Ihre rote Farbe verrät, dass sie gut durchblutet sind. Jeder der halbrunden, knöchernen Kiemenbögen besitzt eine Reihe solcher zweizipfeliger Kiemenblättchen. Von den Kiemenbögen stehen außerdem zahlreiche, mit den Zinken eines Kammes oder Rechens vergleichbare Fortsätze ab, die *Kiemenreusen*. Sie verhindern, dass die zarten Kiemen verletzt werden. Bei einigen Fischarten halten sie wie ein *Filter* im Wasser schwebende, kleinste Nahrungsteilchen zurück.

Das *Herz* pumpt sauerstoffarmes Blut in die Kiemenblättchen. Gleichzeitig strömt außen an den Kiemenblättchen ständig Wasser vorbei. Das im Blut gelöste Kohlenstoffdioxid wird an das Wasser abgegeben und gleichzeitig, in umgekehrter Richtung, der im Wasser gelöste Sauerstoff in die Adern aufgenommen. Das nun sauerstoffreiche Blut gelangt weiter in den Körper, wo es an die Organe Sauerstoff abgibt. Diese geben umgekehrt Kohlenstoffdioxid an das Blut ab. Danach fließt das sauerstoffarme Blut wieder zum Herzen und zu den Kiemen zurück.

Aufgaben

① Erkläre mithilfe der Abbildungen die Atembewegungen und den dabei auftretenden Wasserstrom bei der Kiemenatmung.
② Der in der Luft enthaltene Sauerstoff ist im Wasser gelöst. Beschreibe den Weg des Sauerstoffs, bis er in die Blutbahn gelangt. Nimm hierzu Abbildung 2 zu Hilfe.
③ Manchmal tritt nach einer langen, sehr warmen Wetterphase im Hochsommer ein Fischsterben vor allem in flachen, stehenden Gewässern auf. Erläutere mithilfe der Abbildung in der Mittelspalte einen möglichen Grund dafür.
④ An der Luft verkleben die Kiemenblättchen miteinander und trocknen schnell aus. Deshalb müssen Fische an der Luft ersticken. Erkläre den Zusammenhang.
⑤ Ordne den Ziffern in der Abbildung 1 die entsprechenden Begriffe zu.

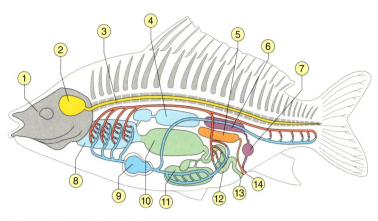

1 Innere Organe eines Fisches

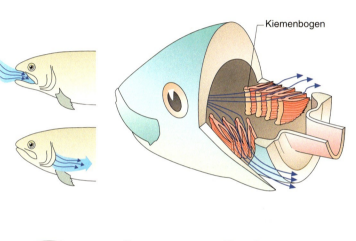

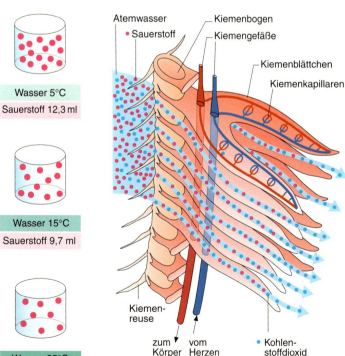

2 Aufbau der Kiemen

Vom Wasser zum Land

1 Bachforelle

Die Bachforelle — ein Bewohner kalter Gewässer

An den Lebensraum des Baches und des Gebirgsflusses ist die Bachforelle hervorragend angepasst. Ihr *spindelförmiger Körper* verleiht ihr eine fast hervorragende *Stromlinienform*, sodass der Wasserwiderstand im schnell fließenden Wasser stark verringert wird. Mit leichten, kaum wahrnehmbaren Schlägen der kräftigen Schwanzflosse erzeugt die Bachforelle gerade so viel Vortrieb, dass sie im fließenden Wasser zu „stehen" scheint. Die übrigen Flossen helfen dabei, eine ruhige Gleichgewichtslage zu halten. Auf diese Weise wartet die Bachforelle z. B. auf Insekten, die auf der Wasseroberfläche herantreiben. Sie schießt blitzschnell auf diese zu, verschluckt sie und kehrt anschließend in ihre Lauerstellung zurück.

Das tief gespaltene Maul weist die Bachforelle als *Raubfisch* aus. Zu ihrer Nahrung gehören nicht nur Insekten, sondern auch kleine Fische und Larven von Insekten, die untergetaucht im Wasser leben. Neben geeigneter Nahrung muss der Lebensraum der Bachforelle ihr weitere Bedingungen bieten: Am wichtigsten ist ein hoher Sauerstoffgehalt des Wassers.

Dieser ist nur dann hoch genug, wenn das Wasser kalt ist. Bei Temperaturen über 18 °C stirbt die Bachforelle, da dann der Sauerstoffgehalt zu gering wird. Die gleiche Wirkung haben Verunreinigungen, die in das Gewässer gelangen. Das erklärt, weshalb Bachforellen nur in Bächen mit kaltem Quellwasser und Gebirgsflüssen vorkommen, die nicht verunreinigt sind.

Im Winter, in der die Laichzeit der Bachforelle liegt, wandern die fortpflanzungsfähigen Tiere stromaufwärts zu ihren Laichplätzen im Oberlauf des Baches. Dort ist das Wasser noch kälter und sauerstoffreicher. Vor dem Ablaichen heben die Weibchen eine muldenförmige *Laichgrube* im kiesigen Untergrund aus, indem sie mit kräftigen Schlägen der Schwanzflosse Sand und Kies zur Seite fegen. Die Männchen fechten untereinander Rivalenkämpfe aus. Der Sieger kommt schließlich zur Fortpflanzung, indem er seine *Spermienflüssigkeit* über die vom Weibchen in die Laichgrube abgelegten Eier abgibt. Die Eier werden also außerhalb des Körpers befruchtet *(äußere Befruchtung)*. Das Weibchen bedeckt anschließend die Laichgrube mit Kies und verlässt diese. Zwei bis drei weitere Laichgruben mit bis zu 1500 Eiern können angelegt werden.

Die aus den Eiern im April bis Mai schlüpfenden *Fischlarven* ernähren sich zunächst vom Nährstoffvorrat des *Dottersackes*. Nach dessen Verbrauch verlassen die ca. 2,5 cm großen Jungfische die Laichgrube und müssen selbst auf die Jagd nach Beutetieren gehen, um heranwachsen zu können.

Bachforellen sind geschätzte Speisefische, die allerdings nur langsam heranwachsen. Aus diesem Grund züchtet man heute in Teichen eine Verwandte der Bachforelle, die *Regenbogenforelle*. Sie stammt aus Nordamerika, verträgt höhere Temperaturen und wächst schneller heran. Zwei weitere Formen, die *See-* und *Meerforelle,* sind Rassen der Bachforelle. Während die Seeforelle in kalten Gebirgsseen vorkommt, lebt die Meerforelle vor den Meeresküsten und wandert zum Ablaichen die Geburtsflüsse hinauf.

   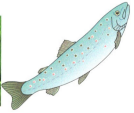

2 Entwicklungsstadien der Bachforelle

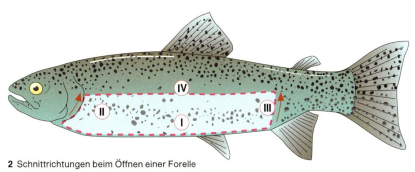

2 Schnittrichtungen beim Öffnen einer Forelle

Fischpräparation

Die Untersuchung einer Forelle zeigt viele Organe, die denen von Säugern und Vögeln ähneln, aber auch Organe, die diese Tiere nicht besitzen. Dabei handelt es sich vor allem um Organe, die eine Anpassung an das Leben im Wasser darstellen.

Für die Untersuchung und Präparation der Forelle brauchst du folgende Hilfsmittel: Alte Zeitungen als Unterlage, spitze Schere, Pinzette, Lupe, Sonde.

1 Präparationsbesteck

Untersuchung von außen

① Suche bei dem Fisch folgende Körperteile und beschreibe in deinem Heft deren Form und Beschaffenheit: Haut, Nase, Augen, Zähne, Seitenlinie, Flossen, Kiemendeckel, hintere Körperöffnungen.

Untersuchung der Kiemenhöhle

② Lege den Fisch auf die Zeitungen. Trenne mit der Schere den linken Kiemendeckel und die ganze Wand des Mundraumes ab. Welche Teile werden dabei sichtbar?

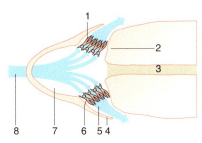

3 Der Weg des Atemwassers

③ Ordne in deinem Heft den Ziffern der Abbildung 3 folgende Begriffe zu: Mundraum, Kiemendeckel, Kiemenbogen, Kiemenblättchen, Rumpfmuskeln, Speiseröhre, Atemwasser, Kiemenraum.

④ Suche den Weg des Atemwassers und notiere in deinem Heft die Ziffern der Abbildung 3 in der Reihenfolge dieses Weges. Suche und notiere in gleicher Weise den Weg der Nahrung.

Untersuchung der Bauchhöhle

⑤ Schneide, wie in der oberen Abbildung eingezeichnet, ein Fenster seitlich aus der Bauchwand:
  I. Längsschnitt vom After zum Rand der Kiemenhöhle, Schere möglichst flach führen, um keine inneren Organe zu treffen.
  II. Bogenschnitt am hinteren Rand der Kiemenhöhle entlang.
  III. Bogenschnitt vom After aus nach oben.
  IV. Körpermitte aufklappen und abtrennen.
⑥ Nun liegen die inneren Organe offen. Versuche sie anhand der Beschreibung und der Abbildung 4 zu finden. Der obere Bereich der Bauchhöhle wird von der großen, gasgefüllten Schwimmblase ausgefüllt, die zum Teil vom Eierstock bzw. Hoden verdeckt ist. Befindet sich der aufpräparierte Fisch unter Wasser, sieht man die Schwimmblase zur Oberfläche treiben. Weiter rückenwärts befindet sich nur noch die Niere.
⑦ Mit einer stumpfen Pinzette versuchen wir, den Darm etwas aus dem Fisch zu lösen, um seinen Verlauf besser zu erkennen. Er ist von drei Leberlappen umgeben.

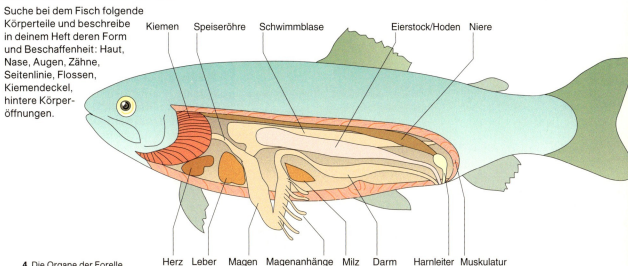

4 Die Organe der Forelle

Vom Wasser zum Land

1 Aquarium

Haltung und Pflege von Fischen im Aquarium

Ein Aquarium bietet die Möglichkeit, das interessante Verhalten der Fische in ihrem Lebensraum zu beobachten. Tropische Süßwasserfische, wie Guppys, Schwertträger, Panzerwelse und Purpurbrachtbarsche, sind besonders für angehende Aquarianer geeignet, da sie recht einfach zu pflegen sind und viele Besonderheiten im Verhalten zeigen. Bei der Einrichtung des Aquariums und der Auswahl von Fischen und Pflanzen musst du sorgfältig vorgehen.

Den Boden bedecken wir einige Zentimeter hoch mit gewaschenem Sand und geben darüber eine Schicht mit ebenfalls mehrfach gewaschenem Kies. Dieser muss unbedingt kalkfrei sein, da sonst die meisten Wasserpflanzen nicht richtig wachsen. Günstig ist es, wenn wir ein leichtes Gefälle von hinten nach vorn in den Boden modellieren, da wir dann Schmutz leichter entfernen können. Größere Steine oder eine geeignete Wurzel als Versteck für die Tiere setzen wir anschließend gleich an die vorgesehenen Stellen.

Damit unsere Aquarienlandschaft nicht sofort wieder zerstört wird, muss das Wasser vorsichtig mit kleinen Gefäßen eingegossen werden. Man kann es aber auch durch einen Schlauch aus einem hochgestellten Eimer einlaufen lassen. Dazu wird der Schlauch mit beiden Enden in die Hand genommen, mit Wasser gefüllt und anschließend mit dem Daumen verschlossen. Ein Ende halten wir nun in den gefüllten Eimer, das andere in unser Aquarium über einen kleinen Teller, der das herauslaufende Wasser abbremst.

Größere Pflanzen setzen wir nach hinten, kleinere in den Vordergrund. Je mehr Pflanzen wir einsetzen, desto weniger Algen werden sich entwickeln, da die Pflanzen überschüssige Nährstoffe aus dem Wasser nehmen. Das Einpflanzen ist recht einfach. Die Stängel werden nur mit den Fingern oder einem Pflanzenstab in den Boden gedrückt und mit Kies beschwert.

Falls ihr ein Warmwasseraquarium einrichtet, benötigt ihr eine Heizung. Diese besteht meistens aus einem Heizstab und einem Thermostaten, der die Wassertemperatur überwacht. Man stellt die Heizung auf 24 bis 25 °C ein. Ein Filtergerät mit Pumpe sorgt stets für sauberes Wasser. Wird mit Aquarientorf gefiltert, so reichert ihr das Wasser dadurch mit Humussäure an und bereitet es besonders gut auf. Für die Pflanzen ist eine künstliche Beleuchtung vorteilhaft. Gleichzeitig deckt sie das Aquarium ab, sodass kein Fisch herausspringen kann.

Einen oder zwei Tage später werden die Fische eingesetzt, da erst dann das Wasser die richtigen Eigenschaften besitzt. Zu Beginn solltet ihr jedoch nur unempfindliche Arten wählen, die sich leicht halten lassen, aber dennoch interessante Beobachtungen zulassen. Dazu zählen besonders die Guppys, die sich leicht vermehren. Aber auch Platy und Schwertträger kommen in Frage. Hier solltet ihr euch von einem erfahrenen Aquarianer beraten lassen. Wichtig ist jedoch, dass nur wenige Fische (höchstens 1 Fisch auf 5 Liter Wasser) eingesetzt werden, da sonst das Wasser ständig gewechselt werden muss. Außerdem benötigen einige Arten genügend Platz für ihre Reviere.

Ein Aquarium bedarf regelmäßiger Pflege. Etwa jede zweite Woche sollte ein Teil des Wassers gewechselt werden. Kräftig nachwachsende Pflanzen müssen gekürzt werden. Algen an den Scheiben werden abgeschabt und Schmutzstoffe vom Boden abgesaugt. Starkes Grünalgenwachstum kann mit zu viel Lichteinstrahlung zusammenhängen.
Die meisten Aquarienfische erhalten zu viel Futter! Man gibt ihnen nur die Menge, die sie in etwa 5 bis 10 Minuten vollständig fressen. Reste verderben unnötig das Wasser. Wassertemperatur und Filterleistung werden regelmäßig überprüft.

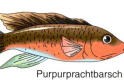

Guppy

Leopard-Panzerwels

Purpurprachtbarsch

Schwertträger

Vom Wasser zum Land

Schwimmen – Schweben – Sinken

Körperform und Geschwindigkeit

Die Form der Fische kann ganz unterschiedlich sein. So gibt es Fischarten mit schlanken, spindelförmigen Körpern, aber auch solche mit einem hochgewölbten Rücken und Bauch. Davon hängt es unter anderem ab, ob eine Fischart zu den Schnellschwimmern gehört oder nicht.

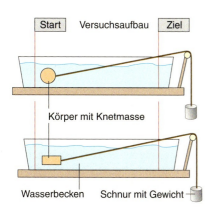

Um genau herauszufinden, welchen Einfluss die Körperform auf den Wasserwiderstand beim Schwimmen hat, kannst du ein Experiment machen.
Forme dazu entsprechend der Abbildung aus Knetmasse verschieden geformte Körper. Bei der Herstellung der Schwimmkörper wird eine Drahtöse in diesen eingeschlossen. Damit sich die Drahtösen während des Experiments nicht herausziehen, muss der vom Schwimmkörper umschlossene Draht in einem Winkel gebogen sein. Achte außerdem darauf, dass die verschiedenen Körper die selbe Masse haben, z. B. 5 Gramm (Waage!).
An den Ösen werden jeweils gleich lange Fäden befestigt, die ungefähr 20 cm länger als das Versuchsbecken sind. Am anderen Ende des Fadens bringst du eine Öse an. Eines der so vorbereiteten Modelle wird entsprechend der Abbildung in ein längeres, mit Wasser gefülltes Becken gebracht und an die Öse ein Gewicht angehängt. Markiere am oder im Becken eine Start- und Ziellinie. Das am Faden hängende Modell wird nun auf die Ziellinie gebracht und das Gewicht über die Beckenkante gehängt. Das Gewicht wird so festgehalten, dass der Faden nicht durchhängt. Miss nun mithilfe einer Stoppuhr die Zeit, die nach Loslassen des Gewichts bis zum Erreichen der Ziellinie vergeht. Bei der Auswahl des Gewichtes ist darauf zu achten, dass der Körper relativ langsam durch das Wasser gezogen wird. Führe den gleichen Versuch mit den übrigen Körpern durch.

① Notiere deine Messwerte in einer Tabelle und erläutere sie. Kennst du Fische, die einem der Modelle ähneln?

Schwimmblase und Schweben

Die Aufgabe der Schwimmblase wird mit folgendem Experiment klar: Bereite einen Glaskolben so vor, wie er in der Zeichnung dargestellt ist. Fülle den Kolben ganz mit Wasser, tauche ihn dann in ein mit Wasser gefülltes (Glas-)Becken, blase langsam Luft in den Schlauch und lasse sie anschließend wieder ab. Wiederhole dieses ein- bis zweimal, bevor du versuchst, gerade so viel Luft in den Ballon zu blasen, dass der Kolben in der Schwebe bleibt.

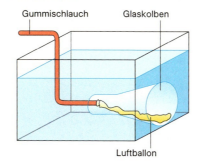

② Notiere deine Beobachtungen und versuche, das Ergebnis dieses Experiments zu deuten.

Schwimmblase und Wasserdruck

Schwimmt ein Fisch nach oben, verringert sich der Wasserdruck. Die Schwimmblase wird dann größer, weil sie nicht mehr so stark zusammengedrückt wird. Da der Fisch dadurch „leichter" wird, muss er so viel Gas aus der Schwimmblase entfernen, dass sie wieder die ursprüngliche Größe besitzt. Dann schwebt der Fisch erneut im Gleichgewicht, nur etwas höher. Schwimmt ein Fisch nach unten, nimmt der Wasserdruck zu, die Schwimmblase wird dadurch kleiner und der Fisch „schwerer". Um erneut im Gleichgewicht schweben zu können, jetzt nur etwas tiefer, muss er so lange Gas in die Schwimmblase aufnehmen, bis er wieder gleich schwer mit dem umgebenden Wasser ist.

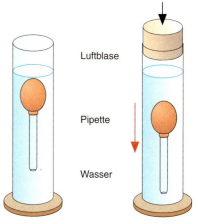

Ein Experiment kann dir dieses zum Teil veranschaulichen. Fülle dazu eine Pipette mit Gummihütchen vollständig mit Wasser. Drücke nun über Wasser so viel Wasser aus der Pipette heraus und sauge dafür Luft an, dass die Pipette mitsamt Luftbläschen im Standzylinder gerade noch an der Wasseroberfläche schwimmt. Durch Ausprobieren bekommst du die richtige Menge heraus. Fülle nun den Standzylinder fast vollständig mit Wasser und drücke den Gummistopfen langsam in die Öffnung und lockere ihn wieder.

③ Notiere deine Beobachtungen

Durch Druck auf den Stopfen wird auch der Druck im Standzylinder erhöht. Entsprechendes gilt umgekehrt.

④ Wie verändert sich dabei das Volumen der im Pipettenhütchen eingeschlossenen Luft? Welche Folgen hat das?

⑤ Wie müsste sich das Luftvolumen in der Pipette verändern, um dem Absinken bzw. Steigen entgegenzuwirken?

Vom Wasser zum Land

1 Bär fängt springenden Lachs

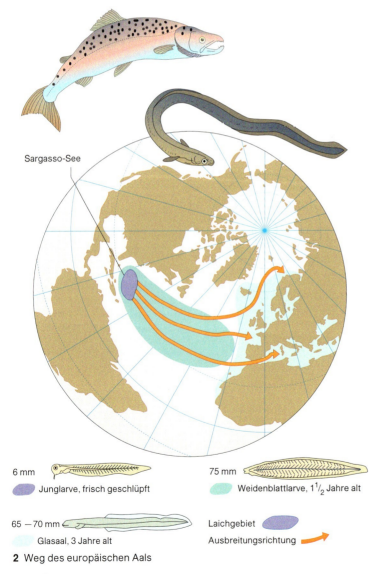

2 Weg des europäischen Aals

Lachs und Aal sind Wanderfische

Viele einheimische Fischarten bleiben zeitlebens in dem Gewässer, in dem sie herangewachsen sind. Man nennt sie deshalb *Standfische*. Beispiele dafür sind *Hecht* und *Karpfen*. Andere Arten unternehmen weite Wanderungen zu ihren Nahrungs- oder Laichgründen. Solche Fische nennt man *Wanderfische*. Zu ihnen gehören Aal und Lachs, die zwischen Meer und Süßwasser wandern.

Den größten Teil ihres Lebens verbringen die **Lachse** im Meer. Dort leben sie räuberisch und wachsen innerhalb von zwei Jahren zu geschlechtsreifen Tieren heran. Sie sind dann bis 1,20 m lang und 45 kg schwer. Die Lachse wandern von Juli bis September aus dem Meer in die *Oberläufe* der Flüsse zu ihren *Laichplätzen*. Man weiß aus Markierungsversuchen, dass die erwachsenen Lachse stets das Gewässer ihrer Jugendentwicklung aufsuchen. Beim Aufsteigen überwinden die Lachse auch Hindernisse wie Staustufen oder Wasserfälle. Im Winter laichen sie dann in der Nähe der Quelle sauberer Flüsse ab. Die Alttiere treiben danach erschöpft flussabwärts. Erst im Frühjahr schlüpfen die Jungtiere aus. Sie leben einige Zeit im Süßwasser, bevor sie dann flussabwärts ins Meer wandern.

Weit besser als beim Lachs sind die Laichwanderungen des europäischen **Aals** untersucht. Er lebt 6–12 Jahre lang in Seen, Bächen oder Gräben und wird bis zu 1,50 m lang. Im Herbst wandern die geschlechtsreifen Tiere *flussabwärts* in den Atlantik. Sie schwimmen dem Golfstrom entgegen bis in die Sargasso-See vor der amerikanischen Küste. Das sind zwischen 6000 und 8000 km Wanderweg! Nach dem Ablaichen sterben die Alttiere. Die geschlüpften *Aallarven* treiben mit dem Golfstrom im Laufe von drei Jahren nach Europa zurück. Als durchsichtige *Glasaale* wandern sie dann wieder in die Flüsse ein. Man weiß, dass weder die erwachsenen Lachse noch die erwachsenen Aale auf ihren Laichwanderungen Nahrung zu sich nehmen. Sie müssen sich also durch die Anlage von Fettreserven auf die Wanderungen vorbereiten.

Aufgaben

① In welchem Punkt unterscheiden sich die Laichwanderungen von Lachs und Aal?
② Gestaltet in der Klasse eine Wandzeitung zum Thema „Lebenskalender" von Lachs bzw. Aal.

1 Heringsschwarm und **2** Arbeit auf einem Fangschiff

Kabeljau · Makrele · Scholle · Schellfisch · Hering · Rotbarsch

Das Meer — ein wichtiger Nahrungslieferant

Wer schon einmal eine Fahrt mit einem Krabbenkutter auf der Nordsee mitgemacht hat, wird mit Spannung das Heraufholen der Netze verfolgt haben. Verschiedene Meerestiere, einige in großer Zahl, kommen zum Vorschein, zum Beispiel Garnelen, Seesterne und kleinere Fische. Sie und andere Meerestiere finden in den nährstoffreichen Küstengewässern eine optimale Nahrungsgrundlage. Solche Bedingungen sind im Atlantischen Ozean, zum Beispiel auch vor den Küsten Islands, vor der Westküste Großbritanniens und vor den Küsten Neufundlands, gegeben. Dort können viele Algen gedeihen, die zum Beispiel Nahrung von Kleinkrebsen sind. Diese bilden die Nahrungsgrundlage für Fische, die bei gutem Nahrungsangebot in großen Schwärmen vorkommen können, zum Beispiel die Heringe. Diese fallen wiederum größeren Räubern zum Opfer, zum Beispiel *Thunfischen*.

Aus solchen nährstoffreichen Meeresgebieten kommen die meisten der Seefische, die als *Speisefische* zu uns gelangen. Eine wichtige Rolle spielen der *Dorsch* oder *Kabeljau* und die *Makrele*. Beide leben in großen Schwärmen. Dorsche werden meist zu Filets verarbeitet, Makrelen werden oft geräuchert angeboten. Weitere bekannte Seefische sind der *Rotbarsch* und der *Hering* sowie die verschiedenen Plattfischarten, zum Beispiel *Scholle* und *Steinbutt*. Plattfische sind durch die seitliche Abflachung ihres Körpers an das Leben auf dem Meeresboden hervorragend angepasst.

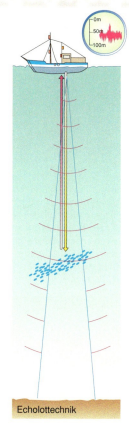

Echolottechnik

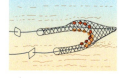

Grundschleppnetz

Moderne Fischereischiffe können Fischschwärme mithilfe der *Echolottechnik* genau orten. Die von einem Sender abgegebenen Ultraschallwellen werden vom Fischschwarm zurückgeworfen und von einem Empfänger aufgezeichnet. Mit ringförmig angeordneten Netzen *(Ringwaden)* fängt man große Fischschwärme, die sich in der Nähe der Oberfläche aufhalten. Mit *Schleppnetzen (Trawl)* fischt man auf oder dicht über dem Meeresboden lebende Fische, wie Dorsche und Plattfische. Fischfangflotten können heute Fischschwärme fast vollständig dem Meer entnehmen, sodass die Weltmeere heute sehr stark überfischt sind. Der Bestand mehrerer wichtiger Nutzfischarten ist bereits deutlich zurückgegangen.

Trotzdem nimmt die Menge der jährlich gefangenen Meeresfische wegen der zunehmend intensiven Befischung weltweit noch zu. Die Menge der weltweit gefangenen Seefische stieg von etwa 14 Mio. Tonnen im Jahr 1950 um mehr als das Dreifache im Jahr 2000. Der Gefährdung der Fischbestände versucht man durch Festlegung von Fangquoten und dem Verbot bestimmter Fangmethoden entgegenzuwirken. So ist in allen Ländern der Europäischen Union die Fischerei mit Treibnetzen verboten. Die *Treibnetzfischerei* mit kilometerlangen Netzen ist besonders schädlich, da in den 10 bis 15 Meter hohen Netzen auch viele nicht gewünschte Fische hängen bleiben. Außerdem verfangen sich in ihnen zum Beispiel auch Delfine, die dann ertrinken müssen.

Vom Wasser zum Land

Vielfalt der Fische

Fische bewohnen sowohl das Süßwasser mit den Bächen, Flüssen und Seen als auch das Meer, in dem etwa 35 g Salz in einem Liter Wasser gelöst sind. Viele Fischarten weichen in ihrer Körperform von der „normalen" Fischform ab. Manche haben zur Sicherung der Fortpflanzung besondere Verhaltensweisen entwickelt, wie die Brutpflege oder die Fähigkeit zu weiten Wanderungen. Das alles sind Anpassungen dieser Fische an die unterschiedlichen Lebensbedingungen in ihren Lebensräumen.

Süßwasserfische

Rotauge. Dieser Fisch, der auch Plötze genannt wird, besiedelt langsam fließende oder stehende Gewässer, wo er meist in Schwärmen lebt. Rotaugen ernähren sich von verschiedenen Kleintieren, z.B. von Würmern und Insektenlarven. Aber auch Pflanzen und Pflanzenteile gehören zu ihrer Nahrung. Rotaugen sind eine wichtige Beute von Barsch und Hecht.

Wels oder **Waller**. Er ist einer der größten heimischen Süßwasserfische. Welse können bis 3 m lang, 150 kg schwer und 80 Jahre alt werden. Als Lebensraum braucht der Wels Seen und Flüsse mit weichem Boden. Hier ruht er tagsüber in Höhlen oder unter Überhängen am Ufer. Am Maul stehen zwei lange und vier kurze *Barteln*. Sie

helfen in der Dämmerung und Nacht, die Nahrung (Fische, Frösche und sogar Wasservögel) aufzuspüren.

Flussbarbe. Dieser gesellig lebende Bodenfisch wird in der Dämmerung aktiv und sucht dann mit den vier Bartfäden *(Barteln)* an seinem Maul den Boden nach Laich, Fischbrut, Würmern und Kleinkrebsen ab. Zum Laichen ziehen die Fische in großen Schwärmen kurze Strecken stromauf, wo der goldgelbe, giftige Laich über kiesigem Grund abgesetzt wird. Die Flussbarbe wird bis zu 90 cm lang.

Flussbarsch. Dieser Raubfisch jagt in kleinen Trupps nach Krebsen und Fischen. Er kommt in Bächen, Flüssen und Seen vor und ist gut an der stacheligen vorderen Rückenflosse und an den roten Bauch-, After- und Schwanzflossen zu erkennen. Barsche werden bis 50 cm lang.

Hecht. Mit einer Körperlänge von bis zu 1,50 m ist der Hecht der größte Raubfisch unserer heimischen Gewässer. Durch seine Streifenzeichnung perfekt getarnt, lauert der Hecht oft im dichten Pflanzenwuchs auf Beute. Zu seiner Beute gehören nicht nur

Fische, sondern auch Frösche, Ratten und Wasservögel. Nähert sich ein Tier, schießt er mit weit aufgerissenem Maul hervor und packt seine Beute.

Stichling. Die verschiedenen Arten dieses kleinen Fisches kommen in Teichen, Bächen, Flüssen, selbst im Brackwasser und im Meer vor. Stichlinge leben die meiste Zeit des Jahres in Schwärmen. Zur Fortpflanzungszeit jedoch besetzen die Männchen in flachem, warmem Süßwasser ein Brutrevier. Sie verteidigen es und bauen ein Nest. Durch Balztänze werden trächtige Weibchen zum Ablaichen im Nest veranlasst. Das Männchen versorgt die Brut allein.

Bitterling. Dieser nur wenige Zentimeter lange Fisch benötigt sandigen Untergrund, in dem Teich- oder Malermuscheln leben. Auf diese ist er nämlich bei der Fortpflanzung angewiesen. Die Weibchen geben dabei mithilfe ihrer langen Legeröhre Eier in die Ausströmöffnung der Muschel ab. Die Spermazellen der Männchen gelangen über die Einströmöffnung zu den Eiern. Da die Muschelbestände bei uns zurückgehen, ist dadurch auch der Bitterling gefährdet.

Vom Wasser zum Land

Meeresfische

Kabeljau. Die Schwärme dieses 1,5 m langen Fisches sind im ganzen Nordatlantik, der Nord- und Ostsee zu finden. Die Jungfische fressen Tierplankton, zum Beispiel kleine Krebstiere. Der erwachsene Kabeljau oder *Dorsch* ist ein räuberischer Allesfresser, der von Krebsen, Würmern und Weichtieren lebt und auch Jagd auf Heringe macht. Die Weibchen legen jeweils 3 bis 4 Mio. Eier. Der Verlust unter den Jungfischen ist sehr groß.

Rotbarsch. Er sieht zwar barschähnlich aus, gehört aber zur Gruppe der „Drachenköpfe". In 400 bis 600 m Tiefe jagt der bis zu 1 m lange, schmackhafte Speisefisch vorwiegend Heringe und Dorsche, frisst aber auch Garnelen und Muscheln. Sein Lebensraum sind die küstennahen Gebiete des Nordatlantiks.

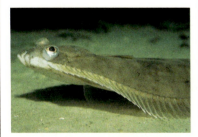

Flunder. Sie ist ein Bewohner der Küstengewässer und ist für Beutetiere und Feinde wegen ihrer Tarnfarbe und Körperform nur schwer zu entdecken. Ihre „praktische" Form hat die Flunder jedoch nicht von Geburt an. Eine frisch aus dem Ei geschlüpfte Flunderlarve hat zunächst die Form eines normalen Fisches. Erst im Laufe der Entwicklung entsteht der *Plattfisch*, indem sich das linke Auge und das Maul auf die rechte Seite, die spätere Oberseite, verlagern und das Tier sich auf die linke Seite legt.

Zu den Plattfischen gehören noch die bis zu 40 cm große *Scholle*, der 1 m lange *Steinbutt*, der bis zu 3 m lange *Heilbutt* und die etwa schollengroßen Arten *Flunder* und *Seezunge*. Da Plattfische keine Schwärme bilden, ist ihre Fangmenge vergleichsweise gering, obwohl sie als Speisefische sehr geschätzt werden.

Muränen. Diese Fische besiedeln gemäßigt bis tropisch warme Meere und besitzen einen aalförmigen, schuppenlosen Körper, Kiemendeckel fehlen. Stattdessen haben Muränen seitliche Kiemenöffnungen. Rücken-, After- und Schwanzflosse bilden einen Flossensaum, Brust- und Bauchflossen fehlen. So sind diese Meeresfische an das Leben in Spalten und Höhlen von Riffen oder Felsküsten angepasst. Ihr tief gespaltenes Maul kennzeichnet die Muränen als Räuber. Sie sind nachtaktiv und finden ihre Beute, zum Beispiel schlafende Fische, mithilfe ihres feinen Geruchssinnes. Zahlreiche nadelspitze Zähne ermöglichen das Ergreifen und Festhalten der Beute.

Thunfisch. Dieser Meeresfisch ist ein begehrter Speisefisch und kann bis zu 5 m lang werden. Seine kräftige Muskulatur und die Stromlinienform ermöglichen ihm Geschwindigkeiten bis zu 50 km/h, wenn er in kleinen Gruppen nach Schwarmfischen, z. B. Makrelen, oder nach Tintenfischen jagt. Die Hauptlaichplätze des Thunfischs liegen im Mittelmeer, wo seit altersher mit Harpunen oder Reusen nach ihm gefischt wird. Im Winter unternimmt er weite Wanderzüge und ist dann auch in der Nordsee anzutreffen.

Haie. Alle Haie sind *Knorpelfische*. Sie besitzen einige besondere Merkmale, die sie von den Knochenfischen unterscheiden. Die knorpelige Wirbelsäule der Haie trägt nur kurze Wirbelfortsätze. Die Kiemen sitzen an den Wänden von beiderseits fünf Kiemenspalten. Haie besitzen keine Schwimmblase. In den Kiefern vieler Haiarten stehen messerscharfe, dreieckig geformte Zähne in mehreren Reihen hintereinander. In der vorderen Reihe ausfallende Zähne werden durch die in den hinteren Zahnreihen ersetzt. Von den etwa 350 Haiarten sind für den Menschen nur wenige wirklich gefährlich. Einige Arten, wie der Walhai, filtern ihre Nahrung mithilfe des weit geöffneten Mauls aus dem Wasser. Sie sind völlig ungefährlich.

Rochen. Sie gehören wie die Haie zu den Knorpelfischen. Charakteristisch ist ihr tellerförmig abgeflachter Körper. Am bekanntesten ist der **Teufelsrochen.** Seinen Namen hat er von den beiden von der Schnauze ausgehenden Verlängerungen, die wie Hörner aussehen. Die größten Arten leben im Pazifischen Ozean und erreichen eine Spannweite von bis zu 6 Metern. Mithilfe ihrer flügelförmigen Brustflossen sind sie elegante Schwimmer. Bei geöffnetem Maul nehmen sie Kleinlebewesen auf, die ihre Nahrung bilden.

Sammelt farbige Abbildungen von Fischen und klebt sie auf einer Weltkarte auf! Schreibt den Lebensraum dazu! Beschreibt das Aussehen (Farbe und Form, Maulstellung, Lage der Augen usw.) der Fischarten!
Welche Bedeutung könnten farbige Streifen, unregelmäßige Muster oder einzelne große Farbflecken haben?

Nahrungserwerb

Vielfalt der Fische

Auf wie viele Fische kommst du, wenn du darüber nachdenkst? Schreibe die Namen der Fische auf und vergleiche mit deinen Mitschülern!

Die Schützenfische Hinterindiens fangen ihre Beute aus der Luft. Sie besitzen durch die spezialisierte Gestaltung des Maules die Fähigkeit, Insekten mit einer gezielten Ladung Wasser von einem Ast oder Schilfrohr „herunter zu schießen".

Wahrscheinlich ergibt sich eine Liste, in der die große Vielfalt der Fische sichtbar wird. Hier sind einige Beispiele: Haifisch, Goldfisch, Seepferdchen, Hering, Tintenfisch, Karpfen, Plattfisch, Forelle, Walfisch, Fischstäbchen . . . .
Aber genau aufpassen, ob in der Liste alles stimmt!

Der Fetzenfisch schwimmt träge zwischen Seegras und Tang umher. Er ist mit 30 cm Länge eine der größten Seepferdchenarten und lebt in den warmen Meeresbuchten vor Australien und Asien.

Fortpflanzung

Das Seepferdchen besitzt als einziger Fisch einen Greifschwanz. Eine weitere Besonderheit ist die Brutpflege — so tragen die Männchen die Eier in einer Bruttasche, bis die Jungen ausschlüpfen.

Färbung

Fische können sehr unterschiedlich gefärbt sein. Viele haben einen silbrigen Bauch und einen dunklen Rücken. Dadurch sind sie besser getarnt. Kannst du erklären, warum? Suche nach Beispielen!

Die farbenprächtigsten Fischarten kommen in tropischen Gewässern vor. Manche kann man auch in den Aquarien von zoologischen Gärten bewundern. Es lohnt sich ein Ausflug in den Zoo, um sich die Vielfalt der Farben und der Muster einmal anzusehen. Vielleicht solltet ihr einmal mit einem Zoolehrer über dieses Thema sprechen.

Am Kopf hat der Schmetterlingsfisch einen senkrechten, schwarzen Streifen, in dem das Auge verborgen liegt. Ein Zick-Zack-Muster überzieht seinen Körper und ein dunkler Fleck liegt am Ende der Rückenflosse. Eigenwilliger hätte es sich auch ein Künstler kaum ausdenken können.

Vom Wasser zum Land

Fliegende Fische können bis zu 50 m weit fliegen und erreichen eine Geschwindigkeit von etwa 50 km/h. Ihre Flughöhe beträgt ungefähr 1 Meter.

Anglerfische sehen oft sehr merkwürdig aus, falls man sie überhaupt findet. Wo ist die Angel? Wie und warum funktioniert sie?

Fortbewegung

Bei vielen Fischen dient nicht die Schwanzflosse dem Hauptantrieb, sondern andere Flossen, wie zum Beispiel die Brustflossen bei den Doktorfischen, die Rücken- und Afterflosse bei den Drückerfischen. Das ist, wie auch die Fischgestalt, eine Anpassung an ihren Lebensraum und ihre Ernährungsweise.

Informiere dich über Doktor- und Drückerfische. Überlege, welche Flossen für die auf dieser Seite abgebildeten Fische den Hauptantrieb bilden könnten.

Fischgestalten

Nicht alle Fische besitzen einen stromlinienförmigen Körper. Es gibt zum Beispiel lang gestreckte Seenadeln, kugelrunde Igelfische, flache Seezungen, geflügelte Rochen und fast rechteckige Kofferfische. Manchmal versetzt die Gestalt eines Fisches den Beobachter in Erstaunen.
Offenbar gibt es Gründe dafür, dass Fische manchmal gar nicht fischförmig aussehen. Kannst du eine Erklärung dafür finden?

Weitere Informationen kannst du zum Beispiel in Büchereien finden. Suche nach Beispielen von Fischen mit besonderer Gestalt und berichte darüber.

Lebensraum

Fische leben im Wasser. Sie kommen im Süßwasser von Seen und Flüssen vor, im Salzwasser der Meere oder im Brackwasser. Es gibt Spezialisten für die Tiefsee und für flache Gewässer, für das Eingraben im Sand und das Leben in engen Zwischenräumen, usw.

Suche jeweils nach Beispielen!
Gibt es Fische, die sowohl im Salzwaser als auch im Süßwasser leben können?
Wo leben fliegende Fische?
Was weißt du über Tiefseefische?
Stelle selbst weitere Fragen und suche nach Antworten dafür.

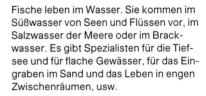

Bei der Scholle ist die linke Körperseite zur Ober— und die rechte zur Unterseite geworden. Auch das Auge wandert bei der Entwicklung der Jungfische so über den Rücken von einer Körperseite zur anderen.

Vom Wasser zum Land **243**

2 Lurche sind Feuchtlufttiere

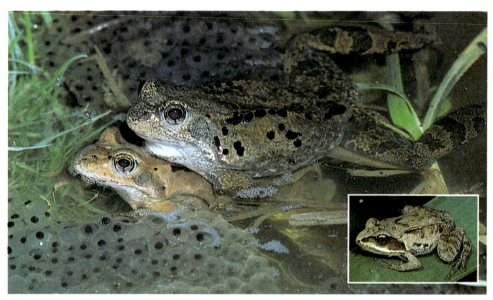

1 Grasfrösche im Laichgewässer

Der Grasfrosch — ein Leben an Land und im Wasser

Der Grasfrosch jagt in feuchten Wiesen, Gräben und dichten Gebüschen nach Insekten, Regenwürmern und Schnecken.

Die *langen Hinterbeine* ermöglichen weite Sprünge auf dem Trockenen, aber auch schnelles Schwimmen. Durch die *Schwimmhäute* zwischen den Zehen ist er gut an die Fortbewegung im Wasser angepasst. Seine braune Färbung mit dunklen Flecken tarnt den Grasfrosch im Gras- und Krautgewirr ebenso wie am Grund eines Gewässers. Die *halbkugeligen, seitlich sitzenden Augen* geben ihm gute Rundumsicht. Mit den *Trommelfellen*, die als dunkle Flecken hinter den Augen erkennbar sind, nimmt er Geräusche auf. Seine Haut trägt keine Hornschicht. Sie ist *nackt* und stets von einer dünnen, feuchten *Schleimschicht* bedeckt. In trockener Luft würde die Haut rasch austrocknen. Deshalb benötigt der Grasfrosch feuchte Lebensräume; er ist ein **Feuchtlufttier**.

Die Körpertemperatur des Grasfrosches entspricht immer etwa der Außentemperatur und schwankt mit ihr. Er ist **wechselwarm**. Wenn es im Herbst dauerhaft kühler wird, bewegt er sich immer langsamer. Schließlich verkriecht er sich in ein Erdversteck oder er gräbt sich im Schlamm auf dem Grund von Gewässern ein. Hier überdauert er den Winter regungslos in *Winterstarre*. Im Frühjahr, wenn die Außentemperaturen wieder steigen, wandert er zur *Paarung* in das Gewässer, in dem er aufgewachsen ist.

Die Männchen treffen zuerst am Tümpel ein. Dort warten sie dann quakend auf die Weibchen, die sich aber bis zu einer Woche Zeit mit ihrer Ankunft lassen. Das Grasfroschweibchen erkennt das Grasfroschmännchen an seinen *Rufen*. Ist es einem der „Sänger" nah genug gekommen, klettert dieser auf den Rücken des Weibchens und klammert sich fest. Kämpfe um ein Weibchen gibt es bei den Grasfröschen nicht. Das Männchen wird einige Tage herumgetragen, bis die Eier des Weibchens herangereift sind. An flachen Stellen mit Pflanzenbewuchs presst das Froschweibchen bis zu 4000 Eier, den *Laich*, ins Wasser und das Männchen gibt seine milchige Spermienflüssigkeit dazu. Man spricht von *äußerer Befruchtung*, da die Spermien außerhalb des Körpers in die Eizellen eindringen. Die das Ei umgebende *Gallerthülle* quillt zu einer dicken Schutzschicht auf. Das Ei darin dreht sich mit der dunklen Seite nach oben. Der schwarze Farbstoff nimmt die Sonnenwärme auf und schützt vor der gefährlichen UV-Strahlung.

Vom Wasser zum Land

Von der Kaulquappe zum Frosch

Drei Wochen nach der Befruchtung schlüpft die *Froschlarve* aus der Eihülle. Larven nennt man alle Jungtiere, die nach dem Schlüpfen eine andere Gestalt haben als ihre Eltern.

Die Froschlarve heftet sich zunächst an Pflanzen oder Steinen fest und zehrt von ihrem *Eidottervorrat* am Bauch. Sie atmet über büschelige *Außenkiemen* am Kopf. Nach 10 Tagen hat die Larve die bekannte Gestalt einer *Kaulquappe*. Die Kiemen sind nun von einer Hautfalte überwachsen *(Innenkiemen)*. Der Schwanz mit dem breiten Flossensaum ermöglicht das Schwimmen. Mit Hornleisten am Mund weidet die Kaulquappe die Algen von Steinen und Wasserpflanzen ab. Sie ist ein reiner *Pflanzenfresser*.

Ende Mai, Anfang Juni schwimmt das Tier immer häufiger zur Oberfläche und schluckt Luft. Es hat sich eine einfache Lunge gebildet. Schließlich verlässt ein kleiner Frosch das Wasser. Er hat noch einen kleinen Stummelschwanz, der aber nach kurzer Zeit verschwindet. Sobald der Frosch seine Kinderstube verlassen hat, ernährt er sich nur noch von Kleintieren, Fliegen, Mücken und Würmern. Er ist zum *Fleischfresser* geworden. Wenn der Grasfrosch bei der Reviersuche nicht von einem Feind gefressen oder überfahren wird, kehrt er im dritten Frühjahr zur Paarung wieder in sein Geburtsgewässer zurück.

Kennzeichnend für die gesamte Tierklasse der Lurche ist, dass die Jungtiere im Wasser lebende, mit Kiemen atmende Larven sind. Bei der Entwicklung der Larven zum erwachsenen Lurch vollzieht sich ein Form- und Gestaltwandel, die **Metamorphose**. Dabei entwickelt sich die Fähigkeit zum Landleben durch die Ausbildung der Lunge und die Kiemenrückbildung. Stets ist der Körper von einer nackten, schleimbedeckten Haut umhüllt. Der wissenschaftliche Name der Lurche ist *Amphibien* (griech., *amphi* = beide, zwei; *bios* = Leben), d.h. Wasser und Land sind wechselweise ihr Lebensraum.

Aufgaben

① Beschreibe die Veränderungen der Larve während der Metamorphose (Abb. 1—4).
② Stelle Unterschiede zwischen Kaulquappe und Frosch zusammen.
③ Stelle in einer Tabelle Anpassungsmerkmale des Grasfrosches an das Land- und Wasserleben einander gegenüber.

1 Laich und geschlüpfte Kaulquappen

2 Junge Kaulquappe

3 Ältere Kaulquappe

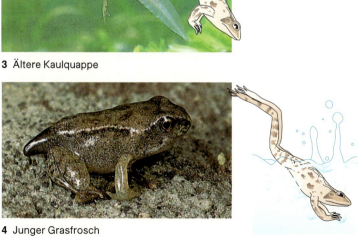

4 Junger Grasfrosch

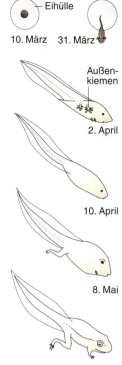

Vom Wasser zum Land

1 Erdkröte

Funktionsweise der Schleuderzunge

2 Erdkröte erbeutet ein Insekt

Grasfrosch und Erdkröte sind Froschlurche

Seine braune *Tarnfärbung* schützt den **Grasfrosch** meistens vor Entdeckung. Man wird erst dann auf ihn aufmerksam, wenn er sich mit einem *Fluchtsprung* in Sicherheit bringen will. Blitzschnell streckt er die Hinterbeine und schnellt vorwärts. Bei einem Sprung ins Wasser zeigt er, dass er auch ein guter Schwimmer ist. Die Vorderbeine werden eng an den Körper angelegt, sodass der Wasserwiderstand gering wird. Mit den Hinterbeinen drückt er sich im Wasser ab, wobei er beide Beine zugleich anzieht und danach wieder streckt, vergleichbar unseren Beinbewegungen beim Brustschwimmen. Schwimmhäute zwischen den Zehen sorgen für größere Wasserverdrängung und damit für verstärkte Antriebskraft.

Wie der Grasfrosch, ist auch die **Erdkröte** in ihrem Lebensraum mit ihrer warzigen braunen Haut gut getarnt. Ihre Hinterbeine sind jedoch kürzer als die des Frosches. Sie ist ein schlechter Springer und bewegt sich eher behäbig vorwärts. Vor Feinden, wie Rabenkrähen, Ringelnattern oder Mardern, schützen sie *Giftdrüsen*. Diese sitzen in den Warzen der Haut und in Wülsten hinter den Augen. Das Gift brennt unangenehm auf Augen-, Mund- und Nasenschleimhäuten eines Angreifers. So konnte man beobachten, dass eine Ringelnatter eine verschlungene Erdkröte wieder ausgewürgt hat. Die Kröte flieht bei der Begegnung mit dem Feind nicht. Sie richtet sich hoch auf und schaukelt mit dem Körper hin und her: Sie *droht*.

Wie die Frösche, brauchen auch die Kröten zur Fortpflanzung einen Teich oder Tümpel. Hier wachsen ihre Pflanzen fressenden *Kaulquappen* heran. Sie schlüpfen nicht aus Laichballen, sondern aus bis zu 5 m langen *Laichschnüren*, die das Erdkrötenweibchen im flachen Wasser wie lange Perlenketten zwischen die Pflanzen spannt.

Erdkröte und Grasfrosch sind nützliche *Schädlingsvertilger*. Sie fressen Kleintiere, wie Insekten, Würmer und Nacktschnecken, die sie mit ihrer klebrigen *Schleuderzunge* zielsicher erbeuten. Beide sind nur in der Dämmerung und nachts aktiv. Tagsüber bleiben diese *Feuchtlufttiere* in ihren sicheren Verstecken.

Skelett eines Froschlurches

Wegen der Gemeinsamkeit in Körperbau und Entwicklung zählt man den Grasfrosch und die Erdkröte zu den **Froschlurchen**. Dass beide **Wirbeltiere** sind, erkennt man leicht am *Skelett* mit seiner Wirbelsäule.

Es zeigt allerdings einige Besonderheiten:
— Der Schädel ist dreieckförmig und flach.
— Die Wirbel haben nur kleine Querfortsätze; Rippen sind nicht vorhanden.
— Das Becken ist lang gestreckt.
— Die Vorderbeine sind kürzer als die Hinterbeine.
— Die Fußwurzelknochen der Hinterbeine sind sehr lang.
— Der Unterschenkel der Hinterbeine besteht nur aus einem Knochen; Schien- und Wadenbein sind miteinander verwachsen.

Vom Wasser zum Land

1 Feuersalamander

Larve des Feuersalamanders

Bewegungsphasen des Feuersalamanders

2 Kammmolch

Feuersalamander und Kammmolch sind Schwanzlurche

Feuersalamander bewohnen schattige, kühle Laubwälder mit Bächen. Erst abends kommen sie aus ihrem feuchten Versteck hervor, denn tagsüber ist die Luftfeuchtigkeit meist zu gering und ihre schleimige Haut könnte austrocknen. Der gedrungene Körper mit drehrundem Schwanz schlängelt sich langsam vorwärts, wobei die plumpen Beine mitbewegt werden. Feuersalamander ernähren sich von Würmern, Schnecken, Spinnen und Insekten, die sie mit ihrem gut entwickelten Geruchssinn aufspüren.

Wenn ein Räuber versucht, einen Feuersalamander zu fressen, bekommt ihm das schlecht. In der Haut hat der Feuersalamander *Giftdrüsen*, aus denen Gift in die Mundschleimhaut des Räubers eindringt und Schmerzen verursacht. Die auffällige gelbschwarze Färbung des Feuersalamanders dient als *Warnung* für seine Fressfeinde.

Feuersalamander paaren sich auf dem Land. Im Mai nimmt das Weibchen ein vom Männchen abgesetztes Spermienpaket mit der Kloake auf. Befruchtung und Entwicklung der Eier erfolgen im Körper des Weibchens. Erst im folgenden Frühjahr setzt das Weibchen Larven, die bereits einen Ruderschwanz, vier Beine und kurze Kiemenbüschel besitzen, in ein Gewässer ab. Die Larven ernähren sich von Kleintieren. Nach einer Entwicklungszeit, die je nach Nahrungsangebot und Wassertemperatur bis zu zwei Jahre betragen kann, verlassen Feuersalamander für immer das Wasser.

Skelett eines Schwanzlurches

Kammmolche sind zur Fortpflanzungszeit von März bis Mai im Wasser anzutreffen. Sie besitzen einen seitlich abgeflachten *Ruderschwanz* und ein *Seitenlinienorgan*, vergleichbar dem der Fische. Die Männchen sind in der Paarungszeit bunt gefärbt und tragen einen hohen, stark gezackten Rückenkamm. Das kammlose, unscheinbar gefärbte Weibchen nimmt nach einem Balzspiel ein Spermienpaket in die Kloake auf. Es kommt im *Körperinnern* zur *Befruchtung*. Die befruchteten Eier heftet das Weibchen einzeln an Wasserpflanzen.

Die geschwänzten Larven ernähren sich von Kleintieren. Sie tragen bis zur Umwandlung äußere Kiemen. Ihre Vorderbeine entstehen früher als die Hinterbeine. Sehr bald entwickeln sich einfache Lungen. Sie erfüllen für die Larven mehr die Aufgabe einer Schwimmblase als die eines Atmungsorgans.

Während des Landlebens der Molche werden Flossensaum und Seitenlinienorgan zurückgebildet. Erwachsene Tiere haben eine Lunge und müssen zum Atmen aus dem Wasser auftauchen. Wegen der nackten Haut benötigen Molche feuchte Schlupfwinkel. Sie ernähren sich ähnlich wie Feuersalamander.

Feuersalamander und Kammmolch haben vier kurze Beine und einen schmalen, länglichen Körper. Nach der Metamorphose bleibt der Schwanz erhalten. Salamander und Molche gehören zu den **Schwanzlurchen**.

Vom Wasser zum Land

Der Bauplan der Lurche

Vergleicht man die Körperumrisse von Frosch- und Schwanzlurchen, so zeigen sie kaum Gemeinsamkeiten, denn ihre Skelette unterscheiden sich deutlich. Froschlurche haben Besonderheiten im Bereich des Beckens und der Hinterbeine. Das hängt damit zusammen, dass sie für die Fortbewegung meist nur die Hinterbeine einsetzen, während sich Schwanzlurche vierbeinig fortbewegen. Jedoch zeigt der innere Aufbau der beiden Tiergruppen, der **Bauplan**, viele gemeinsame Merkmale.

Lurche sind *Wirbeltiere* und besitzen die entsprechenden Skelettmerkmale. An Schulter- und Beckengürtel setzen die vier Gliedmaßen an. Sie stützen den Körper und ermöglichen die Fortbewegung. Kennzeichnend für die Lurche ist, dass normalerweise die vorderen Beine 4, die hinteren dagegen 5 Zehen besitzen. Statt Rippen weist die Wirbelsäule nur kurze Querfortsätze auf.

Auch die *inneren Organe* der Lurche lassen sich mit denen der anderen Wirbeltiere vergleichen. Lurche besitzen ein Gehirn mit daran anschließendem Rückenmark und je nach Lebensweise unterschiedlich gut ausgeprägte Sinnesorgane. Ein Verdauungssystem mit Magen und Darm ist ebenso vorhanden wie Nieren und Geschlechtsorgane.

Die Ausfuhrgänge dieser Organe münden alle in einer gemeinsamen Körperöffnung, der *Kloake*. Das Herz besitzt zwei Vorkammern und eine Hauptkammer. Es treibt das Blut durch einen geschlossenen Kreislauf.

Die *Larven* der Schwanz- und Froschlurche leben während ihrer gesamten Entwicklung im Wasser. Sie tragen *Kiemen* als Atmungsorgane. Erwachsene Lurche sind Lungenatmer. Sowohl an Land als auch im Wasser können sie außerdem über die gut durchblutete, feuchte Haut atmen. Diese *Hautatmung* ist nicht mehr möglich, wenn die Haut austrocknet. Die notwendige Hautfeuchtigkeit wird durch eine Schleimschicht aufrecht erhalten, die die Haut völlig bedeckt. Der Hautschleim der Lurche entsteht in Drüsen der Unterhaut. Hier sind auch Giftdrüsen zu finden. Die Schleimschicht und die feuchte Haut wären ein guter Nährboden für Krankheitserreger, das eingelagerte Gift verhindert aber deren Ansiedlung. Bei manchen Arten ist das Gift so stark, dass es Fressfeinde fernhält und sogar für den Menschen gefährlich sein kann.

Alle Lurche sind *wechselwarme Tiere*, bei denen die Körpertemperatur immer nur wenig über der Außentemperatur liegt. Wenn die kalte Jahreszeit beginnt, sinkt auch ihre Körpertemperatur und sie bewegen sich immer langsamer. Im Winter, bei weit gesunkenen Temperaturen, werden sie schließlich regungslos; sie fallen in *Kältestarre*.

Aufgaben

1. Fertige eine Tabelle und liste darin die Unterschiede zu den Skeletten der Säugetiere und Vögel auf.
2. Ergänze die Tabelle dann noch durch einen Vergleich der inneren Organe und der Hautbedeckung.

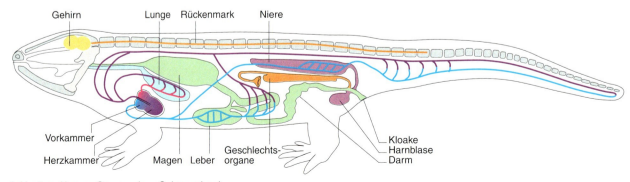

1 Haut und innere Organe eines Schwanzlurches

Vom Wasser zum Land

Atmung bei Lurchen

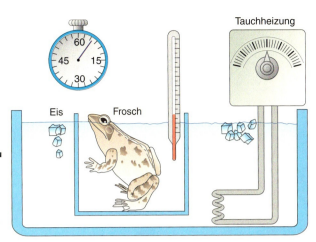

Beobachtungen zeigen, dass Frösche je nach Umgebungstemperatur unterschiedlich rasch atmen. In einem Experiment wird das genauer untersucht. Die Abbildung zeigt dazu eine Versuchsanordnung, mit der an einem Frosch untersucht wird, wie die Atmung von der Temperatur abhängt.

Wie alle Tiere, so müssen auch Frösche und Molche ständig atmen. Dabei nehmen sie Sauerstoff auf und geben Kohlenstoffdioxid an die Umgebung ab. Die Menge des Sauerstoffs, der je Minute benötigt wird, kann bei ein und demselben Tier verschieden sein.

Bei vielen Tieren, die mit Lungen atmen, lassen sich die Atembewegungen direkt beobachten, so auch bei Fröschen. Sie bewegen dazu den unteren Teil des Mundes, den *Mundboden*. So wird der luftgefüllte Mundraum vergrößert bzw. verkleinert.

Aufgaben

① Betrachte die Abbildung 1. Bei welcher Bewegung des Mundbodens atmet ein Frosch ein, bei welcher aus?

② Frösche haben weder Zwerchfell noch Rippen. Erkläre damit die Bedeutung der Mundbodenbewegung.

③ Beschreibe den Versuchsaufbau der Abbildung oben. Erkläre, wie man vorgehen muss, damit die Atmung in einem Temperaturbereich von 0 °C bis 30 °C damit untersucht werden kann. Welche Temperatur wird tatsächlich gemessen und was darf man über die Körpertemperatur des Tieres dabei annehmen?

Temperatur in °C	Atemzüge je Minute
0	0
5	0
10	0
15	4
20	10
25	30
30	90

④ Die Tabelle zeigt das Ergebnis des Versuchs. Beschreibe es. Was fällt daran auf? Wie lässt sich damit die Veränderung der Atmung zwischen 15 °C und 30 °C deuten?

⑤ Das Tier benötigt auch im Temperaturbereich zwischen 0 °C und 10 °C Sauerstoff.
Auf welchem Weg gelangt Sauerstoff in den Körper? Erkläre.

⑥ Der benötigte Sauerstoff kann von den Lurchen nicht vollständig über die Lunge aufgenommen werden. Jedoch ist der Anteil der Lungenatmung nicht bei allen Lurchen gleich groß. Er beträgt bei der Erdkröte $3/4$, beim Feuersalamander $1/2$ und beim Kammmolch $1/4$ an der gesamten Atmung.
Die drei Abbildungen a—c zeigen den Bau der Lungen der drei Tierarten. Welche Lunge gehört zur Erdkröte, welche zum Feuersalamander, welche zum Kammmolch? Begründe deine Zuordnung.

⑦ Schwanz- und Froschlurche überwintern in Erdhöhlen oder am Grunde von Gewässern. In der Kältestarre sind sie völlig bewegungslos. Dennoch leben sie, haben einen Stoffwechsel und benötigen Sauerstoff. Erkläre, weshalb sie auch ohne Atembewegungen nicht ersticken.

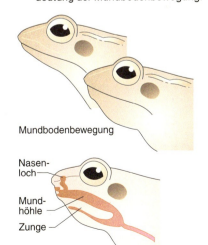

1 Kopf des Grasfrosches mit Mundhöhle

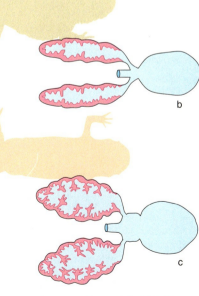

2 Lungenbau verschiedener Lurcharten

Vom Wasser zum Land

1 Erdkrötenpaar auf der Laichwanderung

2 So wird den Kröten geholfen

Schutzmaßnahmen für Erdkröten

Wenn du an einem milden Frühjahrsabend in der Nähe eines Gewässers unterwegs bist, ist es durchaus nichts Ungewöhnliches, wenn du auf der Straße zahlreiche *Erdkröten* entdeckst. Es scheint, als seien sie vom Himmel gefallen.

In der Zeit von Mitte März bis April verlassen die Erdkröten in Nächten mit milder und feuchter Witterung fast gleichzeitig ihr Winterquartier und beginnen ihre *Frühjahrswanderung*. Den Winter haben sie in einem feuchten Erdloch im Wald in der *Kältestarre* zugebracht. Jetzt wandern sie, wie jedes Jahr, bis zu zwei Kilometer weit zu ihrem Laichgewässer. Dabei suchen sie nicht irgendeinen Teich oder Tümpel auf, sondern sie gehen nur in das Gewässer, in dem sie selbst aus dem Ei geschlüpft sind. Sie sind *laichplatztreu*.

Die Männchen ziehen meist etwas früher los und warten in einigem Abstand vor den Laichgewässern auf die Weibchen. Kommt ein Weibchen vorbei, klammert sich ein Männchen auf dem Rücken des Weibchens fest. So wird es von diesem den letzten Teil des Weges bis zum Wasser getragen.

Am flachen Ufer eines Teiches legen die Weibchen den Laich ab und die Männchen geben ihre Spermien dazu. Einige Tage später wandern die Tiere nach und nach in ihre *Sommerquartiere*. Diese liegen in Wiesen, Wäldern, Gebüschen oder Hecken.

Häufig sind Erdkröten auf ihrer Hochzeitsreise zu den Laichgewässern der Gefahr ausgesetzt, überfahren zu werden. Beim Bau von Straßen, auch von großen Bundesstraßen, wurde häufig nicht beachtet, dass die meisten Erdkröten nur in ihr Laichgewässer zurückkehren und Ersatzgewässer kaum aufgesucht werden. So zerschneiden teilweise stark befahrene Verkehrswege die Lebensräume dieser Lurche. Es ist schon vorgekommen, dass an einem Tag die Hälfte eines Bestandes getötet wurde, weil alle Tiere fast gleichzeitig wandern.

Naturschützer haben deshalb in den letzten Jahren an vielen Orten Schutzmaßnahmen für die Erdkröten und andere Lurche ergriffen. Mit Plastikfolie und Stöcken werden behelfsmäßig Fangzäune an Straßenabschnitten errichtet, die von vielen Erdkröten überquert werden. In regelmäßigen Abständen werden hinter dem Zaun Eimer eingegraben, in die die Erdkröten hineinfallen. Mehrmals täglich entleeren Helfer die Eimer auf der anderen Straßenseite, sodass die Erdkröten unversehrt weiterwandern können. Kurzzeitig können von der Polizei auch Straßen während der Frühjahrswanderung der Amphibien gesperrt werden.

So wie die Erdkröten, sind auch andere Lurche gefährdet. Was könnte für einen dauerhaften Schutz getan werden? Das Beste wäre, deren Lebensraum zum *Naturschutzgebiet* zu erklären und bei der Planung von Straßen oder Industriegebieten zu prüfen, ob Lebensräume der Amphibien zerschnitten oder zerstört werden. Wäre dies der Fall, müsste zukünftig eine Beeinträchtigung dieser Lebensräume unterbleiben.

250 *Vom Wasser zum Land*

Diese weitgehenden Maßnahmen lassen sich nicht immer schnell verwirklichen. Deshalb errichtet man zunächst entlang der Wanderwege dieser Amphibien behelfsmäßige *Schutzzäune*. Wenn man die Erdkröten in den Fangeimern zählt und die Verteilung der Amphibien entlang der Straße über einen längeren Zeitraum protokolliert, kann man daraus die Hauptwanderwege erschließen. An den Kreuzungsstellen mit den Straßen können dann feste Schutzzäune aus feinmaschigem Draht aufgestellt und unter den Straßen Röhren eingebaut werden. Die Zäune leiten die wandernden Erdkröten dann zu den Röhren, die den Tieren als ungefährliche Wege zur Unterquerung der Straßen dienen können.

Eine andere Ausgleichsmaßnahme zum Schutz der Lurche ist die Anlage neuer Laichgewässer *(Ersatzlebensräume)* auf der Straßenseite der Winterquartiere. In diese neuen Teiche bringt man wandernde Amphibien und hindert sie durch eine Umzäunung daran, abzuwandern. Sie laichen dann dort ab. Die Amphibien, die aus den befruchteten Eizellen entstehen, werden später immer wieder zu ihrem Geburtsgewässer zurückkommen.

Bei der Anlage der Teiche muss darauf geachtet werden, dass in neu angelegten Gewässern keine Fische ausgesetzt werden, da sie die Amphibienlarven fressen würden.

Aufgaben

① Erkläre, warum erwachsene Erdkröten, die man zum Ablaichen in Ersatzgewässer gebracht hatte, im nächsten Jahr zu ihren ursprünglichen Laichgewässern zurückkehrten.
② Die Abbildung zeigt den Lebensraum von Amphibien im Verlauf mehrerer Jahre.
 a) Beschreibe die ursprünglichen Wanderungswege der Amphibien im natürlichen Lebensraum.
 b) Welche Veränderungen erfährt die Landschaft im Laufe der Zeit? Welche Auswirkungen hat das für die Amphibienwanderung?
 c) Beschreibe die Maßnahmen, die in den Einzelabbildungen rechts zum Schutz der Amphibien dargestellt sind.
③ Erkundige dich bei Naturschutzverbänden, ob in deiner Umgebung Maßnahmen zum Schutz von Amphibien durchgeführt werden. Hier hast du eine Möglichkeit, aktiv mitzuarbeiten. Berichte in der Klasse über Schutzmaßnahmen für Amphibien.

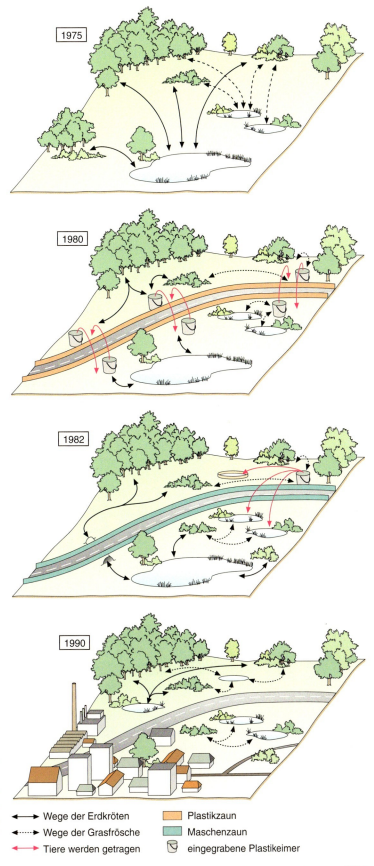

→ Wege der Erdkröten   ▬ Plastikzaun
⇢ Wege der Grasfrösche   ▬ Maschenzaun
→ Tiere werden getragen   ⛃ eingegrabene Plastikeimer

Vom Wasser zum Land

Bestimmungsschlüssel einheimischer Lurche

Noch vor wenigen Jahrzehnten wimmelte es im Frühjahr in allen Gewässern von Millionen von Kaulquappen. Heute sind Lurche so selten geworden, dass alle einheimischen Arten unter *Naturschutz* gestellt wurden.

Von den 19 einheimischen Lurcharten wirst du voraussichtlich nur einige in der Natur beobachten können. Anhand der Abbildungen und Kurztexte kannst du die Tiere kennen lernen und bestimmen.

Aufgabe

① Verwende den hier aufgezeigten Bestimmungsschlüssel zur Benennung der auf der Seite 253 abgebildeten Lurcharten! Zur Bestimmung jedes Tieres musst du den Linien wie einem Straßennetz folgen. An jeder Weggabelung stehen Wegweiser, die dir Hinweise geben, welchen Weg du nehmen musst!

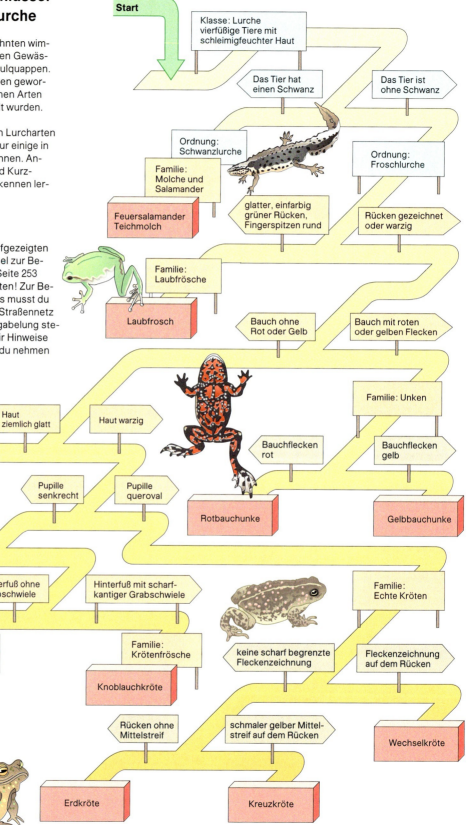

252 *Vom Wasser zum Land*

1 Das kurzbeinige Tier hüpft kaum, sondern rennt streckenweise. Der Chorgesang der Männchen schallt bis zu 2 km. Es ist in verschiedenen Lebensräumen zu finden.

2 Mit den Grabschwielen am Hinterfuß wird ein Versteck gegraben. Das aufgeschreckte Tier droht hoch aufgereckt und springt den Feind mit offenem Maul an.

3 Die Haftscheiben an Fingern und Zehen erlauben kletternde Lebensweise. Die Fähigkeit zum Farbwechsel sichert dabei stets eine optimale Tarnung.

4 Dieser Lurch bewohnt auch recht trockene Lebensräume, wenn ein feuchtes Tagversteck vorhanden ist. Mit dem braunen Rücken ist er bestens getarnt.

5 Das Tier lebt im oder am Wasser oft gesellig. Die zwei großen, seitlichen Schallblasen dienen der Schallverstärkung und sind ausgestülpte Mundschleimhaut.

6 Bei Gefahr wird der Bauch mit der auffälligen Warnfarbe gezeigt. Das Hautsekret hat Reizwirkung auf die Schleimhäute. Tagaktiv.
Vorkommen: In Kleingewässern.

7 Auch in trockeneren, sandigen Lebensräumen bis in Dörfer hinein ist das Tier vorwiegend nachts beim Insektenfang zu finden. Der Ruf erinnert an Grillenzirpen.

8 Während der Laichzeit erleichtern Schwimmsaum und Seitenlinienorgan das Leben im Wasser. Die Eier werden einzeln an Pflanzen geklebt. Die Tiere sind stumm.

9 Die Tiere paaren sich an Land, das Männchen schlingt die Laichschnüre um die Hinterbeine und hält sie feucht. Erst zum Schlupf der Larven streift es sie im flachen Wasser ab.

Vom Wasser zum Land **253**

3 Kriechtiere bewohnen vielfältige Lebensräume

1 Zauneidechse in Drohstellung

4 Zauneidechse häutet sich

2 Männchen der Zauneidechse

3 Weibchen der Zauneidechse

5 Junge Zauneidechse im Ei

6 Schlüpfende Zauneidechse

Aus dem Leben der Zauneidechse

Mundraum
Lufttröhre
Bronchien
Lunge
Luft-
kammer

Lungen
der Zauneidechse

Wenn es im Frühjahr wärmer wird, kommen die Eidechsen aus ihrem *Winterquartier*, einer frostgeschützten Höhle, gekrochen. Die Männchen der Zauneidechse sind zu dieser Zeit an den Seiten auffällig grün gefärbt. Während sie normalerweise einzeln leben und keine Artgenossen in ihrem *Revier* dulden, beginnt nun die *Werbung* um ein Weibchen.

Nach einer Reihe immer gleich ablaufender *Balzhandlungen* erfolgt die Begattung. Die Befruchtung findet im Körper des Weibchens statt. Es ist also eine *innere Befruchtung*. Nach der Begattung beißt das Weibchen das Männchen weg und beide leben wieder als *Einzelgänger*.

Die Eier reifen im Bauch des Weibchens und bekommen eine derbe, pergamentartige Hülle. Mitte Juni gräbt das trächtige Tier mit den Krallen der Hinterbeine ein Loch in feuchte Erde und legt 5 bis 15 Eier hinein. Das Gelege wird anschließend zugescharrt und verlassen.

Im Schutz der *Eihäute* entwickeln sich die Jungen. Der große Dottervorrat liefert Nährstoffe, die Sonne und faulendes Laub die nötige Brutwärme für die Entwicklung der Tiere. Nach etwa 6 Wochen ritzen fertig entwickelte kleine Eidechsen mit einem *Eizahn* die Schale auf. Die 5 cm langen Tiere wühlen sich an die Erdoberfläche. Sie sind sofort selbstständig.

Vom Wasser zum Land

Kältestarre

Merkmale der Kriechtiere
— Hornschuppenhaut
— Lungenatmung
— meist Eier legend
— Fortpflanzung und Entwicklung an Land

Der Körper der Zauneidechse ist von einer *trockenen, schuppigen Hornhaut* bedeckt. Sie schützt das Tier gegen Austrocknung und Verletzung. Die Zellen der Hornhaut sind abgestorben, sie können nicht mehr wachsen oder sich erneuern. Deshalb wird sie von Zeit zu Zeit abgestreift. Vor dieser *Häutung* haben sich unter der alten Haut bereits neue Hornschuppen gebildet.

Die Hornschuppenhaut erlaubt keine Hautatmung. Die Eidechse ist allein auf *Lungenatmung* angewiesen. Das Innere der Lunge ist durch viele Einfaltungen stark vergrößert und kann die gesamte Sauerstoffversorgung des Körpers übernehmen. Die Ein- und Ausatmung erfolgen, ähnlich wie bei Säugetieren, durch Ausdehnen und Zusammenpressen des Brustkorbs, der Rippen aufweist.

Wenn eine Eidechse morgens aus ihrem Schlupfloch kommt, sucht sie zunächst einen Sonnenplatz auf. Sie legt sich flach auf einen Stein und lässt sich aufwärmen. Dann erst kann das *wechselwarme* Tier flink laufen und klettern. Dabei streift der Bauch fast auf dem Boden. Neben Verstecken und Sonnenplätzen findet man in ihrem Revier abwechslungsreichen Bewuchs, in dem auch ihre Beutetiere, kleine Spinnen, Schnecken, Insekten und deren Larven, leben.

Die Eidechse hat gute Augen, die ihr bei der Jagd helfen. Zusätzlich *züngelt* sie. Dabei nimmt sie Geruchsstoffe mit ihrer gespaltenen Zunge auf und drückt sie dann innen gegen den Gaumen, wo ihr Riechorgan sitzt. Die Nasenlöcher dienen nur zum Luftholen.

Die Feinde der Zauneidechse sind Igel, Wiesel, Iltis, Krähen und Elstern. Doch die Eidechse besitzt eine wirksame Fluchthilfe: Wenn sie am Schwanz gepackt wird, wirft sie einen Teil ab, der dann noch kräftig zuckt. Einige Zeit später wächst ein kürzerer Schwanz nach. Dieser kann allerdings nicht mehr abgeworfen werden.

Am Abend, wenn die Temperaturen absinken, kühlt der Körper der Zauneidechse ab. Bei Kälte wird sie steif und unbeweglich. Im Spätsommer fressen sich die Zauneidechsen Reservestoffe für die Überwinterung an. Sie verkriechen sich schließlich in einer Erdhöhle und fallen in *Kältestarre*. So verharren sie den Winter über regungslos. Dabei schlägt das Herz ganz langsam und auch die Atmung ist stark herabgesetzt. Wenn dann die Temperaturen im Frühling ansteigen, wird auch die Zauneidechse wieder aktiv.

Eidechsen gehören, wie alle auf den folgenden Seiten behandelten Tiere, zu den **Kriechtieren** oder *Reptilien*. In Körperbau und Lebensweise gibt es bei ihnen wichtige Unterschiede zu Fischen und Lurchen, den anderen wechselwarmen Wirbeltieren.

Aufgaben

① Eidechsen leben zwischen Steinhaufen, an Böschungen, Hecken und Zäunen. Welche Vorteile bietet dieser Lebensraum der Eidechse?

② Vergleiche Eidechse und Molch in Körperbau und Lebensweise. Welche Unterschiede kannst du nennen?

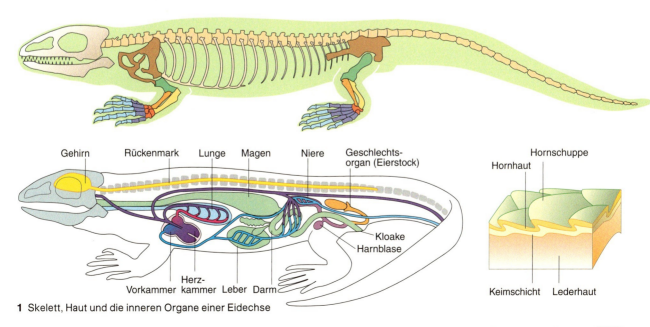

1 Skelett, Haut und die inneren Organe einer Eidechse

Vom Wasser zum Land

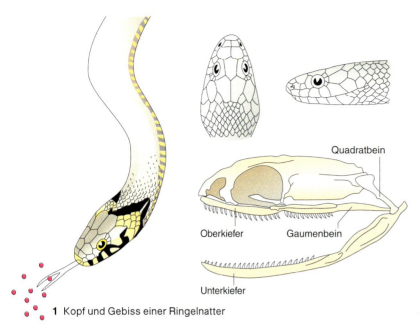

1 Kopf und Gebiss einer Ringelnatter

Schlangen — Jäger ohne Beine

Die Ringelnatter

Langsam und lautlos gleitet die 1,20 m lange Schlange durch das dichte Röhricht. Sie ist auf der Jagd. Immer wieder schnellt ihre zweizipfelige Zunge vor: Die Schlange *züngelt*. Wie bei den Eidechsen nehmen die Zungenspitzen *Duftstoffe* auf und bringen sie an das eigentliche *Riechorgan* im Gaumen. Ein ruhig sitzender Frosch wird von ihr nicht als Beute erkannt, weil sie nur sich bewegende Objekte wahrnehmen kann. Sie erkennt den Frosch also erst, wenn er mit einem Fluchtsprung im Wasser verschwindet. Sie verfolgt ihn und erweist sich dabei als geschickte Schwimmerin. Schließlich hat sie Erfolg. Mit schnellem Zustoß verbeißt sie sich in den Frosch. Aus ihrem *Fanggebiss* gibt es kein Entrinnen. Sie zieht das lebende Tier an Land und beginnt es zu verschlingen.

2 Ringelnatter

Die Natter kann, wie alle Schlangen, Tiere verschlingen, die dicker und größer als der Schlangenkopf sind. Das ist möglich, weil die beiden Unterkieferhälften über einen weiteren Knochen, das *Quadratbein*, beweglich am Schädel befestigt und vorne nur durch ein *elastisches Band* miteinander verbunden sind (Abb. 1). So können linker und rechter Unterkiefer abwechselnd nach vorne geschoben werden. Die spitzen, nach hinten gerichteten Zähne verhaken sich dabei in der Beute und ziehen sie in den Schlund. Speiseröhre und Magen sind sehr dehnbar und da die Rippen nicht mit einem Brustbein verwachsen sind, können sie weit auseinander gespreizt werden. Die Luftröhre mündet weit vorne im Maul und bleibt zum Atmen stets frei. Nach der Mahlzeit zieht sich die Natter zu einer mehrtägigen Verdauungsruhe in ein Versteck zurück.

Die *Schuppenhaut* der Ringelnatter zeigt, dass sie ein *Reptil* ist. Bei der Häutung wird die alte Haut zusammen mit den verwachsenen, durchsichtigen Augenlidern in einem Stück als *Natternhemd* abgestreift. An ihm kann man deutlich erkennen, dass sich die *Bauchschuppen*, die der Fortbewegung dienen, deutlich von den anderen Schuppen unterscheiden. Sie sind schmal, liegen quer zur Körperachse und können einzeln abgespreizt werden. Dieses Abstützen am Untergrund ermöglicht der Schlange die gleitende Bewegung. Die Schuppenbewegung kommt durch Muskeln zustande, welche die Rippen gegeneinander verschieben (Abb. 3).

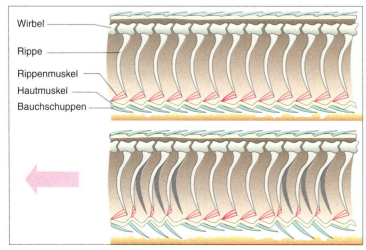

3 Fortbewegung bei der Ringelnatter

Vom Wasser zum Land

Die Kreuzotter

Reglos beobachtet die *Kreuzotter* eine Maus. Der Schlangenhals ist s-förmig gekrümmt. Plötzlich schnellt der Schlangenkopf blitzschnell vor. Das weit aufgerissene Maul schnappt zu und die Giftzähne bohren sich tief in das Opfer ein. Sofort zieht sich die Schlange zurück. Die Maus flieht, doch nach ein paar Sprüngen bleibt sie reglos liegen. Die Schlange verfolgt züngelnd ihre Spur, betastet die Beute und verschlingt sie.

Die etwa 70 cm lange Kreuzotter gehört zu den wenigen *Giftschlangen* in Europa. Sie tötet ihre Beute durch einen Biss, bei dem Gift in das Opfer eingespritzt wird. Ein Paar besonders langer Giftzähne liegt bei geschlossenem Maul eingeklappt am Gaumen. Beim Öffnen des Mauls richten sie sich automatisch auf. Sie sind von einem Kanal durchgezogen, durch den das Gift von der Giftdrüse im Kopf in das Beutetier gespritzt wird.

Eine Kreuzotter greift Menschen nur dann an, wenn sie gereizt wird. Einen Biss erkennt man an den zwei eng beieinander liegenden Einstichstellen der Giftzähne. Dann muss sofort ein Arzt aufgesucht werden, der ein Gegengift spritzt. Ein unbehandelter Biss kann Schäden an Herz und Kreislauf zur Folge haben.

Aufgabe

① Vergleiche Ringelnatter und Kreuzotter. Stelle Unterscheidungsmerkmale in einer Tabelle zusammen.

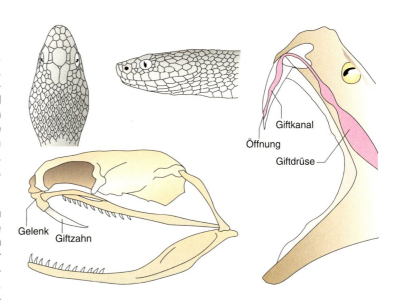

1 Kopf und Gebiss einer Kreuzotter

2 Kreuzotter

Zettelkasten

Schlangengifte

Die gefährlichsten Giftschlangen leben in den warmen Klimazonen außerhalb Europas. Dort sind manche Giftschlangen sehr gefürchtet, z. B. die Kobra, die *Lanzenotter* (Abb. oben links) und die *Schwarze Mamba* (Abb. unten links). Die Giftwirkung hängt einerseits von der Menge des in das Opfer eingespritzten Giftes ab, andererseits auch von der Art des Giftes. So produziert die Schwarze Mamba ein stark wirkendes Nervengift, das zur Muskellähmung und damit zum Atemstillstand führt. Das Gift der Lanzenotter dagegen enthält größere Mengen Verdauungsenzyme. Dieses wirkt gewebezerstörend, es löst zum Beispiel die Wände der Blutgefäße auf.

Vor allem in Asien werden Giftschlangen in Schlangenfarmen gehalten. Dort wird ihnen regelmäßig Gift entnommen („Melken"), um ein entsprechendes Gegengift *(Antiserum)* herstellen zu können. Mit diesem kann man bei rechtzeitiger Behandlung Menschen helfen, die von einer Giftschlange gebissen wurden.

Vom Wasser zum Land

1 Nilkrokodil

Europäische Sumpfschildkröte

Geierschildkröten leben im Süßwasser und ködern ihre Beute mit dem zweizipfligen Fortsatz auf der Zunge, der wie ein Wurm zuckt.

Krokodile und Schildkröten

Krokodile, wie das *Nilkrokodil* mit bis zu 7 Metern Länge, sind die größten lebenden Reptilien. Unter der mit Hornplatten besetzten Haut liegen dicke Knochenplatten, die das Tier schützen. Die Heimat des Nilkrokodils ist Afrika, wo es in heißen Gebieten im Uferbereich von Flüssen und Seen lebt. An Land rutscht es auf dem Bauch, kann aber auch, ohne mit dem Bauch den Boden zu berühren, hochbeinig und schnell laufen. Sein Körperbau ist aber mehr an die Fortbewegung im Wasser angepasst. Die *Schwimmhäute* zwischen den Zehen und der seitlich abgeflachte *Ruderschwanz* sind Merkmale dafür. Wuchtige Schläge mit dem Schwanz treiben das Krokodil schnell durch das Wasser oder es gleitet mit leichten Schlängelbewegungen langsam dahin. Dabei liegen die Beine dicht am Körper an. Es kann auch bewegungslos an der Wasseroberfläche schweben, wobei nur Nasenöffnungen, Augen und die schlitzförmigen Ohren aus dem Wasser ragen. Dadurch sind Krokodile hervorragend getarnt und können nah an ihre Beute herankommen, die sie häufig am Gewässerrand überwältigen. Zu ihrer Beute zählen deswegen neben Fischen häufig Antilopen, die zum Trinken ans Gewässer kommen.

Das typische Merkmal der **Schildkröte** ist ihr *Panzer*, in den sie Kopf, Beine und Schwanz einziehen kann. Dieser Panzer, der einen wirksamen Schutz gegen natürliche Feinde bietet, ist kein lebloses Gehäuse. Er besteht an seiner Außenseite aus Hornschildern, die die darunter liegenden Knochenplatten bedecken. Der knöcherne Teil des Bauchpanzers ist teilweise aus verbreiterten Rippen hervorgegangen und über Knochenbrücken mit dem Rückenpanzer verbunden. Die Wirbelsäule ist mit dem Rückenpanzer verwachsen, dessen Knochenplatten aus Hautschichten entstehen.

Im Gegensatz zu den Krokodilen kommen Schildkröten auch in Europa vor, z. B. die *Europäische Sumpfschildkröte*, ein Allesfresser, und die Pflanzen fressende *Griechische Landschildkröte*. Beide Arten sind infolge der Zerstörung ihrer Lebensräume gefährdet und stehen auf der Roten Liste. Der Handel mit ihnen ist verboten.

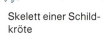

Skelett einer Schildkröte

2 Griechische Landschildkröte

Vom Wasser zum Land

Vielfalt der Reptilien

Während in Deutschland nur wenige Reptilienarten vorkommen, haben sie vor allem in den Tropen ideale Lebensbedingungen.

Echsen (ca. 3000 Arten)

Die *Zauneidechse* wurde in diesem Kapitel bereits vorgestellt. Zu ihren Verwandten gehören, neben den übrigen Eidechsen, u. a. die *Schleichen* und *Chamäleons*, aber auch die mächtigen *Komodo-Warane*.

„Huch, eine Schlange!" hört man häufig, wenn sich eine **Blindschleiche** über den Weg schlängelt. Sie gehört aber nicht zu den Schlangen, sondern zu den Echsen. Zwei bewegliche Augenlider sowie Reste eines Beckens und eines Schultergürtels im Skelett sind Hinweise darauf. Blindschleichen ernähren sich hauptsächlich von Würmern, Schnecken und Insekten und bringen lebende Jungen zur Welt.

Zu den seltsamsten Formen der Reptilien gehört das **Chamäleon**. Der hochrückige, seitlich zusammengedrückte Körper wird von dünnen Beinen mit zangenartigen Klammerfüßen getragen. Der runde Wickelschwanz kann zum Festhalten benutzt werden. Einmalig im Tierreich sind die unabhängig voneinander drehbaren Augen und die lange Schleuderzunge dieser Echsen. Die Fähigkeit zum Farbwechsel dient der Tarnung.

Schlangen (ca. 2000 Arten)

Die bei uns heimische **Glattnatter** wird sehr oft mit der Kreuzotter verwechselt, denn sie richtet sich bei Gefahr auch hoch auf, zischt und beißt zu. Die winzigen Zähnchen dieser 75 cm langen, lebendgebärenden Natter sind für uns jedoch vollkommen ungefährlich. Sie macht ihre Beute (Eidechsen, Blindschleichen und Mäuse) durch Umschlingen wehrlos.

Der **Felsenpython** gehört zu den Riesenschlangen. Er umschlingt seine Beute so fest, dass sie erstickt *(Würgeschlange)*. Ein ausgewachsener Felsenpyhton (Länge über 5 m) kann z. B. Antilopen über 30 kg Gewicht verschlingen. In entsprechender Weise ernähren sich die übrigen Riesenschlangen, zu denen neben den Pythonschlangen auch die *Boaschlangen* gehören. Eine bekannte Vertreterin davon ist z. B. die *Anakonda*.

Krokodile

Die Krokodile oder *Panzerechsen* sind über die wärmeren Regionen unserer Erde verbreitet. Einige Verwandte des *Nilkrokodils*, das zu den Echten Krokodilen zählt, leben in Südamerika, wie zum Beispiel das *Orinoko-Krokodil*. Ebenfalls Verwandte der Echten Krokodile kommen an den Küsten Australiens vor, wie das sehr groß werdende *Leistenkrokodil*. In Amerika gibt es eine weitere Krokodilgruppe, die *Alligatoren*. Der *Hechtalligator* und *Kaimane* gehören dazu.

Der bis zu 6,5 m lange **Gavial** kommt von Nord- und Ostindien bis nach Pakistan und Bangladesh vor. Er ist der einzige noch lebende Vertreter der nach ihm benannten Krokodilgruppe. Das charakteristische Merkmal ist seine im Vergleich zu allen anderen Krokodilen sehr schmale Schnauze. Gaviale leben entlang der Flüsse, wo sie sich zum größten Teil von Fischen ernähren. Der Gavial ist heute in seinem Bestand gefährdet. Durch Zucht- und Auswilderungsprogramme versucht man den Gavial zu retten. Den Menschen wird er nicht gefährlich.

Schildkröten

Schildkröten haben ganz unterschiedliche Lebensräume erobert, so auch das Meer. Dafür ist die **Karettschildkröte** ein Beispiel. Ihr im Gegensatz zu

den Landschildkröten stark abgeflachter Panzer ist stromlinienförmig, sodass der Wasserwiderstand beim Schwimmen kleiner wird. Ihre stark abgeflachten, paddelförmigen Beine sind ebenfalls eine Anpassung an das Leben im Wasser. Sie kommen, wie auch die übrigen Meeresschildkröten, nur noch zur Eiablage an Land. An Sandstränden vergraben die Weibchen ihre Eier und überlassen der Sonnenwärme das Ausbrüten.

Vom Wasser zum Land

Wir vergleichen Wirbeltiere

Trotz ihrer äußerlich starken Verschiedenartigkeit weisen Fische, Amphibien, Reptilien, Vögel und Säugetiere ein auffälliges gemeinsames Merkmal auf, die *Wirbelsäule*. Man fasst sie deshalb zum **Stamm der Wirbeltiere** zusammen.

Die *Wirbelsäule* ist Teil des Stützsystems des Körpers und bietet dem empfindlichen Rückenmark Schutz. Viele hintereinander liegende Wirbelkörper verleihen ihr die nötige Beweglichkeit. So besitzen alle Säuger 7 Halswirbel, 12 Brustwirbel und 5 Lendenwirbel, die Giraffe ebenso wie eine Maus. Aufgrund solcher gemeinsamen Merkmale sagt man auch, die Säuger bilden eine eigene Wirbeltierklasse. Auch die übrigen Wirbeltierklassen haben jeweils einen gemeinsamen Bauplan. Am deutlichsten werden die Unterschiede und Gemeinsamkeiten, wenn man bestimmte Merkmale bei Säugetiere, Vögeln, Fischen, Lurchen und Kriechtieren miteinander vergleicht.

Die **Fortbewegungsorgane** sind bei Fischen die *Flossen*. Bei Lurchen, Kriechtieren, Vögeln und Säugern sind es 4 *Gliedmaßen*, die meist 5 *Finger* bzw. *Zehen* an den Enden tragen. Fische mit ihren Flossen sind Wasserbewohner, die übrigen Wirbeltiere mit ihren 4 Gliedmaßen besiedeln meist das Land. Die Fortbewegungsorgane können jedoch auch abgewandelt sein. So werden zum Beispiel die beiden seitlichen Flossensäume bei einem Rochen von den beiden Brustflossen gebildet. Ähnliches gibt es auch bei den Gliedmaßen der übrigen Wirbeltierklassen. Die Vordergliedmaßen sind bei Vögeln zu Flügeln umgewandelt. Robben besitzen flossenförmige Arme und Beine, bei Walen fehlen die Hintergliedmaßen.

In der **Körperbedeckung** fallen die Unterschiede meist leicht auf. Alle Säugetiere besitzen ein aus Haaren bestehendes *Fell*. Auch bei den Walen sind noch einige Haare als Tasthaare erhalten geblieben. Vögel besitzen dagegen ein *Federkleid*. Sowohl Federkleid als auch Fell schützen hervorragend gegen Kälte und Hitze, da in ihnen Luft eingeschlossen werden kann. Das ist bei den übrigen Vertretern der Wirbeltiere nicht der Fall. Kriechtiere tragen eine trockene *Hornschuppenhaut*. Die Schildkröten besitzen unter ihrer verhornten Oberfläche einen Knochenpanzer, der zum größten Teil aus ihren Rippen gebildet wird. Das Kennzeichen der Lurche ist die meist dünne *Haut*, in

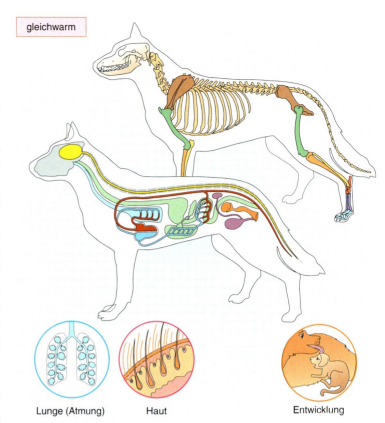

1 Bau und innere Organe der Säugetiere

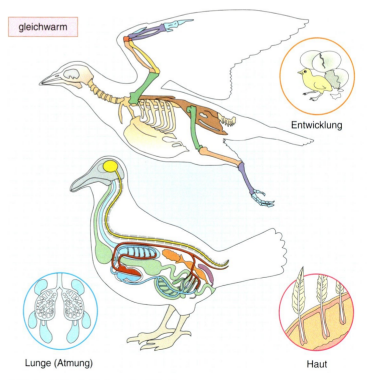

2 Bau und innere Organe der Vögel

260 *Vom Wasser zum Land*

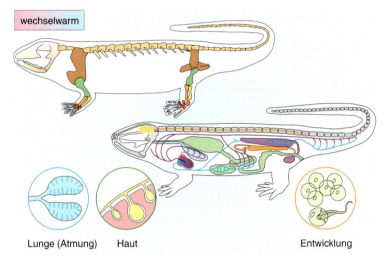

3 Bau und innere Organe der Reptilien

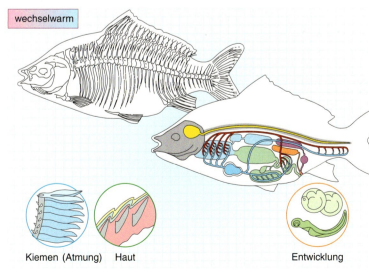

4 Bau und innere Organe der Lurche

5 Bau und innere Organe der Fische

der sich zahlreiche *Drüsen* befinden. Sie verleihen der Haut Feuchtigkeit und bilden bei einigen Lurchen sehr starke Gifte, wie bei den Pfeilgiftfröschen aus dem südamerikanischen Regenwald. Bei den Fischen finden wir meist eine mit Schleim bedeckte *schuppige* Haut.

Säuger und Vögel sind zur **Regulation der Körpertemperatur** befähigt. Sie halten unabhängig von der Außentemperatur ihre Körpertemperatur bei zum Beispiel 37 °C konstant. Sie sind also *gleichwarm*. Fische, Lurche und Kriechtiere sind dagegen *wechselwarm*. Ihre Körpertemperatur entspricht weitgehend der Außentemperatur.

Bei den **Atmungsorganen** wird die Anpassung an die Atmung im Wasser oder in der Luft sichtbar. Die *Kiemen* der Fische können mit ihren stark durchbluteten Kiemenblättchen Sauerstoff nur aus dem Wasser aufnehmen. Die *Lungen* der übrigen Wirbeltiere können nur aus der Luft hinreichend Sauerstoff an das Blut weitergeben.

Bei der **Fortpflanzung und Entwicklung** werden die Unterschiede besonders deutlich. Bei Fischen und Lurchen werden die in der Regel sehr zahlreichen Eizellen und Spermien meist frei ins Wasser abgegeben. Aus dem befruchteten Ei entwickelt sich eine Larve, die bei den Lurchen im Gegensatz zu den Fischen gegen Ende ihrer Entwicklung eine Verwandlung, die sogenannte *Metamorphose,* zum eigentlichen Lurch durchmacht. Bei Fröschen entsteht zum Beispiel aus der Kaulquappe der Frosch. Die von einer pergamentartigen Schale umgebenen Eier von Kriechtieren sind schon wesentlich besser gegen Austrocknung geschützt als die Eier der Lurche. Die Entwicklung findet in der Eischale statt. Erst dann durchbricht das junge Kriechttier die Schale. Ähnlich verläuft die Entwicklung bei Vögeln. Bei ihnen ist die dicke Kalkschale noch fester und schützt noch besser vor Austrocknung. Die Eier werden außerdem bebrütet, was bei den Kriechtieren meist nicht der Fall ist. Bei den Säugetieren entwickeln sich die Jungen im Mutterleib und sind dadurch gut geschützt. Sie werden nach der Geburt abgenabelt und gesäugt.

Aufgabe

① Stelle in einer Tabelle übersichtlich die Merkmale der Wirbeltiere im Vergleich dar. Verwende dazu die im Text fett gedruckten Begriffe.

4 Stammesgeschichte der Wirbeltiere

1 Versteinertes Skelett eines Fischsauriers

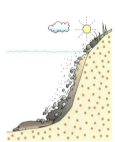
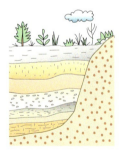

Fossilien — Spuren aus der Vergangenheit des Lebens

In einem Steinbruch wird aus grauem Schiefergestein eine Platte herausgelöst. Ein Wissenschaftler bearbeitet das Fundstück fachmännisch weiter. Immer mehr wird erkennbar, dass in dieser Steinplatte etwas eingeschlossen ist. Die weitere Bearbeitung erfolgt dann im Labor. Mit feinen Meißeln werden die versteinerten Knochen eines riesigen Tieres aus dem Schiefer herausgeschält. Erst nach Wochen sorgfältiger Arbeit wird das ganze Skelett eines *Fischsauriers* sichtbar.

Meist sind die *Versteinerungen* kleiner und nicht so gut erhalten wie in unserem Beispiel. Sie geben Auskunft über die in der Vergangenheit lebenden Organismen. Solche Zeugnisse aus der Vergangenheit müssen aber nicht immer versteinerte Knochen ausgestorbener Tiere sein. Einschlüsse von Organismen in Bernstein, Mumien in Wüstengebieten oder tiefgefrorene Mammuts aus dem Dauerfrostboden Sibiriens gehören ebenso dazu. In der Gesamtheit nennt man solche Fundstücke **Fossilien**.

Wie entstehen nun Fossilien? Am Beispiel des versteinerten Fischsauriers soll dies erklärt werden. Nach seinem Tod wäre der Fischsaurier unter normalen Bedingungen, d. h. bei Anwesenheit von Sauerstoff und Mikroorganismen, wie das fast immer der Fall ist, verwest, sodass keine Reste übrig geblieben wären. Wird aber der Fischsaurier bald nach seinem Tode von abgelagertem Sand oder Schlick überdeckt, kann er wegen Sauerstoffmangels nicht vollständig zersetzt werden. Im Laufe der folgenden Jahrmillionen verdichten sich die über ihm liegenden Ablagerungen zu Gestein *(Ablagerungs-* oder *Sedimentgestein)*. Hartteile des Fischsauriers, wie Knochen, können lange Zeit erhalten bleiben und werden später oft infolge chemischer Vorgänge durch abgeschiedenes Gestein ersetzt. Der Vorgang der Versteinerung ist dann abgeschlossen. Bei anderen Organismen können auch Panzer oder Gehäuse versteinern.

Aber weshalb findet man solche Versteinerungen auf dem Land und manchmal in größerer Tiefe? Die Ursache dafür ist, dass sich im Lauf von Jahrmillionen über dem Fossil langsam weitere Gesteinsablagerungen bilden können. Wenn sich ein solches Gebiet langsam hebt und schließlich über den Meeresspiegel herausragt, ist das abgelagerte Gestein den Klimaeinflüssen ausgesetzt und kann verwittern. Auf diese Weise werden immer wieder Fossilien mehr oder weniger freigelegt, die dann nur noch gefunden werden müssen.

Bei der Entdeckung der ersten Fossilien war den Forschern nicht klar, dass es sich dabei um Spuren von Lebewesen handelte. Manche Fossilien, wie Belemniten, Ammoniten oder Trilobiten, zeigen keine Ähnlichkeiten zu heutigen Lebewesen. Auch konnte man sich früher nicht vorstellen, dass sich die Tier- und Pflanzenwelt im Laufe der Zeit verändert haben könnte. Durch den Vergleich mit heute lebenden Tieren und Pflanzen weiß man sicher, dass Fossilien Überreste früherer Lebewesen sind.

Vom Wasser zum Land

Herstellung von Fossilien

Man kann keine echten Fossilien herstellen, denn sie können nur auf natürlichem Wege entstehen. Allerdings lassen sich die Vorgänge, die zur Entstehung von Fossilien geführt haben, modellhaft nachahmen. Wir arbeiten also mit Modellfossilien.

Besorge dir dazu Laubblätter und Muschelschalen, Schneckengehäuse oder Knochen von Hühnchen. Diese Objekte eignen sich gut als Modellfossilien.

Material:
Gips, Kies, Sand, Wasser, leere 1-Liter-Getränketüte (Tetrapack), großer Spatel, Mischgefäß (z. B. 500-ml-Jogurtbecher), 100-ml-Messzylinder, Vaseline, Hammer.

Durchführung:
Nimm drei Objekte, die du als Modellfossilien vorgesehen hast. Streiche davon zwei gut von allen Seiten mit Vaseline ein. Entferne den oberen Teil einer Getränketüte, sodass ein offenes Gefäß entsteht.

Stelle die Mischung 1 zusammen: Fülle dazu in das Mischgefäß 50 ml Gips, 50 ml Kies und gib unter Rühren etwa 40 bis 60 ml Wasser zu. Durchmische die Zutaten gründlich, bis ein zähflüssiger Brei entsteht.

Gieße diese Mischung 1 in die Getränketüte und warte kurz, bis die Oberfläche leicht verfestigt ist. Lege jetzt ein Modellfossil mit Vaselineschicht und eines ohne Vaselineschicht darauf. Stelle nochmals die Mischung 1 zusammen und gieße sie darüber (die Mischung 1 muss zweimal hergestellt werden, da sie sehr schnell aushärtet).

Fertige nun die Mischung 2 an: Gib dazu in das Mischgefäß 50 ml Gips, 50 ml roten Sand oder Erde und schütte unter Rühren etwa 50 bis 70 ml Wasser dazu. Gieße dann die Mischung 2 in die Getränketüte. Lege das dritte Objekt darauf, wenn die Oberfläche leicht verfestigt ist.

Fertige nochmals die Mischung 2 an und gieße sie darüber. Lasse nun den Gipsblock in der Tüte mehrere Tage gut durchtrocknen.

Aufgaben

① Entferne die Getränketüte vom Gipsblock und kratze anschließend mit einem Messer oder einem Spatel flach von oben bis unten seitwärts über eine Oberfläche des Gipsblocks. Betrachte die freigekratzte Seitenfläche. Beschreibe und notiere ihr Aussehen.
Welcher natürliche Vorgang im Zusammenhang mit der Bildung von Fossilien wurde durch das Einbringen der Mischungen in die Getränketüte nachgeahmt?
② Welchen natürlichen Verhältnissen entspricht die Verwendung verschiedener Mischungen?
③ Klopfe mit dem Hammer sanft, dann immer stärker auf den Gipsblock, bis er zerspringt. An welchen Stellen bricht er besonders leicht?
④ Suche nach deinen „Fossilien" und lege sie frei. Welche Funktion hat die Vaseline?
⑤ Beschreibe, weshalb man richtige Fossilien nicht so leicht freilegen kann wie unsere Modellfossilien.
⑥ Als Fossilien bezeichnet man nicht nur Reste von Lebewesen. Zu Fossilien zählen auch Spuren verstorbener Lebewesen.
Findest du solche Spuren in deinem Gipsblock?

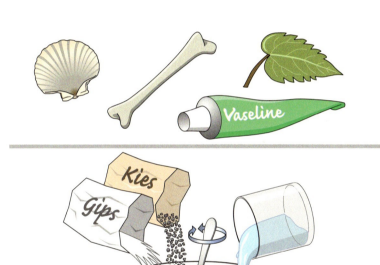

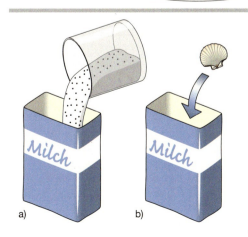

a)   b)   c)

Vom Wasser zum Land

Die Entwicklung des Lebens auf der Erde — ein Überblick

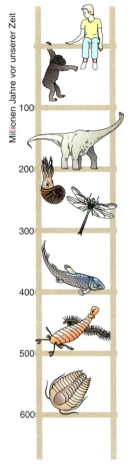

Aufgabe

① Wie lang müsste die Leiter bei dem angegebenen Maßstab gezeichnet werden, wenn sie bis zur Entstehung der Erde zurückreichen sollte?

Das Alter der Erde wird auf 4,6 bis 4,8 Mrd. Jahre geschätzt. In der **Frühzeit** war die Erde unbelebt. Sie musste zunächst abkühlen, bis sich an der Oberfläche eine feste Kruste gebildet hatte. Später entstanden Meere, in denen dann die Bedingungen herrschten, unter denen Leben möglich wurde.

Die ältesten Lebensspuren, die zur Zeit bekannt sind, stammen aus Gesteinen, deren Alter auf mehr als 3,5 Milliarden Jahre geschätzt wird. Es sind mikroskopisch kleine, kugelförmige Einzeller, in denen auch Reste von Chlorophyll gefunden wurden. Diese *Blaualgen* waren also pflanzliche Organismen und konnten Fotosynthese betreiben. Da die Zellen schon einen relativ komplexen Aufbau zeigen, muss man annehmen, dass es vorher bereits einfachere Lebensformen gab. Es waren wahrscheinlich bakterienähnliche Organismen, die ebenfalls im Meer lebten. Diese *Urbakterien* sind sicherlich schon mehrere Millionen Jahre vorher entstanden. Deshalb kann man den Beginn des Lebens und damit die Urzeit der Erde vor rund 3,5 bis 4 Milliarden Jahren annehmen.

Aus dem **Präkambrium**, das erst 600 Millionen Jahre vor unserer Zeit endete, sind nur wenige Fossilien erhalten. Neben einzelligen Organismen haben aber mit Sicherheit schon einfach gebaute vielzellige Pflanzen und Tiere, z. B. *Algen* und *Quallen*, in den Urmeeren dieses Erdzeitalters gelebt.

Mit dem **Kambrium** (vor 600—500 Mio. Jahren) beginnt die Zeit der Ablagerungen von Fossilien in größerer Zahl. Man weiß daher, dass damals alle Tierstämme außer den Wirbeltieren bereits vorhanden waren.

Im **Ordovizium** (vor 500—440 Mio. Jahren) traten mit den kieferlosen *Panzerfischen* die ersten Wirbeltiere auf.

Ein wichtiger Schritt in der Entwicklung der Lebewesen fand im **Silur** (vor 440—400 Mio. Jahren) statt: Erste Pflanzen *(Nacktfarne)* und Tiere *(urtümliche Skorpione und Tausendfüßer)* besiedelten das Land.

Im **Devon** (vor 400—350 Mio. Jahren) traten neben vielen Fischen auch die Vorläufer der Landwirbeltiere auf. Erste *Insekten* eroberten den Luftraum. In Gesteinen des späten Devon wurden die Überreste von *Ichthyostega*, einem fischähnlichen Amphibium gefunden.

In der Pflanzenwelt hatten nun *Farne, Schachtelhalme* und *Bärlappgewächse* die Nacktfarne abgelöst. Sie bildeten im **Karbon** (vor 350—270 Mio. Jahren) die riesigen Wälder, aus denen unsere heutige Steinkohle entstand. Unter den Tieren sind *Dachschädler, Riesenlibellen* mit bis zu 80 cm Flügelspannweite und erste *Reptilienformen* typisch.

Reptilien und Nacktsamer waren bei ihrer Fortpflanzung vom Wasser unabhängig geworden. Sie konnten deshalb im **Perm** (vor 270—225 Mio. Jahren) auch trockenere Lebensräume besiedeln.

Für die **Trias** (vor 225—180 Mio. Jahren) ist die starke Verbreitung und Zunahme der Artenvielfalt der Reptilien charakteristisch. *Nadelbäume* traten an die Stelle der urtümlichen Pflanzengruppen. Vorläufer der Säugetiere nahmen eine Zwischenstellung zwischen Reptilien und den erst später auftretenden Säugern ein.

Fischsaurier, Flugsaurier und *Landsaurier* beherrschten im **Jura** (vor 180—135 Mio. Jahren) alle Lebensräume. Die *Dinosaurier* entwickelten sich zu den größten Landwirbeltieren aller Zeiten. Wie unscheinbar waren dagegen die kleinen *Urvögel* und *Ursäuger*! Feder- bzw. Haarkleid deuten auf eine gleichmäßige Körpertemperatur hin. Dadurch konnten sie sogar in der Kühle der Nacht auf Nahrungssuche gehen, wenn Feinde, wie z. B. die wechselwarmen unter den Sauriern, fast starr vor Kälte waren.

In der **Kreide** (vor 135—65 Mio. Jahren) lebten die ersten echten *Vögel*. Durch Beuteltiere, Halbaffen und Insektenfresser waren die *Säugetiere* vertreten. Vorherrschende Tiergruppe blieben nach wie vor die *Saurier*, die allerdings aus noch nicht sicher geklärter Ursache am Ende der Kreidezeit von der Erdoberfläche verschwanden.

Nach dem Aussterben vieler Tiergruppen am Ende der Kreide entwickelten sich Säugetiere und Vögel während des **Tertiärs** (vor 65 bis 2 Mio. Jahren) zu großer Formenvielfalt. Gegen Ende dieser Zeit begann die Evolution menschenähnlicher Lebewesen.

Das **Quartär** (seit 2 Mio. Jahren) ist die Epoche, in der wir heute leben. Sie ist gekennzeichnet durch Wechsel von Warm- und Eiszeiten. Erst im Quartär beginnt mit der Gattung *Homo* die Entwicklung des *Menschen*.

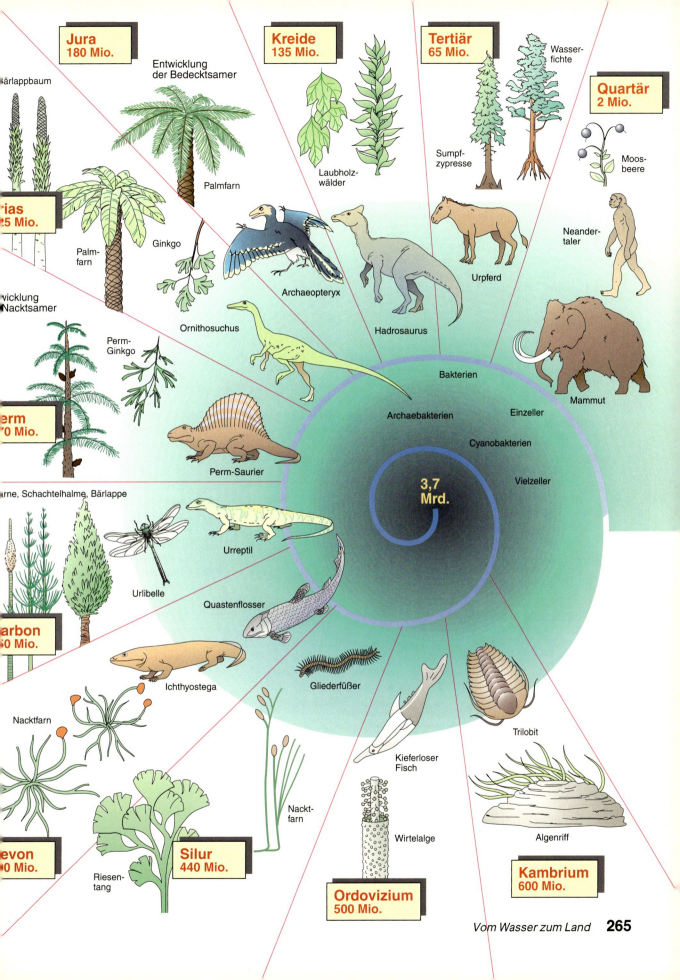
Vom Wasser zum Land

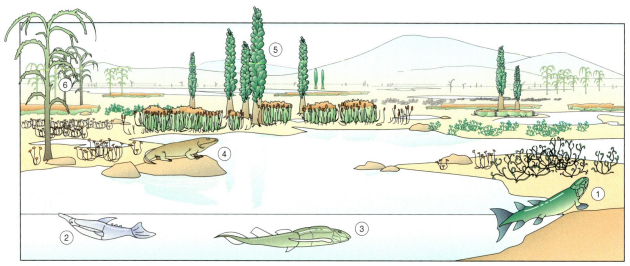

1 Küstenlandschaft vor 350 Mio. Jahren

① Quastenflosser „Eusthenopteron"
② Kieferloser Fisch „Pteraspis"
③ Panzerfisch „Bothriolepis"
④ Urlurch „Ichthyostega"
⑤ Duisbergia (Bärlapp- oder Farngewächs)
⑥ Archaeosigillaria (Baumtyp)

Vom Wasser zum Land

Die Erde entstand vor mehr als 4,5 Mrd. Jahren, aber erst 4 Mrd. Jahre später wurde das Land aus dem Wasser heraus besiedelt. Während dieser Zeit kühlte sich die Erde ab und die Urozeane entstanden. In diesen sollen sich die ersten einzelligen Lebewesen entwickelt haben, aus denen sehr langsam nach und nach höhere, komplizierter gebaute Organismen, wie Pflanzen und Tiere, entstanden. Doch darüber weiß man nur sehr wenig, da es von den Lebewesen, die vor etwa 600 Millionen Jahren lebten, nur wenige Spuren gibt. Man weiß nur, dass es unter den ersten einfachen vielzelligen Pflanzen und Tieren *Algen* und *Quallen* gab. Von den Lebewesen, die danach entstanden sind, hat man zahlreiche Informationen durch *Fossilien*. Das sind Reste oder Spuren von Organismen, die vor langer Zeit gelebt haben und bis heute erhalten geblieben sind, z. B. als *Versteinerungen*. Daher ist man sicher, dass in der Zeit vor 600 bis 500 Mio. Jahren bereits bis auf die Wirbeltiere alle Tierstämme existierten.

Fossiler Quastenflosser

Die ersten Wirbeltiere entstehen

Erst danach entwickelten sich also die ersten *Wirbeltiere*. Dazu gehörten die *Panzerfische*. Diese drangen als erste Wirbeltiere aus dem Meer in das Süßwasser (Flüsse und Seen) vor. Später entstanden *Quastenflosser* und *Lungenfische*, die zum ersten Mal ein knöchernes Innenskelett ausbildeten. Neben ihren Kiemen besaßen sie außerdem einfach gebaute Lungen. Dadurch waren sie befähigt, auch in sehr flachem, sauerstoffarmen Wasser zu überleben, nachdem durch Austrocknung der Wasserspiegel stark gesunken war. Die meisten Forscher glauben heute, dass es damals Quastenflosser waren, die als Fische sogar über Land gingen und zum Beispiel einen anderen Tümpel suchten, wenn das bisherige Wohngewässer ganz ausgetrocknet war. Denn sie besaßen von Knochen gestützte Brust- und Bauchflossen, die vielleicht für kurze Zeit als Beine an Land benutzt werden konnten.

Erste Wirbeltiere besiedeln das Land

Aus der Zeit der Quastenflosser lassen sich auch Fossilien der ersten Landpflanzen nachweisen. In den Gezeitenzonen der Meere oder dort, wo sich durch Bildung neuer Gebirge der Wasserspiegel langsam änderte, konnten sich wahrscheinlich einige Pflanzenarten behaupten, die von hier aus allmählich das Festland besiedelten. Im Gewirr von Flussarmen, Sümpfen, Tümpeln und Schwemm-

1 Waldmoor vor 300 Mio. Jahren

① Breitschädellurch
② Panzerlurch
③ Stammreptil
④ Urlibelle „Meganeura"
⑤ Siegelbäume „Sigillaria"
⑥ Schachtelhalme „Calamitina"
⑦ Schuppenbäume „Lepidodendron"
⑧ mit Lianenart

land mit reichem Pflanzenbewuchs gab es nun auch für Landtiere gute Lebensmöglichkeiten. Sie ernährten sich von Tausendfüßern, Schaben, Fliegen, Skorpionen, Spinnen und Libellen. In einem solchen Lebensraum fanden *Lurche* ideale Lebensbedingungen. So ist es sicher kein Zufall, dass es Fossilfunde von vor etwa 350 Mio. Jahren gibt, welche die ersten Landwirbeltiere zeigen. Dazu gehört der Fischschädellurch *Ichthyostega*. Bei diesem Tier zeugen viele Körpermerkmale davon, dass seine Vorfahren Fische waren.

In vielen Merkmalen gleicht der Fischschädellurch dem Quastenflosser. Wie der Quastenflosser hatte er Hautschuppen, Seitenlinienorgane am Kopf und einen Flossensaum am Schwanz. Allerdings war Ichthyostega ein *Vierfüßer*. Seine Beine waren über die Beckenknochen bzw. den Schultergürtel mit der Wirbelsäule verbunden. Im Erwachsenenzustand fehlten ihm die Kiemen, obwohl er wahrscheinlich die meiste Zeit im Wasser verbrachte. Ein solches Tier, welches Merkmale zweier Tierklassen besitzt, nennt man *Brückentier*.

Das Land wird dauerhaft besiedelbar

Die ersten Lurche waren sicher noch sehr stark an das Wasser gebunden, da sie kaum gegen Austrocknung geschützt waren. Das feuchtwarme Klima der damaligen Zeit begünstigte andererseits den Aufenthalt an Land. Dort breiteten sich weite Sumpflandlandschaften mit üppigem Bewuchs aus. In dieser Zeit entwickelten sich nach und nach die heute lebenden Lurche, aber bereits vor etwa 330 Mio. Jahren auch die ersten *Kriechtiere*.

Die ersten Kriechtiere legten ihre Eier nicht mehr wie die Lurche ins Wasser. Die Eier besaßen eine feste Schale, die sie vor Austrocknung besser schützte. Damit waren die Kriechtiere als eine neue, weitere Tiergruppe entstanden, die zur Fortpflanzung nicht mehr das Wasser aufsuchen mussten wie die Lurche. Sie konnte deswegen große Teile des Festlandes, sogar die Wüsten, erobern. Das zeigen uns die heute noch lebenden Kriechtiere (Echsen, Schlangen, Schildkröten und Krokodile). Die bekanntesten Vertreter der Kriechtiere waren die *Saurier*, die bis zu ihrem Aussterben fast alle Lebensräume besiedelten. Aus Saurier-Vorfahren entwickelten sich bereits vor etwa 200 Mio. Jahren die ersten *Säugetiere* und *Vögel*. Deren heute lebende Nachfahren konnten sich nach dem Aussterben der Saurier in einer großen Vielfalt entwickeln und besiedeln heute ebenfalls fast alle Lebensräume der Erde.

Ichthyostega

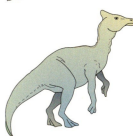

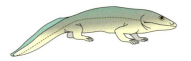

Vom Wasser zum Land

Impulse

Saurier
Echsen aus der Urzeit

Fossilien – Zeugnisse aus der Vergangenheit

Woher weiß man, dass es Saurier gab? Woher weiß man, wie sie aussahen? Die einzigen Hinweise auf ihre Existenz haben wir durch *Fossilien*. Meistens handelt es sich um versteinerte Skelettteile. Manchmal werden aber auch fast vollständige Skelette gefunden. Aber auch versteinerte Fußabdrücke und Nester sind erhalten geblieben.

Meistens befinden sich die Knochen bei einem Fossilfund nicht mehr in der richtigen Lage zueinander. Trotzdem ist es häufig möglich, die Lage der Knochen zueinander und die richtige Körperhaltung zu rekonstruieren. Kannst du dir vorstellen, mithilfe welcher Merkmale dieses möglich sein könnte. Vergleiche dazu auch mit der Körperhaltung und den Skeletten lebender Tiere, z. B. einer Eidechse und einem Hund.

Obwohl die Saurier längst ausgestorben sind, kennt sie doch jeder. Viele sind fasziniert vom Anblick eines Saurierskeletts in einem Museum, vor allem, wenn es von einem der ganz großen Saurier stammt, die eine Körperlänge von über 20 Metern erreichen. Ganz unwillkürlich stellt sich die Frage, wie die Saurier gelebt haben mögen. Diese Frage hat die Phantasie der Menschen so stark beflügelt, dass die Saurier in einer Reihe von Filmen die Titelhelden waren.

Weißt du, wie Fossilien entstehen? Wann lebten Saurier und wo lebten sie? Antworten darauf findest du z. B. in einem Lexikon oder in einem Museum, in dem ausgestorbene Tiere zu sehen sind.

Oft gibt es zwischen den Sauriern und heute lebenden Tieren Ähnlichkeiten in der Lebensweise und der Fortbewegung. Suche nach Beispielen.

Vielfalt der Saurier

Saurier haben viele Millionen Jahre lang das Leben auf der Erde weitgehend beherrscht. Das Land wurde von einer Vielzahl von Dinosauriern besiedelt. Es gab kleine, vogelgroße, aber auch riesige Arten, die entweder Pflanzenfresser oder gefährliche Raubtiere waren. Sie bewegten sich als Vierbeiner, aber auch als Zweibeiner fort. Außerdem existierten viele wasserlebende Saurier, aber auch Flugsaurier.

Suche Abbildungen von Sauriern und notiere ihren Namen. Versuche sie zu ordnen und herauszufinden, wann und wo sie lebten.

268 *Vom Wasser zum Land*

Lebensraum und Lebensweise

Die Wissenschaftler nehmen an, dass im Zeitalter der Dinosaurier das Klima wärmer und ausgeglichener war als heute. Eine üppige Pflanzenwelt konnte dadurch gedeihen. Kannst du dir vorstellen, warum das die Grundlage für die großen Pflanzenfresser unter den Sauriern war, aber auch für die großen und schnellen Räuber, die von ihnen lebten?

Aus den Nestern, die man gefunden hat, hat man den Schluss gezogen, dass es zumindest bei einigen Saurierarten *Brutpflege* gab. Suche zum Vergleich nach heute lebenden Tieren, die Brutpflege betreiben.

Das Aussterben der Saurier

Dass die Saurier vor ungefähr 65 Mio. Jahren ausgestorben sind, weiß man ziemlich sicher. Über die Ursachen dafür gibt es keine gesicherten Erkenntnisse.

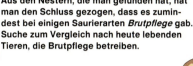

Stelle zusammen, was du über die Lebensweise als Jäger und Gejagte erfahren kannst. Welche Möglichkeiten zur Verteidigung hatten die Gejagten?

Viele Wissenschaftler glauben, dass eine weltweite Abkühlung zu einer Verschlechterung der Lebensbedingungen für die Saurier geführt hat. Der Einschlag eines großen Meteoriten oder heftige Vulkanausbrüche könnten zusätzlich die Lebensbedingungen für die Saurier so stark verschlechtert haben, dass sie schließlich ausstarben.

Heute ist man sich sicher, dass unsere Vögel aus Sauriervorfahren hervorgegangen sind. Ein wichtiger Beleg für diese Annahme ist der Urvogel Archaeopteryx, den man als Versteinerung gefunden hat.

Saurier – Vorfahren der Vögel

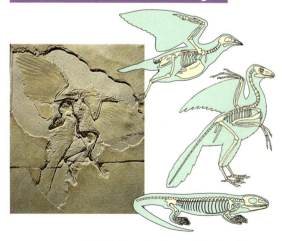

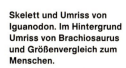

Skelett und Umriss von Iguanodon. Im Hintergrund Umriss von Brachiosaurus und Größenvergleich zum Menschen.

Der Archaeopteryx ist zwar kein direkter Vorfahre unserer heutigen Vögel, aber er besitzt Merkmale von zwei Tiergruppen: Von den zu den Reptilien gehörenden Sauriern und von den Vögeln. Vergleiche.

Vom Wasser zum Land

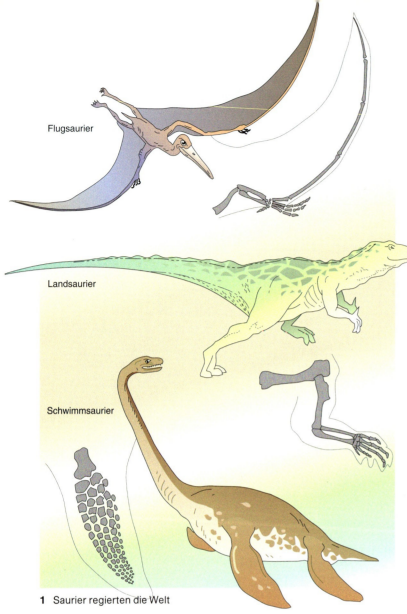

1 Saurier regierten die Welt

sich über alle Erdteile ausbreiten, weil diese damals noch zusammenhingen und einen einzigen Urkontinent bildeten. Deshalb können wir heute die Spuren der ersten Saurier in allen Erdteilen finden. Später zerbrach der zusammenhängende Urkontinent in die heutigen Kontinente, die sich langsam auseinander bewegten.

Diese riesigen Lebensräume boten den Sauriern vielfältigste Umweltbedingungen und Lebensmöglichkeiten. Das ermöglichte die Entstehung ganz unterschiedlich angepasster Saurier. Aus relativ wenigen Arten entstand eine große Anzahl von Saurierarten, die fast alle Lebensräume besiedelten. Es gab neben den land- auch wasser- und luftlebende Saurierarten mit den vielfältigsten Ernährungsweisen, zum Beispiel Allesfresser oder spezialisierte Pflanzen- und Fleischfresser. Die jeweiligen Angepasstheiten an die unterschiedlichen Fortbewegungs- und Ernährungsweisen erkennt man an Merkmalen im Körperbau. So hat sich die ursprüngliche Form des Arm- bzw. Beinskeletts mehr oder weniger deutlich abgewandelt, zum Beispiel zu flossenförmigen Fortbewegungsorganen.

Am Ende der Kreidezeit, vor etwa 65 Mio. Jahren, starben die Saurier innerhalb relativ kurzer Zeit aus. Das ist erstaunlich, immerhin hatten die Saurier doch zuvor über 150 Mio. Jahre lang die Erde bevölkert und beherrscht. Viele Wissenschaftler gehen heute von einer furchtbaren Naturkatastrophe durch einen Meteoriteneinschlag im heutigen Mexiko aus. Er soll einen Großteil des damaligen Lebens ausgelöscht haben. Unabhängig davon, ob diese oder eine andere Hypothese über das Aussterben der Saurier richtig ist, steht fest, dass auch andere Organismenarten das Ende der Kreidezeit nicht überlebten. An die neuen Umweltbedingungen waren diese wie auch die Saurier nicht mehr angepasst. Der Niedergang der bis dahin die Erde beherrschenden Saurier schuf die Voraussetzungen dafür, dass die Säugetiere neue Lebensräume besiedeln und die große Vielfalt ausbilden konnten, wie wir sie heute kennen.

Reptilien der Kreidezeit

Im Erdmittelalter, vor allem in der *Kreidezeit* (vor 135 bis 65 Millionen Jahren), hatten die Reptilien mit den *Sauriern* den Höhepunkt ihrer Entwicklung erreicht. Sie waren die beherrschenden Organismen auf dem Land, in der Luft und auch im Wasser. Die Zahl der verschiedenen Saurierarten war größer als die der heute lebenden Säugetiere. Säugetiere und Vögel gab es damals zwar auch schon, aber sie spielten noch eine untergeordnete Rolle.

Alle Saurier gehen auf kleine, eidechsenartige Vorfahren zurück, die im Karbon lebten. Vor 180 bis 225 Mio. Jahren, in der Trias, gab es die ersten Saurier. Die Saurier konnten

Aufgabe

① Informiere dich über die Vielfalt der Saurier. Stelle in einer Tabelle Daten zu mehreren Sauriern übersichtlich zusammen (Größe, Vorkommen, Angepasstheiten an Fortbewegung, Lebensweise und Lebensraum, Zeitalter …).

Vom Wasser zum Land

Lebende Zeugen der Evolution

Quastenflosser und Lungenfisch — zwei lebende Fossilien

Bis 1938 war man der Meinung, dass **Quastenflosser** vor ca. 65 Mio. Jahren, etwa gleichzeitig mit den Sauriern, ausgestorben seien, bis ein Fischkutter vor der Ostküste Südafrikas einen bisher nicht gesehenen Fisch mitbrachte. Der Fang war für die Biologen eine Sensation, hatten sie doch nun ein echtes Exemplar der Fischgruppe in den Händen, aus der die Amphibien hervorgegangen sein sollten. Seine Körperbaumerkmale glichen denen der fossilen Quastenflosser sehr stark. Offenbar hatte sich die gefundene Art der Gattung *Latimeria* seit Jahrmillionen fast gar nicht verändert, man hatte ein *lebendes Fossil* entdeckt. Latimeria ist allerdings mit einer Länge von 1,8 Metern größer als viele der fossilen Formen, lebt im Meer und nicht im Süßwasser. Fossile Quastenflosser besaßen eine Lunge, während Latimeria eine mit Fett gefüllte Lunge besitzt.

Zu den lebenden Fossilien zählt ein weiterer Fisch, der **Australische Lungenfisch**. Dieser besitzt eine Lunge, die an der Stelle entspringt, an der

sich die Schwimmblase der später entstandenen Knochenfische befindet. Da seine Kiemen für die Atmung nicht ausreichen, muss der Fisch in regelmäßigen Abständen an der Wasseroberfläche seine Lunge mit Luft füllen.

Das Schnabeltier — ein Säugetier

1791 tauchte zum ersten Mal in Europa ein Tier mit einem Fell und einem Schnabel auf. Man dachte zunächst an einen Scherz, denn Säugetiere mit dem sie kennzeichnenden Fell kannte man bisher nicht mit einem Schnabel. Erst Untersuchungen an vollständigen Tieren und Beobachtungen dieser **Schnabeltiere** in ihrer australischen Heimat brachten Licht ins Dunkel. Das Schnabeltier besitzt noch sehr ursprüngliche Merkmale, die denen von Reptilien ähneln. Kot, Harn und beim Weibchen die Eier verlassen den Körper durch eine einzige Öffnung, die *Kloake*. Die Eier sind zudem dotterreich und weichschalig. Auch an verschiedenen Stellen des Skeletts konnte man Ähnlichkeiten mit Reptilien nachweisen. Dies deutet man als einen Hinweis auf die Abstammung der Säugetiere von Reptilien. Andererseits besitzen Schnabeltiere jedoch eindeutig Merkmale der Säuger: ein Fell, Milchdrüsen (allerdings ohne Zitzen) und eine gleich bleibende Körpertemperatur. Die aus den Eiern schlüpfenden,

sehr kleinen Jungtiere klammern sich im Bereich der Milchdrüsen im dichten Haar fest und wachsen schnell heran.

Der Schlammspringer — ein Grenzgänger zwischen Wasser und Land

Die **Schlammspringer** besiedeln die tropischen Küsten Afrikas, Asiens und Australiens. Ihr Lebensraum ist den Gezeiten ausgesetzt. Während der Ebbe fällt der Schlickboden trocken. In dieser Zeit sind die Schlammspringer aktiv und suchen ihre Nahrung. Während der Flut wird der Boden wieder vom Meerwasser und darin enthaltener Nahrung überspült. In dieser Zeit halten sich viele Arten an Land auf. Manche besitzen zu einem Saugnapf umgewandelte Bauchflossen, mit dem sie sich auf dem Untergrund festsetzen. Während der Aktivitätsphase robben Schlammspringer auf dem Schlick hin und her, indem sie ihre verstärkten Brustflossen als „Gehwerkzeuge" benutzen. Ab und zu machen sie Luftsprünge, indem sie sich mit der Schwanzflosse vom Boden abdrücken. Oder sie wälzen ihren Körper in Gezeitenpfützen und halten ihn dadurch feucht.

Schwimmt der Schlammspringer unter Wasser, erkennt man, dass er trotz seiner amphibischen Lebensweise ein Fisch ist. Flossen und Kiemendeckel sind gut zu erkennen. An Land verkleben die Kiemenblättchen, sodass die Atmung nicht mehr hinreichend möglich ist. Diese Schwierigkeit meistert der Fisch, weil er einen geringen Feuchtigkeitsvorrat in seiner Kiemenhöhle mitnehmen kann. In dieser befinden sich sackartige Kammern, die stark durchblutet sind und auch ständig feucht gehalten werden. Neben dem Problem der Austrocknung und Fortbewegung hat der Schlammspringer somit auch das Problem der Atmung an Land gelöst. Er ist zwar nicht der Vorfahr der Landtiere, zeigt aber, wie beim Übergang vom Wasser- zum Landleben Anpassungen entstehen können.

Stammbaum der Wirbeltiere

Die genaue Untersuchung von *Fossilien* (z. B. Versteinerungen) hat gezeigt, dass Wirbeltiere bereits seit etwa 500 Mio. Jahren auf der Erde existieren.

Damals gab es ausschließlich *Fische*. Zu den ältesten Fischen gehören kieferlose Fische und Panzerfische, die es heute nicht mehr gibt. Ungefähr 100 Mio. Jahre später entwickelten sich die ersten Knorpelfische, Quastenflosser und Lungenfische, von denen es heute noch lebende Formen gibt. Die Knochenfische entstanden erst später. Vor über 350 Mio. Jahren entwickelten sich aus Fischvorfahren die ersten Lurche, aus diesen vor ungefähr 330 Mio. Jahren die ersten Kriechtiere, zu denen auch die vor ungefähr 270 Mio. Jahren auftauchenden Saurier gehörten. Aus ihnen gingen die heute lebenden Kriechtiere hervor, aber auch vor etwa 220 Mio. Jahren die ersten Säuger und vor etwa 195 Mio. Jahren die ersten vogelartigen Tiere, die heute in einer großen Vielfalt die Erde besiedeln.

Eine solche zeitliche Abfolge wird in einem Stammbaum auf der senkrechten Achse dargestellt, die im Laufe der Zeit auftretenden Veränderungen auf der waagerechten Achse. Der Stammbaum zeigt, dass alle Wirbeltiere auf einen *gemeinsamen Ursprung* zurückgehen. Alle Wirbeltiere stammen von Fisch-Vorfahren ab. Genaueren Aufschluss über die Entstehung einer neuen Wirbeltierklasse liefern *Brückentiere*, zum Beispiel der Urlurch Ichthyostega. Er besaß sowohl Fischmerkmale als auch Merkmale eines Lurches.

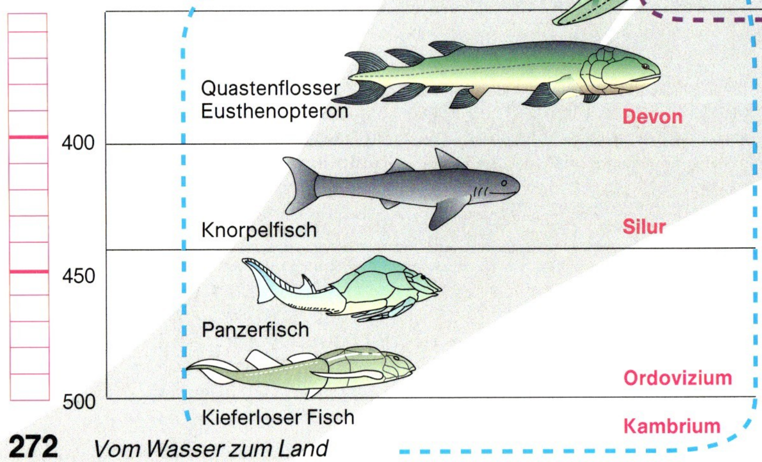

Klasse Fische, ca. 25 400 Arten

Klasse Lurche, ca. 3 000 Arten

Knochenfisch Cheirolepis
Stammreptil Hylonomus
Eupar
Urlurch Ichthyostega

Quastenflosser Eusthenopteron — Devon
Knorpelfisch — Silur
Panzerfisch
Kieferloser Fisch — Ordovizium / Kambrium

400
450
500

Entwicklungslinien

Die Entwicklung neuer Wirbeltierklassen war verbunden mit der Besiedlung neuer Lebensräume. Ausgehend vom Wasser haben sich über ufernahe Feuchtgebiete schließlich land- bzw. luftlebende Wirbeltiere entwickelt. Der Weg zurück ins Wasser war allerdings nicht unmöglich, wie das Beispiel der Pinguine, Robben und Wale zeigt. Die Eroberung neuer Lebensräume war gekoppelt mit der Entwicklung neuer Merkmale, durch die der Körper der Tiere an den jeweiligen Lebensraum angepasst ist.

Vom Wasser zum Land

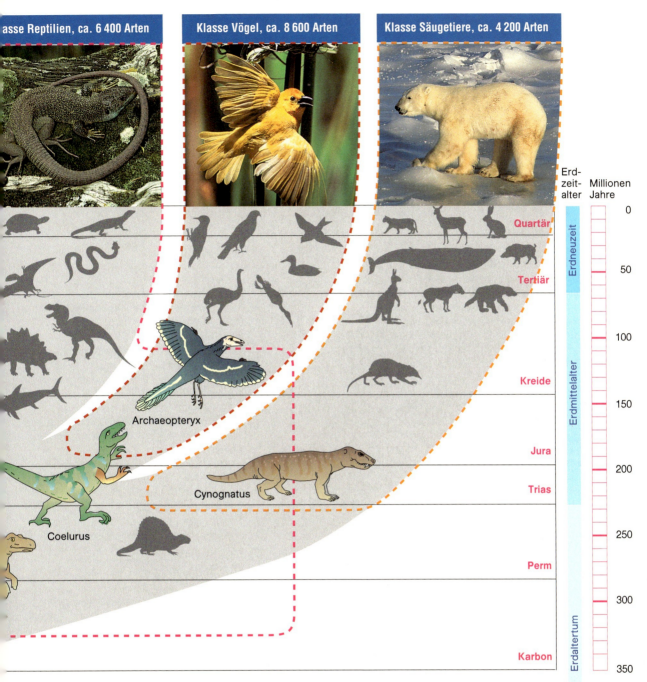

Fische sind vollständig an den Lebensraum Wasser gebunden. Ihre Fortbewegungsorgane (Flossen), Atmung (Kiemen), Fortpflanzung (äußere Befruchtung), Körperform und Körperbedeckung sind den entsprechenden Umweltbedingungen angepasst.

Die **Lurche** haben das Land erobert (4 Gliedmaßen, Lungen), sind aber bei der Fortpflanzung noch auf das Wasser angewiesen. In der Regel entwickelt sich das befruchtete Ei zu einer kiementragenden Larve, aus der erst nach der Verwandlung der zum Landleben befähigte Lurch entsteht.

Kriechtiere, Säuger und **Vögel** sind weitgehend vom Lebensraum Wasser unabhängig geworden. Ihre Fortpflanzung ist gekennzeichnet durch eine *innere Befruchtung*. Die Embryonen der Kriechtiere und Vögel entwickeln sich in festen Eischalen, die der Säuger im Mutterleib. Auch die Körper der Kriechtiere, Säuger und Vögel sind durch die Beschaffenheit der Haut und Körperbedeckung gut gegen Austrocknung geschützt. Wüstenbewohner, wie z. B. die Wüstenspringmaus, sind so gut gegen Austrocknung geschützt, dass sie kaum Wasser aufzunehmen brauchen.

Säuger und Vögel besitzen hoch entwickelte Lungen und Herz-Kreislauf-Systeme. Sie sind, im Gegensatz zu den übrigen, wechselwarmen Wirbeltieren, gleichwarm. Gegen Kälte schützt die Säuger das Fell und die Vögel das Federkleid. Die Gliedmaßen sind häufig spezialisiert und an die jeweilige Art der Bewegung angepasst. So besitzen zum Beispiel Robben flossenförmige Gliedmaßen. Diese und andere Anpassungen haben es ihnen ermöglicht, fast alle Lebensräume der Erde zu erobern, wie zum Beispiel die Pinguine die Antarktis und die Wale die Weiten der Meere.

Vom Wasser zum Land

5 Die Evolution des Menschen

Unsere nächsten Verwandten

Schimpansen erregen beim Besuch im Zoo immer wieder das besondere Interesse der Menschen, nicht zuletzt, weil wir in ihrem Verhalten menschenähnliche Züge erkennen. Mensch und Schimpanse sind sehr nah miteinander verwandt. Es ist sogar so, dass der Schimpanse mit dem Menschen näher verwandt ist als mit dem Gorilla oder dem Orang-Utan. Das bedeutet, dass Mensch und Schimpanse gemeinsame Vorfahren gehabt haben müssen. Menschen werden deshalb gemeinsam mit den Schimpansen und den übrigen Affen in die Ordnung der Herrentiere (Primaten) eingeordnet (Abb. 275.1). Der gemeinsame Vorfahr von Mensch und Schimpanse lebte vor über 5 Mio. Jahren. An dieser Stelle bildet der Stammbaum zwei neue Äste. Entsprechendes gilt für die übrigen im Stammbaum dargestellten Primatenarten. Man unterscheidet drei große Gruppen: Die Affen Afrikas, Asiens und Europas (Alte Welt), die Amerikas (Neue Welt) und Madagaskars (Halbaffen).

Mensch und Schimpanse im Vergleich

Das Skelett des *Menschen* ist an den aufrechten Gang angepasst. Der gewölbeförmige Fuß erlaubt einen federnden Gang und dämpft so die Erschütterungen beim Gehen und Laufen. Die Wirbelsäule ist doppelt S-förmig gekrümmt. Der Bau der Kniegelenke ermöglicht einen ständig aufrechten Gang.

Fuß

Schimpanse Mensch

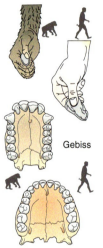

Hand

Gebiss

Das Hinterhauptsloch liegt in der Mitte der Schädelunterseite, sodass sich der Schädel bei aufrechter Körperhaltung in einer günstigen Schwerpunktlage befindet. Der Körperschwerpunkt liegt auf der Körperachse. Das schüsselförmige Becken kann die Last der Eingeweide gut aufnehmen. Die im Vergleich zu den Beinen kürzeren Arme tragen Hände, die universell einsetzbare Greifwerkzeuge sind. Der Unterarm ist um seine Längsachse drehbar. Da der Daumen jedem Finger der Hand gegenüber gestellt werden kann, ist ein *Präzisionsgriff* möglich.

Schimpansen sind Waldbewohner. Sie schwingen oder klettern geschickt von Ast zu Ast, manchmal springen sie auch. Die Arme können dabei gut in alle Richtungen bewegt werden. Am Boden gehen sie meist auf allen Vieren, wobei sie die längeren Arme mit den Fingerknöcheln abstützen (Knöchelgang). Der Kopf wird von der kräftigen Nackenmuskulatur gehalten. Das Hinterhauptsloch liegt weit hinten am Schädel. Selten erheben sich Schimpansen, sodass sie aufrecht auf zwei Beinen gehen. Das geschieht dann, wenn sie zum Beispiel Früchte mit den Händen tragen und diese an einen anderen Ort transportieren. Beim Laufen auf zwei Beinen ist der Körper gebeugt. Knie- und Hüftgelenk sind dabei abgeknickt. So bleiben die Füße unterhalb des Körperschwerpunktes und ein Umkippen wird verhindert.

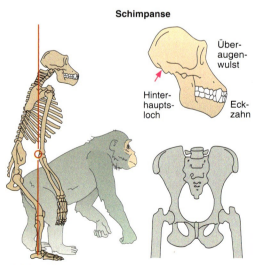
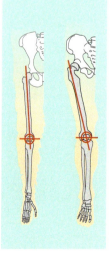
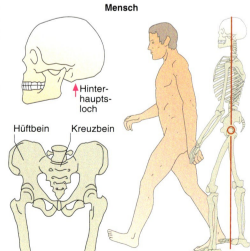

1 Vergleich von Skelettmerkmalen von Schimpanse und Mensch

Vom Wasser zum Land

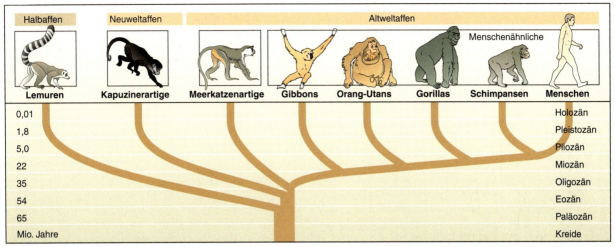

1 Stammbaum der Primaten

2 Schimpansen

Beim Klettern stellen Schimpansen nicht nur den Daumen den anderen Fingern, sondern auch die große Zehe den anderen Zehen gegenüber. So können sie mit Händen und Füßen Äste umgreifen *(Greifhand* und *Greiffuß)*. Dadurch sind Schimpansen an das Leben in Bäumen angepasst, auf denen sie Früchte und Blätter suchen und Schutz finden. Kleinere Gegenstände werden zwischen Daumen, Zeige- und Mittelfinger gefasst. Im Unterschied zum Menschen halten Schimpansen den Gegenstand dabei nur seitlich am Daumen, nicht mit der Daumenkuppe (Abb. Mittelspalte S. 274). Die Hände eignen sich zum einfachen Werkzeuggebrauch. So angeln wild lebende Schimpansen mittels eines passenden Halmes zum Beispiel Termiten. Einige Schimpansengruppen sind sogar in der Lage, Nüsse zu knacken. Dazu benutzen sie eine harte Unterlage als Amboss, auf dem sie die Nuss mit einem Knüppel oder Stein als Hammer zerschlagen, um an den schmackhaften Inhalt zu kommen. Die Jungen lernen dieses von der Mutter.

Charakteristisch für den Schädel des Schimpansen sind die vorspringende Schnauze und die *Überaugenwülste*. Am Unterkiefer und den Schläfen findet man Ansatzstellen für die kräftige Kaumuskulatur. Im Gebiss ragen die großen und spitzen Eckzähne heraus, wobei jeweils im gegenüber liegenden Kiefer eine Zahnlücke vorhanden ist. Die Eckzähne sind gefährliche Waffen.

Das Gehirn des Schimpansen ist mit etwa 400 cm^3 im Vergleich zu anderen Säugetieren gleicher Größe groß und weit entwickelt — eine Voraussetzung für das umfangreiche Sozialverhalten dieser Tiere. Sie leben in Gruppen, in denen sich alle Mitglieder persönlich kennen und in denen es eine Rangordnung gibt. Der Verständigung dient eine Vielzahl verschiedener Laute und Gebärden. Das Verhalten des Schimpansen setzt sich aus angeborenen und einem sehr großen Teil erlernter Elemente zusammen. Das zeigt die lange Kinder- und Jugendzeit von etwa 8 Jahren.

Aufgabe

① Vergleiche mithilfe des Textes und den Abbildungen die Merkmale von Mensch und Schimpanse. Stelle sie in einer Tabelle gegenüber.

Vom Wasser zum Land

Lucy — ein Vorfahr des Menschen

Einen der bedeutendsten Funde zur Stammesgeschichte des Menschen machte der Amerikaner Donald Johanson. Er entdeckte mit seiner Arbeitsgruppe im Jahre 1974 im Wüstengebiet des Afar-Dreiecks im südlichen Äthiopien einen Schädel und in nächster Nähe weitere Knochen, die alle von demselben Skelett stammten. Das Alter der Knochen von über 3 Mio. Jahren und der Bau des Skeletts ließen vermuten, dass dieses Lebewesen wahrscheinlich zu unseren ältesten Vorfahren gehörte. Die Forscher tauften ihren Fund nach einem Beatles-Song *Lucy*. Mit einer Beschreibung der Knochenfunde gibt sich ein Wissenschaftler aber nicht zufrieden. Er stellt weitere Fragen:
— Wie sah Lucy aus?
— Ging sie aufrecht?
— Wovon ernährte sie sich?
— Zu welchen Leistungen war sie fähig?
— Benutzte sie Werkzeuge?

Bei der *Rekonstruktion* eines fossilen Lebewesens bringt man die gefundenen Skelettteile zunächst in die richtige Lage zueinander. Fehlende Knochen werden durch nachgebildete Teile aus plastischem Material ergänzt. Aus Lage und Größe der Muskelansatzstellen auf dem Knochen kann die Muskulatur rekonstruiert werden. Binde- und Fettgewebe werden ergänzt, die vermutliche Farbe der Haut und die Art der Behaarung hinzugefügt. Je mehr Funde es von einer Art gibt, desto weniger Fehler enthält die Rekonstruktion. Weitere Untersuchungen ergänzen das Bild: Die Messung des Schädelvolumens gibt Hinweise auf die Gehirngröße, das Gebiss lässt Rückschlüsse auf die Ernährung zu, Baumerkmale des Beckens und Kniegelenks sowie die Lage des Hinterhauptsloches sind Indizien für die Art der Fortbewegung. Gibt es außerdem Bearbeitungsspuren an Knochen oder Funde von Werkzeugen und Waffen, sind genauere Rückschlüsse auf die Leistungen unserer Vorfahren möglich.

Lucy hatte bereits den ersten Schritt zur Menschwerdung vollzogen: Sie ging aufrecht und hatte ein etwas größeres Gehirnvolumen als der heute lebende Schimpanse. Lucy ist ein früher Vertreter der Menschenartigen *(Hominiden)* und wird heute der Art *Australopithecus afarensis* zugeordnet. Neben Lucy wurden viele weitere Fossilien früher Hominiden entlang des ostafrikanischen Grabenbruchsystems gefunden, die unseren Vorfahren zugeordnet werden können.

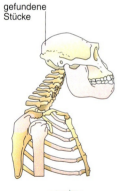
gefundene Skelettteile von Lucy

gefundene Stücke

Rekonstruktion von Lucy

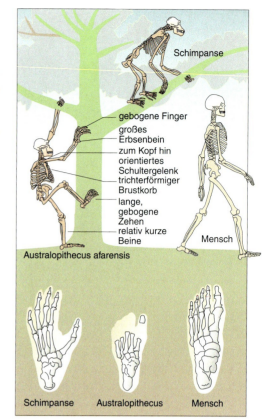

1 Angepasstheit des Skeletts an das Klettern

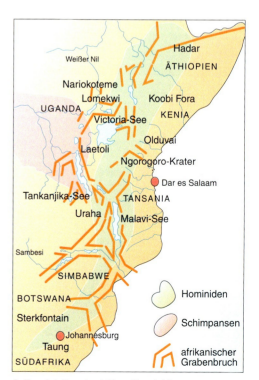

2 Fundstellen der frühen Hominiden

Vom Wasser zum Land

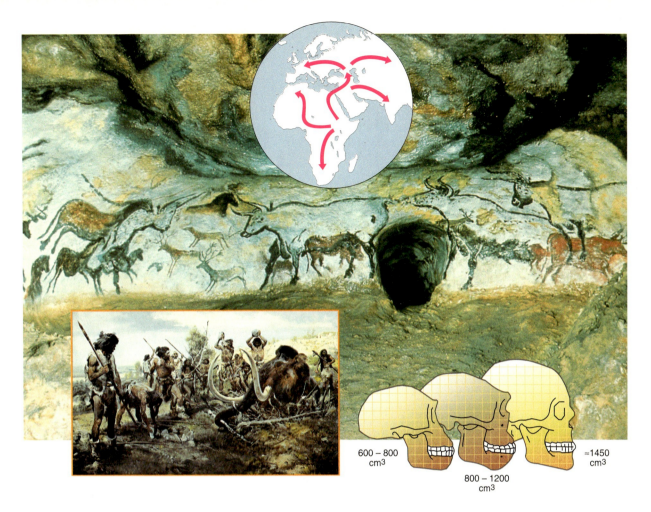

600 – 800 cm3   800 – 1200 cm3   ≈1450 cm3

Wie der Mensch zum Menschen wurde

Klinge

später Faustkeil

Aus den frühen Vorfahren des Menschen, zu denen Lucy gehörte, entwickelten sich vor etwas mehr als 2 Mio. Jahren zum ersten Mal menschliche Wesen mit einem größeren Gehirn, die auch einfache Werkzeuge aus Stein herstellen konnten. Ein wichtiger Vertreter dieser frühen Menschen war *Homo habilis*. Dieser Frühmensch benutzte wahrscheinlich scharfkantige Abschläge aus Stein, um die Haut verendeter Tiere, zum Beispiel Antilopen, zu öffnen. So kam er an das wertvolle, eiweißreiche Fleisch. Mit größeren Steinen zerschlug er Knochen, um an das fett- und mineralstoffhaltige Mark zu gelangen. Die Nahrung wurde dann innerhalb der eigenen Gruppe geteilt.

Diese Fähigkeiten brachten den frühen Menschen offensichtlich Überlebensvorteile. Die Gehirngröße nahm auf dem Weg zum heutigen Menschen immer mehr zu. Damit verbunden war eine Weiterentwicklung der sozialen Fähigkeiten und der Verständigung in der Gruppe. Die Nachfahren der frühen Menschen verließen zum ersten Mal ihre Heimat Afrika und breiteten sich über Asien und Europa aus. Vor etwa 200 000 Jahren entwickelten sich in Europa und dem Nahen Osten aus ihnen die bekannten *Neandertaler*. Ihr Gehirn war genau so groß wie das der heutigen Menschen. Neandertaler waren Höhlenbewohner und perfekte Jäger des vergangenen Erdzeitalters.

Neandertaler sind aber mit großer Wahrscheinlichkeit nicht unsere Vorfahren. Unsere direkten Vorfahren stammen vielmehr aus Afrika und entwickelten sich dort vor etwa 150 000 Jahren. Vor 100 000 Jahren breiteten sie sich über Afrika hinaus nach und nach über die ganze Erde aus. Die frühen Menschen, die bereits vorher Afrika verlassen hatten, starben mit dem Vordringen des heutigen Menschen aus. Die Neandertaler verschwanden in Europa vor ca. 30 000 Jahren. Sie waren wahrscheinlich auf Dauer dem Konkurrenzdruck durch den heutigen Menschen nicht gewachsen.

Vom Wasser zum Land

Die Vorfahren des Menschen

Am Beginn der Entwicklung der Hominiden stehen verschiedene Arten der Gattung **Australopithecus**. Entlang des ostafrikanischen Grabenbruchsystems waren offenbar geeignete Umweltbedingungen für die Entstehung der ersten Hominiden vorhanden. In diesem Bereich bricht seit ca. 6 Mio. Jahren der afrikanische Kontinent langsam auseinander. Damit einhergehende Klimaveränderungen bewirkten dort die Entstehung savannenartiger Landschaften, während westlich davon nach wie vor Wälder existieren. In diesen sind aus den gemeinsamen Vorfahren die heutigen Schimpansen entstanden.

Aus Vertretern der Gattung Australopithecus entwickelten sich Hominiden mit sehr robustem Körperbau, die heute der Gattung *Paranthropus* zugeordnet werden. Ein Mitglied dieser Gattung ist **Paranthropus bosei**. Charakteristisch sind der Scheitelkamm als Indiz für seine kräftige Kaumuskulatur und sein an die Verwertung harter Nahrung angepasstes „Nussknackergebiss". Die Gattungen Australopithecus und Paranthropus verbreiteten sich nicht über Afrika hinaus. Sie starben später wieder aus.

Bereits vor mehr als 2 Mio. entstanden die ersten Menschen mit verschiedenen Arten der Gattung Homo, *Homo habilis* und *Homo rudolfensis*. **Homo**

habilis (der „geschickte" Mensch) benutzte nachweislich einfache, selbst hergestellte Werkzeuge aus Stein und hatte bereits ein deutlich größeres Gehirn (600 — 800 cm^3) als seine Vorfahren.

Vor etwas weniger als 2 Mio. Jahren trat **Homo ergaster**, eine Menschenart mit noch größerem Gehirn, in Ostafrika auf, die das Feuer und eine bestimmte Art von Faustkeilen nutzte.

1,6 bis 1,8 Mio. Jahre alte Fossilfunde aus Asien werden der Art **Homo erectus** zugeordnet. Diese Menschenart war über große Teile Asiens verbreitet. Europa wurde erst vor etwa 1 Mio. Jahren, ebenfalls von Afrika aus, zum ersten Mal von Menschen besiedelt. Diese wurden in der Vergangenheit Homo erectus zugeordnet.

Inzwischen werden sie von vielen Wissenschaftlern wegen abweichender Merkmale einer weiteren Art zugeordnet, nämlich **Homo heidelbergensis** (in Anlehnung an den Unterkieferfund in der Nähe von Heidelberg). Diese Menschenart war auch im westlichen Asien und nördlichen Afrika verbreitet.

Der an das Eiszeitalter angepasste **Homo neanderthalensis** entstand im Nahen Osten und Teilen Europas vor mehr als 200 000 Jahren. Charakteristisch für ihn ist der kräftige und gedrungene Körperbau. Sein Gehirn war bereits so groß wie das des heutigen Menschen. Vor ca. 30 000 Jahren verschwanden die Neandertaler.

Erst vor 40 000 Jahren tauchten in Mitteleuropa die ersten Vertreter des heutigen Menschen, des **Homo sapiens**, auf. Er entstand vor ca. 150 000 bis 200 000 Jahren in Ostafrika, das er vor 100 000 bis 70 000 Jahren verließ. Von dort aus besiedelte er nach und nach die ganze Erde. In allen bekannten Merkmalen war Homo sapiens bereits damals mit dem heutigen Menschen weitgehend identisch. Homo sapiens ist die einzige heute noch lebende Menschenart.

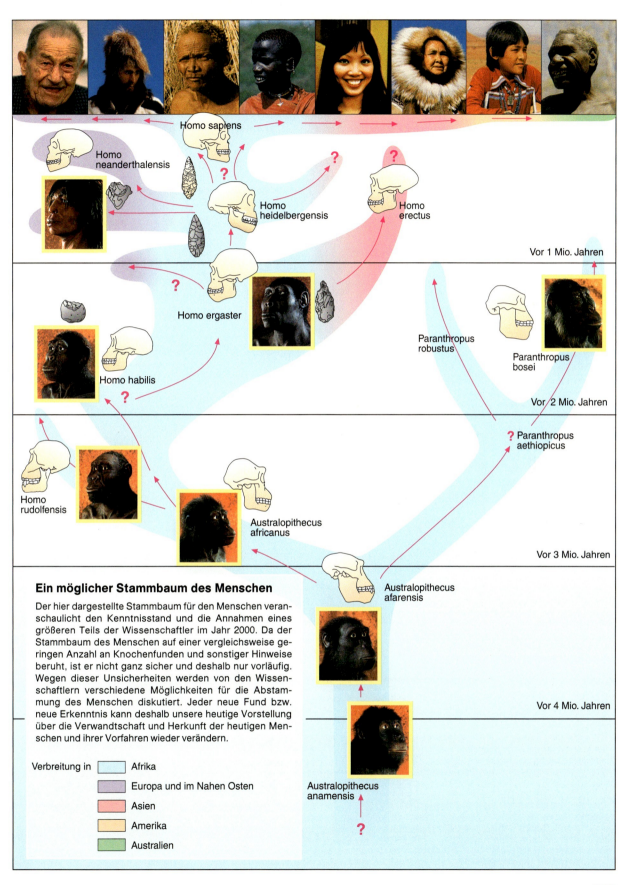

Alter von Tieren	Jahre
Meeresmuschel	220
Strahlenschildkröte	189
Bartenwal	70
Schimpanse	59
Katze	36
Reh	31
Hund	29
Amsel	20

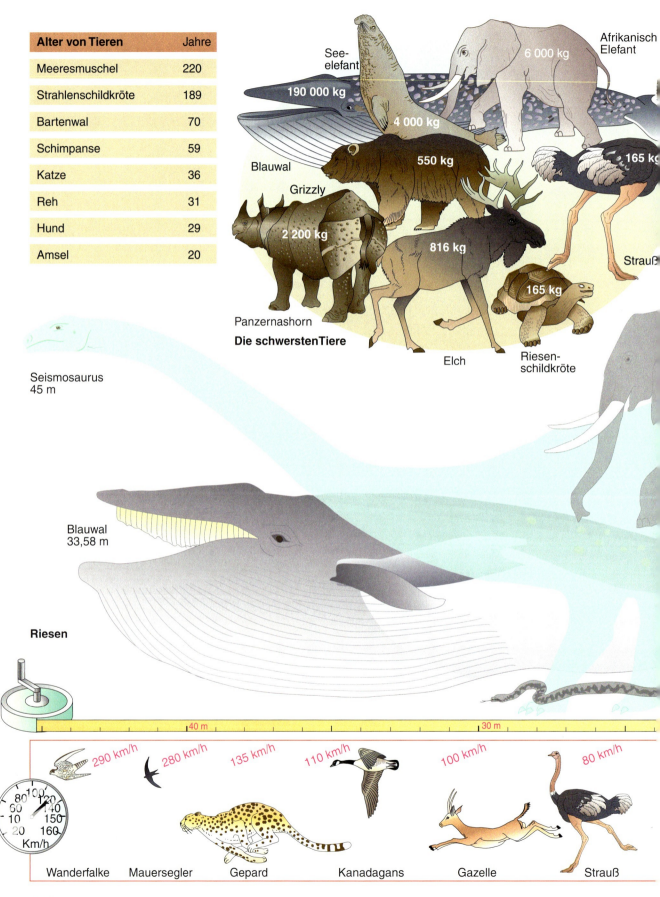

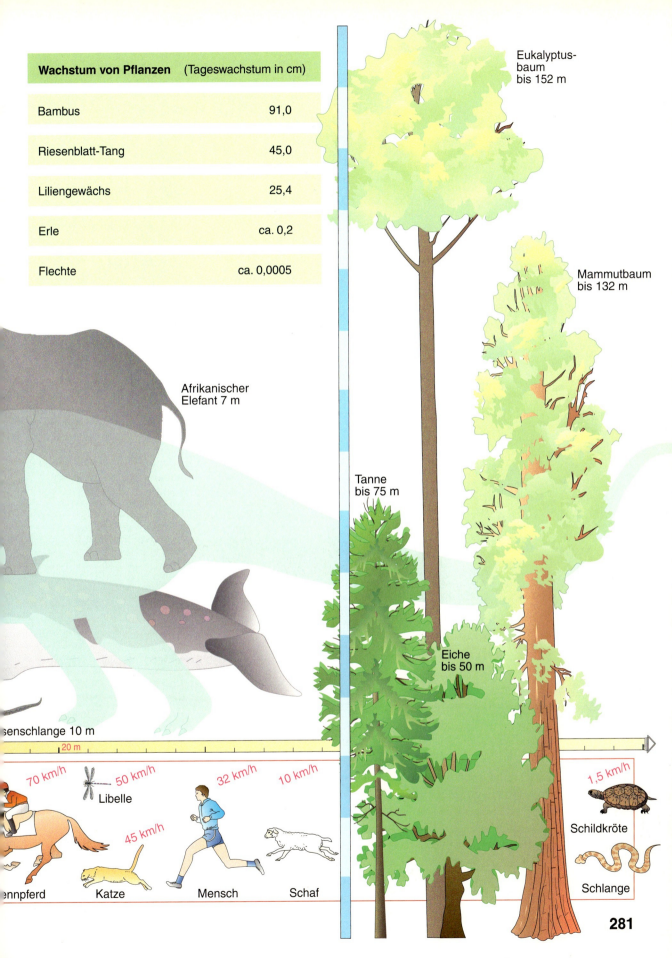

Register

Aal 238
Abendsegler, Kleiner 92
Abteilung 211
Abwehrsystem des Körpers 44
Ackerkratzdistel 201
Ackersenf 154, 155
Aderhaut 52
After 34
Afterzehe 83, 90
Ahorn 169
Ährchen 203
Ährengras 203
Ährenrispengras 203
Airedaleterrier 73
Akelei 189
Alge 211
Allesfressergebiss 12, 90
Alligator 259
Amaryllis 173
Amphibien 244 ff., 272, 273
Amphibien, Bestimmungs-
 schlüssel 252, 253
Amsel 127–129
Anakonda 259
Anglerfisch 243
Antibabypille 63
Antiserum 257
Aorta 43
Apfel 169, 199
Apfelsinenbaum 222
Aquarium 236
Archaeopteryx 269
ARISTOTELES 211
Arnika 223
Aronstab 165
Art 112, 114, 197, 211
Arterie 42, 43
Asthma 40
Atemvolumen 41
Atmung 38, 39, 41, 46, 178
Atmungsorgan 261
Attrappe 129
Attrappenversuch 133
Auerochse 85
Auftrieb 120
Auge 52
Augenlinse 52
Ausläufer 220
Auslese 218
Außenkiemen 245
Austernfischer 148
Australopithecus 278
Australopithecus afarensis 276

Bache 90
Bachforelle 234
Backenzahn 32, 82, 87, 100
Bakterium 55
Balg 169
Ballaststoffe 30
Balz 122, 128, 130, 144
Bananenstaude 222
Bänder 20
Bandscheibe 18
Bandscheibenvorfall 24
Bankivahuhn 125
Bärenklau 162
Bärlappgewächs 264
Barteln 240

Bartenwal 107
Barthuhn, Antwerpener 125
Bauchspeicheldrüse 34
Baum 159
Baummarder 115
Bauplan 248
Baustoffwechsel 27
Becken 18, 19
Bedecktsamer 211, 212
Beere 168
Befruchtung 61, 122, 160, 247
Befruchtung, äußere 234, 244
Befruchtung, innere 254, 273
Beinschwimmer 106
Beinskelett 19, 87
Beischlaf 61
Berberitze 164
Beriberi 31
Beringung 134
Besenginster 180, 181
Besenheide 183
Bestäubung 160, 162–165
Bestimmungsbuch 208
Bestimmungsschlüssel 208
Betriebsstoffwechsel 27
Beuger 23
Beutefang 107
Bewegung 18
Bewegung, unwillkürliche 51
Bewegung, willkürliche 51
Biber 105
Biene 160, 163
Bilch 104
Birne 199
Bisamratte 105
Bison 85
Bitterling 240
Bizeps 23
Blatt 154, 158, 175, 207
Blattader 174
Blättermagen 82, 83
Blattgrund 158, 174
Blattnarbe 190
Blattranke 175
Blattrosette 200
Blattscheide 203
Blattspreite 174
Blattspur 190
Blattsteckling 220
Blattstiel 158, 174
Blaumeise 131
Blauwal 107
Blende 10
Blessgans 150
Blessralle 145
Blinddarm 34, 87
Blindschleiche 259
Blumenkohl 218
Blumenwiese 227
Blut 44
Blüte 154, 155, 191
Blütenblatt 155, 158, 197, 199
Blütenboden 158
Blütenform 207
Blütenknospe 185
Blütenpflanze 154, 211–213
Blütenstand 155, 191, 200, 204, 207
blütenstet 162

Blutgefäß 22
Blutgerinnung 44
Blutkreislauf 42, 43
Blutplasma 44
Blutplättchen 44
Blutzelle, rote 44
Blutzelle, weiße 44
Boaschlange 259
Bock 102
Boden 180, 181
Bodenhaltung 125
Bodennest 144
Bohne 211
Bohnensame 170
Brachfläche 227
Brandwunde 45
Brennnessel 196
Brennnesselgewächs 196
Broccoli 218
Bronchien 38
Bronchitis, chronische 40
Bruchfrucht 169
Brückentier 267, 272
Brunft 103
Brunftruf 105
Brustatmung 39
Brustbein 18
Brustbeinkamm 118
Brustdrüse 64
Brustkorb 18, 19
Brutgebiet 134
Brutpflege 70
Brutplatz 142
Brutschmarotzer 133
Brutzeit 129
Brutzwiebel 184
Bryophyllum 220
Buckelwal 107
Bullterrier 73
Buntspecht 138
Bürzeldrüse 144
Buschbohne 171

Chamäleon 259
Chlorophyll 11, 179, 190
Chloroplast 11
Chlorphyll 174
Coffein 223

Dachs 115
Dachschädler 264
dämmerungsaktiv 105
Darm 83
Darmzotte 35
Daune 119
Deckfeder 119
Deckschuppen 204
Delfin 107
Dickdarm 34
Dolde 202
Doldengewächs 202
Doppeldolde 202
Dorn 158
Dorsch 239
Dottersack 234
Drohhaltung 128
Dromedar 108
Drüse 261
Duftmarke 102

Duftstoff 256
Dunenfeder 119
Düngung 177
Dünndarm 34

Eber 91
Eberesche 169
Echolotsystem 107
Echse 259
Eckzahn 32, 82, 87
Efeu 182
Ei 119
Eibengewächs 212
Eichel 58
Eichhörnchen 96
Eierstock 59
Eihaut 254
Eiklar 122
Eileiter 59, 122
einhäusig 204
Einkeimblättrige 211, 212
Einzelgänger 77, 94, 101, 254
Eisbär 109
Eisfuchs 109, 114
Eisprung 60
Eisvogel 151
Eitrichter 59
Eiweiß 27, 28, 174
Eiweißpflanze 222
Eizahn 123, 254
Eizelle 59, 160
Eizelle, befruchtete 59, 122, 160
Eltern-Kind-Beziehung 65
Embryo 62
Empfängnisverhütung 63
Enddarm 34
Endknospe 191
Energie 29, 47, 179
Energiebedarf 29
Entbindung 64
Entwicklung 261
Enzian, Stängelloser 206
Erbse 169
Erdbeere 199
Erdbeerpflanze 220
Erdgeschichte 264
Erdkröte 226, 246, 250–253
Erdspross 186
Erdzeitalter 264
Ernährung 27, 28, 36, 37
Erneuerungsknospe 191
Ersatzzwiebel 184
Erste Hilfe 45
Esel 89
Esskastanie 168
Etruskerspitzmaus 95, 104
Euter 84

Fährte 90
Falbkatze 78
Familie 112, 114, 196, 198, 200, 202, 204, 211, 218
Familienplanung 63
Fänge 140
Fangzähne 71
Farn 211, 264
Faserpflanze 223
Feder 118, 121

Federkleid 260
Fehlernährung 31
Fehling-Probe 28
Feintrieb 10
Feldhase 101
Feldmaus 95
Feldsperling 130
Fell 70, 260
Felsenpython 259
Ferkel 91
Fernglas 8
Fett 27, 174
Fettpflanze 222
Fettvorrat 97, 98, 150
Fettwiese 189
Fetus 62
Fetzenfisch 242
Feuchtluftpflanze 183
Feuchtlufttier 244, 246
Feuersalamander 247, 252, 253
Fichte 204, 205
Fiederblättchen 158
Fingerhut, Roter 206, 223
Fisch, Fliegender 243
Fischadler 151
Fische 232 ff., 272, 273
Fischfang 239
Fischlarve 234
Fischotter 105
Fischpräparation 235
Fischsaurier 262
Fitness 48, 49
Flachwurzler 174, 205
Fledermaus 92, 93
Fleischfresser 71, 245
Fleischfressergebiss 71, 76
Fleischproduzent 91
Fliegenragwurz 212
Flimmerhärchen 38
Flosse 232, 260
Flughaut 92
Flughund 93
Flunder 241
Flussbarbe 240
Flussbarsch 240
Fortbewegungsorgan 260
Fortpflanzung 261
Fossilien 89, 262, 263, 266, 268, 272
Fotosynthese 179
Frauenschuh 206, 212
Fremdbestäubung 161, 162
Frischfutter 214
Frischling 13, 90
Frosch 244, 245
Froschlurch 246
Frucht 161, 168, 169
Fruchtblase 62
Fruchtblatt 155
Früchteverbreitung 166, 167
Fruchtfleisch 161
Fruchtknoten 155, 158, 207
Fruchtschale 171
Fruchtschuppen 204
Fruchtwasser 62
Frühblüher 186, 187
Frühchen 62
Frühlingsknotenblume 186
Fühlen 50
Fußgewölbe 21
Fußpilz 55

Fußtyp 146, 147
Futterpflanze 214
Futtersilo 127

Gabelbein 118
Gallenblase 34
Gallenflüssigkeit 34
Gangart 86
Gangsystem 94, 100
Gänseblümchen 189
Gänsefingerkraut 181
Gartenbaumläufer 131
Gartenbohne 170, 171
Gartenrotschwanz 126
Gartentulpe 156, 157
Gasaustausch 43
Gattung 112, 114, 197, 211
Gavial 259
Gebärmutter 59
Gebärmutterschleimhaut 60
Gebiss 32, 33, 79, 82, 95, 96
Geburt 64
Geburtshelferkröte 252, 253
Geburtskanal 64
Gegenspielerprinzip 23, 118
Gehirn 50
Gehör 77
Gehörknöchelchen 53
Gehörsinn 71
gekreuzt-gegenständig 197
Gelbbauchunke 252, 253
Gelbhaubenkakadu 147
Gelege 122
Gelenk 18, 20
Gemüse 219
Gemüsebohne 182, 211
Gemüsepflanze 222
Genussmittelpflanze 223
Gepard 78, 108
Gerste 215
Geruchssinn 55, 71, 94
Geschlechtsmerkmale 56
Geschlechtsorgane 58, 59
Geschmackssinn 55
Geschmackssinneszelle 55
Gesichtsschleier 142
Getreideart 215
getrenntgeschlechtig 163, 204
Gewebe 11
Geweih 102, 103
Gewölle 127, 140, 142
Gewölleuntersuchung 143
Gewürzpflanze 197, 223
Giftdrüse 246, 247
Giftpflanze 223
Giftschlange 257
Ginkgo 205
Ginkgobaum 212
Ginkgogewächs 212
Glaskörper 52
Glattnatter 259
gleichwarm 70, 261
Gleitflug 120
Gliedmaßen 260
Glockenblume, Rundblättrige 165, 206
Glockenblumengewächs 213
Gnu 108
Golden Retriever 73
Goldhamster 81
Goldnessel 162

Granne 203
Gras 215
Grasfrosch 244, 246, 252, 253
Graureiher 147
Greiffuß 140, 142, 275
Greifhand 275
Greifvogel 140, 141
Griffel 155, 158
Grobtrieb 10
Großspecht 139
Gründeln 144
Grundumsatz 29
Grünkohl 218
Grünling 147
Grünspecht 139
Gruppe 112, 114
Gülledüngung 177

Habicht 140, 141
Habichtskraut 201
Hackordnung 124
Hafer 215
Haftwurzel 182
Hagebutte 158
Hagelschnur 122
Hahnenfuß, Kriechender 189
Hahnenfuß, Scharfer 198
Hahnenfußgewächs 198
Hai 241
Hakenschnabel 140, 147
Halm 174, 203
Haltungsschäden 24
Harn-Spermien-Röhre 58
Harzschicht 191
Haselmaus 104
Haselnuss 168
Haselstrauch 163
Hasenmaul, Großes 93
Hasentier 101
Haubentaucher 145
Hauptwurzel 174
Haushuhn 122, 123
Hauskaninchen 81
Hauskatze 76, 77
Hauspferd 89
Hausrind 85
Hausschwein 91
Haussperling 130
Haustaube 119
Haustierwerdung 73, 74, 85
Haut 54, 55, 260
Hautatmung 248
Häutung 255
Hecht 238, 240
Hechtalligator 259
Hecke 224, 225
Heckenrose 158, 199
Heidelbeere 181
Heilbutt 241
Heilpflanze 197, 223
Heimtier 80, 81, 137
Hengst 87, 88
Herbarium 210
Herde 85, 88
Hering 239
Hermelin 115
Herz 42, 43, 233
Herzklappe 42
Herzkranzgefäß 42
Herzschlag 42
Heu 214

Heuernte 189
Heuler 106
Himbeere 169
Hirschkuh 103
Hirse 215
Hirtentäschelkraut 169
Hochblatt 185
Höckerschwan 145
Hodensack 58
Höhlenbrüter 138
Holunder, Schwarzer 168
Holzgewächs 212
Hominide 276
Homo erectus 278
Homo ergaster 278
Homo habilis 277, 278
Homo heidelbergensis 278
Homo neanderthalensis 278
Homo rudolfensis 278
Homo sapiens 278
Honigblatt 198
Honiggras 203
Hören 50
Horn 54
Hörnerv 53
Hornhaut 52
Hornschicht 54
Hornschuppenhaut 260
Hörschnecke 53
Horstrevier 140
Huf 83, 87
Hufeisennase, Kleine 92
Huflattich 181
Huftier 83, 87
Huhn 124, 125
Hühnerei 122, 123
Hühnerhaltung 125
Hüllblatt 184, 200
Hülse 168—170
Hülsenfrüchtler 211
Humusstoff 177
Hund 70—73, 79, 80
Hunderassen 73, 74
Husky 73
Hygiene 61
Hymen 59

Ichthyostega 264, 267
Igel 98, 99
Iguanodon 269
Imker 160
Innenkiemen 245
Insekt 264
Insektenfresser 104
Insektenfressergebiss 94, 95
Instinktverhalten 133
Invasionsvögel 134
Iris 52
Isolation 97

Jagdrevier 140
Jaguar 78
Jakobskreuzkraut 201
Johannisbeere 168
JOHANSON, DONALD 276
Jungfernhäutchen 59

Kabeljau 239, 241
Kaffeestrauch 223
Kaffernbüffel 85
Kaiman 259

Kaiserschnitt 64
Kaktus 183
Kalkschale 122
Kältestarre 248, 250, 255
Kamille, Echte 201, 206
Kammgras 203
Kammmolch 247
Kampf 124
Kampfhunde 73
Kanarienvogel 137
Kaninchen 81
Kannenpflanze 175
Kapillare 35, 43
Kapsel 156, 168, 169
Karbon 264
Karettschildkröte 259
Karies 32
Karpfen 232
Karthäusernelke 162
Kartoffel 216, 217
Kartoffelkäfer 217
Kätzchen 163
Katze 76–80
Kaulquappe 245, 246
Kehlkopfdeckel 38
Keiler 13, 90
Keim 59, 61, 123
Keimling 170
Keimschicht 54
Keimung 171–173
Keimwurzel 174
Keimzelle 58, 59, 122
Keimzotten 62
Kelchblatt 155, 158, 197, 199
Kernobstgewächs 199
Kiebitz 148
Kieferngewächs 204, 212
Kiemen 233, 248
Kindesentwicklung 65
Kirsche 160, 161, 199
Kitzler 59
Klasse 112, 114, 211
Klatschmohn 169, 206, 213
Kleiber 131
Kleie 215
Klette, Filzige 201
Kletterfuß 138, 147
Kloake 122, 248, 271
Knabenkrautgewächs 212
Knäuelgras 203
Knoblauchkröte 252, 253
Knöchelgang 274
Knochen 19, 21
Knöllchenbakterium 181
Knolle 186
Knorpelfisch 241
Knospenschuppe 191
Kobel 96
Köder 104
Kohlenhydrate 27, 28
Kohlenhydratpflanze 222
Kohlenstoffdioxid 178, 179
Kohlmeise 131
Kohlrabi 218
Koitus 61
Kojote 75
Kokospalme 222
Kolonie 100, 133
Kommentkampf 103
Komodo-Waran 259
Kompost 228

Kondensor 10
Kondom 63
Kontrollversuch 172
Korbblütler 200, 201
Korkschicht 190
Körnerfresser 136
Körnerfresserschnabel 147
Kornrade 213
Körperbau 118
Körperkreislauf 43
Körpertemperatur 44
Kot 34
Kraftfutter 214
Kranich 151
Kraut 159
Kreide 270
Kreuzblüte 155
Kreuzblütler 218
Kreuzkröte 252, 253
Kreuzotter 257
Kriechtiere 254 ff., 267, 273
Krill 107
Krokodil 258, 259
Krokus 186
Kronblatt 155
Kropf 119
Kuckuck 132, 133
Kulturfolger 100, 102, 129, 130
Kulturlandschaft 226
Kulturpflanze 218
Kürbis 222
Kurztrieb 160
Küstenseeschwalbe 127

Labmagen 82, 83
Lachs 238
Laich 234
Laichgrube 234
Landschildkröte, Griechische 258
Lanzenotter 257
Lappenfuß 145
Larve 248
Latimeria 271
Laubblatt 156, 174, 185, 199
Laubfall 190
Laubfrosch 252, 253
Lauffuß 146
Lebensabschnitte 66, 67
Lebensbaum 212
Lebensmittel 26
Leberblümchen 198
Lederhaut 52
Legebatterie 122, 125
Leinkraut 213
Leistenkrokodil 259
Leitpflanze 189
Leitsinn 71, 79, 142
Leopard 78
Lernen 14, 15, 124
Lerntypentest 14
Liane 182
Licht 177, 182
Lichtnelke 206
Lichtsinneszelle 52
Liliengewächs 212
LINNÉ, CARL VON 211
Lippenblüte 164
Lippenblütler 196, 197
Lockblüte 200
Löwe 108

Löwenzahn 189, 200, 201
Luchs 105
Lucy 276, 277
Luftröhre 38
Luftsack 119
Luftwurzel 175
Lunge 39, 119
Lungenarterie 43
Lungenatmung 255
Lungenbläschen 38
Lungenentzündung 40
Lungenfisch 266, 271
Lungenkreislauf 43
Lungenvene 43
Lupe 8
Lupine 164
Lurche 244 ff., 248, 249, 267, 272, 273

Madenhacker 85
Magen 34
Magerwiese 189
Magnetkompass 135
Maiglöckchen 212
Mais 214, 215
Makrele 239
Malz 215
Mamba, Schwarze 257
Marderartige 115
Margerite 181
Märzenbecher 186
Massentierhaltung 84, 91
Massenvermehrung 95
Mauerpfeffer 183
Mauersegler 134
Maulwurf 94
Mäusebussard 120, 140
Mäusedorn 175
Mausohr 92
Mauswiesel 115
Meer 239
Meerforelle 234
Meerschweinchen 81
Mehlkörper 171
Mehlschwalbe 134
Meißelschnabel 138
Mensch 264, 274
Menstruation 60, 61
Menstruationskalender 61
Metamorphose 245, 261
Mikroskop 8, 10
Milchzahn 32
Mind-Map 15
Mineraldünger 177
Mineralstoffe 27, 30, 176, 178
Mineralstoffgehalt 181
Mohngewächs 213
Möhre, Wilde 202
Mohrenblüte 202
Moos 211
Moschusochse 109
Mundbodenatmung 249
Mundschleimhaut 11
Münsterländer, Großer 73
Muräne 241
Muskel 18, 22, 23
Muskulatur 22
– willkürliche 22
– unwillkürliche 22
Muttermilch 64
Myxomatose 100

Nachgeburt 64
nachtaktiv 90, 104
Nachtschatten, Bittersüßer 168
Nachtschattengewächs 213
Nachzucht 89
Nacktsamer 204, 211, 212
Nadelbaum 204
Nagetier 105, 112, 113
Nagetiergebiss 95, 112
Nagezahn 96
Nährstoffe 27, 30
Nährstoffnachweis 28
Nahrung 96, 136, 143
Nahrungsbestandteile 27
Narzissengewächs 212
Nase 55
Nasenhöhle 38
Nasenschleimhaut 55
Nasspräparat 10
Natternhemd 256
Naturschutz 148, 228, 229, 252
Naturschutzgebiet 250
Neandertaler 277
Nebenblatt 158, 199, 207
Nebenhoden 58
Nektar 160
Nelkengewächs 213
Nerv 22, 51
Nerz 115
Nest 119, 126
Nestflüchter 88, 101, 102, 123, 144, 148
Nesthocker 70, 96, 100, 123, 129, 130, 139, 140
Netzhaut 52
Netzmagen 82, 83
Niere 44
Nikotin 223
Nilkrokodil 258, 259
Nisthilfe 127
Nuss 168
Nussfrucht 199
Nussknackerschnabel 147
Nutzpflanze 222, 223
Nymphensittich 137

Oberlippe 197
Objektiv 10
Objektivrevolver 10
Objekttisch 10
Objektträger 10
Obstbaum 199
Obstpflanze 222
Odermennig, Gemeiner 208
Ohr 53
Ohrmuschel 53
Ohrtrompete 53
Okular 10
Ölpflanze 222
Orchidee 212
Ordnung 112, 114, 211
Organ 46
Organ, inneres 248
Orgasmus 58
Orientierung 107
Orinoko-Krokodil 259

Paarhufer 12, 83, 90
Pansen 82, 83
Panther, schwarzer 78
Panzerechse 259

Panzerfisch 266
Papagei 137
Papageientulpe 175
Paprika 223
Paradontitis 33
paralleladrig 156
Paranthropus bosei 278
Parkanlage 226, 227
Penis 58
Periode 60
Pfahlwurzel 175, 202
Pferd 86—89
Pferderassen 89
Pfirsich 168
Pflanze, blütenlose 211
Pflanze, zweikeimblättrige 213
Pflanzenbestimmung 208
Pflanzenfresser 87, 100, 245
Pflanzenzelle 11
Pflegeeltern 133
Pförtner 34
Piercing 33
Pigment 55
Pinzettenschnabel 147
Plasmahaut 11
Plattfisch 241
Plazenta 62
Pollen 156, 160
Pollenkorn 160
Pollenschlauch 160
Pollution 58
Pottwal 107
Prägung 124
Präzisionsgriff 274
PRIESTLEY 178, 179
Primaten 274
Primelgewächs 213
Pubertät 56, 57, 66
Puma 78
Pupille 52, 76

Quastenflosser 266, 271
Quecke 203
Queller 182
Quellung 172, 173

Rachenblütler 213
Rachenraum 38
Rachitis 31
Radarbeoachtung 134
Rainfarn 201
Rangordnung 71, 74, 124
Rasen 227
Raubfisch 234
Raublattgewächs 213
Rauchen 40
Rauchschwalbe 134
Rauhaardackel 73
Raygras, Englisches 203
Reaktion 51
Reflex 51
Regelblutung 60
Regenbogenforelle 234
Regenbogenhaut 52
Reh 102
Reiherente 144, 145
Reis 215
Reißzähne 71
Reiz 51
Reptilien 254, 255, 259, 264, 270, 273

Revier 94, 102, 138, 254
Richtungsorientierung 135
Riechen 50
Riedgras 203
Rind 82—85
Rinderrasse 85
Rippe 18
Rispengras 203
Rittersporn 198
Robbe 106, 111
Rochen 241
Roggen 215
Röhren 103
Röhrenblüte 200
Röhrenknochen 19, 20, 118
Rosapelikan 146
Rosengewächs 199, 213
Rosenkohl 218
Rosskastanie 169, 190
Rotbarsch 239, 241
Rotbauchunke 252, 253
rote Liste 93, 147—151
Rotfeder 240
Rotfuchs 104, 114
Rothirsch 103
Rotmilan 141
Rotschenkel 148
Rübe 214
Ruchgras 203
Rückenmark 51
Rüde 70
Rudel 103
Ruderflug 120
Ruderschwanz 247
Rundrücken 24
Rüssel 12, 90
Rüsselnase 94
Rüttelflug 140, 141

Säbelschnäbler 148
Salweide 163
Salzpflanze 182
Same 161
Samenanlage 156, 160, 204
Samenschale 170, 171
Samenverbreitung 166, 167
Sammelfrucht 158, 169
Sauerdorn 164
Sauergras 203
Sauerklee 182
Sauerstoff 171, 178
Säugetiere 70, 92, 112, 113, 188, 264, 267, 271, 273
Säugling 65, 66
Saurier 264, 267—270
Savanne 108
Schachtelhalm 264
Schädel 18, 19
Schädlingsbekämpfung, biologische 130
Schafgarbe, Gemeine 201
Schakal 75
Schalendrüse 122
Schalenhaut 122
Schamlippen 59
Scharbockskraut 186, 198
Scheinährengras 203
Scheinfrucht 169
Schiefrücken 24
Schildchen 171
Schildkröte 258, 259

Schimpanse 110, 274
Schlafmohn 213
Schlammspringer 271
Schlange 256, 257, 259
Schlangengift 257
Schlehdorn 162, 168
Schleiche 259
Schleiereule 142
Schlüsselblume 165
Schlüsselreiz 129, 133
Schmecken 50
Schmetterlingsblüte 170, 181
Schmetterlingsblütler 211, 213
Schmetterlingsfisch 242
Schnabel 119
Schnabeltier 271
Schnabeltyp 146, 147
Schnauze 12, 90
Schneeglöckchen 184, 185
Schneidezahn 32, 82, 87, 100, 101
Schnurrhaare 77
Scholle 239, 241, 243
Schöllkraut 213
Schötchen 169
Schote 155, 169
Schultergürtel 18, 19
Schuppe 232
Schürfwunde 45
Schützenfisch 242
Schwalbe 126, 134
Schwangerschaft 62, 63
Schwanzfeder 119
Schwanzlurch 247
Schwarm 130
Schwarzmilan 141
Schwarzspecht 139
Schwarzstorch 151
Schweißdrüse 54
Schwellkörper 58
Schwertliliengewächs 212
Schwimmblase 232
Schwimmblattpflanze 183
Schwimmen 237
Schwimmente 144
Schwimmfuß 144
Schwimmhaut 105, 109, 144, 244, 258
Schwimmnest 145
Schwimmpflanze 183
Schwimmvogel 144
Schwungfeder 118
Seeadler 151
Seebär 106, 111
See-Elefant 106
Seehund 106, 111
Seeleopard 106
Seelöwe 106, 111
Seepferdchen 242
Seerose 183
Seezunge 241
Segelflug 120, 141
Sehen 50
Seidenhuhn 125
Seitenknospe 190
Seitenlinienorgan 232, 247
Seitenwurzel 171, 174
Selbstbefriedigung 58
Selbstbestäubung 170
Siebenschläfer 104
Signal, elektrisches 50

Sikahirsch 105
Silage 214
Silberdistel 189, 206
Siltzfuß 147
Silur 264
Singdrossel 167, 226
Singwarte 128
Sinnesorgane 50
Sinnesschutzmantel 101
Sinneszelle 50
Sitzfuß 147
Skelett 18, 19, 72, 79, 118, 246
Skorbut 31
Skorpion 264
Sog 120
Sohlengänger 72
Sommerfell 97
Sommerpflanze 191
Sommerwiese 188, 189
Sonnenblume 200
Sonnenbrand 55
Sonnenkompass 135
Sonnentau 182
Spalierobstbaum 225
Spaltfrucht 169
Spaltöffnung 174, 176
Specht 138
Spechtschmiede 138
Speckschicht 106, 107
Speichel 34
Speicherorgan 185, 186
Speisefisch 239
Speiseröhre 34
Sperma 58
Spermienerguss 58
Spermienflüssigkeit 58, 234
Spermienleiter 58
Spermium 58
Sperren 129
Sport 25, 49
Spross 174
Sprossachse 154, 174, 175
Sprossknolle 186, 218
Stachel 158
Stamm 174
Stammbaum des Menschen 279
Standvogel 130, 134, 136
Stängel 174, 185, 197
Stangenbohne 171
Stärke 28, 35, 174, 179
Stativ 10
Staubaden 124
Staubbeutel 155
Staubblatt 155, 158, 199
Staubfaden 155
Stechpalme 193
Steckling 220
Steinadler 141, 147
Steinbutt 239, 241
Steinfrucht 168, 199
Steinmarder 115
Steinobst 168
Steinobstgewächs 199
Stelzfuß 145
Stempel 155, 156
Steppe 108
Sternenkompass 135
Stichling 240
Stockente 144
Stoffwechsel 6, 27, 179
Storch 149

Register **285**

Stoßflug 141
Strauch 159
Strauß 146
Strecker 23
Stress 48
Streuobstwiese 225
Strichvogel 134
Stromlinienform 106, 107, 234
Sturzflug 141
Stützschwanz 138
Sumpfdotterblume 183, 198
Sumpfpflanze 183
Sumpfrohrsänger 133
Sumpfschildkröte, Europäische 258
Süßgräser 189, 203
System, natürliches 211

Tabakpflanze 223
Tafelente 144, 145
Tagesruhesitz 142
Talgabscheidung 144
Talgdrüse 54
Tanne 204, 205
Tannenmeise 131
Tarnfarbe 101, 246
Tarpan 89
Tasten 50
Tastkörperchen 54
Tastsinn 94
Taube 118, 119
Taubenplage 119
Taubnessel 196
Tauchente 144
Tausendfüßer 264
Teichmolch 252, 253
Teichralle 145
Teichrohrsänger 126
Teilfrucht 197
Tellerwurzel 175
Teufelsrochen 241
Textauswertung 12, 13
Thunfisch 239, 241
Tibetfuchs 114
Tiefwurzler 174, 205
Tiger 78
Tochterzwiebel 220
Tollwut 104
Traube 155
Traubenzucker 28
Trockenmasse 178
Trockenmauer 228
Trockenpflanze 183
Trockenrasen 189
Trollblume 198
Trommelfell 53
Tubus 10
Turmfalke 140, 141
Turnierkampf 103

Überwinterung 97—99, 136, 150
Überwinterungsgebiet 134
Uferschnepfe 148
Ultraschall 92
Unpaarhufer 87
Unterabteilung 211
Unterlippe 197
Urpferdchen 89
Ursäuger 264
Urvogel 264

Vampir, Gemeiner 93
VAN HELMONT 178
Veilchen, Wohlriechendes 186
Vene 42, 43
Venenklappe 43
Verbissschaden 102
Verdauung 34, 35, 46
Verdunstungsschutz 181, 183
Veredelung 220
Verhalten 74, 122, 124, 128, 133
Vermehrung 185
— ungeschlechtliche 220
Vermehrungsfähigkeit 95
Vermehrungsrate 100
Vernetzung 225
Versteinerung 262, 266
Verzeichnisstruktur, wissenschaftliche 114
Vibrissen 106
Vitamine 27, 30, 31
Vitaminmangel 31
Vögel 267, 273
Vogelflug 118—121
Vogelspur 126
Vogelwarte 134
Vogelzug 134, 135
Vorhaut 58
Vorratskammer 94, 95
Vorwehen 64

Wacholder 212
Wachstum 171—173
Wachstumskurve 173
Wal 107
Waldiltis 115
Waldkiefer 204
Waldohreule 226
Waldspitzmaus 95, 104
Waller 240
Walross 106, 109
Wanderfalke 141
Wanderfisch 238
Wanderratte 104
Warnfarbe 247
Warnsignal 100
Waschbär 105
Washingtoner Artenschutzabkommen 137

Wasser 179
Wasseramsel 151
Wasserfrosch 252, 253
Wasserlinse 183
Wasserschierling 206
Wasserschwertlilie 183
Wasserstrom 176
Wasservogel 144, 145
Wasserwiderstand 107
Watvogel 148
Webervogel 126
Wechselgesang 128
Wechseljahre 61
Wechselkröte 252, 253
wechselwarm 244, 248, 255, 261
Wegwarte 201
Weichtierfresser 136
Weide 189
Weisheitszahn 32
Weißdorn 158
Weißkohl 218
Weißstorch 149
Weizen 215
Weizenkorn 171
Wellensittich 137
Welpe 70
Wels 240
Wiederkäuer 82, 102
Wiese 214
Wiesenfuchsschwanz 203
Wiesenglockenblume 213
Wiesensalbei 164, 189
Wildgans 150
Wildhund 75
Wildkaninchen 100
Wildkatze 78
Wildkohl 218
Wildpferd 89
Wildrind 85
Wildschwein 12, 90
Wildtier 104, 105
Wildtulpe 156
Windbestäubung 163
Winter 192, 193
Winterfell 97
Winterknospe 160
Winterruhe 97
Winterschlaf 92, 97, 98, 104
Winterstarrre 244
Wintervorrat 97
Wirbeln 18, 72
Wirbelsäule 18, 19, 260
Wirbeltiere 72, 246, 248, 260, 261, 266, 272, 273
Wirtsvogel 133
Wisent 85
Wohnkessel 95, 100
Wolf 73—75
Wühlmaus 95

Würgeschlange 259
Wurzel 154, 156, 174, 175
Wurzelhaar 174, 176
Wurzelknolle 186
Wüste 108, 109
Wüstenfuchs 109
Wyandotte 125

Yorkshire-Terrier 73

Zahnbein 32, 82, 96
Zahnbelag 33
Zähne 32, 33
Zahnfehlstellung 33
Zahnklammer 33
Zahnplombe 33
Zahnschmelz 32, 82, 96
Zahnwal 107
Zahnzement 32, 82
Zapfen 204, 212
Zauneidechse 254, 255, 259
Zaunkönig 131
Zaunrübe 182
Zebra 89, 108
Zebrafink 137
Zehengänger 72
Zehenspitzengänger 83, 87
Zeigerpflanze 180—182
Zellatmung 179
Zelle 11
Zellplasma 11
Zellsaftraum 11
Zellulose 179
Zellwand 11
Zielorientierung 135
Zitzen 70
Zoo 110, 111
Zucker 28, 179
Zuckerrübe 222
Zugvogel 134
Zunge 55, 138
Zungenblüte 200
zweigeschlechtig 161
zweihäusig 163
Zweikeimblättrige 211, 213
Zwerchfell 39
Zwerchfellatmung 39
Zwergflamingo 146
Zwerghuhn, Paduaner 125
Zwetschge 199
Zwiebel 184, 186
Zwiebelschale 184
Zwiebelscheibe 184
Zwillinge 63
zwittrig 161, 196
Zwölffingerdarm 34
Zyklus, weiblicher 60, 61
Zypressengewächs 212

Bildnachweis

Fotos: 6.1 ZEFA (Norman), Düsseldorf — 6.2 Okapia (Owen Newman, OSF), Frankfurt — 6.3 Thomas Raubenheimer, Stuttgart — 6.4 Jürgen Wirth, Dreieich — 6.5 Okapia (M. Cawardine, BIOS) — 6.6 Nature and Science (Aribert Jung), Vaduz — 7.1 Okapia (Manfred Danegger) — 7.2a-d Gert Haala, Wesel — 7.3 Okapia (Christian Decout) — 7.4 Okapia (Roland Birke) — 7.5 Okapia (Aribert Jung) — 7.6 Okapia (R. Valarcher) — 8.1 Okapia (Hans Reinhard) — 8.2 Mauritius (Rosenfeld Images Ltd.), Mittenwald — 10.S Okapia (Aribert Jung) — 11.1a Helmut Schneider, Spraitbach — 12.1 Manfred Danegger, Owingen — 13.1 S. Meyers — 16.1 Okapia (NAS, Clark) — 16.2 Corbis Stock Market (R. B. Studio), Düsseldorf — 16.3 Mauritius (Superstock) — 16.4 Okapia (CNRI) — 16.5 Paul Rodach, Sachsenheim — 17.1 Mauritius (Mc Carthy) — 17.2 Okapia (Michael F. Havelin) — 18.1 Corbis Stock Market (Holway u. Lobel Globus) — 21.S Okapia (SIU/NAS) — 21.1 Werner Nachtigall (aus: „W. Nachtigall, G. Blüchel: Das große Buch der Bionik", Deutsche Verlags Anstalt) — 21.2 JMS Edition, Gandria — 23.1 Corbis Stock Market (Steve Prezant) — 24.1 Jürgen Wirth — 25.1 Ute Herzog, Bonn — 25.3 Ralf Niederberger, Bockenheim — 26.1-3 Focus (Peter Menzel), Hamburg — 30.2, 3 StockFood (S. & P. Eising), München — 31.S Corbis Stock Market (John Henley) — 31.1, 4 StockFood (Maximilian Stock Ltd.) — 31.2, 3 StockFood (S. & P. Eising) — 32.Rd. Marschbrot — 33.K.1 Günther Wichert, Dinslaken — 33.K.2 Fotex (J. M. Lühmann), Hamburg — 36.S, 1 StockFood, S. & P. Eising) — 36.2-11 MEV, Augsburg — 37.1, 2, 4-6, 8 Corbis Stock Market — 37.3 IFA-Bilderteam (Photex), München — 37.7 Ulrike Fehrmann, Ludwigsburg — 37.9-12 Jürgen Wirth — 37.13-16 MEV — 38.1a/b Okapia (Manfred P. Kage) — 38.Rd. Okapia (Francois Gohier) — 40.1 Mauritius (Enzinger) — 40.K Okapia (Joyce Photogr., PR Science Source) — 44.2 Okapia (NAS, Bill Longcore) — 44.Rd. Johannes Lieder, Ludwigsburg — 45.1 Okapia (Wolfgang Weinhäupl) — 46.1 Corbis Stock Market (Firefly Productions) — 46.2 Mauritius (Benelux Press) — 47.1 Mauritius (Zarember) — 47.2 Mauritius (Ducatez) — 48.1 Das Fotoarchiv (Friedrich Stark), Essen — 48.2 Das Fotoarchiv (Wolfgang Schmidt) — 48.3 Corbis Stock Market (Mugshots) — 49.1 Corbis Stock Market (Mauro Panci) — 49.2 Mauritius (Rosenfeld) — 49.3 Corbis Stock Market (Michael Kevin Daly) — 50.1 Okapia (NAS, W. & D. McIntyre) — 50.2 Corbis Stock Market (Nancy Ney) — 50.3 Corbis Stock Market (Roy McMahon) — 50.4 Corbis Stock Market (Waler Cimbal) — 50.5 Corbis Stock Market (Charles Gold) — 51.1 Focus (Michel Hans) — 53.2 Helga Lade (Bildart) — 55.1. Bonnier Alba (L. Nilsson), Stockholm — 55.2 Helga Lade (K. Röhrig), Frankfurt — 56.1 Corbis Stock Market (Roy Morsch) — 58.2, 59.2 Mosaik-Verlag (L. Nilsson), München — 61.Rd. Johnson u. Johnson (Hans Kubler Medientechnik), Mönchengladbach — 62.1 Bonnier Alba (L. Nilsson) — 63.1 getty images (Tony Stone) — 63.2 Focus (Matt Meadows, Science Photo Library) — 65.1a Corbis Stock Market (Michael Keller) — 65.1b Corbis Stock Market (Norbert Schafer) — 65.1c Corbis Stock Market (John Welzenbach) — 65.1d Corbis Stock Market (C/B-Productions) — 66.S Okapia — 66.1 Corbis Stock Market (Tom u. Dee Ann McCarthy) — 66.2 Mauritius (Eye-Press) — 66.3 Mauritius (Superstock) — 66.4 IFA-Bilderteam (Diaf) — 66.5 Corbis Stock Market (Ariel Skelley) — 66.6 Corbis Stock Market (Rob Lewine) — 66.7 IFA-Bilderteam (J. Heron) — 66.8 Corbis Stock Market (Robert Semeniuk) — 67.1 Corbis Stock Market (Jon Feingersh) — 67.2 Corbis Stock Market (George Shelley) — 67.3 ZEFA (S. Oskar) — 67.4, 5 Corbis Stock Market (Jose L. Pelaez) — 67.6 Corbis Stock Market (Lance Nelson) — 67.7 Süddeutscher Verlag, München — 68.1 Okapia (M. Camardine, BIOS) — 68.2 Corbis Stock Market (Firefly Productions) — 68.3 AKG, Berlin — 68.4 Okapia (Michael Francis, Wildlife) — 68.5 Okapia (Roland Seitre, BIOS) — 68.6 IFA-Bilderteam (BCI) — 68.7 Okapia (J. J. Etienne, BIOS) — 68.8 Okapia (NAS, David Weintraub) — 68.9 Okapia (Lanceau, Cogis) — 69.1 Okapia (Stephen Dalton, OSF) — 69.2 Okapia (H. Ausloos, BIOS) — 69.3 Okapia (Klein & Hubert, BIOS) — 69.4 Okapia (Dominique Halleux, BIOS) — 69.5 Okapia (Manfred Danegger) — 69.6 Okapia (B. Cavignaux, BIOS) — 69.7 Paul Rodach, Sachsenheim — 69.8 Okapia (Rence Lynn, NAS) — 69.9 Hans Reinhard, Heiligkreuzsteinach — 70.1 Angelika Bracht, Weil der Stadt — 70.2 Hans Reinhard — 72.Rd. Okapia (Hans Reinhard) — 73.S Okapia (Klein u. Hubert, BIOS) — 73.1 Okapia (Vedie, Cogis) — 73.2, 5 Okapia (Hans Reinhard) — 73.3, 4 Okapia (J. L. Klein, M. L. Hubert) — 73.6 Toni Angermayer (Hans Reinhard), Holzkirchen — 73.7 Hans Reinhard — 74.S Toni Angermayer (Hans Reinhard) — 74.1 Hans Reinhard — 74.2 Okapia (Klein u. Hubert, BIOS) — 74.3 ZEFA (Picture Book) — 74.4 Okapia (J. L. Klein u. M. L. Hubert) — 74.5 E. Ziemen — 75. 1 Okapia (Rence Lynn, NAS) — 75.2 ZEFA (Wisniewski) — 76.1 Hans Reinhard — 77.1a Okapia (Lond. Sc. Films, OSF) — 77.1b Okapia (J. J. Etienne, BIOS) — 77.2 Mauritius (Ropp) — 78.S Hans Reinhard — 78.1 Klaus Paysan, Stuttgart — 78.2 Silvestris (Danegger), Kastl — 78.3 Silvestris (Carlo Dani Ingrid Jeske) — 78.4 Okapia (Norbert Rosing) — 78.5 Silvestris (Sunset) — 78.6 Toni Angermayer (Hans Reinhard) — 79.S Okapia (Harald Lange) — 79.1 Okapia (Wil Meinderts) — 79.2 Okapia (J. L. Klein, M. L. Hubert) — 80.S Hans Reinhard — 80.1, 2 ZEFA (Spichtinger) — 81.1 Toni Angermayer (Hans Reinhard) — 81.2, 3, 82.1 Hans Reinhard — 82.2 Manfred Keil, Neckargemünd — 84.1a Okapia — 84.1b Silvestris (Martin Wendler) — 84.2 Okapia (Rainer Berg) — 85.S Hans Reinhard — 85.1 Focus (S. Julienne, COSMOS) — 85.2-4 Toni Angermayer — 85.5 Toni Angermayer (Günter Ziesler) — 86.1 Bilderberg (Milan Horacek), Hamburg — 86.2 Mauritius (Hasenkopf) — 86.3 Bilderberg (Ellerbrock & Schafft) — 88.1 ZEFA (Deuter) — 88.2 Hans Reinhard — 89.1 Toni Angermayer — 89.K Senckenberg-Museum, Frankfurt — 90.1 S. Meyers — 90.2 Manfred Danegger — 91.1 Toni Angermayer (Hans Reinhard) — 91.2 B. Siegemund — 92.2 Okapia (Stephen Dalton, OSF) — 92.Rd. Silvestris (Lothar Lenz) — 93.2 Okapia (Jany Sauvanet) — 94.1a, 95.1 Hans Reinhard — 95.Rd. Wildlife (Sanchez), Hamburg — 96.1 Hans Reinhard — 97.1a Okapia (Attilio Calegari, Overseas) — 97.1b Okapia (Brock May, NAS) — 97.2 Toni Angermayer (Hans Reinhard) — 98.1 Manfred Danegger — 98.2, 3 Jürgen Wirth — 99.1 Gruner u. Jahr (Hahn), Hamburg — 100.1 Hans Reinhard — 101.1 Gruner u. Jahr (M. Danegger) — 101.2 Eckart Pott, Stuttgart — 102.1, 2, 103.1 Hans Reinhard — 103.2 Manfred Danegger — 104.S, 104.1-3, 5 Hans Reinhard — 104.4 Manfred Danegger — 105.1 Okapia (Antonius Ablinger) — 105.2, 3 Hans Reinhard — 105.4 Toni Angermayer — 105.5 Toni Angermayer (Günter Ziesler) — 105.6 Toni Angermayer (Hans Reinhard) — 106.1 Okapia (Ulrich Zillmann) — 106.2 Günther Wichert — 106.Rd. Wildlife (F. Graner), Hamburg — 107.1, 2 Wildlife (D. J. Cox) — 107.Rd. Wildlife (A. Mertiny) — 108.S, 4 Mauritius (Vidler) — 108.1 Okapia (Fritz Pölking) — 108.2 Okapia (Frank Krahmer) — 108.3 Mauritius (Hans Reinhard) — 108.5 Okapia (Hans Reinhard) — 109.1 Mauritius (Hackenberg) — 109.2 Okapia (Dale Robert Franz) — 109.3 Okapia (Hans Reinhard) — 109.4 Okapia (Henry Ausloos) — 109.5 Mauritius (Reinhard) — 110.S Okapia (M. u. C. Denis-Huot, BIOS) — 110.1 Corbis Stock Market (Hugo von Lawick) — 110.2 Okapia (NAS, Tim Davies) — 110.3 Okapia (Jean-Jaques Alcalay, BIOS) — 111.1 Okapia (Joe Dorsey, OSF) — 111.2 Okapia (NAS, Tim Davis) — 111.3 Okapia (NAS, T. McHugh) — 111.4 Okapia (Muriel Nicolotti) — 115.S, 2 Okapia (Manfred Danegger) — 115.1, 3, 5-8 Hans Reinhard — 115.4 Okapia (Henry Ausloos) — 116.1 ZEFA (APL) — 116.2 ZEFA (Weber) — 116.3 Okapia (Jim Frasier, OSF) — 116.4, 6, 7 IFA-Bilderteam (BCI) — 116.5 ZEFA (Wisniewski) — 116.8 Okapia (T. Heathcote, OSF) — 117.1 Okapia (Walter Geiersperger) — 117.2 Okapia (Roger Brown, OSF) — 117.3 aus „Sehen, Staunen, Wissen: Vögel", Gerstenberg-Verlag, Hildesheim, © Dorling Kindersley Limited, London 1987, S. 23 — 118.1 Eckart Pott — 119.K Agentur Anna Hamann (T. Hoepker), München — 121.S aus „Sehen, Staunen, Wissen: Vögel", S. 23, Gerstenberg-Verlag (© Dorling Kindersley Limited) — 122.1 Toni Angermayer (Hans Reinhard) — 123.1a-c Okapia (Nature Agence) — 123.1d Okapia (Lanceau, Nature) — 125.1 Agrar Press (W. Schiffer), Bergisch Gladbach — 125.K 1-4, K 6 Okapia (Hans Reinhard) — 125.K 5 Toni Angermayer — 126.S S. Meyers — 126.1 Okapia (Hans Reinhard) — 126.2 Okapia (Michael Göggelmann) — 126.3 Okapia (Sohns) — 126.4 Bruce Coleman (H. Angel), Uxbridge — 126.5 aus: „Sehen, Staunen, Wissen: Vögel" (S. 46), Gerstenberg-Verlag (Eric Hosking), © Dorling Kindersley Limited — 127.1 a/b, 2 aus: „Sehen, Staunen, Wissen: Vögel", Gerstenberg-Verlag (S. 42, 61), © Dorling Kindersley Limited — 127.2 Okapia (K. Wanecek) — 129.1 GDT-Tierfoto (Rubin, Silvestris), Monreal — 129.2 Silvestris (Skibbe) — 129.3 Toni Angermayer (Hans Pfletschinger) — 130.1 Silvestris (Konrad Wothe) — 130.2 Hans Reinhard — 130.Rd. Toni Angermayer (Rudolf Schmidt) — 131.S Okapia (John Cancalosi) — 131.1-5 Toni Angermayer (Rudolf Schmidt) — 131.6 Okapia (Hans Dieter Brandl) — 132.1-10 Paul Trötsch, Hesslingen — 133.K Silvestris (Brandl) — 134.K.1, 2 Manfred Danegger — 137.S, 2-4 Hans Reinhard — 137.1 Okapia (Hans Reinhard) — 138.1 Hans Reinhard — 138.2 Okapia (Eckart Pott) — 138.Rd., 139.1, 2, 140.2 Toni Angermayer (Hans Reinhard) — 140.3 Okapia (X. Eichaker, BIOS) — 141.1, 3 Hans Reinhard — 141.2 Silvestris (Dietmar Nill) — 141.4-6 Toni Angermayer (Hans Reinhard) — 142.1 Silvestris (Arndt) — 142.2 Hans Reinhard — 142.3 a/b H. Schrempp, Breisach — 143.S Toni Angermayer (Hans Reinhard) — 144.1 a/b Hans Reinhard — 145.S S. Meyers — 145.1-4 Manfred Danegger — 145.5, 6 Eckart Pott —

146.S Okapia (K. Heacox, P. Arnold) — 148.1a Wildlife (B. Ligtfoot) — 148.1b Wildlife (J. Weber) — 148.1c Wildlife (Delpho) — 148.K Toni Angermayer (Rudolf H. Berger) — 149.1 Das Luftbild-Archiv, Kasseburg — 149.2 Alfred Limbrunner, Dachau — 150.1 Heiner Langhoff, Wesel — 150.K Okapia (Hans Reinhard) — 151.S Alfred Limbrunner — 151.1 Toni Angermayer (Fritz Pölking) — 151.2 Toni Angermayer (Günter Ziesler) — 151.3 Toni Angermayer (Tierpark Hellabrunn) — 151.4 Silvestris (Gross) — 151.5 Toni Angermayer (Hans Reinhard) — 152.1a Silvestris (Gerd Wagner) — 152.1b Eckart Pott — 152.1c Hans Reinhard — 152.1d Silvestris (Portsch). — 152.1e Silvestris (Brockhaus) — 152.2 ZEFA (Ruckszio) — 152.3 Okapia (D. Delfino, BIOS) — 152.4 ZEFA (Imaging) — 152.5 Okapia (B. Marielle, BIOS) — 153.1 Okapia (J. Frebet, BIOS) — 153.2 Nature and Science (Aribert Jung) — 155.1 Walter Haas, Stuttgart — 156.K.1 Eckart Pott — 156.K.2, 157.S Hans Reinhard — 157.1 Helmut Länge, Stuttgart — 158.1 Rudolf König, Kiel — 158.2, K Hans Reinhard — 159.1a ZEFA (Kalt) — 159.1b Silvestris (Karl Wahl) — 159.1c Hans Reinhard — 160.1 G. Bauer — 160.2 Silvestris (Bruckner) — 161.2 Nature and Science — 161.3 Silvestris — 161.4 Hans Reinhard — 162.1 Eckart Pott — 162.2 Hans Reinhard — 162.4 Silvestris (Brockhaus) — 162.5 Silvestris (Portsch) — 164.S Toni Angermayer (Hans Pfletschinger) — 166.S, 167.1 Toni Angermayer (Ernst Elfner) — 168.S, 2, 4, 6 Hans Reinhard — 168.1, 7 Eckart Pott — 168.3 Silvestris (Kuch) — 168.5 Silvestris (Walz) — 169.1 Silvestris (Kuch) — 169.2 Silvestris (Rodich) — 169.3 Nature and Science (Aribert Jung) — 169.4 Bildarchiv Sammer, Neuenkirchen — 169.5 Eckart Pott — 169.6 Silvestris (Partsch) — 169.7 Silvestris (Willner) — 169.8 Hans Reinhard — 172.S Okapia (TH Foto, Tschanz-Hofmann) — 173.1 Hans Reinhard — 174.1a Okapia (Chaumeton-Lanceau, Nature) — 174.1b Okapia (Manfred P. Kage) — 175.S Thomas Raubenheimer — 175.1, 5, 6 Hans Reinhard — 175.2 Mauritius (K. Paysan) — 175.3 Wildlife (D. Harms) — 175.4 Okapia (TH-Foto-Tschanz-Hofmann) — 176.1 a/b, 2 Claus Kaiser, Stuttgart — 176.2a Eckart Pott — 177.1 Okapia (Eckart Pott) — 177.K Helga Lade (Kirchner) — 180.1a Nature and Science (Bärtels) — 180.1b Eckart Pott — 180.1c Helmut Länge — 181.K.1 Eckart Pott — 181.K.2 Silvestris (Heitmann) — 181.K.3 Silvestris (GDT, Pforr) — 181.K.4 Silvestris — 182.S Okapia (M. Gunther, BIOS) — 182.1a-c, 4, 5 Hans Reinhard — 182.2 Silvestris (Bohler) — 182.3 Silvestris (Schwirtz) — 183.1 Silvestris (Gebhard) — 183.2, 5, 6 Eckart Pott — 183.3, 4 Hans Reinhard — 183.7 Silvestris (Wothe) — 184.1 Hans Reinhard — 186.1 Silvestris (Skibbe) — 186.2, 3 Eckart Pott — 186.4 Hans Reinhard — 187.S Eckart Pott — 187.1 Silvestris (Simon Rausch) — 188.1 Silvestris (Frank Hecker) — 188.2 Toni Angermayer (Rudolf Schmidt) — 188.3 Silvestris (Daniel Bohler) — 188.4 Silvestris (Martin Partsch) — 188.5 Silvestris (Redeleit) — 188.6 Hans Reinhard — 189.K.1 Silvestris (Ulrich Gross) — 189.K.2 Silvestris (Karl Happenhofer) — 189.K.3 Silvestris (Helmut Partsch) — 189.K.4 Silvestris (Gerd Wagner) — 190.1, 191.2 Photo Center Greiner & Meyer (Greiner), Braunschweig — 191.S Okapia (Clyde H. Smith, P. Arnold) — 192.1 Dieter Schmidtke, Schorndorf — 192.2 Thomas Raubenheimer — 193.1 Hans Reinhard — 193.2 Thomas Raubenheimer — 194.1 Bildarchiv preuss. Kulturbesitz, Berlin — 194.2, 3, 6 Hans Reinhard — 194.4 Mauritius (Sipa Image) — 194.5 Jürgen Wirth — 195.1 IFA-Bilderteam (BCI) — 196.1 Silvestris (Walter Rohdich) — 196.2 Hans Reinhard — 198.1, 199.Rd.1, 3 Nature and Science (Aribert Jung) — 199.Rd.2 Silvestris (Siegfried Kerscher) — 199.Rd.4 Silvestris (Erich Kuch) — 201.1a, 1c, 2c, 3a, 3c Hans Reinhard — 201.1b, 2a, 2b, 3b Eckart Pott — 202.2 Nature and Science (Aribert Jung) — 204.1 Eckart Pott — 204.2 Greiner & Meyer (Schrempp), Braunschweig — 205.1 Okapia (Hans Reinhard) — 205.2 Hans Reinhard — 205.3 Okapia (TH Foto, Hans-Tschanz-Hofmann) — 205.4 Okapia (Gerd Penner) — 205.5 Okapia (Rolf Bender) — 205.6 Okapia (M. u. R. Greulich, Naturbild) — 205.K Bildarchiv Sammer — 206.S Thomas Raubenheimer — 206.1-3, 5, 8 Hans Reinhard — 206.4, 6 Toni Angermayer (Hans Reinhard) — 206.7 Toni Angermayer (Ernst Elfner) — 206.9 Silvestris (Gerd Wagner) — 208.Rd., 210.S, 212.S Hans Reinhard — 212.1-4 Eckart Pott — 213.1, 3, 4 Hans Reinhard — 213.2 Roland Wolf, Herrenberg — 214.1 IFA-Bilderteam (BCI) — 214.2 Jürgen Wirth — 215.1 IFA-Bilderteam (BCI) — 215.2 Okapia (E. Lenorcy, BIOS) — 216.S Hans Reinhard — 216.1 Königliche Bibliothek, Kopenhagen — 217.1a Hans Reinhard — 217.1b, 2 Helmut Länge — 217.3 Jürgen Wirth — 218.1 Toni Angermayer (Günter Ziesler) — 218.2, 3 Silvestris (Justus de Cuveland) — 218.4 Silvestris (Volkmar Brockhaus) — 218.5, 6 Nature and Science (Kooiman) — 218.7 Silvestris (Redeleit) — 219.S Okapia (Büttner) — 220.1b Silvestris (Stephen Dalton) — 221.S Silvestris (Justus de Cuveland) — 221.1 Ingrid Graf, Eisleben — 222.S Okapia (J. Douillet) — 222.1, 2, 4 Eckart Pott — 222.3, 5, 223.1, 3, 5 Hans Reinhard — 223.2 Toni Angermayer (Lange) — 223.4, 6 Eckart Pott — 224.1a Hans Reinhard — 224.1b Okapia (Wilhelm Irsch) — 224.1c Okapia (Hans Reinhard) — 224.1d Silvestris (Sonja Rausch) — 225.K.1 Okapia (K. G. Vock) — 225.K.2 Frithjof Stephan, Backnang — 226.1 Okapia (Herbert Kehrer) — 226.2 Toni Angermayer (Ernst Elfner) — 226.3 Okapia (G. Synatzschke) — 226.4 Hans Reinhard — 226.5 Harald Lange, Bad Lausick — 227.1 Das Fotoarchiv (Jörn Sackermann) — 227.2 Regierung von Oberfranken, Bayreuth — 227.K.1 Okapia (Ernst Schacke, Naturbild) — 227.K.2 Hans Reinhard — 228.1-3 Okapia (Hans Reinhard) — 228.4 Hans Reinhard — 229.1 Corbis Stock Market (John Feingersh) — 229.2 Hans Reinhard — 230.1 Hans Reinhard — 230.2 ZEFA (U. K.) — 230.3 Okapia (Michal Fogden, OSF) — 230.4 Okapia (NAS, T. McHugh) — 230.5 Okapia (John Cancalosi, P. Arnold) — 231.1 Okapia (NAS, Tim Davies) — 231.2 Okapia (G. Wiltsie, Peter Arnold) — 231.3 Mauritius (fm) — 231.4 Okapia (Alan Root) — 232.1 Toni Angermayer — 234.1 Toni Angermayer — 234.2a-c Toni Angermayer (Heppner) — 235.S Mauritius (J. Beck) — 236.1 Claus Kaiser — 237.S Mauritius (J. Beck) — 238.1 Hans Reinhard — 239.1 Transglobe Agency (K. Lucas), Hamburg — 239.2 Bilderberg Klaus-D. Francke — 240.S Mauritius (J. Beck) — 240.1, 3, 5, 6 Hans Reinhard — 240.2 Okapia (Andreas Hartl) — 240.4 Toni Angermayer (Hans Reinhard) — 240.7 Okapia (Otto Willner) — 241.1, 2 Wildlife (F. Graner) — 241.3 Okapia (NAS, T. McHugh) — 241.4 Wildlife (W. Pölzer) — 241.5 Silvestris (Krone) — 241.6 Hans Reinhard — 241.7 Okapia (Alex Kerstitch) — 242.S Mauritius (J. Beck) — 242.1 Okapia (David B. Fleetham, OSF) — 242 ZEFA (Bell) — 242.3 Okapia (NAS, A. Power) — 244.1a Toni Angermayer (H. Pfletschinger) — 244.1b Umweltbild (W. Mastmann), Frankfurt — 245.1 a/b, 2-4 Hans Reinhard (H. Pfletschinger) — 246.1 Harald Lange — 246.2 Okapia (J. A. L. Cooke, OSF) — 247.1 Hans Reinhard — 247.2 Toni Angermayer (Hans Pfletschinger) — 248.1a Toni Angermayer — 249.S Eckart Pott — 250.1 Toni Angermayer (Hans Pfletschinger) — 250.2, Rd. Hans Reinhard — 253.1, 4, 7, 8 Toni Angermayer (H. Pfletschinger) — 253.2 Klaus Paysan, Stuttgart — 253.3 Hans Reinhard — 253.5, 6 Hans Reinhard — 253.9 Toni Angermayer (Günter Ziesler) — 254.1 Manfred Danegger — 254.2, 3 Hans Reinhard — 254.4-6, 255.Rd. Toni Angermayer (H. Pfletschinger) — 256.2 Toni Angermayer — 257.2 Hans Reinhard — 257.K.1 Okapia (Fogden, OSF) — 257.K.2 Toni Angermayer — 257.K.3 Wildlife (M. Carwardine) — 258.1 Hans Reinhard — 258.2 Okapia (Werner Layer) — 259.S Okapia (Benny Van Damme, Wildlife Pictures) — 259.1 Toni Angermayer (Hans Pfletschinger) — 259.2, 6 Hans Reinhard — 259.3 Wildlife (B. Stein) — 259.4 Toni Angermayer (Günter Ziesler) — 259.5 Picture Press (Corbis, Patricia Fogden) — 262.1 Staatliches Museum für Naturkunde, Stuttgart — 263.S Eckart Pott — 268.S Okapia (H. Lange) — 268.1 Okapia (Kevin Schafer, P. Arnold) — 268.2 aus: „David Norman, Dinosaurs", Crescent Books, New York — 269.1 Okapia (NAS, K. Fink) — 269.2 Okapia (Martial Aquavone, BIOS) — 269.3 Senckenberg-Museum — 271.S, 3 Okapia (Alan Root) — 271.1 J. Schauer / Fricke, Max-Planck-Institut, Seewiesen — 271.2 Klaus Paysan, Stuttgart — 271.4 Okapia (Konrad Wothe) — 272.1, 2 Hans Reinhard — 273.1 Toni Angermayer — 273.2 ZEFA (Poelking) — 273.3 Hans Reinhard — 275.2 Okapia (NAS, Tim Davies) — 276.Rd.1 Focus (John Reader / SPL, Photo Researchers) — 277.1 Archiv für Kunst und Geschichte, Berlin — 277.2 Okapia (Prof. Burian, L. Neubert) — 278.1-4, 7 David Brill, Fairburn, USA — 278.5 Staatliches Museum für Naturkunde — 278.6 Focus (John Reader, Science Photo Library) — 279.1 Bilderberg (Tino Soriano) — 279.2 Arenok (Patrick Landmann), Romeny-sur-Marne — 279.4 Silvestris (GDT-Tierfoto: Brandl) — 279.5 Sperber — 279.6 Mauritius (Crader) — 279.7 Mauritius (Weyer) — 279.8 Mauritius (Fritz) — 279.9-16 Bilderberg (Rekonstruktion von Wolfgang Schnaubelt u. Nina Kieser, Wildlife Art Germany / Hessisches Landesmuseum)

Grafiken: Prof. Jürgen Wirth; Fachhochschule Darmstadt (Fachbereich Gestaltung); Mitarbeit: Matthias Balonier

Nicht in allen Fällen war es möglich, den uns bekannten Rechteinhaber der Abbildungen ausfindig zu machen. Berechtigte Ansprüche werden selbstverständlich im Rahmen der üblichen Vereinbarungen abgegolten.